디자인 박대성

표지 이미지 : 재일조선미술회의 기관지 『조선미술』 제2호 제호의 타이포그래피를 재구성

재일조선인미술사 1945-1962

在日朝鮮人美術史1945-1962——美術家たちの表現活動の記錄

일러두기

1. 프롤로그와 1·3·5장은 정성희가, 서장과 2·4·6장, 에필로그는 노유니아가 번역했습니다.
2. 본문의 각주 중 옮긴이가 작성한 경우는 따로 표기했습니다.
3. 인용은 원문의 표현과 표기를 따르되, 가독성을 위해 국립국어원의 띄어쓰기와 맞춤법 규정을 일부 적용했습니다.
4. 인명은 당시 재일조선인의 사용례에 맞추어 표기했고(예: 조량규, 리경조 등) 국가명의 경우 대한민국/조선민주주의인민공화국이라는 공식 명칭을 사용했습니다.
5. 미술·영화·미디어 등의 작품명은 〈 〉, 전시와 행사명은 《 》, 단행본·정기간행물은 『 』, 논문·기사·시·개별 문헌은 「 」로 표기했습니다.
6. 『재일조선미술가화집』에 수록된 작품은 현존하는 경우도 『재일조선미술가화집』에서 전재하고 캡션 뒤에 출처를 밝혔습니다.
7. 그림의 게재를 허락해 주신 분들, 자료를 제공해 주신 분들께 감사드립니다.
395페이지에 수록한 표도르 레셰트니코프의 〈평화를 위하여! 〉(1954)는 소장처인 트레티야코프 미술관 및 러시아 국가 공인 저작권권리자협회인 UPRAVIS에 문의했으나 저작권자를 찾지 못했습니다. 부득이하게 허가를 구하지 못한 경우, 연락이 닿는 대로 절차를 밟고 사용료를 지불하겠습니다.

동국대학교 일본학연구소 번역총서

재일조선인미술사 1945-1962

미술가들과 표현 활동의 기록

백름 지음
노유니아 정성희 옮김

연립서가

한국판 출간에 부쳐

지난 20년간 쌓아온 연구를 결산하는 이 책을 한국에서 출판하게 되어 정말 기쁩니다. 책 제목에 '1945-1962'가 들어 있는 것은 1962년에 간행된 『재일조선미술가화집』을 참고하여 해방 이후의 재일조선인미술사를 풀어내고자 했기 때문입니다. 또한 부제에 '미술가들과 표현 활동의 기록'이라 덧붙인 까닭은 대부분의 미술가들에게 미술 활동은 생활의 연장선이기에 미술가들의 표현 활동을 이야기한다는 것은, 곧 재일조선인의 생활을 밝힌다는 의미가 담겨 있다고 생각했기 때문입니다. 이 책은 지금까지 조명된 적 없는 미술가들의 역사를 기록한 것이자, 또한 저의 뿌리를 밝힌 책이기도 합니다.

필자인 제가 조선학교에서 교육을 받았고, '총련(재일본조선인총연합회在日本朝鮮人総聯合會)' 계통이라는 점에서 이 책이 한국의 독자들에게 어떻게 받아들여질지 적지 않은 불안감도 있습니다. 그러한 이유로 독자 여러분들께 한 가지 전하고 싶은 말이 있습니다. 제 연구는 분단의 고착화를 조장하는 것이 아니라는 점입니다. 그동안 제가 연구와 조사 과정에서 만났던 재일조선인미술가들은 조국이 분단된 상황에 매우 가슴 아파했고, 지금도 마찬가지입니다. 이 연구를 한반도가 하나 되기를 바라는 마음에서 짜낸 지혜와 노력으로 받아들여 주셨으면 합니다. 분열을 촉구하는 연구가 아니라 지금껏 제대로 언급된 적 없는 재일조선인미술가들의 이야기가, 역사에서 이미 회자되고 있는 다른 미술가들과 함께 논의되고 제대로 평가받기를 바랍니다. 이 연구는 분단의 틈을 확인하고 넓히려는 의도가 아니라, 인류가 경험한 아픈 역사에 대한 조심스러운 접근이자 치유를 목적으로 합니다. 그리고 보다 건설적인 논의를 위한 노력의 일환이라 생각합니다.

이념의 대립으로 인해, 그리고 무엇보다 '무지'에서 오는 편견으로 인해, 같은 민족이자 이웃인 재일조선인을 타자화하며 경시하고 외면해 온 슬픈 역사를 우리는 이미 경험했습니다. 그 가운데에서도 재일조선인의 미술에 관한 연구는 긴 세월 동안 제대로 이루어지지 못했습니다. 그들의 작품과 활동은 우리 민족의 미술사 어느 한 부분에서도 본격적으로 다루어진 적이 없습니다. 이는 동시에 동아시아 미술의 어느 한 부분이 발굴되지 않았다는 것을 의미합니다. 의도하지 않았다 하더라도 한쪽의 미술밖에 언급되지 않았기 때문에 그동안 보지 못한 채 지내온 것은 크나큰 손실이었다고 밖에 말할 수 없습니다. 본디 기록되어야 할 재일조선인미술가의 표현 활동을 지금껏 간과해온 탓입니다.

이런 상황 속에서 재일조선인미술가의 뜨겁고 장렬한 인생을 찾아 밝히고, 처음으로 세상에 전할 수 있게 된 것은 두말할 것 없이 제 연구에 협조해 주신 여러 분들 덕분입니다. 많은 관계자와 유족이 이 연구를 이해해 주고 진심으로 응원해 주셨고, 수많은 이야기를 아낌없이 들려 주셨습니다. 또한 귀중한 자료도 제공해 주셨습니다. 제가 이 연구에 미친 듯 달려들게 된 것은, 이런 따뜻한 마음에 응하고 싶다는 마음도 있었기 때문입니다.

이 성의에는 한 치의 거짓도 없지만, 다만 부족한 것이 있다면 책을 간행하는 일을 조금 서둘렀던 점입니다. 이유는 두 가지인데, 하나는 지금까지 언급되지 않았던 재일조선인의 미술의 역사를 하루빨리 공론의 장에서 논의하고 싶었기 때문입니다. 성실하게 살아온 미술가들의 존재를 인정하지 않고 "과연 연구할 만한 가치가 있는가?" 라는 말(폭언)을 지속해서 듣는 것은 견디기 힘든 일이었습니다. 출간을 서둔 두 번째 이유는 연구에 협조해 주신 많은 분께 책이라는 형태로 감사의 인사를 전하고 싶었기 때문입니다. 이 책에서 중점적으로 논의하는 미술가들이 연로하신 재일조선인 1세와 2세이기 때문에 하루라도 빨리 감사의 마음을 전하고 싶었던 제 마음을 헤아려 주시길 바랍니다.

한국판을 내기까지 도움을 주신 분들을 잊을 수 없습니다. 우리말과 일본어가 섞인 수많은 자료와 글을 정확하고 매끄러운 번역으로 옮겨주신 노유니아, 정성희 선생님의 노고에 감사드립니다. 김환기 소장님을 비롯한 동국대학교 일본학연구소의 여러 선생님들, 특히 제 연구가 한국에서 소개될 수 있도록 세심하게 마음을 써주신 이영호 선생님께 감사의 말씀을 전합니다. 박사 논문을 준비하던 당시부터 늘 의지가 되었던 기타하라 메구미北原恵 선생님과 김복진미술상 수상 때부터 제 연구를 응원해주신 최열 선생님, 사회학과 교육학 등 다양한 분야의 방법론적 분석을 적용할 수 있게끔 조언해 주신 이타가키 류타板垣竜太 선생님, 재일조선인 민족교육을 항상 응원해주시는 김명준 감독님께서 영광스럽게도 추천문을 보내주셨습니다. 한국판에 보완할 새로운 자료를 제공해주신 미즈노 나오키水野直樹 선생님과 도바 고지鳥羽耕史 선생님께도 감사드립니다.

학부 재학 시절부터 제 연구를 지지해준 최재혁, 박현정 선생님은 연립서가 출판사를 만들고 한국판 출간을 처음 제안해 주셨습니다. 도쿄예술대학에서 두 분과 처음 만나 만화가 전철 선생님의 작품을 주제로 한 졸업논문에 관해 나눴던 이야기와, 도쿄 조선대학교에서 열린 백령 선생님의 회고전을 함께 보러 갔던 추억이 새삼 떠오릅니다. 복잡한 자료를 확인하며 편집과 교열에 힘을 보태주신 강현아 선생님, 아름다운 모양새로 책을 단장해준 디자이너 박대성 선생님께도 감사의 인사를 드립니다.

존경하는 선대 미술가의 인생과 작품에 경의를 표하며, 연구에 협조해주신 모든 분께 진심을 담아 감사의 인사를 전하면서 이 책을 세상에 내놓습니다. 비판 또한 달게 받으려 합니다. 많은 독자분의 감상을 기대하며, 앞으로도 계속해서 진행될 이 연구를 위해 많은 소통과 정보의 교환이 이루어지길 바랍니다. 더불어 육아와 연구 모두를 소중히 대하는 여성 연구자에게 조금이라도 격려가 되는 책이길 기대합니다.

2023년 8월 백름

차례

6
재일조선인미술사를 풀어가는 이야기 337

프롤로그

재일조선인미술가의 작품은 그리고자 했던 주제나 제작된 배경 그 어느 곳에 주목하더라도 그/그녀들의 삶과 역사, 그리고 사회적 상황과 분리해서 생각할 수 없다. 그들은 미술가로서 어떻게 그려야 할지에 더해, 재일조선인으로서 어떻게 살아야 할지를 생각하며 끊임없는 번민과 고통 속에서 작품을 만들어 왔기 때문이다.

이 책은 지금까지 제대로 연구되지 못했던 재일조선인미술가의 미술, 특히 1950년대에 그들이 펼친 작품 활동을 다루고자 한다. 하지만 그 시대 재일조선인미술가의 개별적인 작가론이나 작품론이 아니라, 스스로가 '재일조선인'이라는 집합체의 일원임을 자각하며 작품을 제작했던 미술가'들'의 활동을 밝히는 데 중점을 둔다. 격변하는 역사의 한복판에서 시대의 숨결을 작품 속에 담으려 했던 미술가들을 이해하기 위해서는 작가 개인의 개성뿐만 아니라, 그들이 추구했던 경향과 공통점, 나아가 그런 특징들이 생겨난 요인을 찾아야 했다. 해방 이후 일본에서 살았던 조선인미술가들은 어떤 작품을 만들었으며, 어떤 발표의 장을 통해 활동했을까. 제작 현장에서, 그리고 작품을 세상에 내놓는 과정에서 그들이 발견한 것은 무엇이었을까.

재일조선인미술사 연구의 여정

1950년대는 일본의 전후 체제가 확립된 시기이자, 패전 이전의 예술 활동을 반성하는 미술가의 실천이 반영되어 있기에 일본미술사 연구에서도 주목할 만한 시기다. 이미 이 시대와 연관된 전시가 몇 차례 개최되기는 했으나, 정작 재일조선인미술가들에 관해서는 간략하게 소개하는 정도에만 그쳤다.[1] 재일조선인미술가에 대해 언급해온 드문 존재로 미술평론가 하리우 이치로針生一郎를 들 수 있다.[2] 그러나 하리우조차 재일조선인미술가를 자세히 정리하여 논하는 단계까지 나아가지는 못했다.

2000년대에 접어들며 태어난 곳을 떠난 이산자를 의미하는 디아스포라diaspora 관련 연구가 발전하는 가운데, 재일조선인미술사에 관한 논문도 몇 편 발표되었다. 그중 도쿄의 조선대학교 교수 리용훈李鏞勳은 1999년 재일조선인의 미술전람회인《아름アルン》전[3]을 개최하며「재일조선인 미술의 궤적」을 발표한

1 대표적인 전시로《1950年代一その暗黒と光芒(1950년대一그 암흑과 광망)》(도쿄도미술관, 1981.9.12-11.8),《戦後日本のリアリズム 1945-1960(전후 일본의 리얼리즘 1945-1960)》(나고야시미술관, 1998.4.18-7.12)을 들 수 있다. 2000년대에 접어들며《美術にぶるっ! ベストセレクション日本近代美術の100年 (미술로 오싹! 베스트 셀렉션 일본근대미술의 100년)》(도쿄국립근대미술관, 2012.10.16-2013.1.14),《戦争/美術 1940-1950 モダニズムの連鎖と変容(전쟁/미술 1940-1950 모더니즘의 연쇄와 변용)》(가나가와현립근대미술관 하야마, 2013.7.6.-10.14),《1950年代の日本美術一戦後の出発点(1950년대의 일본미술一전후의 출발점)》(가나가와현립근대미술관 하야마, 2017.1.28-3.26) 등을 들 수 있다.

2 針生一郎,「2002アルン展の意義一わたしの韓国·朝鮮文化交流史から」,『2020アルン展一在日コリアン美術を起点して』,《アルン》(2002.3.12-3.17) 전시 도록, 2002.

바 있다.[4] 다만 그의 논고는 개설에 가깝기 때문에 1950년대에 관한 분석이 충분히 이뤄졌다고 보기는 어렵다.(fig.1-6)

한국에서 진행된 연구 상황을 살펴보면, 2000년 이후 재일조선인에 초점을 둔 전시가 개최되기 시작했다. 그 배경으로는 당시 활발하게 이루어지던 디아스포라 연구, 그리고 김대중 정권으로 이행하면서 한국인 연구자가 이전보다 재일조선인 연구에 접근하기에 쉬워진 환경 등을 들 수 있다. 2000년 광주비엔날레 산하 전시로 열린 《재일의 인권》(2000.3.29-6.7)의 기획자였던 당시 광주시립미술관의 학예사 김선희金善姬는, 일본의 식민지 지배로부터 해방 이후 1990년대까지의 재일조선인미술가의 활동을 전체 재일조선인의 역사적 전개와 관련하여 고찰했다.[5](fig.7) 그때까지의 연구가 미술가 개개인에 관한 언급에 그쳤던 것에 비해, 이 글은 처음으로 재일조선인미술가의 집단적인 활동에 초점을 맞추었다는 점에서 의의를 찾을 수 있다.

또한 2009년 7월 17일부터 9월 27일까지 국립현대미술관에서 개최된 전시 《아리랑 꽃씨》에서 당시 니가타현립근대미술관의 학예사 고성준高晟埈은 해방 이후부터 2000년대까지의 재일

3 《아름》전은 AREUM ART NETWORK(아름 아트 네트워크)를 운영 주체로 하며 1999년 이후 3회에 걸쳐 교토시미술관에서 개최됐다. AREUM은 한글의 '아름다움' 및 '한아름'에서 가져왔다.

4 리용훈, 「재일코리안 미술의 궤적」, 『Neo Vessel』 vol.2, AREUM ART NETWORK, 2004, pp.63-76.

5 김선희, 「소외된 미술세계, 해방 후 재일미술」, 『재일의 인권』, 광주시립미술관, 2000, pp.29-37.

← fig. 1 제1회 《아름》전 카탈로그 표지, 1999년.
→ fig. 2 제2회 《아름》전 카탈로그 표지, 2002년.
← fig. 3 아름네트워크가 발행한 잡지 『Neo Vessel』 vol.1, 2004년.
→ fig. 4 아름네트워크가 발행한 잡지 『Neo Vessel』 vol.2, 2004년.
← fig. 5 아름네트워크가 발행한 잡지 『Neo Vessel』 vol.3, 2004년.
→ fig. 6 아름네트워크가 발행한 잡지 『Neo Vessel』 vol.4, 2005년.

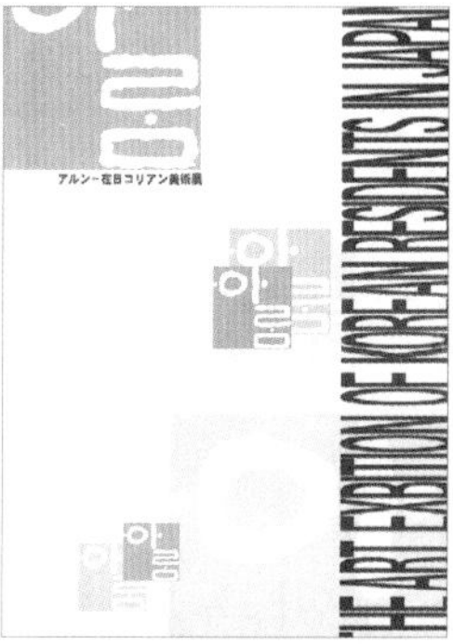

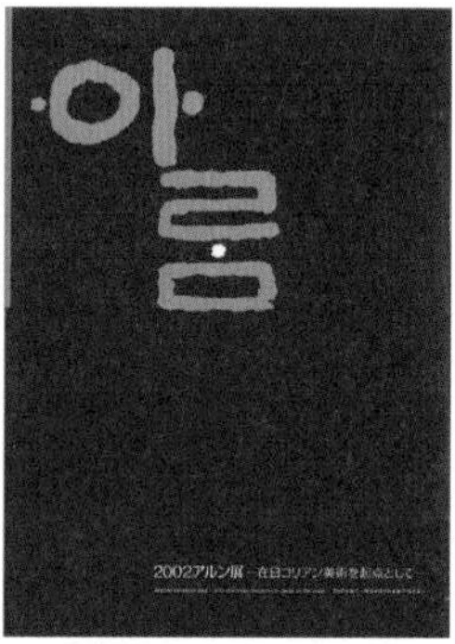

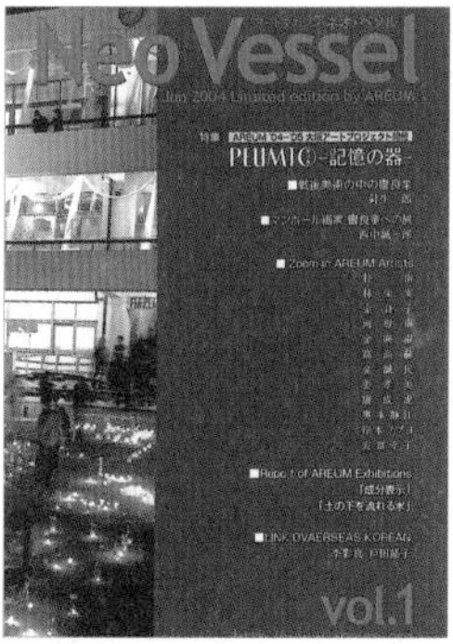

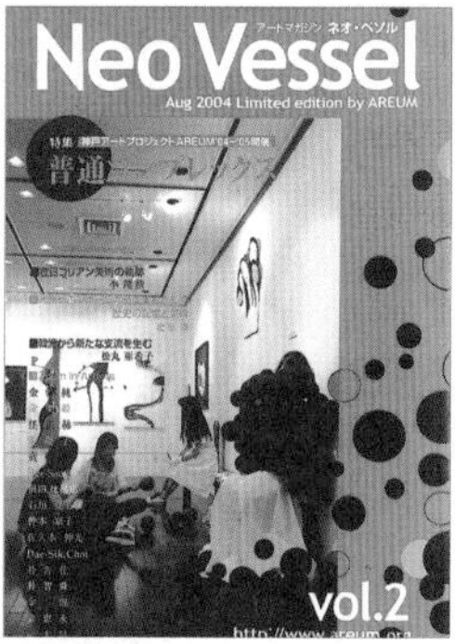

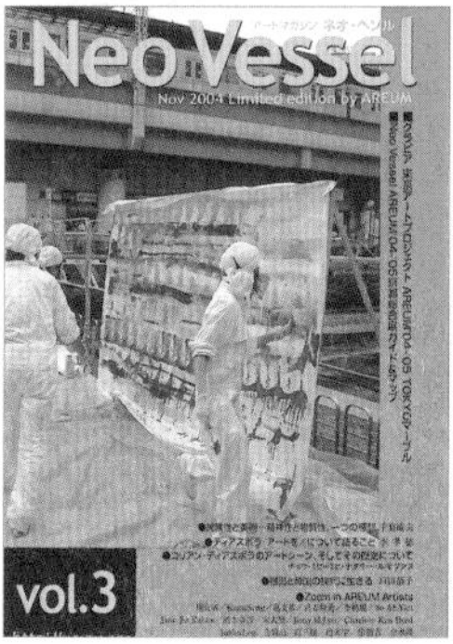

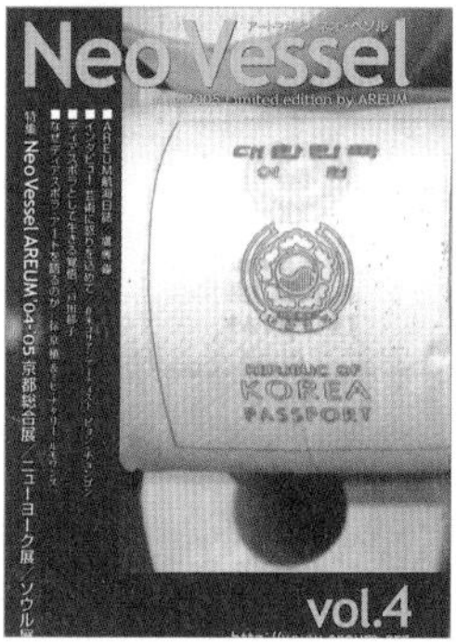

조선인의 미술 활동을 다룬 글을 발표했다.[6] (fig.8) 고성준의 연구는 재일조선인의 미술 활동이 전후 일본미술사의 동향과 어떤 관련성을 갖는지 정리했다는 점에서 주목할 만하다.

이러한 연구들은 해방 후 일본 사회에서 그룹 단위로 펼쳐진 재일조선인미술가의 활동과 동향을 정리한 귀중한 선행연구라 할 수 있다. 또한 김대중·노무현 정권 시기에 한국의 연구자 혹은 큐레이터가 일본 현지에서 꾸준히 연구 자료를 조사하며 대규모 전시회를 열었다는 점에서 높이 평가할 수 있다. 또한 최근에도 코리안 디아스포라에 관한 전시가 경기도미술관에서 개최되기도 했다.[7] (fig.9)

그러나 한국과 일본에서 이루어진 선행연구에서는 1945년에서 1950년대에 걸쳐 진행된 재일조선인미술가의 활동에 관한 언급이 이후 다른 시기의 연구들에 비해 상당히 부족하다. 또한 자료 결손을 극복하려는 시도 역시 충분하지 않았으며, 기존 연구에 많이 의존해 있으므로 추상적인 분석에 그칠 뿐만 아니라 미술가의 제작 환경과 생활 실태와도 적잖이 떨어져 있다.[8] 따

6 고성준, 「재일한국인의 미술—일본현대사 속에서」, 『아리랑꽃씨』, 국립현대미술관, 2009, pp.108-116.

7 《코리안 디아스포라, 이산을 넘어》(경기도미술관, 2018.9.20-11.25)

8 옮긴이—김명지의 박사학위 논문 및 단행본 『재일코리안 디아스포라 미술과 정체성』(선인, 2019)은 본서의 필자 백름의 협조를 얻어 진행한 것으로, 이 책에서 소개할 『재일조선미술가화집』과 자료, 작품을 다수 인용하고 있다. 이 연구는 디아스포라로서의 정체성에 집중하며 해방기부터 현재까지의 재일코리안 미술을 통시적으로 다루었다.

fig. 7 《재일의 인권 — 송영옥과 조양규, 그리고 그밖의 재일작가들》전 카탈로그 표지(광주시립미술관, 2000년)

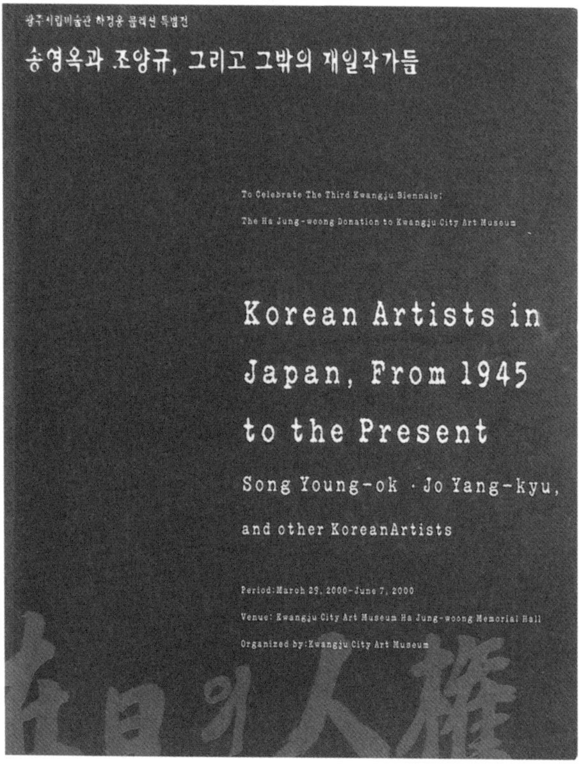

← fig. 8 《아리랑 꽃씨》전 카탈로그 표지(국립현대미술관, 2008년)
→ fig. 9 《코리안 디아스포라–이산을 넘어서》전 카탈로그 표지
(경기도미술관, 2019년)

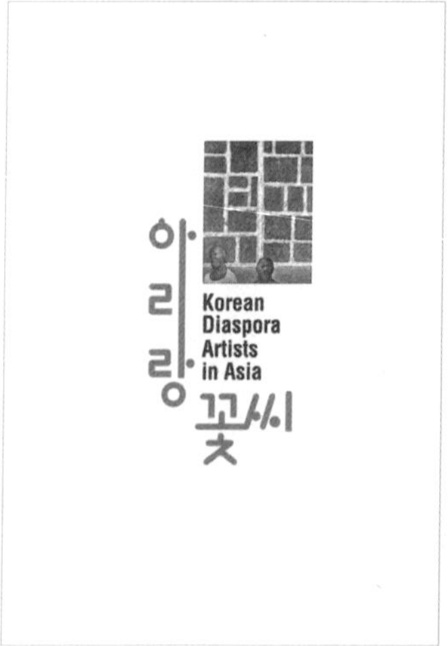

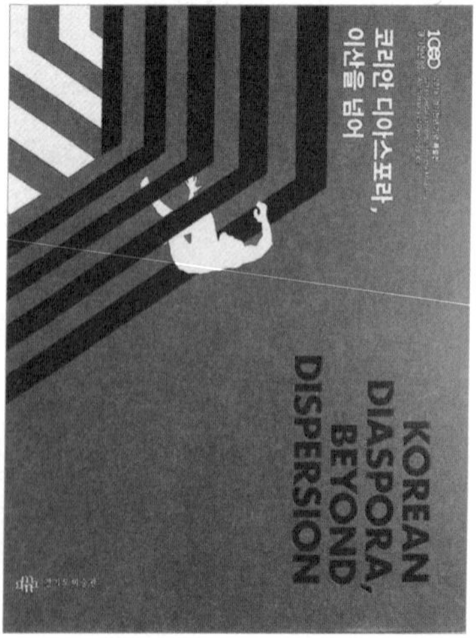

라서 재일조선인의 미술에 관한 체계적인 연구가 여전히 미흡하다고 할 수 있다. 작가 개인에 한정해 보더라도 조량규曹良奎, 백령白玲, 전화황全和凰(전화광全和光과 동일 인물), 곽인식郭仁植 등에 관한 매우 개별적이고 단편적인 언급에만 그쳤다. 특히 작가 연구에서는 다른 재일조선인미술가는 존재하지 않았던 것 같은 착각을 불러일으킬 정도로 조량규에게 독보적으로 높은 평가가 집중되었다. 그러나 실제로는 그 외에도 뛰어난 표현력을 지닌 작가들이 많았으며 재일조선인의 미술에서 중요한 역할을 담당했음을 기억할 필요가 있다.

미술 작품을 향한 접근 방식과 관점

나는 재일조선인미술가들이 단체를 조직하고 활동해온 여정을 뒤좇으면서, 선행연구에서 개별적으로 논해진 재일조선인미술가'들'이 서로 어떠한 접점을 이루고 있었는지를 살펴보고자 했다. 다시 말해 지금까지 점点으로밖에 존재하지 않았던 미술가들을 선線으로 연결해 온 셈이다.

이러한 연구를 수행하면서 특히 다음 두 가지 전제를 세웠다. 첫 번째는 분석 대상으로 다룰 미술 작품이 "감상할 만한 가치가 있는가?"라는 문제에 주안점을 두지 않는다는 점이다. 다만 자신을 '재일조선인'이라고 자각한 사람이 만들어낸 미술 작품을 연구의 대상으로 삼았다. 지금까지 재일조선인의 미술 작품을 다룬 연구는 확실한 기술과 기법을 갖추었는지 아닌지의 여부에 초점을 맞춰온 경향이 있다. 즉 조형적으로 '뛰어나거나', 혹은 '서툰' 측면에 적지 않은 비중을 둔 셈이다. 아마 이러한 태도는 지금까지 편찬된 서양미술사 및 동양미술사 서술이 '대가'의 손에 의해 만들어진 '걸작'을 판단의 기준으로 삼아왔기 때문에 생겨난 것은 아닐까. 그리고 이 기준에 합당하다고 판단된 미술가와 작품에만 주목하여 평가 내림으로써, 결과적으로는 가시화되지 못한 활동이나 제작 과정도 많았으리라 짐작된다. 따라서 이 책의 목적은 재일조선인미술가 중 잊힌 '대가', 혹은 파묻힌 '걸작'의 발굴에 있기 보다는, 재일조선인미술가들이 1950년대 펼쳤던 '집단적'인 미술 '활동'을 밝히는 데에 있다.

둘째로 내가 진행하는 연구가 재일조선인의 '정체성identity'을 검증하기 위한 작업이 아니라는 점이다. 다시 말해 연구의 대상인 재일조선인미술가가 "대한민국 측의 사람이다.", 혹은 "조선민주주의인민공화국 쪽의 사람이다.", "굳이 어느 쪽인가를 밝혀야 한다면 차라리 일본인이라 부르는 편이 타당하다."라는 식으로 '정체성' 규정에 연관된 문제를 해명하는 것이 아니다. 이 책은 한반도에 뿌리를 둔 사람들이 타향에서 살면서 어떤 창작 활동을 펼쳤고 어떻게 싸워나갔으며, 누구에게 무엇을 호소하고자 작품을 제작했는지를 규명하려는 시도에서 출발했다.

제2장에서 언급하겠지만 재일조선인미술가들은 1956년경부터 무엇을 그려야 하는지에 대한 논쟁을 전개했다. 이 시기부터

이들은 '공통의 주제'를 중심으로 작품을 제작하기 시작했고, 대상을 '사실적'으로 표현하는 데 관심을 기울였다. 1950년대 일본에서는 안보투쟁安保鬪爭과 미군기지 반대투쟁과 같은 사회적 주제를 다룬 작품이 많이 제작되었고, "리얼리즘이란 무엇인가?"에 관한 탐구도 활발하게 진행되었다. 그러나 한편으로는 정치나 사회적 문제를 작품과 분리하여 오로지 감성을 표현하려는 '순수' 미술의 입장을 지지하는 작가도 많았다. 또한 사실적 표현(리얼리즘)을 왕후·귀족(=지배층)에게 복무하는, 19세기 초반의 낡은 조형 의식으로 파악하면서 추상 표현만을 진정한 예술로 바라보는 견해도 있었다. 이러한 인식의 차이로 인해 사회 문제를 작품에 반영하려는 리얼리즘 작가와 갈등이 생기기도 했다. 이 책에 등장하는 조선인미술가들은 공통의 주제(공동 테마)를 채택하고 리얼리즘적 수법을 통해 꾸준히 제작활동을 이어갔다. 그렇다면 이들이 리얼리즘을 고집했던 이유는 무엇이었을까.

나는 지난 10여 년 동안, 많은 작품을 직접 확인하고 1차 자료를 발굴하면서 인터뷰 조사를 실시했다(과정과 내용에 관해서는 제6장과 「후기」에서 자세히 서술할 것이다). 그 결과 1950년대 재일조선인미술가의 작품과 활동을 파악할 수 있었다. 이에 비해 1940년대 활동에 관한 자료는 여전히 부족하며 찾기도 매우 어렵다. 그러나 근년에 들어 비교적 증가하기 시작한 1950년대 관련 자료에 대한 분석은, 상대적으로 전모가 뚜렷이 파악되지 않은 이전 시기의 활동을 밝히는 데에도 도움이 될 것이다.

1950년대 조선인미술가의 활동을 추적하던 과정에서 일본인을 인터뷰할 기회도 많았다. 개인정보 보호를 위해 자세한 내용은 생략하겠지만, 특히 인상 깊었던 한 장면이 있다. 어느 일본인 인터뷰이가 눈망울을 반짝이며 조선인 친구와의 일화를 회상하던 모습이다. 이 증언자의 친구는 당시 도쿄 기타北구 주조十条에 있는 도쿄 조선중고급학교에 다니던 조선인 학생이었다고 했다. 그는 조선인 친구가 북으로 귀국할 때 환송회에서 조선어 노래를 함께 불렀던 일을 떠올리며 직접 불러주기도 했다. 수십 년이 지난 시점에서도 노래를 기억하고 있다는 점이 상당히 놀라웠다.

1950년대의 조선인미술가와 일본인 미술가들 사이의 연대와 교류에 관해서는 지금까지 제대로 된 연구가 이루어지지 않았다. 관련 자료가 부족했다는 것이 가장 큰 이유겠으나, 어쩌면 의도적으로 언급하지 않았거나 연구를 회피했는지도 모른다. 그로 인해 교류가 전혀 없었다고 생각하는 경향까지 있었다. 하지만 이렇게 재일조선인 문화사의 한 측면을 놓치고 있었다는 것은 결국 전후 일본 문화사의 중요한 국면까지 간과하는 일로 이어져 온 것이 아닐까.

나는 그동안 재일조선인미술사를 '발굴'했다. '재일조선인'이라는 이유로, 또 그들의 '미술'이라는 이유로 언급할 가치가 없으며, 연구의 대상으로 삼기 어렵다고 평가한 기존의 판단에 반론을 제기하고자 했다. 따라서 재일조선인의 미술에 관한 연구가 전후 일본미술사에서, 그리고 재일조선인 관련 연구 속에서 소거되고 망각해 온 원인에 대해 논의해보고 싶은 것이다.

최근 예술 작품의 정치성을 둘러싼 '표현의 자유/부자유'와 관련된 논의가 활발하다. 이를테면 "사회와 단절된 예술이 진정한 예술인가? 아니면 사회를 의식하는 예술이야말로 진정한 예술인가?" 같은 문제 제기다. 이는 1950년대에 활동했던 일본인 미술가, 그리고 재일조선인미술가 사이에서도 펼쳐진 논의다. '표현의 자유', '발표의 자유', '출품의 자유'는 예술가에게 자신의 존재 가치를 증명할 중요한 명제이며, 또한 이 시대의 예술가에게도 동일하게 적용될 문제라고 할 수 있다. '표현의 자유/부자유'를 논할 때, 과연 '자유/부자유'는 누가, 무엇에 대하여 느끼는 것일까. '표현의 부자유'를 어떻게 극복할 것이며, 또 어떻게 '자유'를 획득할 수 있을까. 이 책에서 다루는 패전(=해방) 이후 약 15년간의 재일조선인미술가의 동향 파악은 '지금 여기'의 예술을 재고하는 작업으로도 이어지리라 믿는다.

이 책의 구성

먼저 서장에서는 『재일조선미술가화집』을 간략하게 소개한다. 이 화집은 재일조선인미술가의 작품을 재일조선인미술가 자신의 손으로 엮어낸 최초의 작품집이며, 1950년대 재일조선인의 활동을 밝힐 수 있는 기본 자료라는 점에서 중요하다. 따라서 화집에 수록된 작품과 글을 게재 순서대로 살펴본 후, 작품의 특징과 화집을 통해 읽어낼 수 있는 사항들을 정리한다.

제1장 「시동의 에너지」에서는 1945년부터 1953년까지의 재일조선인미술가의 활동을 살펴볼 것이다. 특히 1947년에 결성된 '재일조선미술가협회'와 이후 1953년에 결성된 '재일조선미술회'의 활동을 중심으로, 조직의 결성 과정과 교육 현장에서 이루어진 미술가들의 만남을 복원한다. 그리고 당시 재일조선인미술가 사이에서 중추적인 역할을 담당한 김창덕金昌德의 작품과 대표적인 만화가였던 전철全哲의 활동을 정리하고, 그간 잘 알려지지 않았던 일화를 소개한다.

제2장 「무엇을, 어떻게 창조할 것인가」에서는 1957년 전후로 조선인미술가들이 모색하고자 했던 표현을 살펴보고자 한다. 특히 '민족미술의 창조'에 관한 김창락金昌洛의 관점을 검토하며, 이후 백령과 성리식成利植의 작품을 통해 민족미술이 어떻게 발현되었는지를 구체적으로 분석한다. 그리고 1956년에 개최된 《순회전》을 통해 작품 창작과 발표 과정에서 재일조선인미술가가 무엇을 발견했는지를 추적한다.

제3장 「공통 테마와 '사실'—토론에서 제작으로, 그리고 발표로」에서는 제2장에서 언급한 조선인미술가들이 표현 방식을 모색하는 과정에서 펼친 논의를 정리한다. 특히 토론을 통해 도출된 방법론 중 '테마 제작'에 집중하여 1957년 무렵부터 제작하기 시작한 한동휘韓東輝, 표세종表世宗, 허훈許壎, 김희려金熙麗, 리철주李哲州, 한우영韓宇英, 박일대朴日大의 작품을 분석한다. 또한 이들의 작품이 어떤 발표의 장을 통해 소개되었고, 전시 이후 어떤

반향을 불러왔는지를 고찰할 것이다.

제4장과 제5장은 재일조선인미술가가 주도하고 참가한 전시회를 상세하게 분석한다. 제4장 「연립전, 이국땅에서 남북 분단을 넘어서다」에서는 1961년에 개최된 《연립전》에 주목하며, 제5장 「일본인 미술가와의 접점」에서는 《일본앙데팡당전》과 《조일우호미술전》을 중심으로 조선인과 일본인 미술가 사이의 교류와 연대를 살펴본다.

제6장 「재일조선인미술사를 풀어나가는 이야기」에서는 간토關東와 간사이關西 지역을 기반으로 활동한 미술가들의 인터뷰와 증언을 소개하고 재일조선인 미술 연구에서 구술사oral history연구가 지닌 의의를 정리했다.

이 책에서는 내가 그동안 진행해 온 연구 가운데 처음 언급하는 내용도 포함했다. 박사논문을 바탕으로 삼았으나 단행본으로 다시 집필하는 과정에서 새롭게 추가된 연구 성과를 최대한 반영하여 발전적으로 논하고자 힘썼다. 발표 후 시간이 많이 경과한 논문은 이후 추가로 조사한 연구 성과가 최대한 반영되도록 가필했음을 밝힌다(첫 발표 지면에 대해서는 책 뒷부분 「출처」에 게재한다).

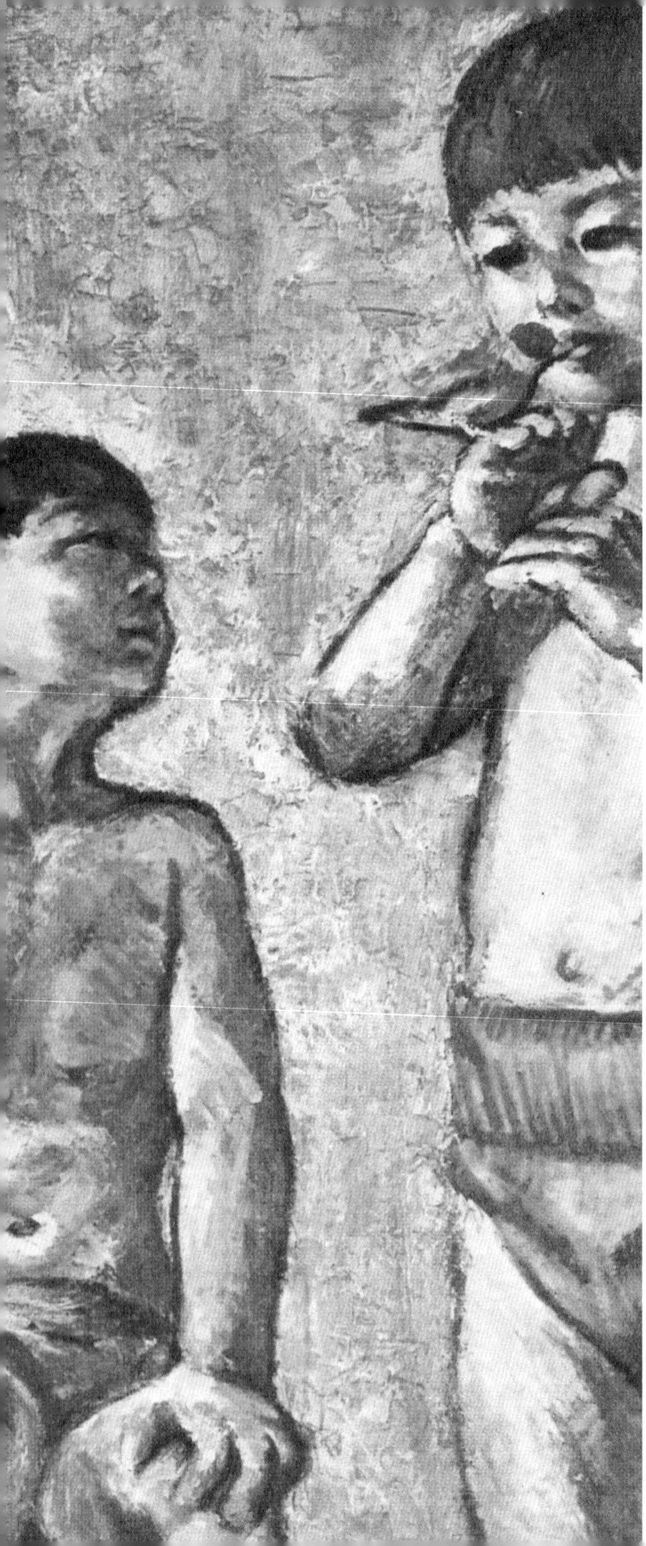

0

『재일조선미술가화집』에 관하여

본론에 들어가기에 앞서 『재일조선미술가화집』(줄여 쓸 때는 『화집』으로 표기)을 소개하고 싶다. 1950년대 재일조선인미술사를 서술하기 위한 가장 중요한 자료이기 때문이다. 이 화집은 재일조선인미술가의 작품만을 수록했을 뿐 아니라, 내가 알기로 재일조선인미술가의 손으로 편집한 최초의 화집이다. 무엇보다 1950년대의 활동을 간단히 정리한 「재일조선미술가들이 걸어온 길」이라는 글이 수록되었다는 점에서 귀중한 사료이다. 그 밖에도 일본인 미술가와 평론가의 글이 실려 있어 당시 재일조선인과 일본인 사이의 관계와 교류 상황도 살펴볼 수 있다.

따라서 이 책에서는 『재일조선미술가화집』에 작품을 수록한 미술가들의 작업과 생애에 초점을 맞추고자 한다. 물론 화집에 등장한 이들이 1950년대에 활동한 재일조선인미술가를 망라한다고 볼 수는 없다. 하지만 이 화집을 분석하는 작업이 1950년대의 재일조선인미술가의 활동을 파악하기 위한 출발점으로 삼기에 가장 적합하다고 생각한다.

『재일조선미술가화집』의 발행 주체는 누구이며 발행 시기와 발간 목적은 무엇일까. 어떤 작품이, 어떤 순서로 실려 있는가.

『화집』에 수록된 「재일조선미술가들이 걸어온 길」이라는 기록에는 어떤 내용이 담겨 있을까.

어쩌면 독자들은 이 화집에 대한 정보를 건조하게 소개하는 첫 장의 서술 방식에 다소 흥미를 잃거나 지루하다고 여길지도 모르겠다. 자료 해설보다 작가들의 활동과 역사가 궁금한 독자라면 서장을 건너뛰고 다음 장부터 읽어도 글의 흐름으로는 문제가 없을 것이다. 제1장부터는 화집의 내용을 자주 인용하기 때문에 필요할 때마다 서장으로 돌아와 참고하는 방식도 좋다.

비매품으로 발행된 『화집』은 현재 소장처를 확인하기 어렵고 책을 입수하기도 곤란하다. 이런 상황을 고려하여 우선 책의 모양새를 간략하게 소개한 뒤, 목차와 도판 목록, 발간사, 편집 후기 전문을 게재하고 필요한 설명을 보충하는 방식을 따르고자 한다.

『화집』에 수록된 글인 「화집 간행에 제際하여」, 「화집에 보내는 말」, 「십 년간」, 「조선의 벗에게」, 「재일조선미술가들이 걸어온 길」에 관해서는 본론에서 자세히 살필 예정이므로, 서장에서는 간단하게 언급한다. 당시 재일조선인미술가들이 펼쳤던 활동의 핵심에는 '테마 제작'이라는 방법론이 있었기에 화집의 구성과 내용을 개관한 후 화집에 실린 '테마 작품'에 관해서도 간략히 다룰 것이다.[1]

1 재일조선인 문학사를 전공한 송혜원宋惠媛 씨가 제공한 화집의 정오표를 참고로 수정한 정보를 반영하여 표기했다.

1.

외관

— 사이즈와 표제

『재일조선미술가화집』의 크기는 세로 26.3 cm, 가로 18.5 cm이며(B5용지와 비슷한 크기) 두께는 1.3 cm이다.(fig.1) 표지와 뒤표지, 속표지 모두 진한 갈색이며 황갈색 보관용 상자에 꽂혀 있다.

표지 위쪽으로 1/4 정도 되는 위치에 가로로 在日朝鮮美術家画集, 중앙에는 한글로 크게 '화집', 오른쪽 아래에 발행 연도 1962가, 가장 아래쪽에는 비교적 작은 글씨로 在日本朝鮮文学芸術家同盟美術部라고 쓰여 있으며, 뒤표지에는 在日朝鮮美術家画集 1962라고만 적었다. 글자는 모두 금박으로 찍었다.

표지 다음에 크림색 속지를 두 장 삽입했는데, 두 번째 장에는 "이 화집을 영광스러운 조선로동당 제4차 당 대회에 드린다"라는 문구가 손 글씨로 적혀 있다.(fig.2) 조선노동당 제4차 당 대회는 1961년 9월 11일부터 18일까지 열렸다. 속지 두 장을 넘기면 보다 얇은 종이에 세로로 在日朝鮮美術家画集 화집 在日本朝鮮文学芸術家同盟 美術部라고 적어 놓았다.

fig. 1 『재일조선미술가화집』 표지

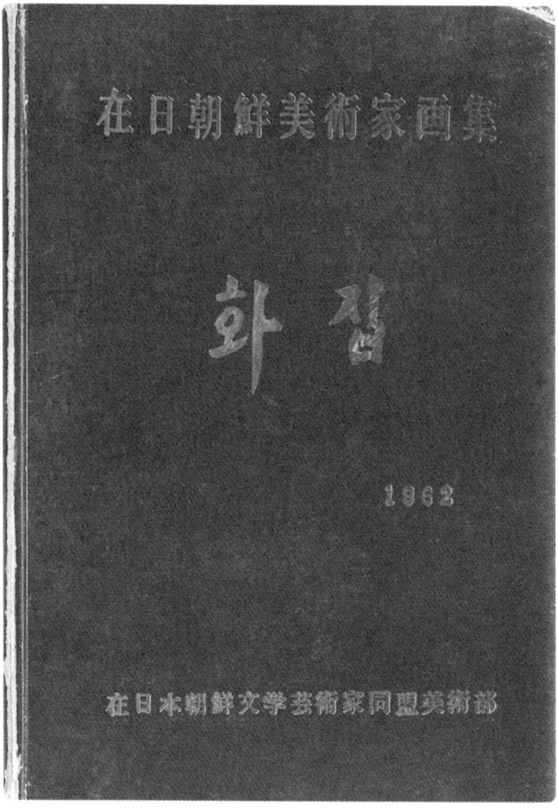

fig. 2 『재일조선미술가화집』 속지

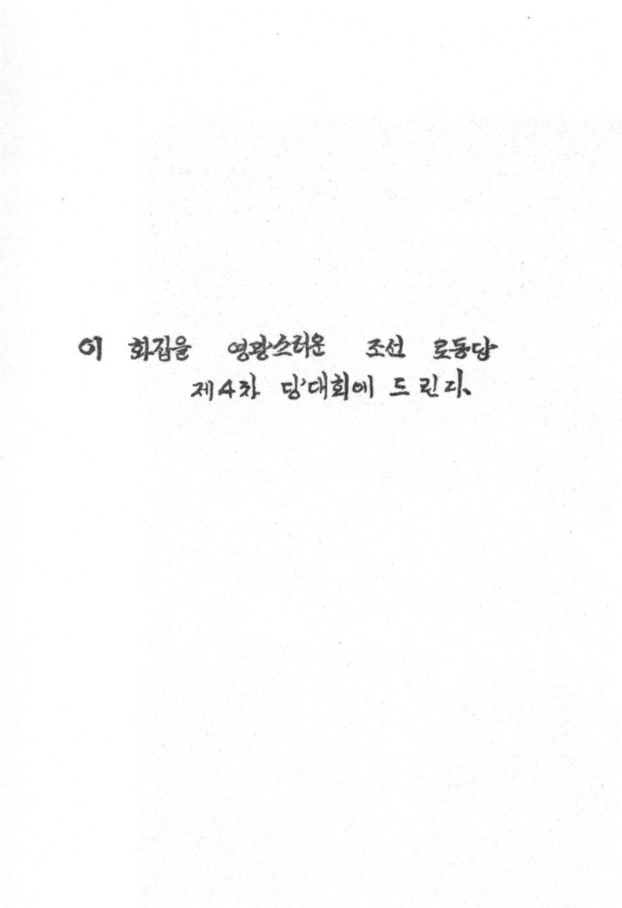
이 화집을 영광스러운 조선 로동당
제4차 당대회에 드린다.

fig. 3 『재일조선미술가화집』 목차

在日朝鮮美術家画集

目　　次

編集委員名単

金　昌　徳
韓　宇　英
許　　　壎
白　　　玲

表紙題字 韓 徳銖 総聯中央議長
目次・本文 構 成 李 景 薫

2.

목차와
수록 작품 목록

첫 장을 넘기면 왼쪽에 목차와 편집위원 명단, 표지 제자題字와 목차·본문 구성을 담당한 사람의 이름이 일본어로 차례대로 정리되어 있다.(fig.3)

목차를 번역하면 [표1]과 같다.

[표1] 『재일조선미술가화집』의 목차

발행사 - 재일본조선미술가화집 편집위원회 … 4
화집 간행에 제하여 - 재일본조선인총연합회 중앙상임위원회 … 92
화집에 보내는 말 - 재일본조선문학예술가동맹 중앙상임위원회 … 94
십 년간 - 마쓰야 쓰토무 … 96
조선의 벗에게 - 미타 겐지로 … 97
재일조선미술가들이 걸어온 길 - 편집부 … 98
수록 작가 명단 … 102
화집 간행 협력자 명단 … 103
편집 후기 … 104

맨 앞에 실린 「발행사」와 다음 글 「화집 간행에 제하여」 사이에는 83쪽에 걸쳐 65점의 작품 도판이 수록되어 있다. 도판이 끝난 다음 장인 「화집 간행에 제하여」부터 「편집 후기」까지가 '본문'에 해당하는 부분이다.

편집위원 명단에는 김창덕, 한우영, 허훈, 백령이라는 이름이 등장한다. '표지 제자', 즉 표지 제목의 글씨를 쓴 담당자로 '한덕수韓德銖 총련 중앙의장'이라고 이름을 밝혀 놓았으며, 마지막으로 '목차·본문'을 구성한 '리경훈李景薰'(제6장 참조)의 이름도 적혀 있다.

목차 오른쪽 페이지에는 '원색판 목록'과 '사진도판 목록'이 등장하는데, 원색판은 컬러로 인쇄된 도판을 의미하며 사진도판은 흑백 도판을 뜻한다. 15점의 컬러와 50점의 흑백 도판이 수록되어 있으며 목록에 표기된 제목은 다음과 같다.[2]

[표2] 원색판 목록

1. 민족 군상 '가련다 조국의 품안에로' - 허훈 13
2. 나도 가련다 - 백령 15
3. 귀국의 기쁨 - 백령 17
4. 귀국 환송 - 김희려 19
5. 가난한 생활 - 김창덕 33

2 옮긴이—목록에는 작품 제목이 일본어로 기재되어 있으나, 이를 번역하지 않고 각 도판 아래 캡션에 한글로 병기된 제목으로 표기했다. 이하 본문에서 『화집』 수록 작품이 언급될 때도 특별한 언급이 없는 한 이 제목을 따른다.

[표3] 사진도판 목록

목차와 도판 목록를 넘기면 한글과 일본어로 발행사가 나오며, 다음 페이지부터 작품을 게재했다. 컬러와 흑백 작품 모두 한 페이지당 한 점씩 실려 있으며, 단면 혹은 펼침면(양면)으로 인쇄되어 있다. 작품 아래에는 제목(한글과 일본어)과 크기, 제작 연도, 작가명(한자) 순서로 적혀 있다.

목차에 컬러와 흑백 도판을 구분하여 배치했으므로 『화집』이 어떤 순서로 구성되었는지 알기 어렵다. 예를 들어 흑백 작품 4번 한우영의 〈강제송환 반대〉와 5번 리필건의 〈귀국의 날〉은 각각 11쪽과 21쪽에 실렸고, 중간에 열 페이지가 비어 있다. 실제로 『화집』을 펼쳐 보면 원색판(컬러) 1번 허훈의 〈민족 군상 '가련다 조국의 품안에로'〉(13쪽)부터 4번 김희려의 〈귀국 환송〉(19쪽)까지 네 점이 〈강제송환 반대〉와 〈귀국의 날〉 사이에 끼어 있는 셈이다. 『화집』은 이런 식으로 중간에 컬러 도판을 배치한 곳이 세 군데 더 있다. 도판의 게재 방식에 관해서는 화집의 '본문' 내용을 살펴본 후 테마와 모티프, 사실성이라는 키워드를 통해 분석할 것이다.

목차 다음 장에는 한글과 일본어로 된 발행사가 실려 있다.(fig.4) 조금 길지만 전문을 소개하면 다음과 같다.

발행사

이번에 우리들은『재일조선미술가화집』을 발간하게 되었다.

해방 전 일본에 미술을 공부하기 위하여 건너 온 조선인 화가는 상당한 수에 달하며 그들 가운데는 오늘 조국의 화단에서 활약을 하고 있는 사람도 많다.

현재 일본에 있어서의 조선인 미술가의 창작 활동은 해방 전부터 활동을 하여 온 작가들이 지도적 역할을 놀고 있으나 해방 후에 진출한 신인들의 역량이 중심으로 되어 있다.

일본에서 조선인 미술가들이 조직을 갖게 된 것은 해방 후의 일이며 확실한 조직적 활동을 하게 된 것은 겨우 6-7년에 불과하다. (본 화집「재일조선미술가들의 걸음」참조)

그리고 최근까지 우리들의 작품 발표의 마당은 주로 일본의 공모전 특히 일본미술회의 일본안데판단전이었으며 자체의 힘으로 종합적인 전람회를 조직하기에는 역량이 부족하였다.

또 우리들의 창작 경향도 전위 예술, 절충파, 자연주의, 사실주의 등등으로 갈라져 잡다하였으며 1953년에 '재일조선미술회'가 결성된 당시에는 이러한 형형색색의 경향을 가진 미술가들이 조국 해방 전쟁을 계기로 조선민주주의인민공화국을 지지한다는 기본선 위에 결집되었던 것이다.

그래서 많은 화가들은 우선 자기 개조를 시작하게 되었다. 이 시기 '조국 해방 전쟁'이 미술가들에게 준 교훈은 자못 큰 것이었다. 작가들 중에는 일본 공모전에서 떨어져 나가는 사람, 창작상의 문제로 고민하는 사람이 나타났으며 '정치와 예술'의 과제를 가지고 토론이 벌어졌었다.

1958년, 재일 동포들의 공화국에로의 귀국이 실현되는 시기에 재일조선인미술가들은 처음으로 전국적 규모로 조선민주주의인민공화국 창건기념 미술전을 가졌다. '재일 동포들의 생활'을 테마로 한 100호의 대작 11점을 중심으로 100여 점의 작품들이 동포들에게 큰 감명을 주었다. 이 전람회는 결함도 있었으나 우리들의 한 가지 방향을 확립하게 된 기념적인 이정표로 되었다.

이 성과를 기초로 하여 1960년에는 '공화국에로의 귀국', '남조선 인민 봉기' 등을 테마로 한 100호로부터 1000호까지의 대작 10여 점을 비롯하여 수십 점의 작품으로 조선해방 15주년 기념미술전을 가졌다. 이 작품들은 동포들은 물론 일본인 대중에게도 큰 감동을 주었으며 일본 화단 특히 리얼리즘 작가들 사이에 큰 반향과 논의를 일으켰다.

재일조선인미술가들이 걸어갈 근본적인 방향이 결정적으로 확정되었다. 즉 사회주의 리얼리즘의 이념과 실천의 방향이 그것이다. 우리들은 우리의 이념의 출발점으로 되는 최근 2-3년 사이에 거둔 성과를 『재일조선미술가화집』으로서 수집하여 보았다. 그러나 여기에는 결함과 미숙점들이 있으나 여러 가지 의미에서의 자기 확인을 이 화집에 표상하여 금후의 창작과 실천의 발판으로 할 것이다.

지난 9월에 진행된 로동당 제4차 대회에서는 조국의 평화적 통일을 지향하는 7개년 계획의 위대한 전망을 밝히어 우리 민족의 새로운 역사의 문을 열었다. 우리들은 이 대회 결정을 높이 받들고 조국의 평화적 통일을 달성하기 위해서와

fig. 4 「발행사」,『재일조선미술가화집』

發　　行　　辭

이번에 우리들은 《재일 조선 미술가 화집》을 발간하게 되였다.

해방 전 일본에 미술을 공부하기 위하여 건너 온 조선인 화가는 상당한 수에 달하며 그들 가운데는 오늘 조국의 화단에서 활약을 하고 있는 사람도 많다.

현재 일본에 있어서의 조선 미술가의 창작 활동은 해방 전부터 활동을 하여 온 작가들이 지도적 역할을 놀고 있으나 해방 후에 진출한 신인들의 력량이 중심으로 되여있다.

일본에서 조선인 미술가들이 조직을 갖게 된 것은 해방 후의 일이며 확실한 조직적 활동을 하게 된 것은 겨우 6～7년에 불과하다. (본화집「재일 조선 미술가들의 걸음」참조)

그리고 최근까지 우리들의 작품 발표의 마당은 주로 일본의 공모전 (公募展) 특히 日本美術会의「일본 안데관단전」이 였으며 자체의 힘으로 종합적인 전람회를 조직하기에는 력량이 부족하였다.

또 우리들의 창작 경향도 전위 예술 (前衛芸術), 절충파 (折衷派), 자연주의 (自然主義), 사실주의 (写実主義) 등 등으로 갈라져 잡다하였으며 1953년에「재일 조선 미술회」가 결성된 당시에는 이러한 형형 색색의 경향을 가진 미술가들이 조국 해방 전쟁을 계기로 조선 민주주의 인민 공화국을 지지한다는 기본선 우에 결집되였던 것이다.

그래서 많은 화가들은 우선 자기 개조를 시작하게 되였다. 이 시기「조국 해방 전쟁」이 미술가들에게 준 교훈은 자못 큰 것이였다. 작가들 중에는 일본 공모전에서 떨어져 나가는 사람, 창작상의 문제로 고민하는 사람이 나타났으며 《정치와 예술》의 과제를 가지고 토론이 벌어졌었다.

1958년, 재일 동포들의 공화국에로의 귀국이 실현되는 시기에 재일 조선 미술가들은 처음으로 전국적 규모로《조선 민주주의 인민 공화국 창건 기념 미술전》을 가졌다. 《재일 동포들의 생활》을 제마로 한 100호의 대작 11점을 중심으로 100여점의 작품들이 동포들에게 큰 감명을 주었다. 이 전람회는 결함도 있었으나 우리들의 한가지 방향을 확립하게 된 기념적인 리정표로 되였다.

이 성과를 기초로 하여 1960년에는《공화국에로의 귀국》《남조선 인민 봉기》등을 제마로 한 100호로부터 1000호까지의 대작 10여점을 비롯하여 수십점의 작품으로《조선 해방 15주년 기념 미술전》을 가졌다. 이 작품들은 동포들은 물론 일본인 대중에게도 큰 감동을 주었으며 일본 화단 특히 레아리즘 작가들 사이에 큰 반향과 론의를 일으켰다.

재일 조선 미술가들이 걸어 갈 근본적인 방향이 결정적으로 확정되였다. 즉 사회주의 레아리즘의 리념과 실천의 방향이 그것이다. 우리들은 우리의 리념의 출발점으로 되는 최근 2～3년 사이에 거둔 성과를「재일 조선 미술가 화집」으로서 수집하여 보았다. 그러나 여기에는 결함과 미숙점들이 있으나 여러가지 의미에서의 자기 확인을 이 화집에 표상 (表象) 하여 금후의 창작과 실천의 발판으로 할 것이다.

지난 9월에 진행된 로동당 제4차 대회에서는 조국의 평화적 통일을 지향하는 7개년 계획의 위대한 전망을 밝히여 우리 민족의 새로운 력사의 문을 열었다. 우리들은 이 대회 결정을 높이 받들고 조국의 평화적 통일을 달성하기 위해서와 앞으로의 창작 활동에서 더욱 빛나는 성과를 거둘 것이다.

이 화집은 경제적으로 매우 곤난한 조건 하에서 기획되였으나 다행히 여러 동포 유지의 협력으로 발행하게 되였다. 지면을 통해서 감사를 드린다.

1961원 12월

「재일 조선 미술가 화집」 편집 위원회

앞으로의 창작 활동에서 더욱 빛나는 성과를 거둘 것이다.

이 화집은 경제적으로 매우 곤란한 조건 하에서 기획되었으나 다행히 여러 동포 유지의 협력으로 발행하게 되었다. 지면을 통해서 감사를 드린다.

1961년 12월 『재일조선미술가화집』 편집위원회

발행사에는 "현재 일본에 있어서의 조선 미술가의 창작 활동은 해방 전부터 활동을 하여 온 작가들이 지도적 역할을 놀고(하고—옮긴이) 있으나, 해방 후에 진출한 신인들의 역량이 중심"이라 하여 식민지 시기와 해방 후의 역사적 연속성을 언급하면서도, "확실한 조직적 활동을 하게 된 것은 겨우 6-7년에 불과하다."고 언급한다. 즉 이 『화집』이 재일조선인미술가의 '집단' 활동에 관한 기록임을 밝히고 있다. 이어 재일조선인미술가의 집단 활동의 전환점이 된 사건으로 1958년의 《조선민주주의인민공화국 창건 10주년 기념미술전》과 1960년에 개최된 《8·15 조국해방 15주년 기념미술전》을 거론한다. 또한 앞의 전시에서는 '재일조선인의 생활'을, 뒤의 전시에는 '공화국으로의 귀국'과 '남조선의 인민 봉기' 등을 테마로 삼아 과제작을 전시했다고 회고한다. 마지막으로 1960년 9월에 조선민주주의인민공화국에서 개최된 조선노동당 제4차 대회에서 명시된 내용에 따라 앞으로 재일조선인미술가에 대한 기대가 높아지기를 바라면서 향후 활동에 관한 소감을 덧붙였다.

『화집』의 표지 뒷면에 적힌 "조선로동당대회에 드린다."라는 문장이나, 「발행사」 속의 "조선민주주의인민공화국을 지지한다.", "과제 제작" 등의 문구로 인하여 많은 이들이 다음과 같이 생각할지도 모른다. '그/그녀들은 조선노동당이나 조선민주주의인민공화국의 정책과 방침을 그대로 따르는 형태로 작품을 제작했을 뿐이다. 그들이 관련된 이 『화집』은 '총련(재일본조선인총연합회)'의 구미에 맞는 작품, 즉 예술성이 높은 작품이라기보다 프로파간다 미술에 지나지 않는다.'라고. 다시 말해 작품을 직접 분석하지도 않고 총련과 관련 있는 미술가들에게는 '표현의 자유'가 없었다고 단정하여 평가하는 경우가 빈번하다. (이러한 생각을 하는 사람들과 이야기를 나눌 때면 나에게도 '연구의 자유'가 없는 것처럼 느껴지곤 한다. 턱없이 부족한 자료의 한계뿐만이 아니라, 이러한 편견 역시 지금껏 재일조선인미술사 연구의 진전을 방해해 온 요인이다.)

재일조선인의 미술사를 이해하기 위해서는 조선인미술가들이 일본 공모전에 출품했다는 사실, 특히 《일본앙데팡당전》에 지속적으로 작품을 발표했다는 점(제5장 참조), 소규모 지역전과 《순회전》을 개최했던 일과 "전위예술, 절충파, 자연주의, 사실주의 등등" 여러 경향과 접하고 있었다는 점, 《조선민주주의인민공화국 창건 10주년 기념미술전》이나 《8·15 조국해방 15주년 기념미술전》뿐만 아니라 한국계(민단계) 재일조선인미술가와도 연대하여 일본 땅에서 활발히 전시를 개최했으며, 그 전시를 일본인들도 관람했다는 점을 기억해둘 필요가 있다.

3.

본문

— 화집에 수록된 텍스트의 분석

전술했듯 작품은 「발행사」 다음 장부터 게재되어 있는데, 목록에 표시된 대로 7쪽부터 89쪽까지 83페이지에 걸쳐 총 65점이 실려 있다. 테마나 모티프에 관해서는 다음 절에서, 작품의 조형적 특징 분석은 제1장 이후에 다루도록 하고, 우선 도판 뒤에 이어지는 '본문'을 살펴보도록 하자. 수록된 내용 및 게재 순서는 다음과 같다.

① 「화집 간행에 제하여」 - 재일본조선인총연합회 중앙상임위원회 (92쪽)

② 「화집에 보내는 말」 - 재일본조선문학예술가동맹 중앙상임위원회[3] (94쪽)

③ 「십 년간」 - 마쓰야 쓰토무 (96쪽)

④ 「조선의 벗에게」 - 미타 겐지로 (97쪽)

⑤ 「재일조선미술가들이 걸어온 길」 (98쪽)

3 옮긴이 : 한글로 작성한 글에는 단체 명의가 '재일본조선문화예술가동맹'으로 표기되어 있으나 오기로 보인다.

⑥「수록 작가 명단」(귀국부원 명단을 포함) (102쪽)

⑦「화집 간행 협력자 명단」(104쪽)

⑧「편집 후기」(104쪽)

①과 ②, ③과 ④는 묶어서 설명한다. ⑤는 해방 이후 재일조선인미술가의 족적을 응축하여 설명한 글이지만 책 전체에 걸쳐 다룰 내용이므로 서장에서는 간단하게만 언급한다. ⑥과 ⑦은 표로 정리하고 간략한 설명을 추가한다. 특히 ⑥과 관련해서는 부록에 수록한 「인명 해설」도 함께 참고하면 좋겠다. 마지막 ⑧은 「발행사」와 마찬가지로 전문을 소개한다.

①「화집 간행에 제하여」

92쪽과 93쪽에는 재일본조선인총연합회 중앙상임위원회 명의의 글이 한글과 일본어로 나란히 실려 있다. 글은 화집의 발행과 관련된 작가들에게 경의를 표하는 내용을 시작으로 "우리 시대 인간들의 고귀한 정신이 높이 드러나야 할 것이며 그것이 풍부한 형상성과 결부되어야" 한다고 강조한다. 이어서 화집에 수록된 작품 중 "조국의 통일을 달성하기 위해 싸우는 결의에 충만하지 않은 작품은 없다."고 강조하며 "큰 자랑이 아닐 수 없다."라고 밝힌다. 글의 마지막에는 미국적인 문화가 범람하는 일본에 살고 있지만 "조국의 문예 정책에 충실"하기를 기대한다고 적혀 있다.

②「화집에 보내는 말」

94쪽부터 95쪽까지 실린 재일본조선문학예술가동맹 중앙상임위원회 명의의 글 역시 한글과 일본어로 나란히 수록했다. "굳은 결의와 북받치는 애국적 정열에 관통되어 있지 않은 작품은 없으며, 미제와 그 주구들을 우리 조국의 남녘땅으로부터 물리치고, 조국의 평화적 통일을 앞당기는 불타는 정신에 일관되지 않은 작품을 찾아볼 수 없다."라는 점을 화집의 특징으로 꼽는다. "미국식 색정주의와 허무주의 기타 가지가지의 퇴폐적인 예술 조류가 범람하고 있는" 일본에서 "끝끝내 우리 조국의 문화 예술 전통에 입각하여 사회주의 사실주의의 횃불을 높이 쳐들고 매진하고 있는" 점을 높이 평가한다.

두 글의 공통점으로는 먼저 단체로서의 입장을 내세웠다는 점을 들 수 있다. 발행사와 마찬가지로 각각 재일조선미술가화집 편찬위원회, 재일본조선인총연합회 중앙상임위원회, 재일본조선문학예술가동맹 중앙상임위원회가 공유한 인식이 서술되어 있다. 두 번째 공통점은 재일조선인미술가들이 '공통 테마'의 작품을 그렸으며, 그 작품군이 시대를 반영하고 있음을 강조한 점이다. 세 번째는 재일조선인 화가의 활동이 당시 그들이 조국으로 인식하고 있던 조선민주주의인민공화국의 문예 방침을 따랐다고는 명확히 밝히지 않았다는 점이다.

③「십 년간」

마쓰야 쓰토무松谷彊의 「십 년간」이라는 글은 재일조선인의 제작 활동에 대해 "처음에는 몇 가닥 가느다란 흐름 밖에는 보이지 않았지만", "눈을 비비고 다시 볼 만한, 역사의 한 페이지를 만들어냈다"고 자리매김하며, 그/그녀들과의 만남이 《일본앙데팡당전》을 통해 시작됐다고 회상한다. 또한 "그들의 활동을 빼놓고 전후 일본 민주주의 미술의 전개를 이야기할 수 없다."고 평가하면서 "일본인과 조선인은 '피를 나눈 형제'"이며 "쌍방이 완벽히 똑같은 지점에 있다면, 사실로 돌아가자."라고 썼다. 한편 일본과 조선 출신의 미술가는 공통 테마로 그린 작품에 대한 자세에서 차이가 있다고 언급하면서 일본의 미술가도 엄혹한 시련을 이겨내고 "독자적인 민족 형식에 의해 무장된, 울림 있는 리얼리즘 예술의 한 줄기 굵은 흐름을 만들어내는 것이 가능"하다며 앞으로 더욱 활발한 교류가 이어지길 바라는 마음을 드러냈다.

④「조선의 벗에게」

97쪽에 수록된 「조선의 벗에게」라는 글을 쓴 미타 겐지로箕田源二郎 역시 마쓰야 쓰토무와 마찬가지로 《일본앙데팡당전》이라는 계기를 통해서 재일조선인미술가와 만났다고 회상한다. 미타는 "조선인미술가의 집단 출품이 강한 인상"을 남겼다면서 그 이유를 "민족적인 과제에 답하고자 하는 자각 위에 섰던 창조 활동이 만들어낸 박력" 때문이라고 언급한다. 이어 일본의 리얼리즘을 비판하면서 "미술과 정치를 분리하자는 요구는 비정치적으로 보이지만 실은 굉장히 정치적이다. 조선인미술가의 집단적 발언은 이런 상황 속에서 더욱 돋보인다."라고 썼다. 마지막으로 리얼리즘과 관련하여 "정치적인 테마를 다룰 때만 미술과 정치의 관계를 의식해서는 안 된다."라며 집단 제작 활동의 과정에서 '몰주체적'이지 않으려는 노력이야말로 일본인과 재일조선인미술가 모두가 지녀야 할 문제의식이라고 지적한다.

제5장에서 구체적으로 다루겠지만, 마쓰야 쓰토무와 미타 겐지로 모두 《일본앙데팡당전》에서 재일조선인미술가들을 만났다는 점이 매우 중요하다. 단체의 입장을 표명한 「발행사」, 「화집 간행에 제하여」, 「화집에 보내는 말」과는 달리, 두 사람은 개인의 입장과 시점에서 재일조선인미술가의 활동에 관해 발언했다. 마쓰야는 전후 일본의 미술운동에 있어 재일조선인의 동향에 관해 서술했으며, 미타는 전후 일본 리얼리즘 미술을 조형적 관점에서 언급했다. 두 평론가는 모두 재일조선인미술가의 작품이 조형적인 면에서 완벽하다고 말할 수는 없다고 지적한다. 하지만 일본 미술계의 현 상황을 돌아보면서, 조선인미술가가 제작 방법으로 채택한 '공통 테마'와 집단적 행동이 전하는 감동에는 의견을 같이 했다는 점에서 주목할 만하다.

⑤「재일조선미술가들이 걸어온 길」

98쪽부터 101쪽까지는 해방 후의 재일조선인미술가의 역사를 한글과 일본어 대역으로 서술했다. 편자가 명기되어 있지는 않지만 '재일조선미술가화집 편찬위원회'임을 짐작할 수 있다. 이 글에서는 1947년 재일조선미술가협회의 설립 경위부터 1962년 『화집』 발행까지의 활동 양상(입회자 추이, 전람회 개최, 작품 출품, 기관지 발행, 이사회 등)을 시간 축을 따라 항목별로 서술하고 있다. 그들이 펼친 활동은 제1장에서 자세히 다룬다.

⑥「수록 작가 명단 및 귀국 부원 명단」

이 항목에는 화집과 관련된 사람들의 이름이 실렸다.「수록 작가 명단」에는 미술가의 이름을 주소, 소속과 함께 기재했고, 아래 사각형 틀 안에는 당시의 시점에서 북으로 귀국했던 부원의 명단이 적혀 있다(옆에 "1961년 11월 25일 현재"라고 표기해 두었다).

『재일조선미술가화집』의 자료적 가치가 높은 이유는 화집에 관련된 인명과 주소가 명기되어 있다는 점이다. 또한 조선민주주의인민공화국으로 귀국한 미술가들 가운데 재일조선인미술가의 집단 활동에 참여했던 이들의 이름이 기록되어 있다는 점에서도 중요하다.

[표4] 화집 수록자 명단[4] (fig.5)

---

1. 김창덕 - 도쿄도 시부야구 (문예동 미술부 부장)
2. 백령 - 가와사키시 (문예동 미술부 부부장)
3. 한우영 - 1962년 1월 귀국 예정 (문예동 미술부 위원)
4. 리철주 - 도쿄도 신주쿠 (문예동 미술부 위원)
5. 허훈 - 사이타마현 (문예동 미술부 위원)
6. 표세종 - 도쿄도 세타가야구 (문예동 미술부 위원)
7. 한동휘 - 도쿄도 아라카와구 (문예동 미술부 위원)
8. 리찬강 - 도쿄도 세타가야구 (중앙예술단)
9. 김희려 - 오사카시 이쿠노구 (문예동 오사카 지부장)
10. 리경훈 - 오사카시 덴노지구 (오사카 지부 미술부장)
11. 오림준 - 요코하마시 가나가와구 (가나가와 지부 사무국장)
12. 전화황 - 교토시 히가시구 (문예동 교토 지부장)
13. 고삼권 - 도쿄도 스미나가구 (가나가와중고 교원)
14. 안천룡 - 도쿄도 시부야구
15. 리경조李耕助 - 도쿄도 스미나가구 (도쿄제5중 교원)
16. 강영세 - 도쿄도 (도쿄제1중 교원)
17. 김인순 - 오사카시 덴노지구
18. 리경조李景朝 - 오사카시 덴노지구
19. 송영옥 - 오사카시 덴노지구
20. 박일대 - 나고야시
21. 리필건 - 나고야시 지쿠사구
22. 손병문 - 나고야시 지쿠사구

4 옮긴이-『화집』에는 번지수와 전화가 있는 경우 전화번호까지 기재되어 있으나, 여기서는 지역명과 소속까지만 번역했다.

fig. 5 「화집 수록자 명단」과 「귀국자 명단」, 『재일조선미술가화집』

画 集 収 録 者 名 単

金 昌 徳	東京都 渋谷区 代々木大山町 1036	(文芸同美術部長)
白 玲	川崎市 浅田町 2~21 TEL 川崎 ③ 7023	(文芸同美術部副部長)
韓 宇 英	1962 年 1 月帰国予定	(文芸美術部委員)
李 哲 州	東京都 新宿区 新大久保 4—170—145	(文芸同美術部委員)
許 壎	埼玉県 北足立郡 戸田町 新曽 572	(文芸同美術部委員)
表 世 鐘	東京都 世田谷区 北沢 3—1067	(文芸同美術部委員)
韓 東 輝	〃 荒川区 日暮里町 6—314	(文芸同美術部委員)
李 讚 康	〃 世田谷区 上北沢 3—857 愛育園内	(中 央 芸 術 団)
金 熙 麗	大阪市 生野区 東桃谷町 1—5825	(文芸同大阪支部長)
李 景 薫	大阪市 天王寺区 本野町 35 ヌーボオ内	(大阪支部美術部長)
呉 林 俊	横浜市 神奈川区 泉町 5 小野方	(神奈川支部事務局長)
全 和 凰	京都市 東山区 九条駅前天文台下	(文芸同京都支部部長)
高 三 権	東京都 杉並区方南町 32 永和荘内	(神奈川中・高教員)
安 千 竜	東京都 渋谷区 代々木本町 804 平田方	
李 耕 助	東京都 杉並区 方南町 32 永和荘内	(東京第五中教員)
裵 英 世	〃 北多摩郡 久留米町 大字門前 334 小糸アパート内	(東京第一中教員)
金 仁 順	大阪市 天王寺区 本野町 35 ヌーボオ内	
李 景 朝	〃 〃 〃	
宋 英 玉	〃 〃 〃	(教 員)
朴 日 大	名古屋市 東府 矢田町 11~14 近藤内	(東海支部美術部長)
李 弼 建	〃 千種区 猪高町 高針 東古谷 241	
孫 炳 文	〃 千種区 青柳町 4—51	
金 成 熙	愛知県 瀬戸市 藤四郎町 26	
金 潤 錫	東京都 台東区 浅草向島 柳原町 2—32 ナイロデザイン内	
呉 日	〃 新宿区 筑土八幡町 5 朝鮮新報社内	
成 利 植	東京都 渋谷区 羽沢町 305 佐々木方	
全 哲	〃 新宿区 筑土八幡町 5 朝鮮新報社内	(漫画家)
蔡 峻	〃 〃 〃 〃	(漫画家)

帰国部員名単 (1961 年 11 月 25 日現在)

○朴 史林, ○李 寅斗, △尹 道泳, △延 正錫, ○金 漢道, ○曺 良奎, ○梁 万石,
○張 萬熙, △高 永実, △金 昌煎, 盧 忠鉉, △高 任興, 金 承姫, 李 相斗,
柳 昌造, 権 寧一, 康 漢一

○印 朝鮮美術同盟正盟員 △印 朝鮮美術家同盟候補盟員

23. 김성희 - 아이치현 세토시

24. 김윤석 - 도쿄도 다이토구

25. 오일 - 도쿄도 신주쿠구

26. 성리식 - 도쿄도 시부야구

27. 전철 - 도쿄도 신주쿠구 (만화가)

28. 채준 - 도쿄도 신주쿠구 (만화가)

29. 금정혜 - 사이타마현 기타아다치군

[표5] 귀국자 명단

○박사림, ○리인두, △윤도영, △연정석, ○김한도, ○조량규, ○량만석, ○장만희, △고영실, △김창진, 로충현, △고임흥, 김승희, 리상두, 류창조, 권령일, 강한일
○ 조선미술가동맹 정식 동맹원 △조선미술가동맹 후보 동맹원

귀국자 명부 중 ○는 조선미술가동맹(조선민주주의인민공화국의 조선문학예술총동맹 산하 미술 단체)의 정식 동맹원이며, △는 조선미술가동맹의 후보 동맹원을 표기했다. 이 명단 속 로충현盧忠絃과 김승희金承姬는 필자가 2011년 평양에서 직접 만나 인터뷰한 바 있다. 조량규에 관해서는 대한민국과 일본에서 이미 많은 연구가 진행되었다. 그 밖의 인물로는 박사림朴史林(제1장에서 간단히 언급한다), 일본 공모전에 출품하고 일본공산당의 기관지 『아카하타アカハタ(붉은 깃발赤旗이라는 뜻 — 옮긴이)』에 삽화를 그린 작가로 알려진 리인두李寅斗, 책의 장정 업무에 종사한 것으로 확

인된 윤도영尹道泳, 김한도金漢道, 량만석梁万石, 장만희張萬熙(디자이너로 활동했을 가능성이 있음), 고영실高永實, 김창진金昌鎭, 고임흥高任興(『해방신문』 등에 삽화를 게재한 인물로 확인), 리상두李相斗, 류창조柳昌造, 권령일權寧一, 강한일康漢一에 관해서는 자세한 정보를 아직 파악하지 못했다. 이 책의 출판을 계기로 가족이나 지인으로부터 정보를 얻을 수 있게 되기를 간절히 바란다.

⑦「화집 간행 협력자 명단」

발행에 협력했던 사람들의 이름이 게재된 이 명단의 앞부분에는 "이 화집은 다음의 동포 유지有志와 기업체의 협력에 의하여 간행되었습니다. 삼가 감사의 뜻을 드리면서 앞으로의 우리들의 사업에 대하여 두터운 후원과 지도를 바라는 바입니다."라고 밝히고 있다. 기재된 인물들이 어떤 방식으로 협력했는지 전모를 파악하지는 못했지만, 다른 자료를 참고하여 금전적인 측면 이외에도 여러 방면에서 협력이 있었으리라 추정한다. 거론된 인명과 기업명에 관한 조사는 앞으로의 과제로 삼겠지만, 현재까지 파악한 몇 가지 사실을 우선해서 밝혀 둔다.

먼저 20번 한석희韓晳曦는 성공한 상인으로, 조선사 연구자이기도 하다.[5] 그리고 42번 정조문鄭詔文은 교토에 있는 고려미술관의 초대 관장이었다.「편집 후기」에는 7번 오덕吳德, 1번 강대성姜大成, 23번 김한술金漢述 등의 이름을 거론하며 "따뜻한 응원과 협력을 받았다."라고 적혀 있다. 이들은 재일조선인의 미술진흥과 관련된 인물이므로 앞으로 계속 조사할 예정이다. 아울러 협력자 명단 속의 인물들에 관해 앞으로도 주변의 관계자와 가족들로부터 정보를 얻을 수 있기를 바란다.

[표6] 화집 간행 협력자 명단

1	강대성姜大成 (홋카이도)	2	유영식兪英植 (홋카이도)
3	김수한金守漢 (홋카이도)	4	최종수崔鐘守 (홋카이도)
5	조영세趙永世 (홋카이도)	6	강찬봉康讚奉 (간토)
7	오덕呉徳 (도쿄)	8	신우철申祐徹 (간토)
9	정준홍鄭準洪 (간토)	10	서금안徐金安 (도쿄)
11	홍관천洪寛千 (도쿄)	12	조윤제趙潤済 (도쿄)
13	서영호徐泳鎬 (도쿄)	14	리룡李竜 (도쿄)
15	리오달李五達 (도쿄)	16	정극환鄭克煥 (가나가와)
17	정춘화鄭春花 (도쿄)	18	김정일金正一 (도쿄)

5 한석희는 1919년 제주도에서 출생했고 6세 때 일본으로 건너간 이래 오사카, 교토, 도쿄, 고베 등으로 생활 터전을 옮겨가며 상공인과 역사 연구가로서의 삶을 살았다. 1946년 도시샤同志社대학을 졸업했으며 77세에 신학 박사 학위를 취득했다. 조선사 연구에 대한 공헌을 높게 평가받아 1996년 세이큐靑丘문화상, 고베시 문화활동 후노상을 수상했다. 저서로는 『チゲックン(지게꾼)』, 『日本帝国主義下の朝鮮伝道』, 『伝道に生きて―在日大韓基督協会と織田楢次』(공편), 『日本の朝鮮支配と宗教政策』 등이 있다. 한석희의 이력은 자서전 韓晳曦, 『人生は七転八起 : 私の在日70年』(岩波書店, 1997)을 참조할 수 있다.

19	리명주李明柱 (도쿄)	20	한석희韓晳曦 (고베)
21	한석진韓晳晋 (고베)	22	박종길朴鐘吉 (고베)
23	김한술金漢述 (고베)	24	권희조權熙祚 (고베)
25	윤옥동尹玉同 (고베)	26	김현수金賢秀 (고베)
27	송신팔宋辛八 (오사카)	28	김원식金源植 (고베)

⑧「편집 후기」(fig.6)

화집의 마지막에는 한글, 일본어 대역으로 편집 후기가 실려 있다. 화집 전체의 내용과 깊은 관련이 있기에 전문을 옮겨 둔다.

편집 후기

이 화집을 전체 조선 인민에게 거대한 희망과 앞으로의 전망을 주며 새로운 시대를 지시해 준 조선로동당 제4차 당 대회에 드린 것을 무한한 영광으로 생각한다. 여러 애호자들의 애장이 되어지기 바란다.

본래 화집 간행이란 사업은 출판사 관계의 일이나 우리들의 경우에서는 역시 특수 사정에 의하여 미술가 자신의 손으로서 편집, 출판하게 되었다. 여러가지 불비한 점도 있을 것이나마 양해를 바랍니다.

작품 배열에 있어서는 내용을 시대적 면으로 나누어서 '귀국 문제', '동포들의 생활', '남조선의 구국투쟁', '일반 작품'의 순서로 하였다. 테마성이 강하지 않느냐는 비난들도 있을 것이나마 우리들의 사업의 하나의 집약면集約面으로써 받아

fig. 6 「편집 후기」, 『재일조선미술가화집』

편 집 후 기

☆ 이 화집을 전체 조선 인민에게 거대한 희망과 앞으로의 전망을 주며 새로운 시대를 지시해 준 조선 로동당 제 4 차 당 대회에 드린 것을 무한한 영광으로 생각한다. 여러 애호자들의 애장이 되여지기 바란다.

☆ 본래 화집 간행이란 사업은 출판사 관계의 일이나 우리들의 경우에서는 역시 특수 사정에 의하여 미술가 자신의 손으로서 편집, 출판하게 되였다. 여러가지 불비한 점도 있을 것이나마 량해를 바랍니다.

☆ 작품 배렬에 있어서는 내용을 시대적 면으로 나누어서 《귀국 문제》 《동포들의 생활》 《남조선의 구국 투쟁》 《일반 작품》의 순서로 하였다. 테마성이 강하지 않느냐는 비난들도 있을 것이나마 우리들의 사업의 하나의 집약면 (集約面) 으로써 받아 주기 바란다. 또 편집을 하면서 느낀 점은 귀국 문제나 남조선의 인민 봉기에서나 개개의 작품을 배렬해 보면 하나의 드라마, 재일 조선인의 운동의 한 측면이 나타난 것이다. 그러나 이것은 작의적인 합의로서 제작된 것이 아니라 우연적 결과이다.

☆ 현재 조선 미술가들의 창작 사업은 아직 첫걸음에 지나지 않는다. 사회주의 사실주의의 추구에 있어서도 불충분하며 기법에 있어서도 능수지 못하다. 그러나 우리들의 방법이 19세기적이라니, 일본의 전쟁화 (그것는 침략 전쟁의 구가이며 군국주의 제국주의의 협력·선전 수법이였다) 과 동일 차원에 있다니 하는 고의의 중상과는 단호히 대결할 것이다. 물론 우리들 역시 부단한 연구와 반성을 하면서 더욱 풍부한 더욱 높은 예술적 형상의 창조에 노력함을 맹세하면서….

☆ 이 화집 간행에 있어서 오 덕씨 한 석의씨 강 대성씨 김 한술씨를 위시하여 많은 동포들의 따뜻한 격려와 협력을 받았다. 그 협력 없이는 화집 간행은 곤난하였다. 이 자리를 빌려 다시금 감사드린다.

☆ 또 이 화집에 원고를 주신 총련 중앙 한 먹수 의장, 장 철 문화부장, 일본 평론가 마쯔야 (松谷) 씨 화가 미다 (箕田) 씨에게 감사를 드립니다. (백)

주기 바란다. 또 편집을 하면서 느낀 점은 귀국 문제나 남조선의 인민 봉기에서나 개개의 작품을 배열해 보면 하나의 드라마, 재일조선인의 운동의 한 측면이 나타난 것이다. 그러나 이것은 작의적인 합의로서 제작된 것이 아니라 우연적 결과이다.

현재 조선인미술가들의 창작 사업은 아직 첫걸음에 지나지 않는다. 사회주의 사실주의의 추구에 있어서도 불충분하며 기법에 있어서도 능숙치 못하다. 그러나 우리들의 방법이 19세기적이라니, 일본의 전쟁화(그것은 침략전쟁의 구가이며 군국주의 제국주의의 협력, 선전 수법이었다)와 동일 차원에 있다니 하는 고의의 중상과는 단호히 대결할 것이다. 물론 우리들 역시 부단한 연구와 반성을 하면서 더욱 풍부한 더욱 높은 예술적 형상의 창조에 노력함을 맹세하면서……

이 화집 간행에 있어서 오덕 씨, 한석희 씨, 강대성 씨, 김한술 씨를 위시하여 많은 동포들의 따뜻한 격려와 협력을 받았다. 그 협력 없이는 화집 간행은 곤란하였다. 이 자리를 빌려 다시금 감사드린다.

또 이 화집에 원고를 주신 총련 중앙 한덕수 의장, 장철 문화부장, 일본 평론가 마쯔야 씨, 화가 미다 씨에게 감사를 드립니다. (백)

편집 후기에는 먼저 이 화집을 "조선로동당 제4차 당 대회에 바치는 것을 무한한 영광으로 생각"하며, "여러 애호자들에게 애장되기"를 바란다는 희망을 담고 있다. 그리고 출판사가 아니라 "미술가 자신의 손으로서 편집, 출판"했으며, 수록 작품은 테마별로 배열한 점을 덧붙이면서 리얼리즘에 관한 연구가 여전히 취약하다는 점을 스스로 자각하고 있음을 밝히며 이해를 구한다. 마지막으로 간행을 도와준 사람들, 기고자들에게 감사를 표한다.

화집의 전체적인 구성은 이상과 같다. 작품 도판뿐만 아니라, 관련 조직의 축사와 화집에 실린 작품의 작가 이름 및 주소, 협력자의 이름, 「재일조선미술가들이 걸어온 길」이라는 제목의 활동 연혁이 수록되었다는 점에서 이 화집의 자료적 가치는 매우 높다고 할 수 있다.

4.

수록 작품의 특징

— 테마, 모티프, 사실성

테마

제3장에서 상세히 서술하겠지만 본론에 들어가기에 앞서 재일조선인미술가가 집중적으로 제작했던 테마 작품에 대해 간략히 언급해 두고 싶다. 편집 후기 세 번째 항목을 보면, “작품의 배열에 대해서는 내용을 시대적 면으로 나누어서 ‘귀국 문제’, ‘동포들의 생활’, ‘남조선의 구국투쟁’, ‘일반 작품’의 순서로 하였다.”라고 밝히고 있는데, 수록된 작품의 구체적인 내용과 순서는 어땠을까. 『화집』 목차에는 ‘원색판 목록’과 ‘사진도판 목록’으로 분류하고 컬러와 흑백으로 작품을 구분하여 제시하고 있으므로 테마별로 판별하기는 힘들다. 따라서 컬러와 흑백을 기준으로 삼지 않고 화집에 게재된 순서로 작품을 배열하여 자연스럽게 테마별 분류를 파악할 수 있도록 [표7]을 작성했다. 「편집 후기」에서 언급한 테마(귀국 문제, 재일조선인의 생활, 일반 작품, 남조선의 구국투쟁)에 포함되지 않는 주제도 있으므로 다음과

같이 나누었다.

A 김일성 입상

B 귀국 문제

C 재일조선인의 생활

D 일반 작품

E 남조선의 구국투쟁

F 소재와 기법에 따른 분류

B 귀국 문제, C 재일조선인의 생활, D 일반 작품, E 남조선의 구국투쟁에 포함되지 않는 작품을 A와 F로 분류하여 앞뒤로 묶었다. B-E의 테마가 어떤 과정을 거쳐 설정되었는가에 관해서는 제3장에서 다루기로 하고, 서장에서는 A-F 각 그룹을 설명한 후 몇 가지 경향으로 다시 세분화할 예정이다. 이러한 분류 방식에 다른 의견이 있을 수도 있겠으나, 다양한 감상과 논의를 위한 하나의 방법으로 참조해 주기를 바란다.

[표7] 수록 작품의 테마별 분류

A	1	김일성 원수 입상 - 한우영 7
B	2	귀국을 기다리는 사람들 - 한우영 9
귀국	3	밀항 - 김희려 10
문제	4	강제송환 반대 - 한우영 11
	5	민족 군상, '가련다 조국의 품안에로' - 허훈 13
	6	나도 가련다 - 백령 15
	7	귀국의 기쁨 - 백령 17
	8	귀국 환송 - 김희려 19
	9	귀국의 날 - 리필건 21
C	10	타국살이 - 허훈 22
재일	11	노동자의 휴식 - 허훈 23
조선인의	12	낮잠 - 한동휘 24
생활	13	가난한 사람들 - 오일 25
	14	가난한 생활 - 리철주 26
	15	폐선 - 송영옥 27
	16	성인 학교에 나가는 어머니들 (협동작) - 김희려 리경훈 28
	17	성인 학교 (협동작) - 김희려 리경훈 29
	18	내년에는 우리 학교에 - 표세종 30
	19	민족 군상 - 한우영 31
	20	가난한 생활 - 김창덕 33
	21	청년학급 환등회 - 리경훈 35
	22	풍경 - 김창덕 37
	23	가와사키 조선인 부락 - 한동휘 39
	24	풍경 - 성리식 41
	25	나의 애기들 - 금정혜 43
	26	소년 - 고삼권 45

F	53	포스터 - 리경훈 77
소재와	54	포스터 - 한우영 78
기법에	55	포스터 - 한우영 79
따른	56	포스터 - 손병문 80
분류	57	사회주의 건설 - 손병문 81
	58	남자입상 (조각) - 강영세 82
	59	천리마 (모자이크) - 손병문 83
	60	판화 (2점) - 김성희 84
	61	서로 흉금을 털면 (만화) - 전철 85
	62	미제의 산수 (만화) - 채준 86
	63	가속도 (만화) - 채준 87
	64	춘향전 (무대미술) - 리찬강 88
	65	아름다운 조선 (무대미술) - 리찬강 89

A에 해당하는 작품은 한우영의 〈김일성 원수 입상〉(fig.7) 단 한 점이다.

B의 '귀국 문제'에서 다루는 '귀국'이란 1959년 12월부터 시작된 재일조선인의 조선민주주의인민공화국 이주 사건을 가리킨다. 제2차 세계대전이 끝난 직후, 일본에 있던 조선인 약 200만 명 중, 3분의 2는 고향으로 돌아갔지만 약 60만 명은 일본에 남았다. 1950년부터 1953년까지 6·25 전쟁을 겪은 후 일본에 사는 조선인 중에서도 귀향을 원하는 사람들이 생겼다. 1959년 12월 제1회 귀국선 출항을 시작으로 1970년대 말까지 약 9만 명의 재일조선인이 북으로 돌아갔다. 편집위원회가 제시한 '귀국 문제'

fig. 7 한우영, 〈김일성 원수 입상〉, 210cm, 소장처 불명((출처: 『새일조선미술가화집』).

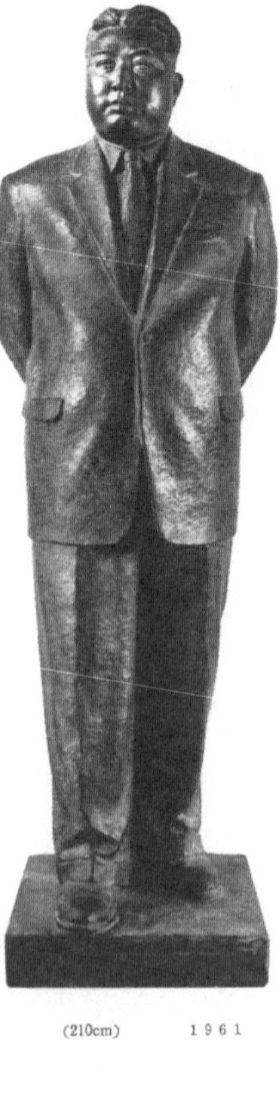

김 일성 원수 립상 (210cm) 1961 韓 宇 英 作
金 日成 元帥 立像

란 이를 둘러싼 다양한 사건에 관한 것이다. 재일조선인미술가들은 1958년 말에 귀국에 관한 좌담회를 개최하고 자신들의 귀국 시기에 관해 이야기한 바 있다.(제3장 참조)

'귀국 문제'로 분류된 작품은 다시 두 그룹으로 나눌 수 있다. 하나는 김희려의 〈밀항〉(fig.8)과 한우영의 〈강제송환 반대〉(fig.9)처럼 재일조선인과 대한민국의 관계를 묻는 작품군이다. 다른 하나는 백령의 〈귀국의 기쁨〉(fig.10), 김희려의 〈귀국 환송〉(제3장, 187쪽)과 같이 일본에서 조선민주주의인민공화국으로 귀국한 재일조선인을 그린 작품군이다. 따라서 '귀국 문제'로 분류된 작품은 1945년 이후 조선인이 일본과 한반도 사이를 왕래했던 일을 테마로 삼았다고 할 수 있다.

[표8] '귀국 문제'로 분류되는 작품

분류	소분류	작품 수
귀국 문제	대한민국과의 관계	2점
	조선민주주의인민공화국과의 관계	6점
	합계	8점

다음 'C 재일조선인의 생활'은 '동포 생활'로 기록되어 있는데, 여기서 '동포'란 일본에서 사는 조선인을 가리킨다. 일반적으로 '동포'라고 말할 때는 사는 지역과 관계없이 같은 민족을

↑ fig. 8 김희려, 〈밀항〉, 1961년, 90×72cm, 재일코리안미술작품보존협회(ZAHPA) 소장(출처: 『재일조선미술가화집』).
↓ fig. 9 한우영, 〈강제 송환 반대〉, 1960년, 112×161cm, 소장처 불명 (출처: 『재일조선미술가화집』).

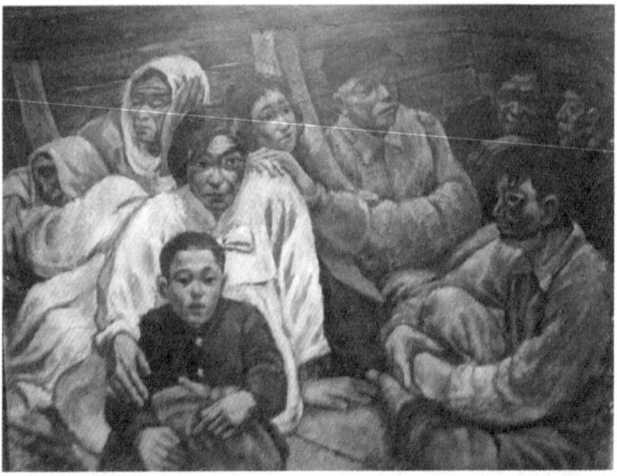

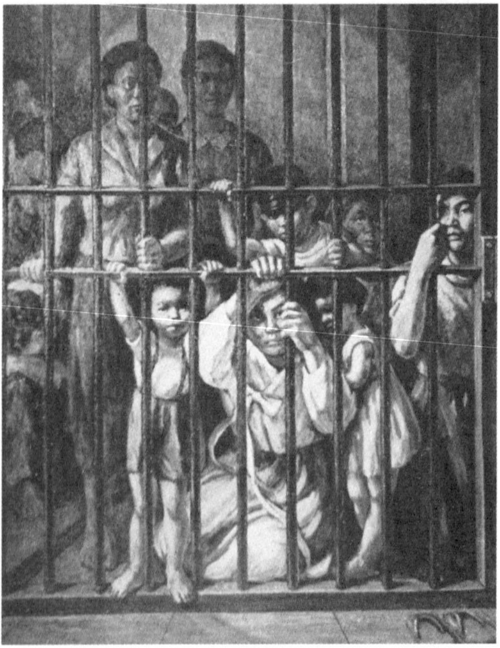

fig. 10　백령, 〈귀국의 기쁨〉, 1961년, 130×80cm,
재일코리안미술작품보존협회(ZAHPA) 소장(출처: 『재일조선미술가화집』).

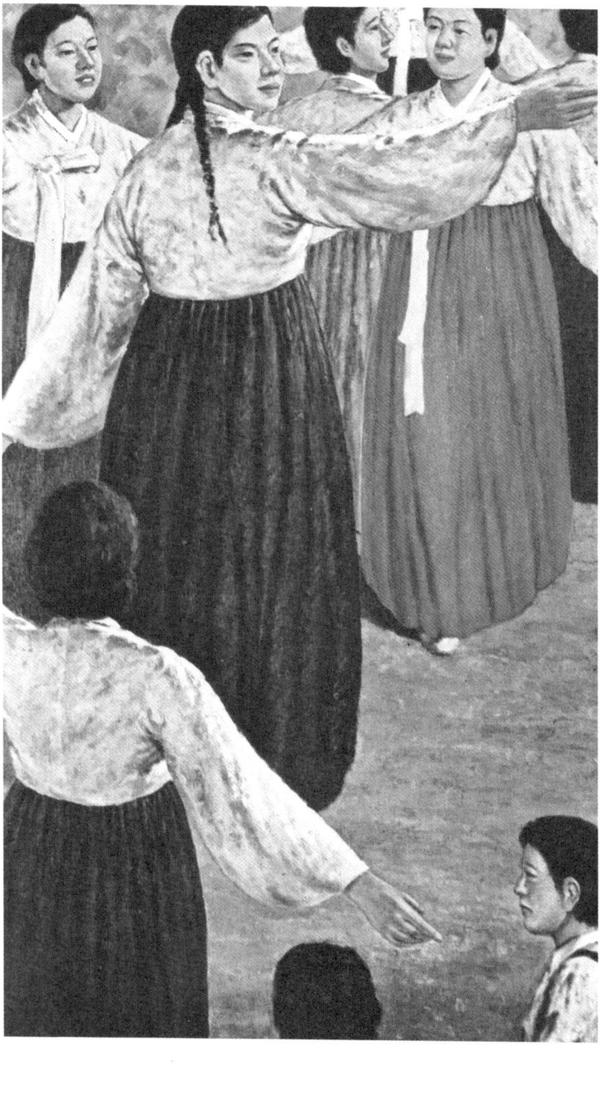

가리키는 경우가 많지만, 여기에서는 특정 지역인 일본에 거주 중인 조선인을 뜻한다고 보아도 좋다. C는 다시 네 가지로 세분할 수 있다. 1) 노동하는 모습, 2) 조선어(한글)나 조선 문화를 배우는 사람, 3) 일본 풍경, 4) 아이들의 모습이다. 노동자가 일하는 모습을 그린 작품으로는 허훈의 〈타국살이〉(fig.11)와 〈노동자의 휴식〉(fig.12), 한글을 배우는 사람들의 모습을 그린 작품으로는 김희려와 리경훈의 합작 〈성인 학교에 나가는 어머니들〉(fig.13), 일본 풍경을 그린 작품은 한동휘의 〈가와사키 조선인 부락〉(제3장, 177쪽), 성리식의 〈풍경〉(제2장, 155쪽), 조선인 아이들을 그린 것으로 금정혜琴靜惠의 〈나의 애기들〉(fig.14) 등이 있다.

[표9] '귀국 문제'로 분류되는 작품

분류	소분류	작품 수
재일조선인의 생활	일하는 모습	8점
	조선말과 문화를 배우는 모습	4점
	일본의 풍경	3점
	아이들의 모습	2점
	합계	17점

'D 일반 작품'은 주변 사물을 대상으로 균형을 고려하여 배치한 후 그린 작품(정물화), 인상적인 풍경을 그린 작품(풍경화), 모

← fig. 11　허훈, 〈타국살이〉, 1961년, 116×91cm, 소장처 불명
(출처: 『재일조선미술가화집』).
→ fig. 12　허훈, 〈노동자의 휴식〉, 1961년, 116×91cm, 소장처 불명
(출처: 『재일조선미술가화집』).

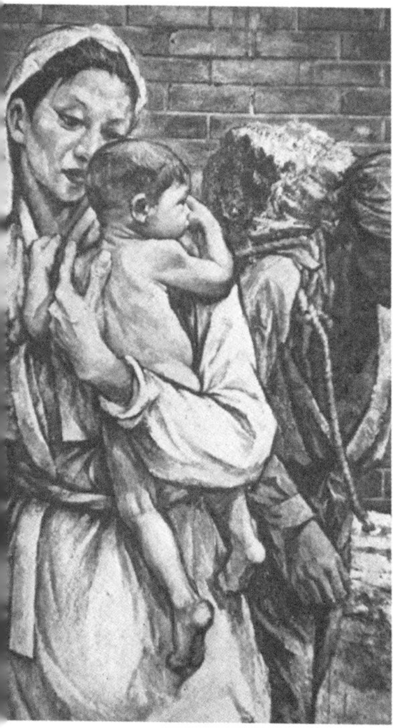

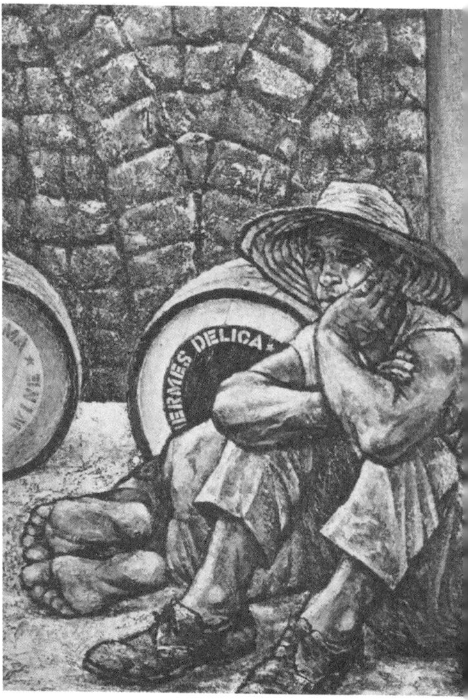

fig. 13　김희려·리경훈, 〈성인 학교에 나가는 어머니들〉, 1958년, 162×130cm.
소장처 불명(출처: 『재일조선미술가화집』).

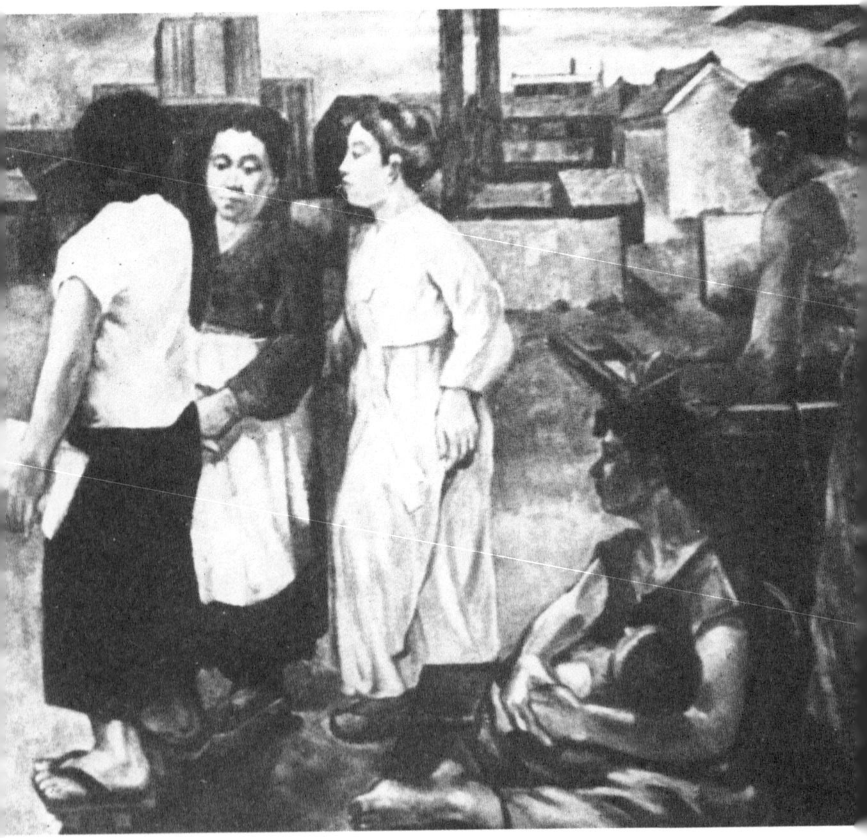

fig. 14　금정혜, 〈나의 애기들〉, 1961년, 80×116cm,
재일코리안미술작품보존협회(ZAHPA) 소장(출처: 『재일조선미술가화집』).

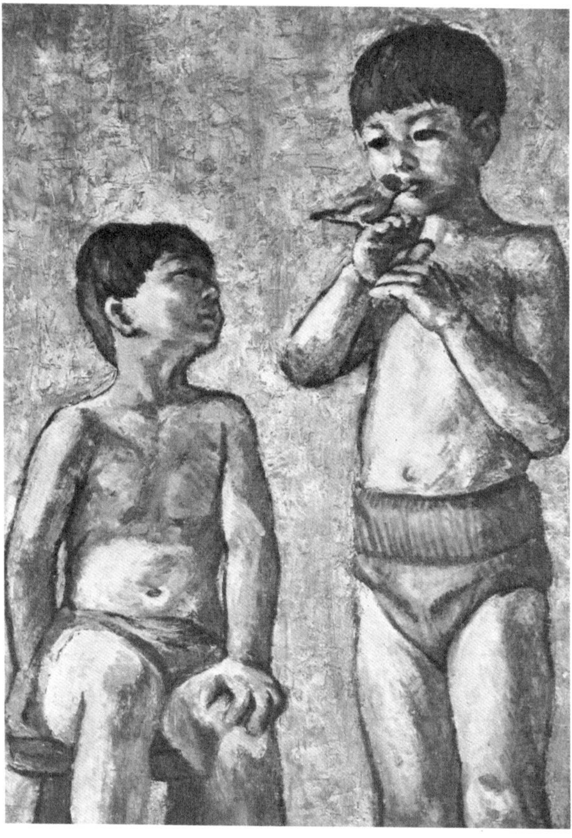

델을 설정하여 그린 작품(인물화)으로 나눌 수 있다. 그러나 이 분류법은 사실상 매우 까다롭다. 정물화 중에서, 예를 들어 리철주의 〈탁주와 명태〉(fig.15)는 조선인의 생활을 반영했다고 해석할 경우, C로 분류하는 것도 가능하다. 또한 풍경화에 속한 작품이지만 리경조李景朝의 〈풍경〉은 쓰루하시鶴橋역(재일조선인이 많이 모여 사는 오사카 이쿠노生野구에 속해 있다 — 옮긴이) 주변을 그린 것이다(제6장, 366쪽). C로 분류한 한동휘의 〈가와사키 조선인 부락〉이나 성리식의 〈풍경〉 역시 작가 인터뷰를 통해 조선인이 사는 현장을 그렸다는 사실을 확인할 수 있었다. 다시 말해 모두 '재일조선인의 생활'과 밀접한 관계가 있음에도 불구하고 C나 D로 나눈 셈이다. 당시의 미술가들이 생각한 분류 기준을 모두 이해하기는 힘들다. 이렇듯 미술 작품을 분류하는 작업에는 언제나 어려움이 따른다.

[표10] '일반 작품'으로 분류되는 작품

분류	소분류	작품 수
일반 작품	정물화	6점
	풍경화	6점
	인물화	2점
	합계	14점

다음으로 'E 남조선의 구국투쟁'이다. '남조선'이란 대한민국을 뜻하며, '구국투쟁'은 1960년에 일어난 4·19 혁명을 가리킨다. 이러한 테마를 그린 작품 역시 크게 두 범주로 나눌 수 있다. 하나는 표세종의 〈삶〉(fig.16), 박일대의 〈유랑(남조선)〉(fig.17)처럼 남쪽의 힘겨운 생활상을 그린 작품이며, 또 하나는 리철주의 〈피로 물들인 교복〉(제3장, 210쪽)과 같이 실제 가두집회에 나선 사람들의 모습을 그린 작품이다. 지금도 그렇지만 재일조선인의 고향은 대부분이 한반도 남쪽이었다. 대한민국의 민주화 투쟁은 귀국 문제와 마찬가지로 당시 재일조선인이 가장 관심을 두었던 사건 중 하나였다. 4·19 혁명을 테마로 다룬 작품을 12점 확인할 수 있는데, 재일조선인미술가가 당시 대한민국의 모습을 실제로 보지는 못했다는 점을 고려하면, 입수할 수 있는 사진의 정보를 참고하여 그렸을 것으로 추정한다(상세한 내용은 제3장에서 다룬다).

[표11] '남조선의 구국 투쟁'으로 분류되는 작품

분류	소분류	작품 수
남조선의 구국투쟁	대한민국 민중의 생활	5점
	데모(집회) 현장의 모습	7점
	합계	12점

← fig. 15　리철주, 〈탁주와 명태〉, 1961년, 53×65cm, 소장처 불명 (출처: 『재일조선미술가화집』).

→ fig. 16　표세종, 〈삶〉, 1961년, 91×73cm, 소장처 불명 (출처: 『재일조선미술가화집』).

↓ fig. 17　박일대, 〈유랑(남조선)〉, 1961년, 65×50cm, 소장처 불명(출처: 『재일조선미술가화집』).

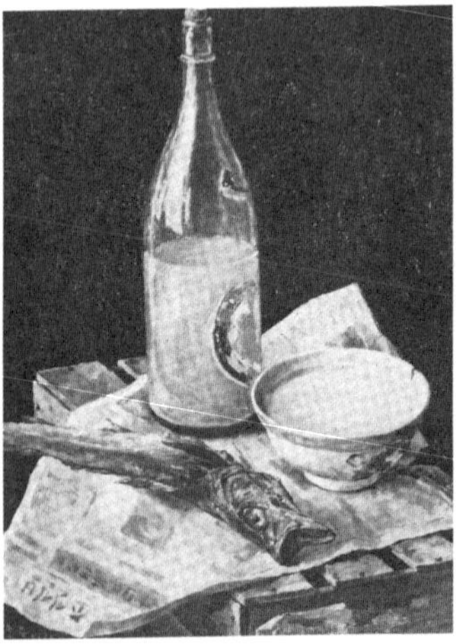

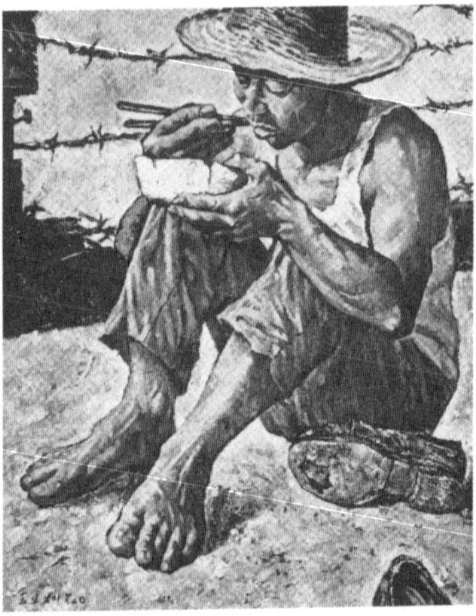

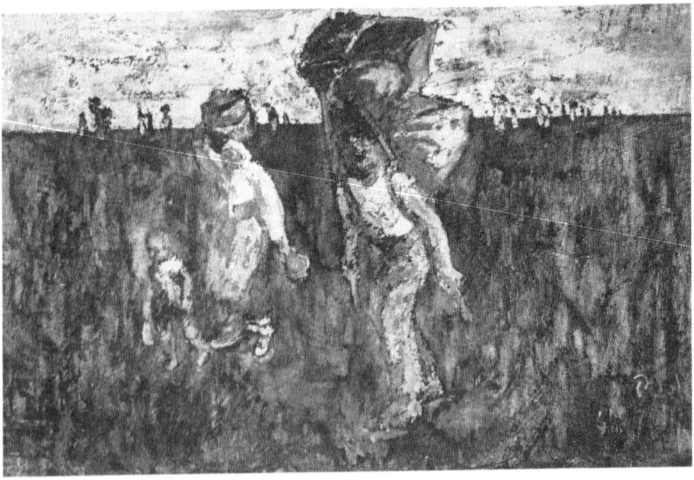

마지막으로 'F 소재와 기법에 의한 분류'에 포함된 작품을 살펴보자. 53-57번 포스터 중 (57은 목차에는 포스터라고 적혀 있지 않고 〈사회주의 건설〉이라는 제목이 붙어 있지만, 작품 캡션에는 포스터라고 명기되어 있으며 실제 도판을 확인하면 포스터로 분류해도 문제가 없으리라 판단된다.) 53번 리경훈의 포스터에는 "남반부 인민의 투쟁을 지원하자"라고 적혀 있다.(fig.18) 위의 분류 기준을 참조하면 'E 남조선의 구국투쟁'으로도 간주할 수 있다. 54번 한우영의 포스터에는 "조선인 학교 학생모집"이나(fig.19), 55번 "해방 14주년 기념 중앙대회"처럼 총련의 중앙대회를 알리는 문구가 적혀 있으므로(fig.20) 'C 재일조선인의 생활'로도 분류가 가능하다. 손병문의 포스터인 56번 〈안녕, 수많은 추억과 우정을 남기고…〉, 57번 〈사회주의 건설〉은 'B 귀국 문제'로 분류도 가능하다.(fig.21, 22)

58-60번에는 각각 〈남자입상(조각)〉(fig.23), 〈천리마(모자이크)〉(fig.24), 〈판화〉(fig.25)라는 제목이, 61번부터 63번까지는 각각 제목 뒤에 (만화)(fig.26, 27), 64번과 65번에는 (무대미술)이라고 괄호 안에 적어 두었기에(fig.28, 29) 소재와 기법이 섞여 있음을 알 수 있다. 내용적으로 B, C, D로 분류할 수도 있겠으나, 소재와 기법의 특수성 때문에 『화집』에서는 마지막에 배치한 것으로 보인다.

이러한 분류를 통해 당시에 그들이 다양한 소재와 기법을 사용했지만, 역설적으로 출품작 대다수는 유화 작품이 차지하고 있다는 점을 확인할 수 있다. 재일조선인미술가에게 1950년대

← fig. 18 리경훈, 〈포스터〉, 1961년, 소장처 불명(출처: 『재일조선미술가화집』).

→ fig. 19 한우영, 〈포스터〉, 1960년, 소장처 불명(출처: 『재일조선미술가화집』).

↓ fig. 20 한우영, 〈포스터〉, 1960년, 소장처 불명(출처: 『재일조선미술가화집』).

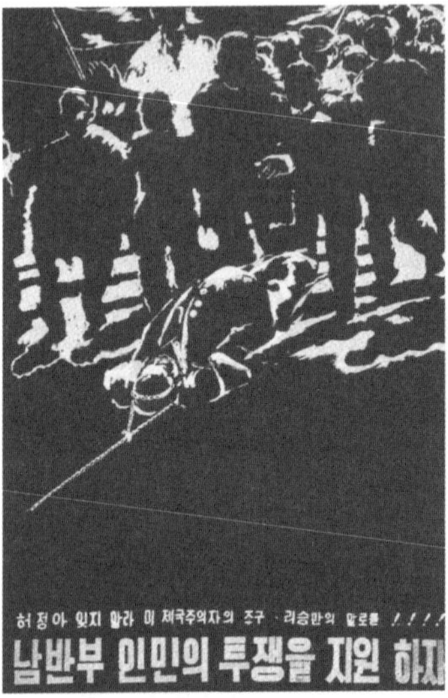

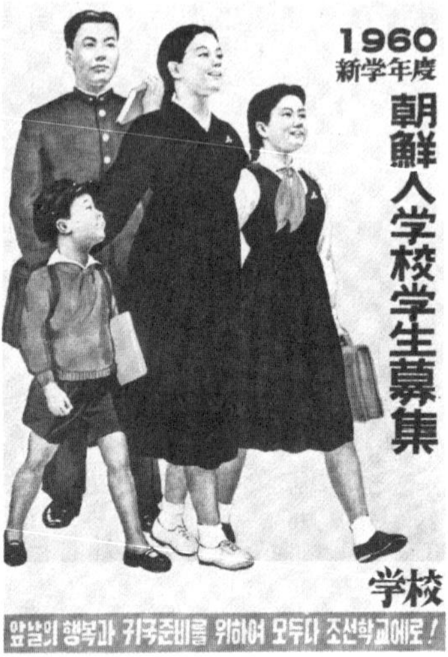

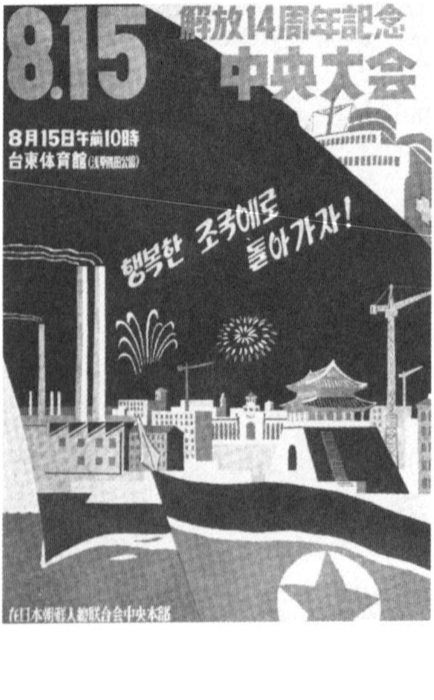

← fig. 21　손병문, 〈포스터〉, 1960년, 소장처 불명(출처: 『재일조선미술가화집』).
→ fig. 22　손병문, 〈포스터〉, 1960년, 소장처 불명(출처: 『재일조선미술가화집』).
← fig. 23　강영세, 〈남자 입상〉, 1961년, 소장처 불명(출처: 『재일조선미술가화집』).
→ fig. 24　손병문, 〈천리마(모자이크)〉, 1961년, 소장처 불명(출처: 『재일조선미술가화집』).

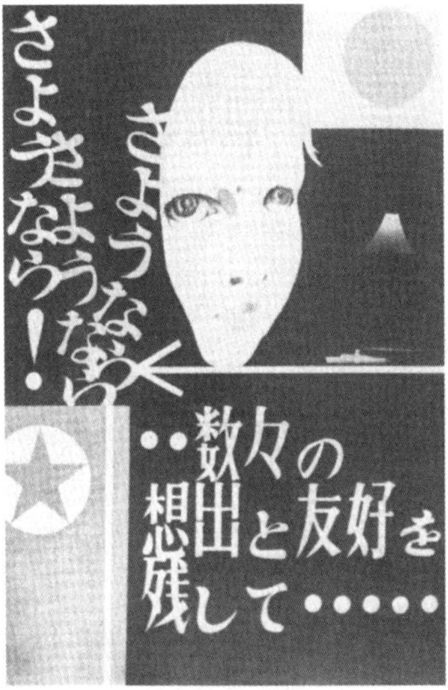

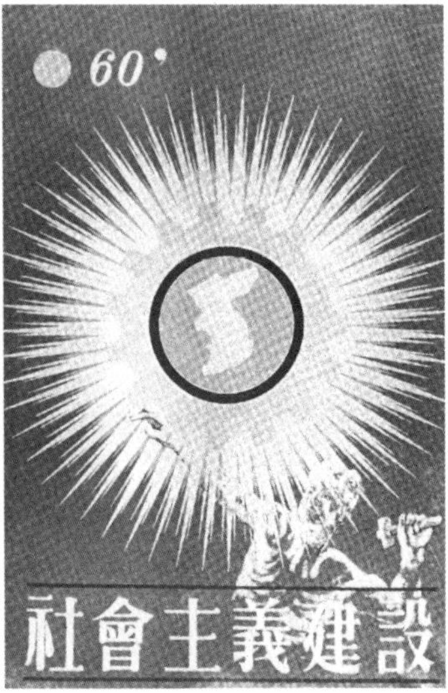

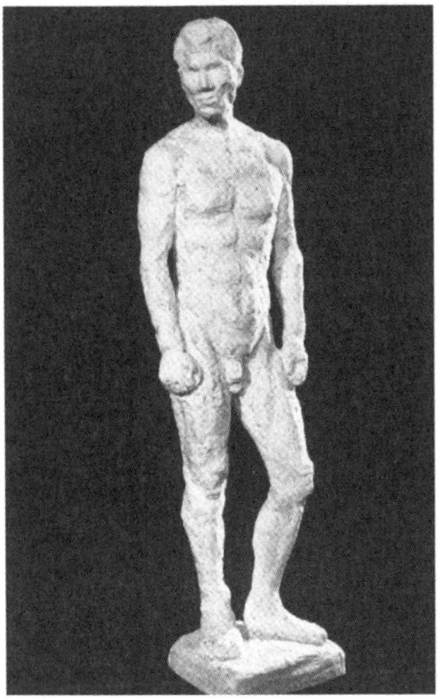

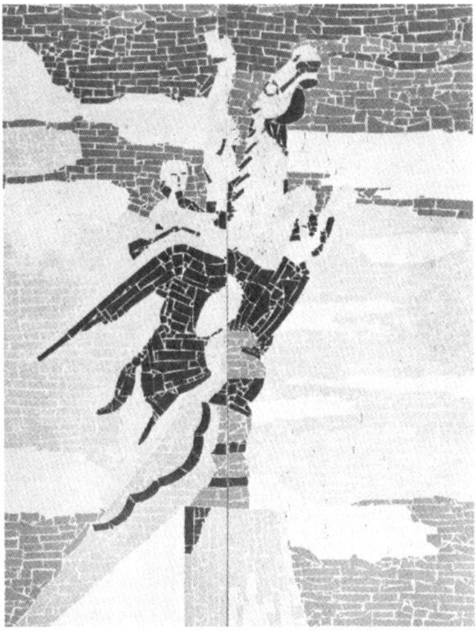

↑ fig. 25　김성희, 〈판화〉, 2점, 1961년, 소장처 불명(출처: 『재일조선미술가화집』).

↓ fig. 26　채준, 〈미제의 산수〉(만화), 소장처 불명(출처: 『재일조선미술가화집』).

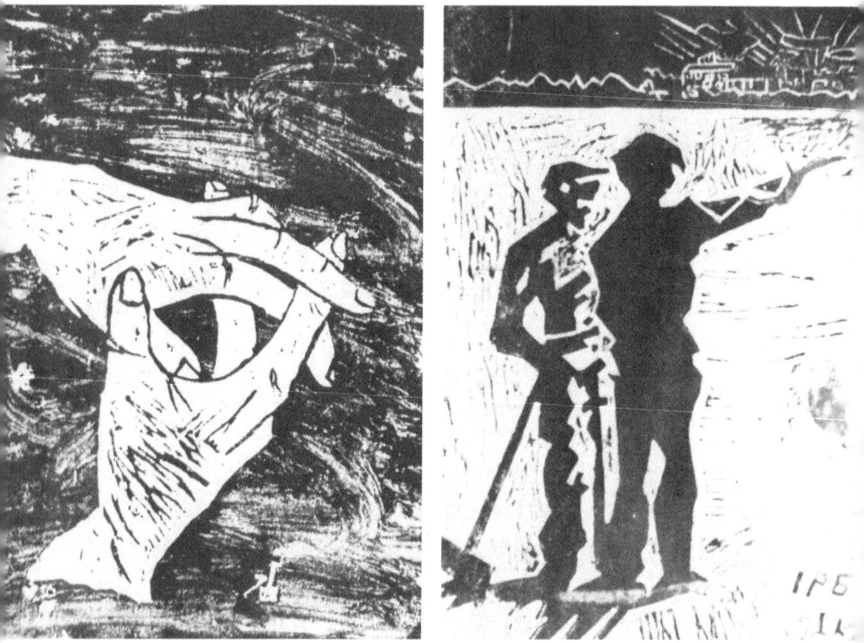

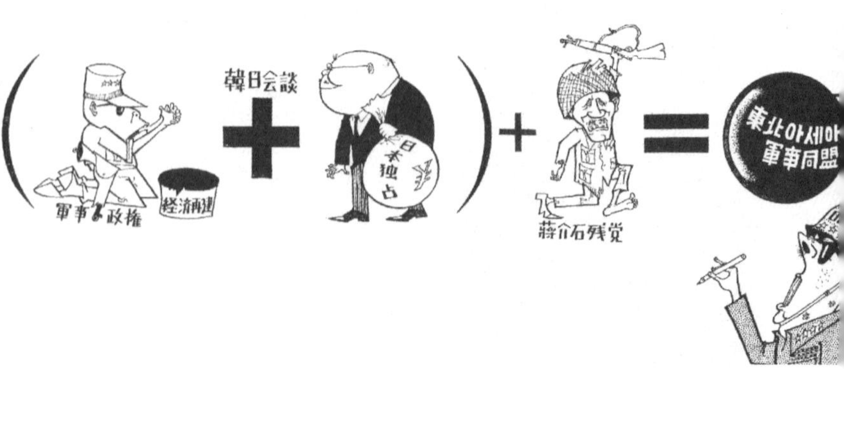

fig. 27 채준, 〈가속도〉(만화), 소장처 불명(출처: 『재일조선미술가화집』).

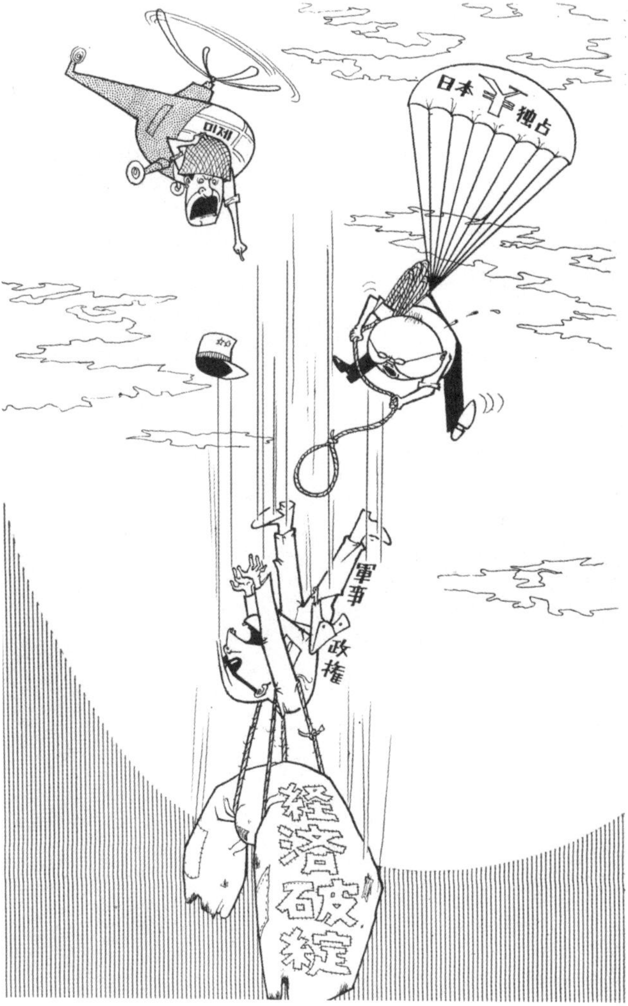

↑ fig. 28 리찬강, 〈춘향전 '광한루의 장면'〉(무대미술), 1961년, 소장처 불명
(출처: 『재일조선미술가화집』).
↓ fig. 29 리찬강, 〈아름다운 조선〉(무대미술), 1958년, 소장처 불명
(출처: 『재일조선미술가화집』).

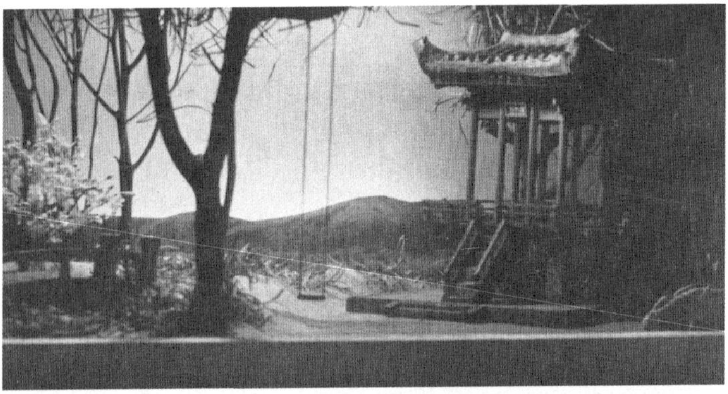

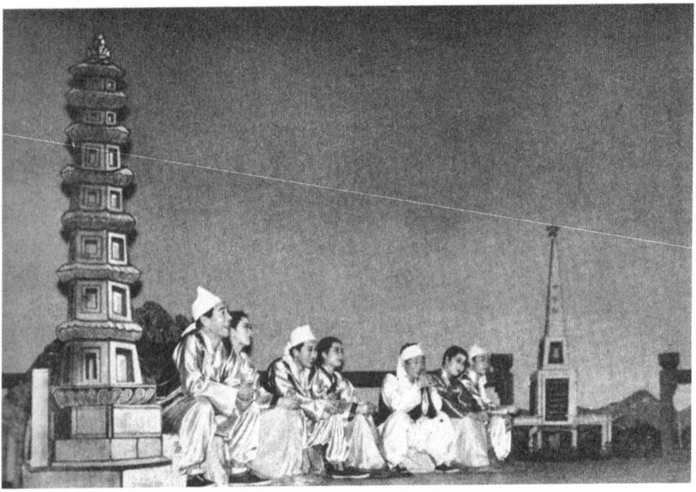

는 식민지 지배로부터 해방되어 민족미술의 창조가 강하게 요구되는 시대였지만, 『화집』에는 전통적 동양화인 수묵화가 한 점도 없다는 점은 특기할 만하다.

모티프

각 작품이 무엇을 모티프로 삼았으며 어떻게 표현했는지 살펴보자. A는 인물, 그리고 B에 속하는 8점도 모두 인물을 대상으로 삼고 있다. C에 해당하는 17점 중 14점이 인물이며, 3점은 풍경이다. D에는 정물화 6점, 풍경화 6점, 인물화가 2점 들어 있으며, E는 12점 모두 인물이 모티프이다. F에서는 무대미술 2점을 분류 대상에서 제외하면 포스터 1점이 풍경, 그 외의 10점에 인물이 등장한다. 즉, 65점 가운데 47점이 인물을 모티프로 취하고 있으며, 풍경은 10점, 정물은 6점, 무대미술이 2점인 것을 확인할 수 있다.

사실성

『재일조선미술가화집』에 수록된 작품의 대부분은 사실성이 강하다. 비교적 사실성이 낮은 작품으로는 오일의 〈가난한 사람들〉(fig.30)과 〈남조선의 생활〉(fig.31), 그리고 성리식의 〈풍경〉(제2장

155쪽), 리경조李耕助의 〈정물〉(fig.32), 안천룡의 〈습작〉(fig.33) 정도를 꼽을 수 있다. 이른바 추상적, 적어도 비구상적인 경향이 드러나는 작품이다.

지금까지 살펴본 소재, 테마, 모티프, 사실성에 주목해 본다면, 『화집』에 수록된 작품의 특징을 다음 두 가지로 정리할 수 있다. 첫 번째는 공통된 테마가 뚜렷이 존재한다는 점이다. 즉 화가들은 귀국 문제, 동포의 생활, 남조선의 구국투쟁 등 각각의 테마에 관하여 분석한 후 소재를 자유롭게 선택하여 그렸음을 알 수 있다. 두 번째 특징으로는 수록된 작품 대부분이 인물화이며 사실성이 높다는 점을 들 수 있다. 그러나 인물화나 사실성이 두드러진 작품이라고 하여 그러한 경향이 장려되었다거나, 그 밖의 다른 성격을 지닌 작품들이 완전히 배제된 듯한 인상은 없다. 다음 장에서는 『화집』이 어떤 과정을 거쳐 편집, 제작되었는지 구체적으로 살펴보고자 한다.

fig. 30　오일, 〈가난한 사람들〉, 1961년, 64×52cm, 소장처 불명
(출처: 『재일조선미술가화집』).

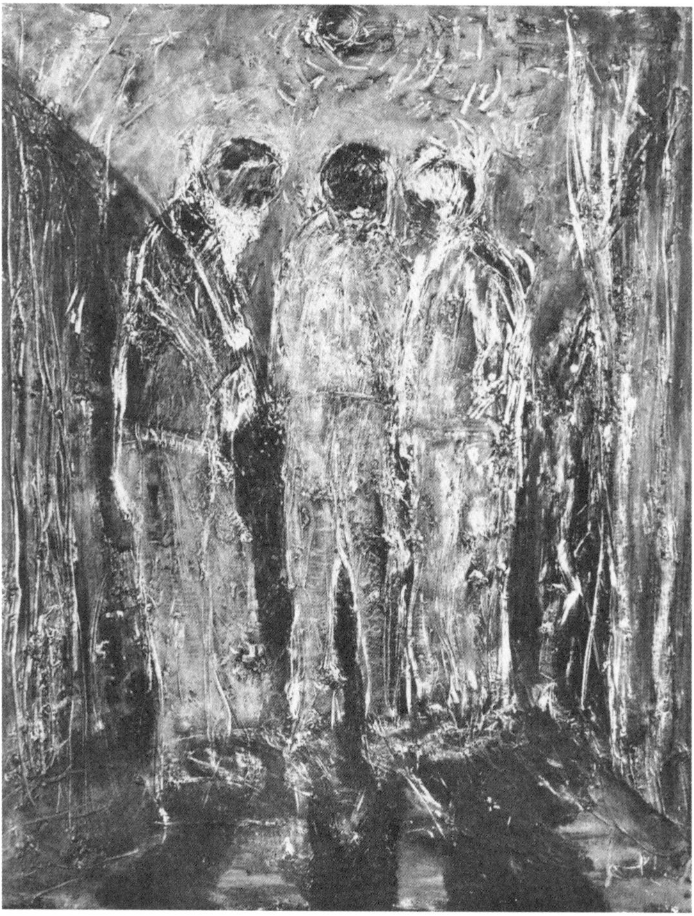

↑ fig. 31　오일, 〈남조선의 생활〉, 1961년, 194×130cm, 소장처 불명
(출처: 『재일조선미술가화집』).
↓ fig. 32　리경조, 〈정물〉, 1960년, 53×65cm, 소장처 불명
(출처: 『재일조선미술가화집』).

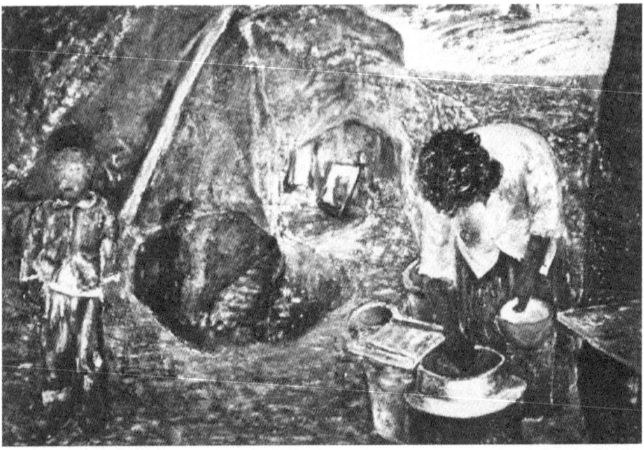

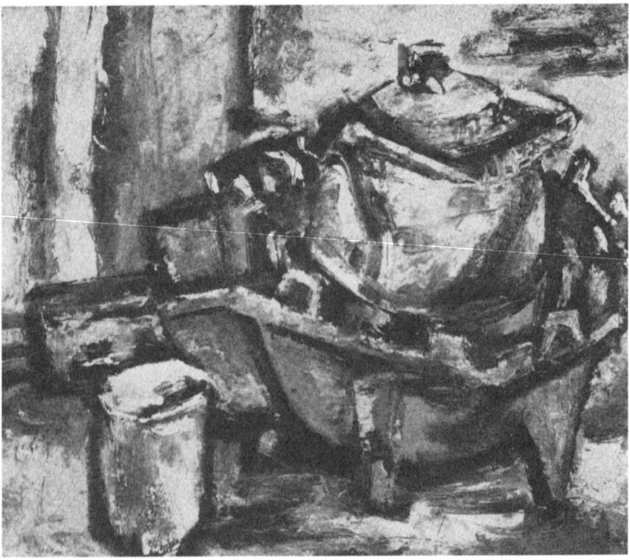

fig. 33 안천룡, 〈습작〉, 1961년, 73×61cm, 소장처 불명(출처: 『재일조선미술가화집』).

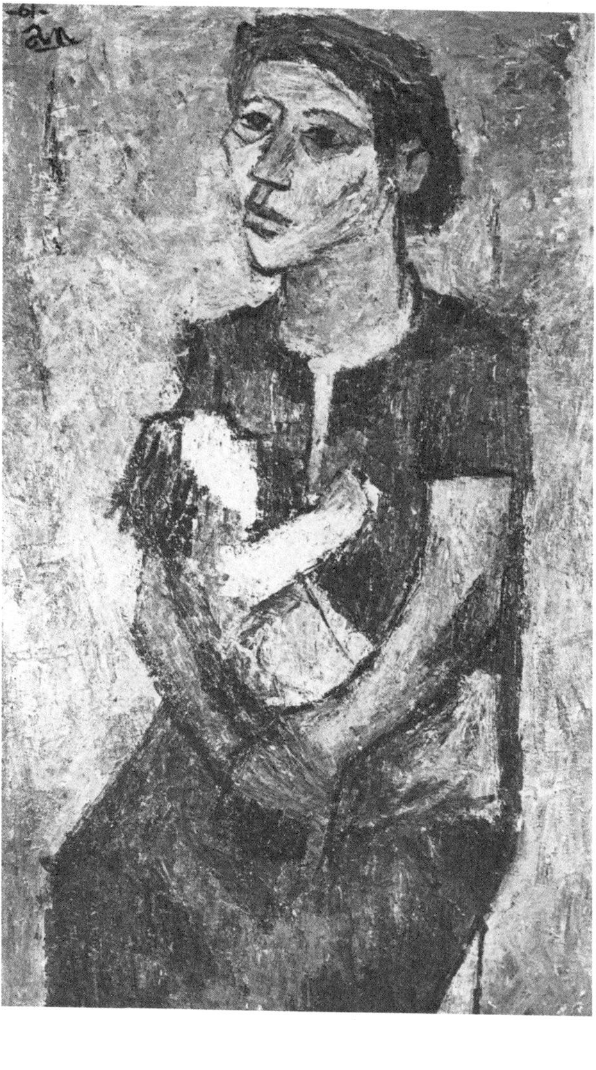

1

시동의 에너지

재일조선인에게 1950년대는 실로 격동의 시대였다. 1945년에 해방을 맞이했으나, 1948년에 있었던 제주 4·3 사건[1]과 분단국가의 수립, 그리고 6·25 전쟁으로 이어지는 한반도의 불안정한 상황은 오래 지속되었다. 해방 후에도 일본에 남았던 조선인은 약 60만 명 정도였다. 그들은 샌프란시스코 강화조약(1952년)으로 인해 한일 병합 이후 일본이 부여한 '일본 국적'을 일방적으로 박탈당했다. 이에 따라 재일조선인은 무국적 상태로 생활하게 되었다.[2] 이런 상황 속에서 1949년에는 재일조선인 최초의 민족 단체였던 재일본조선인연맹(이하, 조련)이 일본 정부에 의해 강제해산을 당했다. 새로운 조직인 재일조선통일민주전선(이하 민전)이 1951년에 설립되었는데, 일본인과 함께 '반미, 반요시다反吉田(요시다 시게루吉田茂 정권에 대한 반대), 반재군비反再軍備' 투쟁을 펼친 사람도 있었다.[3]

1 1948년 제주도에서 일어난 민중 봉기인 4·3 사건을 진압하기 위해 대량 학살이 자행되자 이를 피하기 위해 제주도에 살던 많은 이들이 일본으로 건너갔다. 또한 6·25 전쟁을 피해 일본으로 간 조선인도 적지 않았다. 이 책에서 다루는 미술가 중에도 해방 이후 도일한 이들이 여럿 있다.

2 식민지 조선 출신자의 국적 박탈은 일본 정부의 시책이었으며, 이에 따라 대한민국 국적으로 국민 등록을 했던 사람도 있다.

이번 장에서는 아시아태평양 전쟁이 끝난 후, 재일조선인미술가가 펼쳤던 초창기의 활동 내용을 살펴보기로 한다. 1절에서는 1940년대 후반부터 1953년까지의 상황에 주목하여 미술가들이 쌓아나간 각각의 고유한 경험을 다루고, 2절에서는 1953년에 결성된 재일조선미술회의 활동을 김창덕을 중심으로 정리한다. 이러한 고찰을 통해 이국땅에서 만나 함께 힘을 모았던 재일조선인미술가들의 모습을 확인할 수 있을 것이다.

3 재일조선인 단체였던 조련, 민전, 총련의 문화 방침을 정리하면 각각 다음과 같다.

* 조련(1945년 10월 15일 결성, 1949년 일본 당국에 의해 해산)의 문화정책 : 제4회 전체대회에서 밝힌 행동방침으로 제국주의·봉건주의·국수주의에 반대하고, 민주주의·민족문화를 건설하며 조선 문화의 국제화를 문화 활동에 도입하자고 정했으며 전체적으로는 문화 부흥, 민중을 위한 문화 활동, 민주주의적 민족문화의 실현을 목적으로 했다. (백름,『解放後における在日朝鮮人美術』, 도쿄대학대학원 인문사회계연구과(한국·조선문화연구 전공) 석사학위논문 2013년, p.52)
* 민전(1951년 1월 결성, 1955년 해산)의 문화정책 : 민중의 일상에 뿌리내린 민주적 문화운동의 전개라는 점에서는 조련 시기와 공통되지만, 문화 활동이 일본 재군비와 군국주의 부활에 반대하는 운동(반미, 반요시다, 반재군비 운동)이자, 동포에게 조선민주주의인민공화국의 해외공민으로서 자각하게끔 하는 운동이 되어야 한다고 주장한 점에서 차이가 있다. (백름, 위의 논문, p.53)
* 총련(재일본조선인총연합회; 1955년 5월 25일 결성. 조선민주주의인민공화국 계열 해외 동포 조직)의 문화정책 : 민족적인 형식에 사회주의 리얼리즘의 방법을 내용으로 담아야 한다는 기조를 갖고 있었다. 공화국의 활동과 규범을 가지고 이를 보급하여, 창작 및 비평 활동을 펼치며, 조일의 문화교류를 행할 것을 명기했다. (백름, 위의 논문, p.54)

1.
고유한 경험의 축적
— 1940년대 후반부터 1953년까지

'재일조선미술가협회'의 결성

재일조선미술가협회는 전후 재일조선인미술가 그룹 가운데 가장 먼저 조직된 단체지만, 현재 확인할 수 있는 자료는 거의 남아 있지 않다. 다만 앞서 언급한 『재일조선미술가화집』에 기록된 다음의 내용을 통해 실체를 짐작해볼 수 있다.

> 1947년, 재일조선미술가협회가 회장 리철주, 참가자 김창덕, 백령, 표세종, 김창평, 박창근 등에 의해 결성되었다. 이 시기는 해방 직후이며, 구체적인 사업으로 계몽운동이 주가 되어 좌·우를 망라했던 재일본조선문화단체총연합회(70여 개 단체로 구성되었으며 약칭은 문총)에 가입했다. 미술협회는 전람회도 계획하였으나 상호 친목 단체의 틀을 벗어나지 못하고 이후 문총의 해산과 함께 자연스럽게 해체되었다.[4]

위의 기록을 근거로 재일조선미술가협회의 설립 시기를 1947년으로 확정할 수 있다. 덧붙여 오규상呉圭祥의 『도큐먼트 재일조선인연맹 1945-1949』를 참고하여 협회 회장이었던 리철주(생몰년 미상)와, 『화집』에는 이름이 거론되지 않았지만 허경복許景福(1910년경-?)을 중심으로 살펴보려 한다.

성리식은 인터뷰에서 리철주가 '리인수李仁洙'와 같은 인물일 가능성을 제기했다.[5] 리인수는 '조선화극계몽협회朝鮮畵劇啓蒙協會'의 소속 회원이자[6] 『해방신문』의 삽화를 담당한 인물이다. 그는 요시다 시게루에 대항하는 민중을 그린 삽화 등을 남겼다.(fig.1) 리인수라는 이름으로 발표한 신문 연재소설의 삽화도 남아 있으며 펜화 외에 판화 작품도 존재한다. 만약에 리철주가 리인수라는 필명을 사용한 것이 사실이라면, 재일조선인미술가가 만든 첫 번째 단체의 회장이, 재일조선인이 세운 첫 번째 민족단체인 조련이 발행한 신문에도 참여한 인물로서 미술가 단체를 이끌만한 충분한 자질의 소유자였음을 짐작할 수 있다.

허경복은 '조선인민미술사'에 소속된 인물이며[7], 화집의 기록대로 리철주가 재일조선미술가협회에 소속되어 있었다면 허경복 역시 이 단체에 적을 두고 있었을 것이다. 그의 작품으로는 『한신교육투쟁기록화보阪神教育闘争記録画報』가 있다.(fig.2) 오규

4 「재일조선미술가들이 걸어온 길」, 『재일조선미술가화집』, p.99.

5 성리식 인터뷰(2010. 8): 성리식은 리철주가 젊은 나이로 세상을 떠났다고 회상했다.

6 呉圭祥, 『ドキュメント 在日本朝鮮人連盟 1945—1949』(岩波書店, 2009), p.290.

7 呉圭祥, 위의 책. p.290.

fig. 1　리인수의 『해방신문』 1947년 2월 1일 게재 삽화.

요시다 내각 :
아구에라, 저렇게 쏠여오는 인민들의 반정부 투쟁을 어찌 하나?

자본가 :
여보 요시다상, 내 돈주머니만은 지켜주어야 합니다. 원 참 별놈의 세상이 다 왔다.

요시다 내각 :
글쎄 노력은 해보겠소마는?…

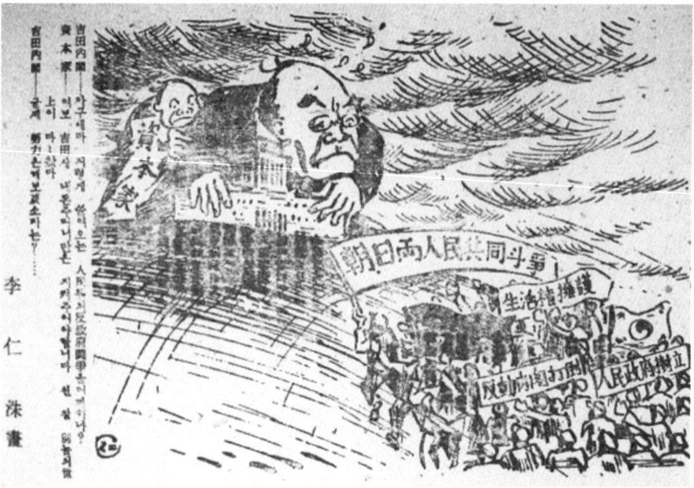

fig. 2 『한신교육투쟁기록화보』 1948년, 재일조선인역사연구소 소장.

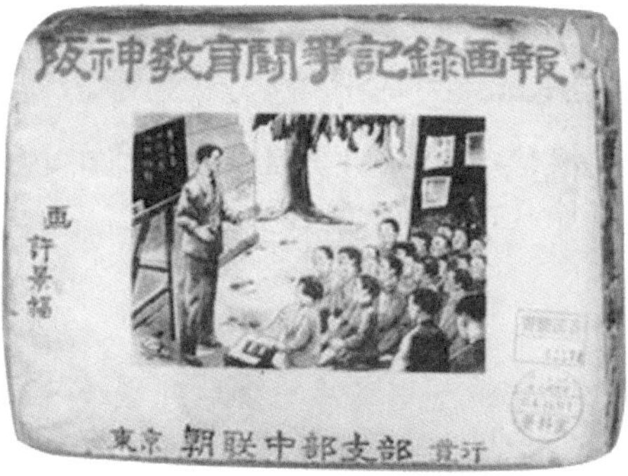

상에 따르면 조련의 산하였던 '재일조선문화단체연합회(문련)'의 미술 단체 특파원으로 허경복이 파견되었고, 현지에서 돌아온 뒤 이 화보를 만들었다고 한다.[8]

허경복이 다룬 '한신교육투쟁'이란 1948년 일본 정부와 연합군 총사령부가 일본 각지의 지사에게 조선학교 폐쇄를 통지하고 실제로 폐교가 이루어지자 이에 저항한 조선학교 관계자들의 투쟁 사건이다. 효고兵庫현에서는 4월 24일 비상사태가 선언됐고, 26일 오사카에서 개최된 집회에서 김태일金太一이라는 소년이 경찰의 총탄에 맞아 사망했다. 때문에 '4·24 교육투쟁'이라고도 불리며, 특히 오사카大阪와 고베神戶를 뜻하는 한신阪神 지역에서 격렬한 저항 운동을 펼쳤기에 '한신교육투쟁'이라고

8 吳圭祥, 위의 책, p.291.

도 불린다. 총 29페이지로 구성된 이 화보집은 문학가이자 교육자였던 박원준朴元俊(1917-1972)이 쓴 머리말을 시작으로, 사건의 발생과 경위를 글과 그림으로 기록한 책이다.[9] 한편 도쿄의 조선대학교 산하 조선문제연구센터가 이 화보와는 디자인이 다른 작품을 소장하고 있어 두 판본을 비교하는 연구가 앞으로의 과제로 남아 있다.

이처럼 재일조선미술가협회와 관련하여 현재 남아 있는 자료는 매우 부족한 실정이다. 단체로서는 그다지 큰 세력을 형성하지 못했으며 강제해산을 피할 수 없었지만, 재일조선인미술가들이 가장 먼저 결성한 단체였으므로 이후 활동에도 영향을 미쳤다고 볼 수 있다.

일본 공모전 참여

살펴보았듯 일본의 패전(해방) 직후 재일조선인미술가에 관한 기록은 매우 적다. 『재일조선미술가화집』에 실린 재일조선미술가협회에 관한 기술에는 다음과 같은 설명이 있을 뿐이다.

> 1949-1953년은 미술가들이 개별 교류한 시기이며 작가들은 일본 공모전에 출품하거나 미술학교들에 다니고 있었다. 작가와 소속 단체는 다음과 같다.

9 화보집은 재일조선인역사연구소가 제공했다.

김창덕(행동미술협회), 백령(미술문화협회, 이후 일본청년미술가연합), 전화황(행동미술협회), 허훈(전일본초상화연맹), 박찬근朴燦根(동광회), 오병학(일본직장미술협의회), 김창평(이과회) 등. 이외에 어느 단체에도 소속하지 않았거나 미술학교에 다니던 화가로 표세종, 리찬강李讚康, 리인두, 박성호朴盛浩, 박사림, 성리식, 문삼봉文三峯, 리경훈 등이 있었다.[10] (밑줄은 필자)

위의 언급을 통해 일본의 미술 단체인 '행동미술협회'나 '일본청년미술가연합'에 속해 기량을 쌓아가던 조선인미술가들의 존재를 확인할 수 있다. 후술하겠지만 1953년 재일조선미술회가 결성된 이후에도 일본의 미술 단체에서 활동을 이어간 작가도 있었다. 재일조선인미술가와 일본 공모전의 관계는《일본앙데팡당전》출품에 관한 기록을 정리한 제5장에서 자세히 다룰 예정이다.

이번 장에서는 '어느 단체에도 소속하지 않았거나 미술학교에 다니던 화가'로 나열된 인물 가운데 미술학교에서 서로 알게 된 표세종과 성리식, 그리고 미술교사로 근무했던 박사림의 활동을 중점적으로 소개하고, 박성호와 무대미술을 전문으로 했던 리찬강에 관해서도 간략한 설명을 덧붙이고자 한다.

그 밖에 오사카에서 활약하며 친교를 쌓은 김희려와 리경훈은 제6장에서 상세히 서술하며, 현재의 도쿄예술대학에서 미술을 배웠다고 알려진 리인두에 관해서는 자세한 정보를 찾을 수

10 「재일조선미술가들이 걸어온 길」,『재일조선미술가화집』, p.99.

없기에, 부록의 「인명 해설」에서 다룬다. 문삼봉은 문의웅文義雄과 동일 인물이라고 들었으나 역시 상세한 정보는 알려지지 않았다.

미술학교에서 만난 두 화가, 표세종과 성리식

표세종과 성리식이 처음 만난 것은 두 사람이 무사시노武藏野미술학교(현 무사시노미술대학)에 진학한 1949년이었다. 자세한 내용은 재일조선인미술가의 인터뷰를 소개하는 제6장에서 참조할 수 있으므로, 우선 두 사람의 만남을 간략히 스케치해 둔다. 성리식은 인터뷰를 통해 이 시대를 산 재일조선인미술가에 관한 귀중한 증언을 해주었다.[11]

두 사람이 만나게 된 계기는 무사시노미술학교의 한 교수가 성리식에게 "이 학교에 자네 같은 조선인이 또 있다."라고 건넨 말 때문이었다.

성리식과 표세종은 입학한 해의 봄에 조련 본부의 부름을 받았다. 조련 문교부의 한 간부가 이제껏 조선학교에서 사용하는 교과서에 실릴 삽화를 일본인에게 의뢰해 왔지만, 앞으로는 조선인의 손으로 직접 교과서를 만들고 싶으니 그려보지 않겠느냐고 제안했던 것이다. 제의는 당시 아르바이트로 가미시바이

11 성리식 인터뷰(2010. 3. 25).

fig. 3　표세종(왼쪽)과 성리식(오른쪽) (사진 제공 : 성리식)

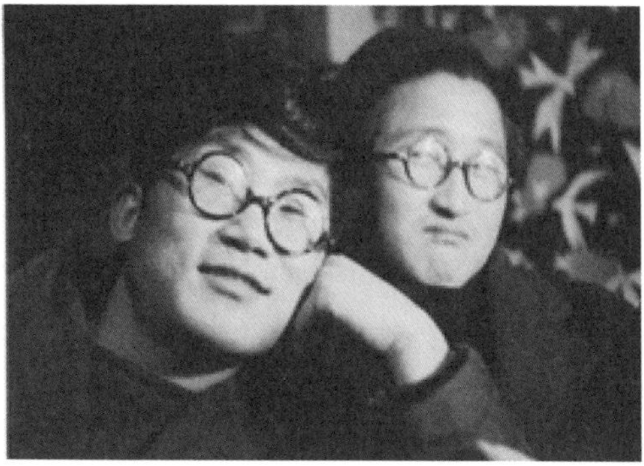

紙芝居(그림극. 하나의 이야기를 몇 장의 그림으로 나눠 그리고 차례대로 이야기를 들려주는 형식으로 진행한다 — 옮긴이)에 쓸 그림을 그리고 있던 표세종에게 먼저 왔다고 한다. 성리식은 표세종과의 만남이 '조선인으로서의 자기 자신'을 자각하게 했다고 고백했다. 이들에게 미술대학은 단지 '미술을 배우고 싶은' 학생의 요구를 충족시키는 장소에 그치지 않고, 일본인에게 둘러싸인 환경에서 자신의 정체성을 고민하게끔 자극하는 장소였다고 볼 수 있다. 이국땅에서 미술가를 꿈꾼 성리식과 표세종은 곧 둘도 없는 '동지'가 되었고, 이후 선배인 김창덕을 따르며 작품 제작에 매진했다.

성리식은 인터뷰에서 자신은 장난기가 많은 성격이고, 표세종은 성실하고 진지한 사람이었다고 회상했다. 서로의 다른 성격은 남아있는 사진 속 표정을 통해서도 어느 정도 짐작할 수 있다.(fig.3) 만년까지 같은 사진을 두 장 갖고 있던 성리식은 나에게 그 중 한 장을 건네주었다. 언젠가 친구인 표세종과 다시 만나길 소망하며 그때 전해주려고 소중하게 간직해온 것인지도 모른다.

미술교사로 활약한 박사림

표세종과 성리식처럼 일본의 미술학교에서 기량을 닦은 조선인미술가가 있었던 반면, 『재일조선미술가화집』에는 언급되어 있지 않지만, 해방 이후 일본에서 우후죽순처럼 생겨났던 조선학교에서 미술교사로 일했던 미술가도 있었다. 박사림도 그 중 한 사람이다. 이상영의 취재에 따르면, 본명이 박주열朴周烈인 그는 1948년 무렵 다마多摩조형예술전문학교(현 다마미술대학)에서 공부하며, 도쿄조선중고급학교에서 미술교사로 근무했다.[12] 박주열은 스무 명 정도의 미술부원들이 가꿔갈 밝은 장래를 기대하며 성실히 지도했다고 한다.[13]

『재일조선미술가화집』에는 언급되지 않았지만, 『해방신문』에는 박사림이 1952년에 일본인 미술가와 함께 《평화미술전》을

12 李相英,「朝鮮学校百物語 始まりのウリハッキョ編 vol.14 サンペンマーク誕生秘話」,『月刊イオ』2016년 2월호, p.25.

13 오규상, 앞의 책, p.292. 미술가 오병학이 도쿄의 제8조련소학교에서 교편을 잡았다.

개최했다는 기사가 실렸다. 《평화미술전》은 어떤 전시회였을까. 『해방신문』에 게재된 당시의 기사와 함께 일본판화운동협회의 기관지인 『일본판화신문』에서는 이 전시회의 양상을 다음과 같이 소개하고 있다.

「평화미술전 성황, 이동전시회도 계획」

문총 조선인미술회는 지난 6월 25일부터 7월 1일까지 도쿄조선고등학교에서 평화미술전을 열어 많은 성과를 거두었다. 이 미술전에는 일본의 저명한 미술가인 우치다 이와오内田巌, 혼고 신本郷新, 신카이 가쿠오新海覚雄 등도 작품을 출품하여 적극적으로 협력하였다. 방문자들 사이에서 큰 호평을 받았으며, 주최 측은 일단 아다치足立 소학교와 요코스카横須賀에서 이동전시회를 개최할 계획을 세워 진행 중에 있다(판화는《평화미술전》에 출품한 박사림 씨의 〈강제송환반대 국회 시위〉).[14]

「소식 - 조선인평화미술전」

재일조선미술협회에서는 6·25 국제 평화의 날을 기하여 6월 25일부터 7월 2일까지 '조선인평화미술전'을 열었다. 유명한 무기 공장인, 일본제강소 아카바네赤羽 작업소에 인접한 조선인고등학교 강당을 행사장으로 삼아, 조선민전은 물론 일중우호협회日中友好協会, 신제작파新制作派, 춘양회春陽会, 전위미술판화운동협회前衛美術版画運動協会 등의 유력회원을 비롯하여 단체에 소속되지 않은 일본인 미술가 다수가 적극 참여하여 아시아의 전쟁 반대 의사를 크게 표명하였다.[15]

14 『해방신문』 1952. 7. 19, 2면.

두 기사를 통해 《평화미술전》은 6월 25일부터 7월 1일(혹은 2일)까지 도쿄도 기타北구 주조十条에 있는 도쿄조선고등학교에서 개최되었음을 확인할 수 있다. 행사를 주최한 단체는 앞 기사에서는 '조선인미술회', 두 번째 기사에서는 '재일조선미술회'라고 밝히고 있어 정식 명칭은 확실하지 않다(해당 주최 측에 관한 명확한 해명은 앞으로의 연구 과제로 삼는다). 또한 우치다 이와오, 혼고 신, 신카이 가쿠오 등의 일본인 미술가들이 참여하고 일중우호협회, 신제작파, 춘양회, 전위미술판화운동협회 등의 소속 회원도 출품했음을 알 수 있다.

『해방신문』의 기사와 함께 게재된 박사림의 판화는 전시에 출품된 작품으로, 여성과 어린이를 위에서 내려다본 부감 구도를 취했다.(fig.4) 얼굴을 겹치지 않게 표현했기 때문에 각 인물의 표정이 잘 드러나며, 화면에 비스듬히 배치해 불안정함과 긴장감이 전해진다.

박사림은 『해방신문』 연재소설의 삽화도 담당했으며, 1953년에 결성된 재일조선미술회의 기관지인 『조선미술』 3호의 표지를 판화로 제작하기도 했다.(fig.5) 『일본판화신문』 8호에 게재된 명부에서 일본판화운동협회의 회원이었다는 점을 확인할 수 있기에[16] 특히 판화에 능숙했던 것 같다.

15 『日本版畫新聞』 9호(1952. 7. 31.) 2면. 해당 호에는 박주열의 판화집을 소개하는 기사도 있다.

16 『日本版畫新聞』 8호(1952. 6. 30.) 2면에 수록된 신회원 명부 일람에 박사림의 이름이 기재되어 있다. 주소는 '요코스카시 오가와초 17'로 적혀 있다.

fig. 4 『해방신문』 1952년 7월 19일, 2면. 《평화미술전》의 소식을 전하는 기사와 박사림의 판화.

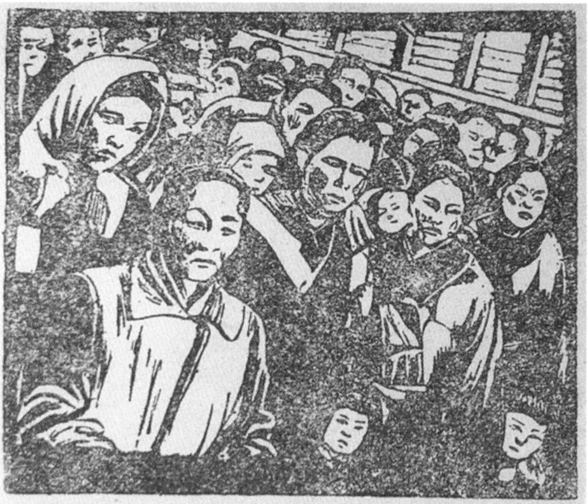

平和美術展盛況

移動展も計画

文総傘下の朝鮮人美術会では、さる六月廿五日から七月一日までのあいだ東京朝高校で平和美術展を開きおおくの成果をおさめた、この美術展には日本の著名な美術家、内田巌、本郷新、新海覚雄の諸氏も作品を出品して積極的に協力しており、参観者のあいだに非常な好評をはくしているので主催者がわではとりあえず足立小学校と横須賀で移動展をひらく計画をたてその準備をすすめている（版画は同美術展に出品した朴史林氏の「強送還反対の國会デモ」）

fig. 5 『조선미술』 3호(1954. 3. 20) 표지.

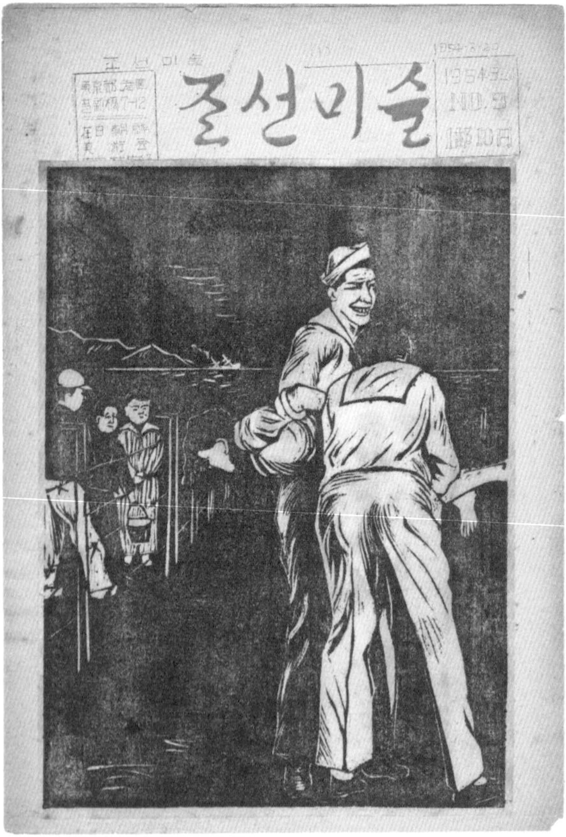

박성호 역시 박사림과 마찬가지로 도쿄조선고등학교에서 미술교사로 일했다. 한동휘의 회상에 따르면 장식을 위한 목련 모양의 부조 작품을 눈앞에서 바로 새겨 보여주기도 했던, 기량이 매우 뛰어나고 상냥한 인물이었다고 한다.[17]

만화가 전철의 탄생 비화

앞서 언급했듯 『해방신문』에 삽화를 그린 또 다른 재일조선인미술가로는 박성호朴聖湖, 채준蔡峻, 오림준이 있다(박성호는 위에서 언급한 미술교사 박성호와는 다른 인물이지만, 상세한 기록은 아직 찾지 못했다. 채준에 관해서는 이번 장에서 다루고, 오림준은 3장에서 살펴본다). 신문에 삽화를 그리는 일은 당시의 미술가들에게 많지는 않아도 어느 정도의 수입원이 되어 주었을 것이다.

『해방신문』을 통해 작품 활동을 해나간 미술가 중에서, 특히 전철에 주목할 필요가 있다. 그는 신문에 네 컷 만화만 4,000점 이상을 남겼고, '재일조선인을 대표하는 만화가'로 평가받고 있다. 나는 도쿄예술대학에 재학하던 20대 시절, 전철에 관한 연구에 적지 않은 열정을 쏟은 바 있다. 지금 돌이켜보면 자료 수집과 인터뷰에 그렇게 많은 시간을 할애하는 일은 다시는 가능하지 않을지도 모르겠다. 재일조선인미술가를 향한 첫 본격적

17 한동휘, 리순애李順愛 부부 인터뷰(2009. 10. 31).

인 조사에 도움을 주신 분들을 기억하며 전철의 삶을 정리해 보았다. 전철의 이력에 관해서는 두 여동생의 증언을 축으로, 지인들의 인터뷰와 신문 기사 등을 참조했다.

전철(1934-2005)의 본명은 전원철全源哲이며, 부모는 함경북도 출신이다. 전철의 여동생이 아버지에게 어떻게 중국어와 러시아어를 할 수 있게 되었는지 물어보았더니, 부친이 일본으로 건너오기 전에 일거리를 찾아 하얼빈과 하바롭스크에 간 적이 있기 때문이라고 했다. 부친은 1930년 전후에 홀로 일본으로 건너와 구두닦이와 성게알 통조림을 만드는 공장 직원으로 일하는 등 생계를 위해 직업을 가리지 않았다. 전철은 신문에 기고한 에세이에서 어머니는 독실한 기독교인으로, 평소에는 말수가 적고 차분한 성격이었다고 썼다. 하지만 일본인 교사가 수영장에 조선인 학생을 맨 마지막으로 들여보내는 등 차별하자 어머니가 의연하게 나서서 항의했다고 회상했다.[18]

일본에 먼저 건너와 있던 부모가 전철의 두 형을 포함해 고향 친척을 일본으로 불렀고 후카가와시라카와深川白河에서 함께 살기 시작했다. 현재 이 지역은 오다이바お台場라 불리며 대도시 도쿄에서도 바다를 볼 수 있는 명소가 됐지만, 제2차 세계대전 종결 전후만 해도 비가 오면 늘 진흙탕으로 변해 질퍽거리던 터라 생활하기에 결코 편한 곳은 아니었다. 인터뷰에 따르면, 후카가와시라카와에는 전철의 가족들처럼 함경도에서 일본으로 일

18 전철, 「어머니의 품, 아버지의 등」, 『조선신보』 2000. 2. 7. 게재면 불명.

자리를 찾아 이주한 조선인들이 많이 모여 살았다.

전철은 이곳에서 셋째 아들로 태어났다. 위로 형이 둘, 누나가 한 명 있었고 여동생이 두 명 있었다. 여동생 중 한 명은 1945년 3월에 있었던 공습을 기억하고 있었는데, 그때는 마침 도쿄 나카노中野에 있는 지인의 집에서 몸을 의탁하던 상황이었기에 다행히 큰 피해는 면할 수 있었다고 회상했다(장남은 비행장에서 일했고 차남은 군대에 입대해 있었기 때문에 함께 살지 않았다). 열 살 남짓이던 전철과 누이들은 나카노 지인의 집에서 『톰 아저씨의 오두막』이나 『집 없는 아이』, 그리고 시가 나오야志賀直哉의 작품집 등 많은 명작 소설을 접했다.

그곳에서 종전을 맞이한 전철은 식민지 지배에서 해방된 조선인 이웃들이 기뻐하면서 "만세, 만세"를 부르는 소리가 동네에서 끊이지 않았다고 기억했다.[19] 부모가 후카가와에서 새롭게 시작한 음식점은 인근에 있던 구청에 근무하는 직원들로 붐볐는데 낮에는 식사를, 밤에는 술을 팔며 아이들의 학비를 충당했다.(fig.6)

해방 후에 전철은 시라카와소학교를 다니다가 재일조선인 1세들이 만든 조선학교(현재의 도쿄조선제2초급학교)로 전학했고, 그곳에서 우리말을 익혔다. 전철이 만화에 관심을 가지게 된 계기는 도쿄조선중고급학교 교문 근처에 설치되어 있던 게시판에

19 조선인들은 일본인의 눈에 띄지 않도록 커튼을 꼭 닫은 방에서 종전의 기쁨을 누리며 서로 축하했다고 회상한다(『조선시보』 1994. 8. 14. 게재면 불명).

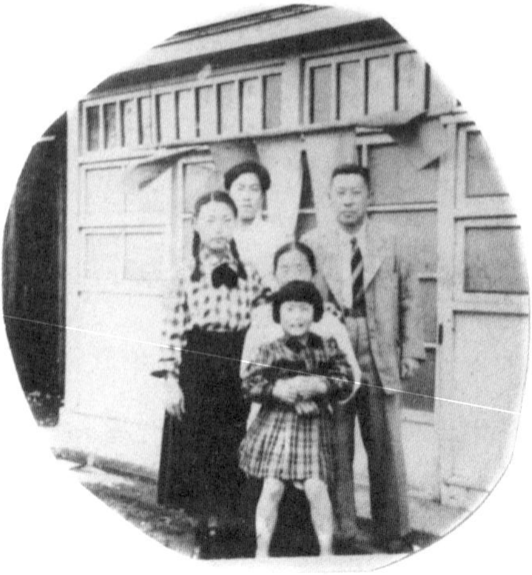

fig. 6 전철의 가족사진 (사진 제공 : 전철 유족)
부모가 고토江東구에서 경영하던 음식점 앞에서 1950년대 중반 촬영.
왼쪽 위에서부터 전철, 아버지, 두 번째 줄의 왼쪽에는 여동생과 어머니,
어머니의 무릎에는 막내여동생이 앉아 있다.

일주일에 한 번꼴로 게재되던 벽보 신문 『백두산』의 삽화를 담당하면서부터였다. 친구에게 부탁받아 그리기 시작한 만화가 주목을 받게 되자 전철은 만화가를 꿈꾸며 잠을 아껴가면서 열심히 만화를 그렸다. 집안 살림에 보탬이 되었으면 하는 마음으로 신문이나 잡지에 만화를 투고했다고도 회상했다.[20]

전철의 가정은 향학열이 강한 분위기였던 듯하다. 큰형은 와세다早稻田대학을 졸업한 후 1961년에 조선민주주의인민공화국

20 전철, 「추억을 더듬기보다 대담한 꿈을」, 『조선신보』 1985. 7. 25, 3면.

으로 귀국했고, 작은형은 메이지明治대학을 졸업한 후 집 근처에 있는 건축사무소에서 회계 담당자로 근무했다. 큰누나는 패션 전문학교에서 양재를 배운 후 옷을 만들며 생계를 꾸려갔다. 여동생 중 한 명은 호세法政대학 문학부를 중퇴한 후 규슈九州 지방의 조선학교 교사로 일하게 되어 이주했다. 막내 여동생 역시 조선학교를 졸업하고 교단에 섰다.

유족의 증언에 따르면, 자녀들을 제대로 교육시키겠다는 일념으로 열심히 일해 온 아버지는 전철이 대학에 진학하지 않고 만화가의 길로 나가는 것에 반대하지 않았다고 한다. 전철은 본격적으로 미술을 배우기 위해 1952년 무사시노 미술학교에서 응시했고,[21] 같은 해 9월에는 해방신문사에 입사하게 된다. 『해방신문』은 1950년 일본 당국에 의해 휴간되었다가 1952년에 복간했다.

당시 『해방신문』에는 신문 만화를 담당하던 채준이 직원으로 근무하고 있었는데, 전철은 그를 동경하며 실력을 쌓아나갔다. 『해방신문』에 풍자화를 발표한 미술가는 여럿 있었지만, 채준의 경력이 가장 길다.(fig.7) 가타요리 미쓰구片寄みつぐ가 『전후만화사상사』에서 재일조선인 만화가로 채준과 전철을 꼽고 있듯,[22] 두 사람은 재일조선인 만화계의 쌍벽을 이뤘다. 전철은 신문 네컷 만화를, 채준은 풍자화를 주로 그렸다. 한편 채준은 유화 작

21 전철이 무사시노미술대학에 합격했는지에 관해서는 연구자에 따라 의견이 다르다.

22 片寄みつぐ,『戦後漫画思想史』(未來社, 1980), p.95.

품도 적지 않게 남겼는데, 예컨대 파란색과 분홍색을 사용한 그의 초현실적인 인체 표현은 매우 독특한 면이 있다. 제5장에서 자세히 다루겠지만 1953년에 스즈키 헤이하치鈴木平八나 미야시타 모리宮下森 등이 중심이 된 일본노동만화클럽에 채준과 전철이 창단 멤버로 참여하기도 했다.

『재일조선미술가화집』에는 전철의 〈서로 흉금을 털면〉(fig.8)이 수록되어 있다. 동료의 증언에 따르면 단체에는 유화를 전문으로 제작하는 이들이 많았기 때문에 전철은 눈칫밥을 먹기도 했다고 한다. 그러나 그는 만화만을 고집해 반세기 동안 꾸준히 네 컷 만화를 그렸다.[23]

18세에 데뷔한 전철의 첫 연재만화 제목은 〈똘똘이〉였다.(fig.9) '총명하고 똑똑한 아이'인 초등학생 주인공 '똘똘이'는 정곡을 찌르는 발언으로 조연으로 등장하는 할아버지를 늘 놀라게 하는 캐릭터이다. 전철은 네 컷 만화 줄거리의 대부분을 할아버지와 손자를 통해 명랑한 분위기로 전개해 나갔다. 이러한 상황 설정에는 어린 시절의 경험이 배경으로 작용하지 않았을까. 전철은 식민지 지배와 전쟁으로 인해 어쩔 수 없이 이곳저곳을 떠돌아다니며 어린 시절을 보냈다. 그의 주변에는 힘든 상황 속에서도 아픔을 함께 나누며 밝고 힘차게 살아가는 이웃들이 늘 곁에 있었다고 한다. "한반도에 웃음꽃을 피우게 하고 싶

23 1962년에 결혼한 전철은 세 명의 딸이 있다. 인터뷰에 따르면 '똘똘이'의 동무로 등장하는 '예쁜이(이쁜이)'는 막내딸을 모델로 삼았다고 한다.(fig.13)

fig. 7　채준, 〈서춘보 일가〉(네 컷 만화), 『해방신문』 1950년 2월 23일 게재.

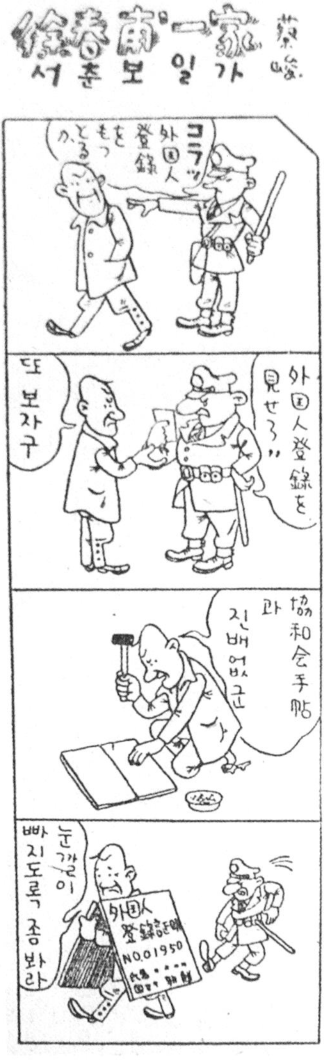

경찰 : 야! 외국인등록증을 갖고 있나?

경찰 : 외국인등록증 내놔!

서춘보 : 또 보자구

서춘보 : 협화회 수첩과 진배없군.

(*협화회協和會: 일제 치하 재일조선인 통제 조직—옮긴이)

서춘보 : (판자로 만든 외국인등록증을 몸에 걸고) 눈깔이 빠지도록 좀 봐라.

← fig. 8 전철, 〈서로 흉금을 털면〉, 소장처 불명(출처: 『재일소신미술가화집』).

→ fig. 9 전철, 〈똘똘이〉(네 컷 만화), 『해방신문』 1952년 9월 6일 게재.

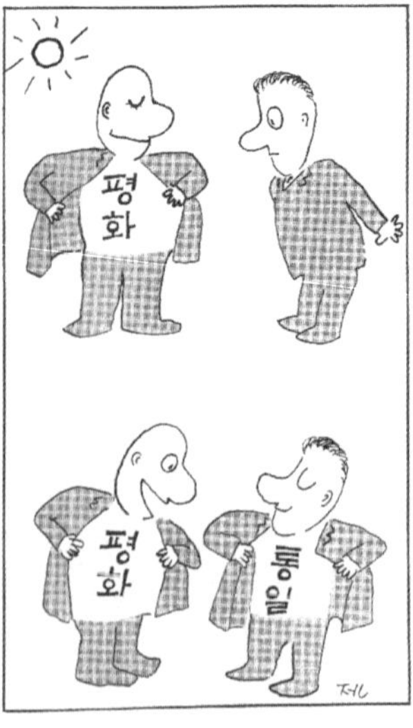

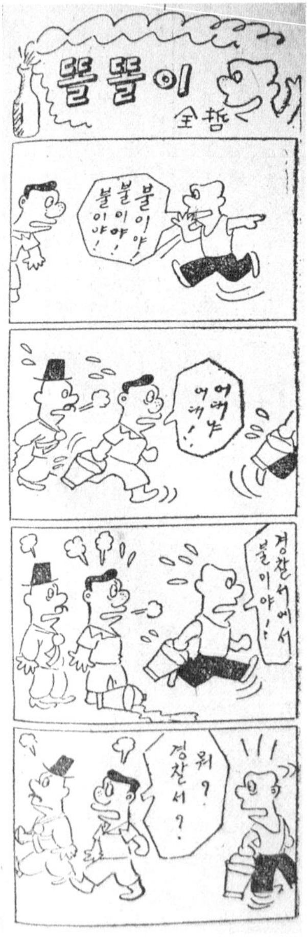

다.”라는 소망을 이야기하며 평생 만화를 그려 온 전철의 열정 뒤에는 그런 이웃들이 든든히 뒷받침해 주었을 것이다.

간사이 지방 출신의 어느 재일조선인 2세는 “도쿄에 와서 전철 선생님을 처음 만났을 때, 나와 비슷한 또래라서 놀랐어요.”라고 말한 적 있다. 세상의 이치와 정세에 밝아 이를 작품에 제대로 녹여내는 표현 역량 때문에 자신보다 훨씬 연배가 높은 사람으로 짐작했다는 의미였다. 또 다른 이는 “신문을 펼치면 제일 먼저 그의 만화부터 읽었어요.”라고 회상했다. 재일조선인의 미술을 연구해온 내내 실감했지만, 재일조선인들에게는 유화를 그리거나 화랑에서 전시회를 열었던, 이른바 ‘미술가’들보다 ‘만화가’ 전철이 훨씬 더 유명했다. 그만큼 전철의 네 컷 만화는 친근감 있고 이해하기 쉬웠던 까닭에 대중성이 높았다. 전철은 신문 연재에 이어 단행본도 다수 출간했고(fig.10-12), 특히 조선학교 어린이들에게 많은 사랑을 받았다.(fig.13-14) 시사만화가였던 만큼 전철은 대한민국의 정세에도 관심을 기울였고, 남쪽의 만화가에게 연대의 목소리를 전하기도 했다.(fig.15)

지금까지 해방 이후부터 1953년까지 전개된 재일조선인미술가의 활동을 간략히 살펴보았다. 재일조선미술가협회에 소속되어 있던 리철주, 허경복을 비롯하여 일본의 공모전과의 관계(자세한 내용은 제5장에서 이어진다), 미술학교에서 만난 두 친구 표세종과 성리식, 조선학교에서 교육 활동을 했으며 《평화미술전》 개최에도 참여한 박주열(박사림), 출판물의 삽화와 네 컷 만화에서 두각을 보인 채준과 전철의 활동을 정리했다. 이 시기의 활동

fig. 10 『똘똘이』 1권 표지, 재일조선인교육자동맹문화부, 1953년, 재일코리안미술작품보존협회(ZAPHA) 소장.

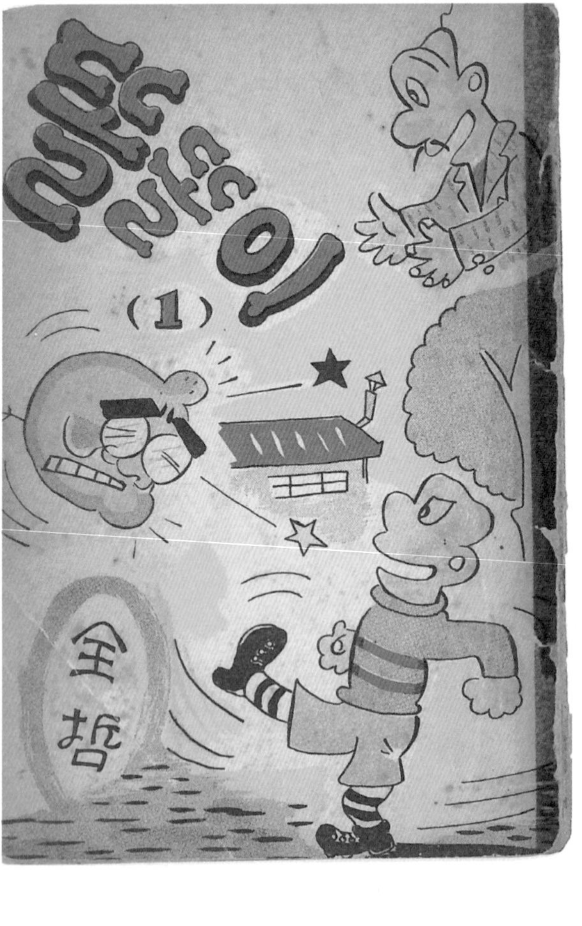

fig. 11 「똘똘이를 펴내며」, 『똘똘이』 1권 작가의 말.

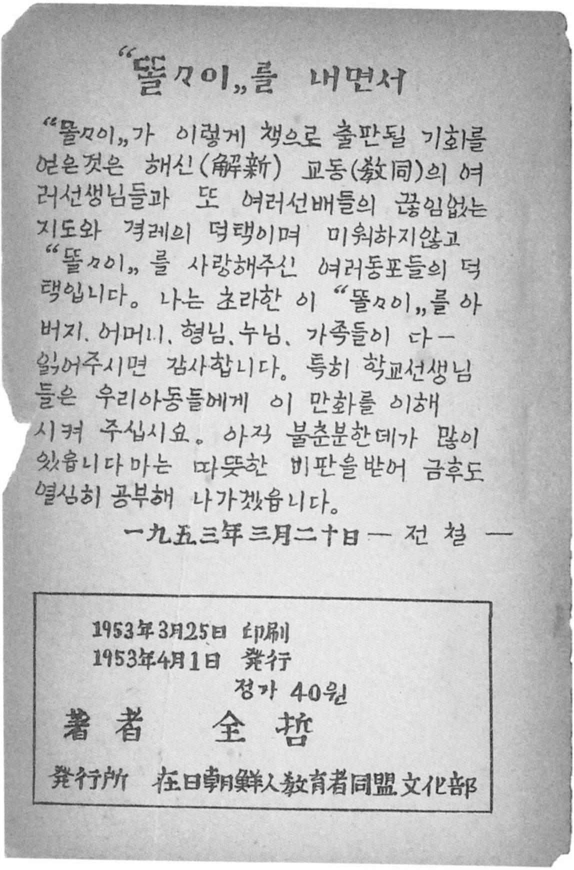

"똘々이"를 내면서

"똘々이"가 이렇게 책으로 출판될 기회를 얻은것은 해신(解新) 교동(敎同)의 여러선생님들과 또 여러선배들의 끊임없는 지도와 격려의 덕택이며 미워하지않고 "똘々이"를 사랑해주신 여러동포들의 덕택입니다。 나는 초라한 이 "똘々이"를 아버지、어머니、형님、누님、가족들이 다ー 읽어주시면 감사합니다。 특히 학교선생님들은 우리아동들에게 이 만화를 이해시켜 주십시요。 아직 불충분한데가 많이 있읍니다마는 따뜻한 비판을 받어 금후도 열심히 공부해 나가겠읍니다。

一九五三年三月二十日 — 전 철 —

1953年3月25日 印刷
1953年4月1日 発行
정가 40원
著者 全哲
発行所 在日朝鮮人教育者同盟文化部

↑ fig. 12 『똘똘이』 2권 표지, 재일조선인교육자동맹문화부, 1953년, 재일코리안미술작품보존협회(ZAPHA) 소장.

↓ fig. 13 전철의 새 연재 〈똘똘이와 예쁜이〉의 예고 기사, 『해방신문』 1954년 9월 4일.

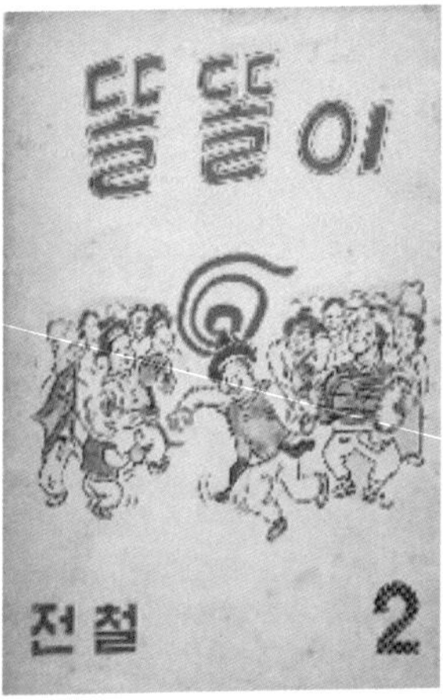

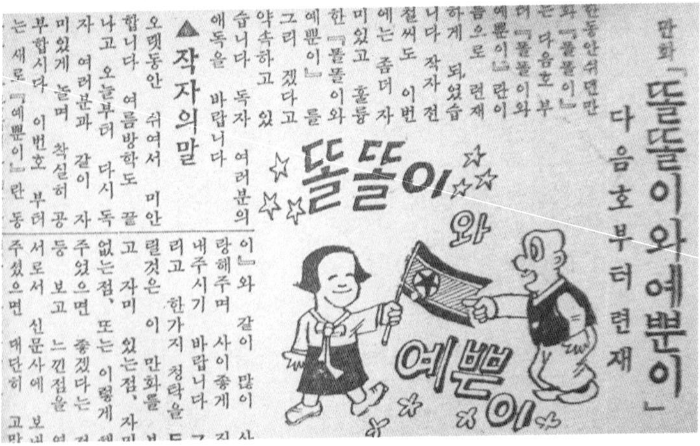

만화「똘똘이와 예쁜이」

다음호부터 련재

한동안 쉬던 만화「똘똘이」는 다음호 부터「똘똘이와 예쁜이」란 이름으로 련재하게 되였습니다 작자 전철씨도 이번에는 좀더 자미있고 훌륭한「똘똘이와 예쁜이」를 그리겠다고 약속하고 있습니다 독자 여러분의 애독을 바랍니다

▲작자의 말

오랫동안 쉬여서 미안합니다 여름방학도 끝나고 오늘부터 다시 독자 여러분과 같이 자미있게 놀며 착실히 공부합시다 이번호 부터는 새로「예쁜이」란 동

이」와 같이 많이 사랑해주며 사이좋게 지내주시기 바랍니다 그리고 한가지 청탁을 드릴것은 이 만화를 보고 자미 있는점, 자미 없는점, 또는 이렇게 해주였으면 좋겠다는 점등 보고 느낀점을 여서로서 신문사에 보내주셨으면 대단히 고마

↑ fig. 14 『조선신보』에 〈이쁜이〉를 연재할 무렵 조선학교를 방문한 전철
(사진 제공 : 전철 유족)

↓ fig. 15 전철, 「고바우령감은 살아있다」 『조선신보』 1980년 9월 5일.
1980년 9월 〈고바우영감〉의 『동아일보』 연재 중단을 둘러싸고 기고한 수필.

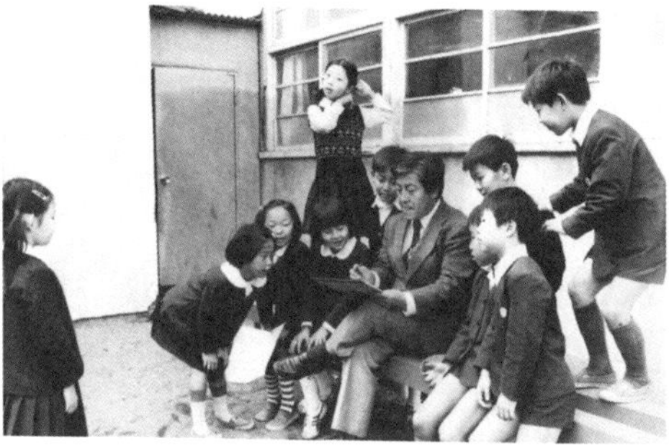

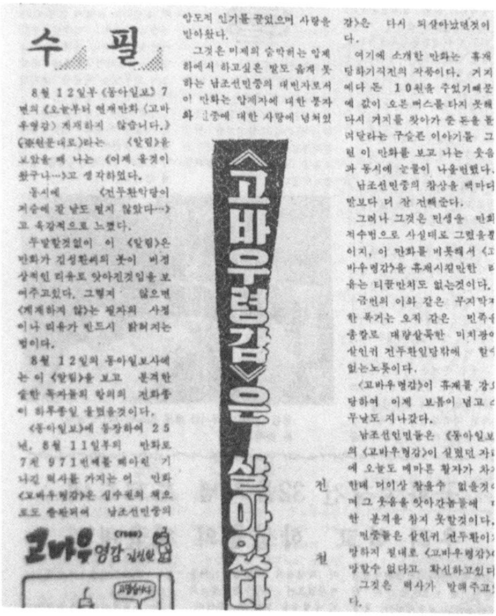

수 필

《고바우령감》은 살아있다

전 철

8월 12일부 《동아일보》 7면의 《오늘부터 연재만화 〈고바우영감〉 게재하지 않습니다.》(편집국)라는 《알림》을 보았을 때 나는 《이제 올것이 왔구나…》고 생각하였다.

동시에 《전두환악당이 저승에 갈 날도 멀지 않았다…》고 육감적으로 느꼈다.

두말할것없이 이 《알림》은 만화가 김성환씨의 뜻이 비정상적인 리유로 앗아진것임을 보여주고있다. 그렇지 않으면 《게재하지 않》는 필자의 사정이나 리유가 반드시 밝혀지는 법이다.

8월 12일의 동아일보사에는 이 《알림》을 보고 분격한 숱한 독자들의 항의의 전화종이 하루종일 울렸을것이다.

《동아일보》에 등장하여 25년, 8월 11일부의 만화로 7천 971번째를 헤아린 기나긴 력사를 가지는 이 만화 《고바우영감》은 십수권의 책으로도 출판되여 남조선민중의 압도적 인기를 끌었으며 사랑을 받아왔다.

그것은 미제의 숨막히는 압제하에서 하고싶은 말도 옮게 못하는 남조선민중의 대변자로서 이 만화는 압제자에 대한 풍자와 민중에 대한 사랑에 넘쳐있

감》은 다시 되살아났던것이다.

여기에 소개한 만화는 휴재당하기직전의 작품이다. 거지에다 돈 10원을 주었기때문에 값이 오른 뻐스를 타지 못해 다시 거지를 찾아가 준 돈을 돌려달라는 구슬픈 이야기를 그린 이 만화를 보고 나는 웃음과 동시에 눈물이 나올번했다.

남조선민중의 참상을 백마디 말보다 더 잘 전해준다.

그러나 그것은 민생을 만화적수법으로 사실대로 그렸을뿐이지, 이 만화를 비롯해서 《고바우령감》을 휴재시킬만한 리유는 티끌만치도 없는것이다.

금번의 이와 같은 무지막지한 폭거는 오직 같은 민족을 총칼로 대량살륙한 미치광이 살인귀 전두환일당밖에 할수 없는노릇이다.

《고바우령감》이 휴재를 강요당하여 이제 보름이 넘고 스무날도 지나갔다.

남조선인민들은 《동아일보》의 《고바우령감》이 실렸던 자리에 오늘도 메마른 활자가 차지한데 더이상 참을수 없을것이며 그 웃음을 앗아간놈들에 대한 분격을 참지 못할것이다.

민중들은 살인귀 전두환이가 망하지 절대로 《고바우령감》이 망할수 없다고 확신하고있다.

그것은 력사가 말해주고있다.

에 관해서는 『재일조선미술가화집』뿐만 아니라, 다른 자료에서도 자세히 나와 있지 않은 까닭에 미술가들의 개별적인 경험을 바탕으로 단편적으로 소개할 수밖에 없었다. 하지만 각기 다른 장소에 있었던 조선인들이 동포로 만나 서로 기쁨을 나누며 모이기 시작했다는 점, 장래에 '표현하는 직업을 가진 사람'으로서 살아가는 데 보탬이 될 의미 있는 경험을 함께 쌓아가고 있었다는 점은 틀림없다.

『똘똘이』 1권 뒤표지

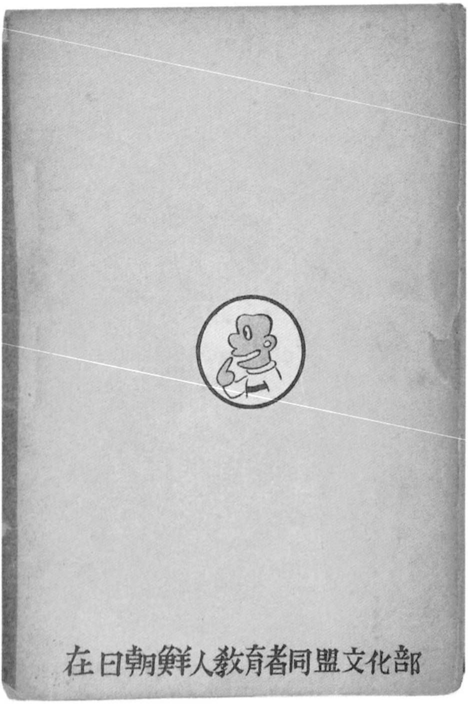

2.

고유한 경험의 합류

— '재일조선미술회'의 결성

'재일조선미술회'의 결성

재일조선인미술가들이 결성한 본격적인 미술가 조직인 재일조선미술회는 어떻게 결성되었을까. 단체가 발행한 기관지 『조선미술』 1호는 준비 과정과 결성 당일의 모습을 다음과 같이 기록했다. 다소 길지만 제1면에 게재된 기사의 전문을 인용한다.[24]

> 「재일조선미술가 총집결 10월 4일 전국총회」
>
> 재일조선미술회는 9월 초순에 침체 상태에 빠져있던 미술운동을 타개할 목적으로 대대적인 전국총회를 개최할 굳은 결의 밑에 제1차 준비회를 9월 6일에 갖고 거듭해서 13일, 20일, 25일, 최종적으로 10월 2일에 밤을 새워 전준비회全準備會를 완료하여 4일, 재일조선미술가로서 역사적인 총회를 맞이하였다. 당일 도쿄

24 「재일조선미술가 총집결」, 『조선미술』 1호(1953), p.1.

를 비롯하여 오사카, 기후岐阜, 가나가와神奈川 등 각 지방 미술가 대표들 30여명 이 산라쿠山樂회관에 모여들었으나, 장소 관계로 버스로 전원이 산베쓰産別회관으로 이동하여 11시쯤에 개회 선언이 되었다.

의장으로 리인두, 김창덕 양 씨를 선출, 문예총의 박원준 씨 및 민전 대표 정백운鄭白雲 씨 기타의 축사, 일본판화운동협회, 인민문학사 등의 메시지 낭독, 오병학 씨의 일반 보고가 끝난 뒤 곧 토론에 들어갔다. 토론은 일체의 형식을 걷어치우고 예술가다운 열정으로 가슴에 찬 것을 솔직하게 털어내게 하였다. 선배에 대한 불만도 나왔다. 해방 후 8년이 되는 오늘날에 아직 일본명으로 작품을 발표하고 있는 미술가에 대한 비판, 일본에서 압박만 받은 것이 아니라 일본 덕분에 미술가가 될 수 있었다고 하는 얼토당토 않는 발언에 대한 만장滿場의 흥분, 박사림 씨의 이에 대한 책상을 울리는 열변, 식민 근성 규탄과 일미日美 제국주의의 폭로, 근대주의 회화에 대한 무자비한 비판, 민족의식의 앙양과 아울러 미술반동에 대한 투쟁과 제국주의를 반대하는 미술, 재일 60만 동포들를 상대로 하는 리얼리즘, 우리 조국에 새로운 르네상스를 가져온다는 커다란 포부, 이와 같이 토론은 끝이 없었으나 시간 관계로 강령, 규약 심의에 들어가 우뢰 같은 박수로 원안대로 가결되어, 이로서 재일조선미술가의 형제적 결속을 보았다.

이어 예산 편성, 역원役員(임원—옮긴이) 선출에 들어가 신역원을 다음과 같이 정했다.

회장 리인두 씨

부회장 김창덕 씨, 변시지 씨

간사이 지부장 전화광 씨

상임위원 오병학 외 10명

끝으로 조국미술가동맹이 보내온 메시지를 채택한 다음, 만세삼창으로 역사적인 총회의 막을 내렸다.

이처럼 재일조선미술회는 6·25 전쟁 휴전협정의 발효(1953년 7월 27일)부터 1개월여 뒤인 9월 6일, 제1차 결성 준비위원회를 개최한 후, 네 번의 준비 모임을 거쳐 10월 4일 총회를 개최하여 설립됐다.

"침체 상태에 빠져있던 미술운동을 타개할 것을 목적으로" 산베쓰회관[25]에서 결성회가 열렸다. 30여 명의 참가자들은 "우리 조국에 새로운 르네상스를 가져오겠다는 커다란 포부"를 놓고 토론한 후, 강령과 규약을 낭독했다. 임원으로 회장에 리인두, 부회장에 변시지邊時志, 간사이 지부장에 전화광(전화황), 상임위원에 오병학 외 10명이 선출되었다.

이름을 올린 리인두에 관해서는 앞서 언급했듯이 부록의 인명 해설에서, 또한 김창덕에 대해서는 다음 절에서 다루고자 한다. 변시지는 제주 출신으로 대한민국으로 거점을 옮겨 활발하게 활동했다. 전화광은 개명하여 전화황이라는 이름으로 활동한 교토의 미술가이며, 오병학은 현역 미술가로 왕성히 활동하다가 2021년 9월에 세상을 떠났다.

25 좌파 계열 노동조합의 전국 조직인 산베쓰회의 본부로, 주소는 도쿄도 미나토港구 시바신바시芝新橋 7-12이다.

또한 문총의 박원준이 결성회에 참가했다는 기록이 있는데 그는 앞서 언급한 『한신교육투쟁기록화보』의 글을 담당한 인물이기도 하다. 후술하겠지만 단체를 결성한 후, 기관지를 발행하거나 오사카 지부의 결성, 그리고 《일본앙데팡당전》에 집단으로 출품하는 등 활발한 활동을 전개했다.

활동의 구심이자 동력이었던 화가 김창덕

이 시기의 미술 상황을 살펴볼 때 우선 주목하고 싶은 점은 재일조선미술회가 결성(1953년)되기 이전의 상황이다. 인용문에서 밝히고 있듯 재일조선인의 미술 활동이 실제로도 '침체 상태'였을까? 활발한 활동이 이루어지지 않던 상황, 혹은 횡적인 인간관계가 부족했던 상태에서 갑작스레 조직이 결성되는 역동적인 전개가 어떻게 가능했던 걸까? 재일조선미술회라는 새로운 그룹을 결성하게끔 만든 추동력의 근원은 과연 무엇이었을까? 나는 김창덕을 중심으로 한 미술가들의 동향이 그 배경이 되었으리라고 짐작한다. 유족의 인터뷰를 통해 김창덕의 활동을 복원하면 다음과 같다.[26]

김창덕은 1910년 경상북도 대구에서 태어났다. 식민 치하에 있던 고향에서는 제대로 배울 수 없다고 판단한 그는 19세의 나

26 김창덕 유족 인터뷰(2010. 3. 22/4. 8).

이에 홀로 일본으로 건너갔다. 부산에서 배에 오를 때 승무원이 승선 명부를 보며 이름을 물었는데, 김창덕은 문득 일본인 급우의 이름이 떠올라 "다카시"라고 대답했다. 승무원이 '다카하시高橋'라는 성으로 잘못 알아듣고 이어서 나머지 이름도 물어보자, 김창덕은 일본으로 건너가서 앞으로 나아가겠다는 희망을 품고 있었기에 '스스무進'라고 답했다고 한다. 그는 행동미술협회의 활동을 포함하여 오랫동안 '다카하시 스스무'로 활약하였는데, 일본으로 건너가던 배 위에서 즉흥적으로 만든 이름이었다. 본명이 아닌 일본 이름을 오랜 세월 사용해왔던 탓에 재일조선인 사회 내부에서도 비난의 목소리가 있었던 것 같다. 재일조선인미술가에 관한 연구가 진행되던 대한민국에서도 비판적인 시선으로 바라보는 이들이 있었다는 이야기를 들은 바 있다.

나는 소위 '통명(재일조선인이 쓰는 일본식 이름)'을 계속 사용한 김창덕의 심정을 속속들이 알 도리가 없으며, 비난할 생각도 없다. 그렇다고 김창덕을 향한 비난을 반대하는 것도 아니다. 다만 지금 필요한 일은 비판에 앞서 분단된 국가의 일원으로서 이국땅에서 살아가야 했던 조선인의 역사에 대한 냉정한 검토가 아닌가 생각한다. 김창덕이 표현자로서의 길을 걸었고, 해방 후 재일조선인의 미술사가 시작될 수 있는 구심점 역할을 했다는 것, 그리고 사람들이 지금도 그를 존경하는 마음으로 따뜻하게 기억하고 있다는 것만은 부인할 수 없는 사실이다.

일본으로 건너간 김창덕은 오사카를 거점으로 생활했으며, 나카노시마양화연구소中之島洋畵研究所에 다니며 미술 공부를 했다.

그리고 그 무렵 일본의 미술단체인 이과미술협회二科美術協會[27]의 추천을 받아 25세의 나이에 《이과전二科展》에 입선했다. 당시 관련 기사가 『오사카아사히大阪朝日신문』(1935년 8월 30일)에 실렸다.(fig.14)

〈첫 입선은 9명〉

브러시를 잡고 회화에 몰입하는 젊은 사도가 꿈에 그리며 동경하는 등용문 중의 하나, 모더니즘의 뉘앙스가 짙게 밴 이과전은 금년의 제전帝展(제국미술전람회; 문부성미술전람회의 후신으로 일본에서 최고 권위를 갖는 관전이었다—옮긴이)의 개편을 둘러싸고 분쟁이 있었던 만큼, 심사도 출품도 여러 방면에서 주목을 받았는데 상공업의 도시 오사카에서도 조소 2명을 포함해 9명이 처음으로 입선하여 기쁨의 분위기가 역력하였다. 그 중에는 낭랑한 젊은 여성이 한층 더 큰 감격과 긍지 속에서 활짝 피어 있지 않은가! 입선자 발표도 30일 밤에 있었는데 아틀리에 여기저기에 핀 이 젊은 꽃, 꽃, 꽃들을 찾아가 보자.

— 이과전에서 피어난 오사카의 꽃들

위와 같은 표제의 기사에 이어 입선자 아홉 명이 소개되었는데, 김창덕이 언급된 부분은 다음과 같다.

신문을 배달하며 틈틈이,

"떳떳하게 제 몫을 하는 화가가 될 때까지 귀국하지 않겠다."

27 이과회에 관해서는 제2장을 참조.

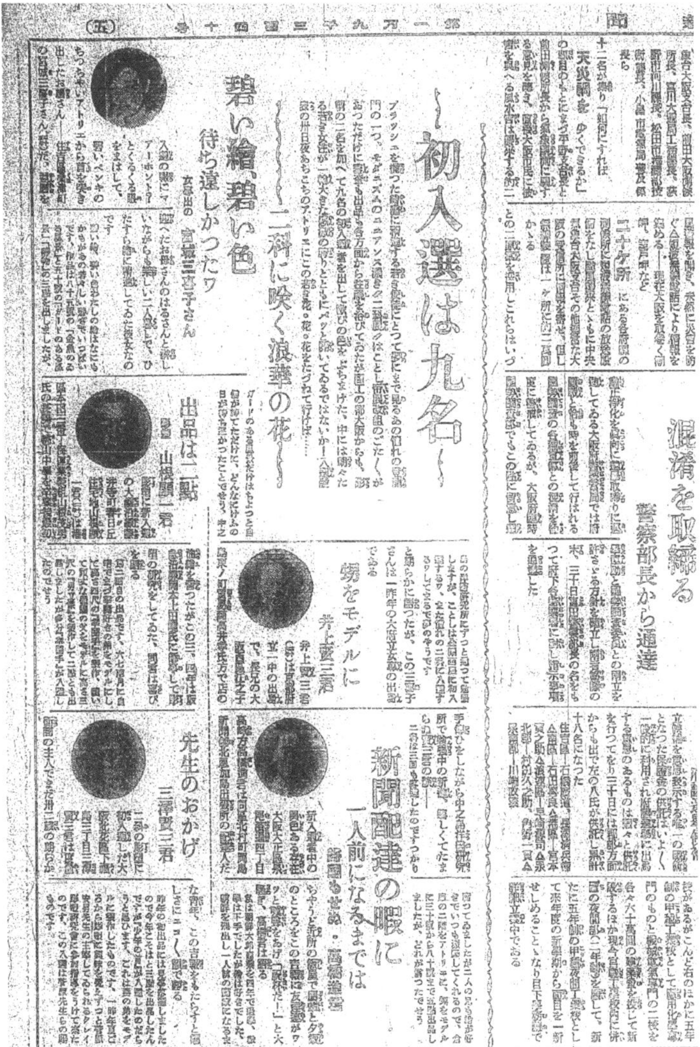

fig. 14　김창덕의 이과전 첫 입선 기사 「初入選は九名」,
『大阪朝日新聞』 1935년 8월 30일, 5면.

— 다카하시 스스무 군

첫 입선자 중에서 이색적인 존재

오사카 다이쇼大正구 이즈오하마도오리泉尾濱通 4초메四丁目 다카미네高峰 댁에 사는 다카하시 스스무 군은 같은 구의 기타무라초北村町 오카지마신문岡島新聞 기타오카지마 출장소의 배달부이다. "마침 근처 밥집에서 지인들과 저녁을 먹고 있었는데, 기쁜 소식을 들은 친구들이 와! 하고 환호하고 건배를 외치며 난리법석이었다."라고 다카하시 군은 말한다.

"저는 조선 대구상업(학교)을 4년 만에 퇴학했습니다. 공부는 못했지만 그림을 좋아했습니다. 조선을 떠나 제 구실을 하는 화가가 될 때까지, 죽어도 돌아가지 않으리라는 마음으로 결국 아버지의 장례식 때도 귀국하지 않았습니다. 이 희소식에 고향의 어머니와 동생들이 틀림없이 기뻐할 겁니다. 몹시 고된 신문배달부 생활이지만 작년 가을부터 아시히빌딩에 있는 나카노시마양화연구부에 다니면서 8월에 접어들어 2주 정도에 다섯 점을 단번에 마무리했습니다. 그 중에서 친구 두 명을 모델로 삼아 노동자의 입상立像을 그린 작품이 자신 있습니다."

기사에는 "꿈에 그리며 동경하던 등용문"인 《이과전》에서 입선을 이뤄냈다는 기쁨과 함께 미술을 향한 열정이 흘러넘친다. 후에 김창덕은 징용으로 탄광에 배치되는 등 힘든 시기를 보냈지만, 1944년에 결혼하고 1951년에 시부야구 요요기 오야마초大山町로 이주하면서 생활이 점차 안정되기 시작했다. 해방 후에는 행동미술협회(제5장 참조)의 회원으로 활동했다.

화단에서 자리를 잡아가던 김창덕을 찾아온 후배가 앞서 언

급한 무사시노미술학교에 다니던 성리식이다. 성리식은 김창덕과의 만남을 다음과 같이 회상했다.[28] 전후에 오사카에서 상경해 향학열에 불타던 성리식은 미술가들이 많이 모이던 이케부쿠로 몽파르나스池袋モンパルナス[29]에 가서 그림을 가르쳐 줄 사람을 찾았다. 거기서 들은 이름이 '다카하시 스스무'라는 조선인이며 시부야 근처에 살고 있다는 것을 알게 되었다. 김창덕은 술 한 병을 들고 찾아간 성리식을 따뜻하게 맞아 주었다.[30] 그 무렵 성리식은 표세종과도 친하게 지내고 있었으므로 함께 다시 김창덕의 집을 찾았고, 무대미술을 전문으로 제작하던 리찬강도 자주 어울렸다. 주변의 미술가들은 이들 네 사람을 가리켜 '오야마大山그룹'이라 부르곤 했다. 이 이름은 일본에 사는 조선인 미술가를 찾아다니며 명단을 만들었던 오병학이 붙였다고 한다.[31] 오야마에 있던 김창덕의 집에는 이미 일본이나 대한민국에서 활발히 연구되고 있는 조량규와 송영옥宋英玉도 찾아왔다고 한다.(fig.15)

김창덕은 어떤 작품을 그렸을까. 1960년에 발표한 〈가난한 생활〉은 이번 장에서 다루는 시기보다 나중에 제작된 작품이지

28 성리식 인터뷰(2010. 3. 24).

29 몽파르나스는 프랑스 파리 센강 좌안의 지명이며 미술가들이 많이 살았던 지역이다. 도쿄에서 미술가들의 삶과 활동의 거점이었던 이케부쿠로 일대를 이렇게 불렀다. 1900년대부터 종전 직후에 걸쳐 존재했다.

30 그들이 처음 만난 해는 1950년 혹은 1951년으로 추정한다.

31 성리식 인터뷰(2010. 3. 25).

fig. 15 김창덕과 재일조선인미술가들. 뒷줄 왼쪽부터 김창덕, 조량규, 표세종
(사진 제공 : 김창덕 유족)

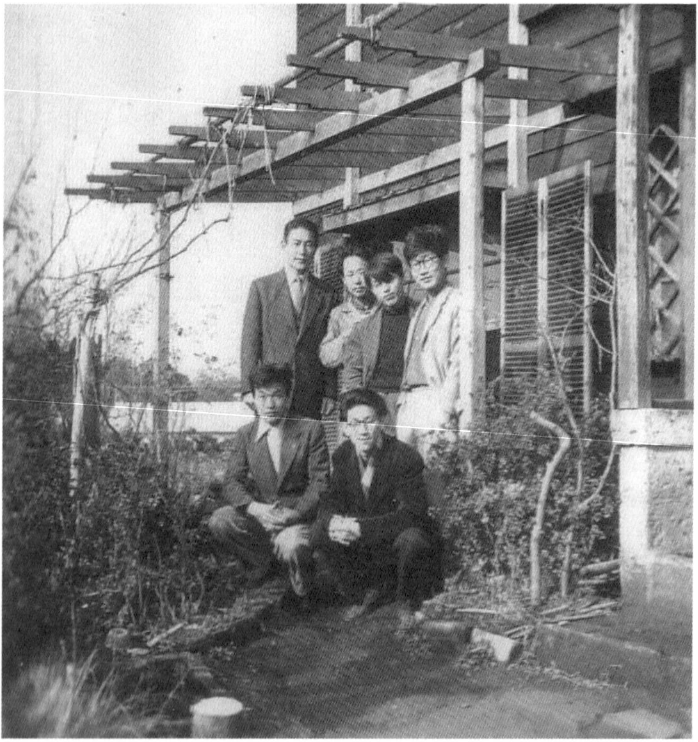

만, 『재일조선미술가화집』에 컬러 도판으로 게재되었을 만큼 김창덕의 화풍을 잘 보여주는 작품이다.(fig.16) 특히 눈에 잘 띄는 흰색을 주조로 한 물감의 마티에르(질감)를 살리는 것이 김창덕만의 독특한 표현이다. 백령을 비롯하여 후배들의 작품에서도 비슷한 조형 요소를 찾아볼 수 있기에 그가 가진 영향력과 함께 후배들에게 동경의 대상이 되었으리라 추측한다.

〈가난한 생활〉은 화면 오른쪽 아래에 담뱃대를 물고 있는 남성, 왼쪽에는 아이를 안고 선 여성, 화면의 중앙에는 군고구마를 파는 손수레를 묘사하고 있다. 원경에는 화면 상단으로 바짝 올려서 그린 크고 작은 낡은 가옥들이 지평선을 따라 불규칙하게 늘어서 있다. 극단적으로 작게 그려진 집들을 통해 화면에 충분한 원근감을 부여한다. 이러한 구도로 인해 앞쪽에 배치된 인물들과 손수레가 관객의 눈앞에 생생히 포착된다. 김창덕은 늘어선 가옥의 좌우 양 끝에서 손수레의 바퀴 중심부로 향하도록 인물과 사물을 사선으로 배치했다. 그 결과 지평선을 밑변으로 하고 바퀴 중심부를 정점으로 삼은 커다란 역삼각형 구도가 만들어져 작품 전체에 안정감을 준다.

김창덕은 군고구마 장수의 가족을, 갈색을 기조로 한 화면 속에 그려 넣으며 허름한 집과 휑한 공터, 그곳에서 맞이하는 짧은 휴식 시간을 정성껏 묘사했다. 여성의 바지와 신발, 손수레 위에 무겁게 실린 드럼통과 굴뚝에 사용한 검정색이 갈색조의 화면을 단단하게 조여 주는 역할을 한다. 또한 'やきいも(군고구마)'라고 쓴 간판은 빨간색으로, 어린아이의 옷은 파란색으로 색채

fig. 16 김창덕, 〈가난한 생활〉, 1960년, 120×130cm, 평양 조선미술박물관 소장
(출처: 『재일조선미술가화집』).

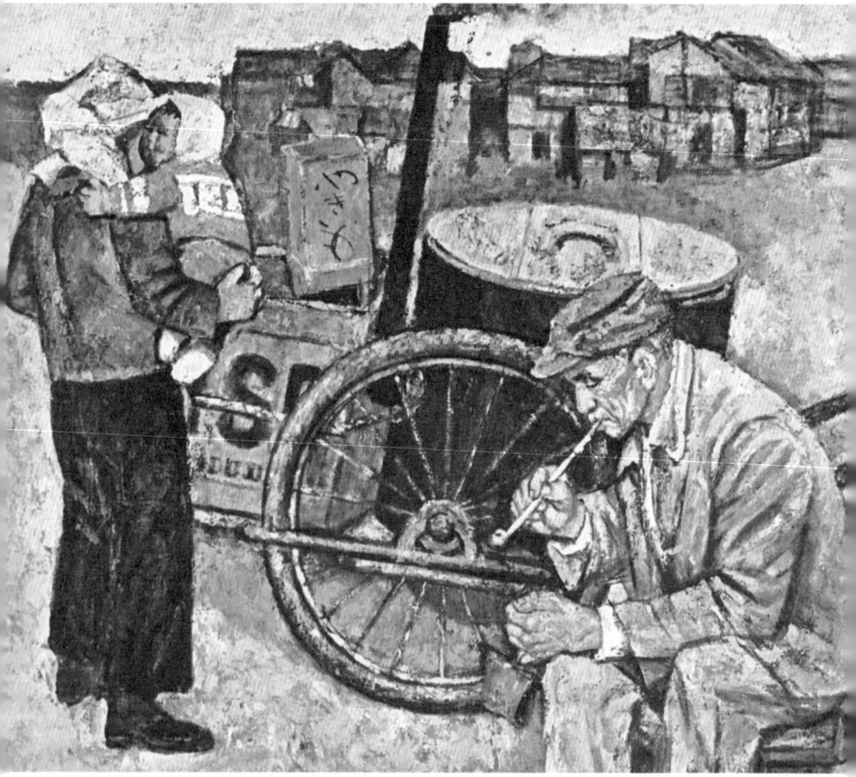

를 살짝 더했다. 소리마저 잃은 듯 '정靜'적으로 느껴지는 고요한 한 장면. 희미한 빛을 띤 하늘 위로 흔들리는 연기만이 '동動'이 되어 화면에 시간을 새겨 넣고 있다.

이 작품에는 고향을 떠나 타국에서 살아갈 수밖에 없던 재일조선인의 생활상이 극명하게 표현되어 있다. 둥근 수레바퀴와 호응하듯 그려진 웅크리고 앉은 남성의 등, 움푹 들어간 눈가, 깊게 팬 주름이 신산한 삶을 생생히 전달한다. 젖먹이를 안고 굳게 서있는 여성에게서는 어려움 속에서도 흔들리지 않는 강인함이 느껴진다. 화면 중앙에는 군고구마 장수의 손수레가 크게 묘사되어 당당한 존재감을 과시한다. 군고구마 장수와 같은 날품팔이를 통해 그날그날의 먹거리를 힘들게 구할 수밖에 없던 동포의 일상을 상징적으로 드러낸다. 이처럼 재일조선인의 생활을 열정적이라기보다는 온화하게 그려내는 방식이 김창덕의 특징이었다. 후배 미술가들을 늘 따뜻하게 감싸주었다는 그의 성품 자체가 작품에 반영되어 표현되었는지도 모른다.

당시 다이타바시代田橋에는 조선인이 경영하던 '판문점'이라는 곱창구이 식당이 있었다. 김창덕이 이 식당을 자주 방문했기에 조선인미술가의 '아지트'가 되었다.[32](fig.17) 김창덕은 주일미군의 초상화를 그리는 일감을 후배들에게 나누어 주었고[33] 찰필擦筆로 그리는 방법도 가르쳐 주었다고 한다. 아마 워싱턴하

32 표세종 유족 인터뷰(2012. 10. 15).

33 성리식 인터뷰(2010. 3. 25).

이츠(요요기代々木에 위치한 GHQ의 막사 및 숙소)에서 의뢰한 작업으로 추측되지만, 상세한 조사는 다음 과제로 남긴다.

김창덕이 행동미술협회의 활동으로 명성을 얻었으며, 기술적으로도 지향해야 할 선배였다고 회상한 후배들의 말에 따르면,[34] 일제 강점기에 홀로 일본에 건너와 《이과전》에서 입선을 한 바 있던 김창덕은 미술가로서의 성공을 꿈꾸던 젊은 미술학도들이 진심으로 의지할 수 있었던 든든한 존재였음이 틀림없다. 재일조선미술회가 1953년에 획기적으로 결성된 이후, 급속히 활동의 고조기를 맞이할 수 있었던 배경에는 김창덕을 존경하고 따르던 후배들이 서로 구축하고 있었던 강한 연대감이 뒷받침되어 있었다고 사료된다. 즉 그간 개별적으로 존재해온 미술가들 각자의 고유한 경험과 역량이 김창덕을 중심으로 재일조선인미술가 최초의 본격적인 조직 결성으로 이어졌다고 봐도 무방하다.

34 박정문朴正文 인터뷰(2008. 10. 1) 및 고삼권高三權 인터뷰(2010. 10. 3).

fig. 17 다이타바시에 있던 곱창구이 식당 '판문점' (사진 제공 : 표세종 유족)

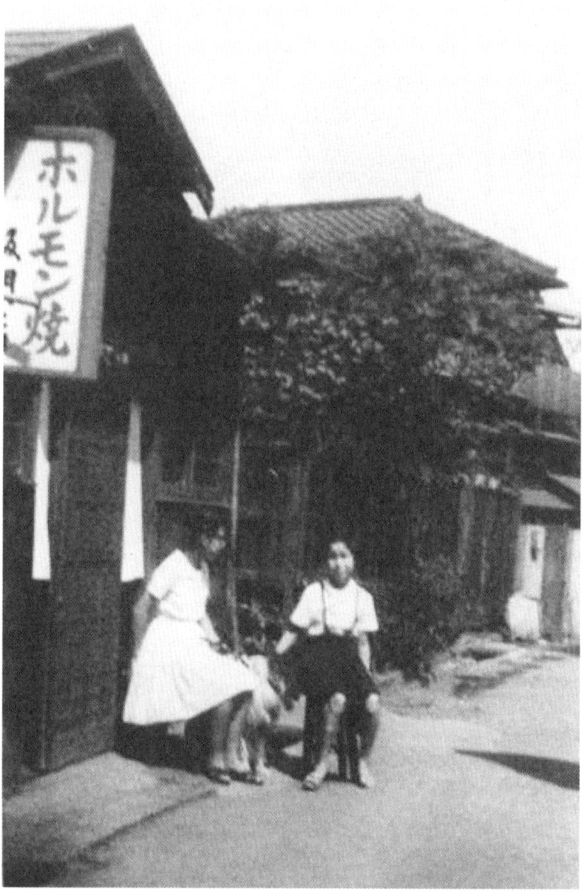

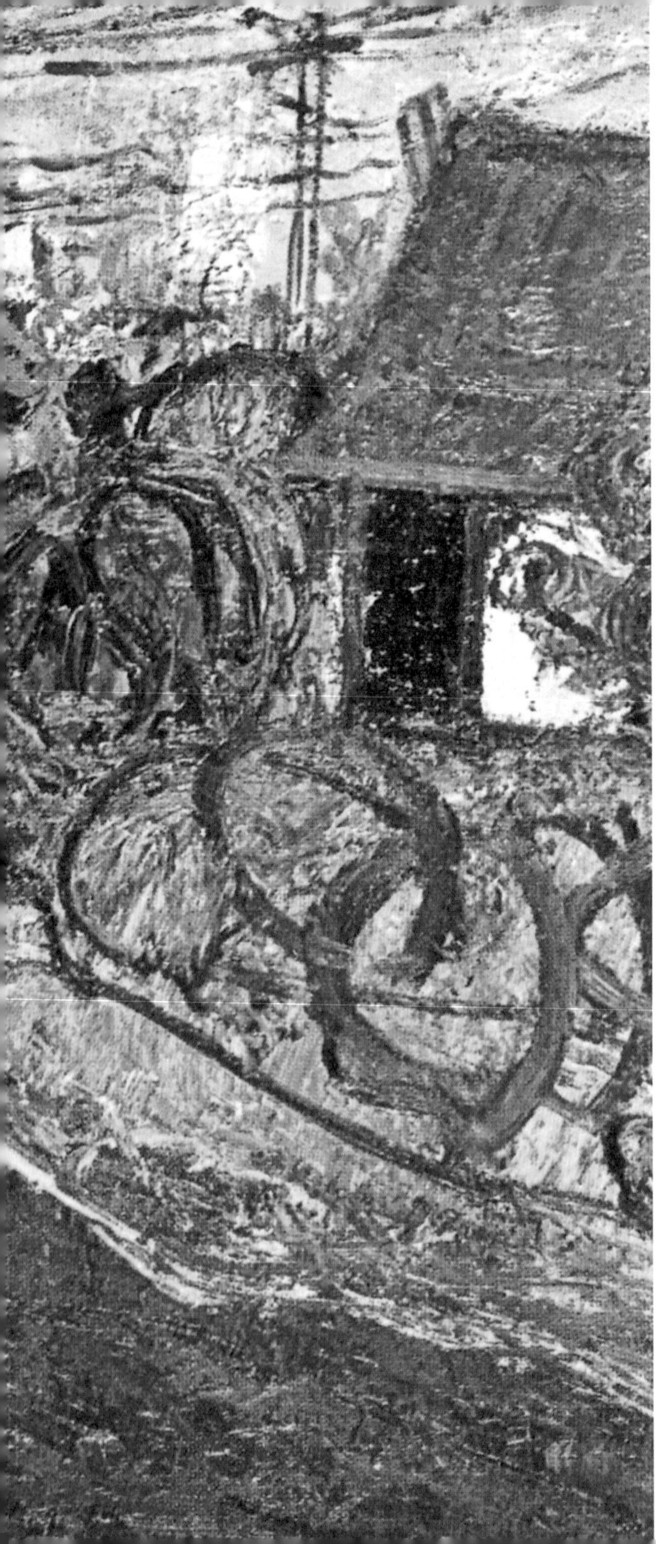

2

무엇을, 어떻게 창조할 것인가

1955년 재일조선인은 새로운 단체인 총련을 결성했다. 이미 설립되어 있던 민단과 총련 사이의 대립은 점점 깊어졌다. 한편 재일조선인은 1959년부터 조선민주주의인민공화국으로 귀국 실현 운동을 전개하는 동시에 대한민국의 민중 투쟁에도 많은 관심을 기울였다. 재일조선인 대부분이 한반도의 남쪽, 즉 분단 이후 성립된 대한민국에 해당하는 지역에서 태어났지만, 북측인 조선민주주의인민공화국을 자신의 '조국'으로 생각하는 사람이 다수 존재했다. 재일조선인미술가의 활동에도 남북 분단과 재일조선인 사이의 대립 구조가 직접적으로 영향을 미쳤는데 어느 쪽을 지지할 것인가, 어느 단체를 지지할 것인가에 따라 미술가의 소속 그룹도 달라졌다. 이렇게 혼란스러운 시대에 재일조선미술가의 목표는 무엇이었으며 어떤 활동을 했던 것일까.

이번 장에서는 재일조선미술회에 소속된 미술가의 표현 방법에 주목한다. 각자의 고유한 경험이 합류하면서 조직된 본격적인 단체 재일조선미술회가 어떤 주제를 선택하여 어떤 방식으로 그렸으며, 그 제작의 근거는 무엇이었는지를 그/그녀들이 나눴던 토론과 구체적인 실천 양상을 통해 추적해보려 한다.

1.

'민족미술'의 추구

토론의 시작 — 김창락의 원체험

표현 방법을 둘러싼 모색과 토론은 언제부터 시작되었을까. 내가 조사한 바에 따르면 '민족미술의 창조'와 관련된 조선인 미술가의 생각이 구체적인 기록으로 등장한 시기는 1956년이다. 특히 1953년부터 재일조선미술회 회장을 맡은 김창락이 '민족미술의 창조'에 관해 여러 번 언급한 바 있다.[1] 김창락이 말한 '민족미술의 창조'란 어떤 의미였으며 발상의 계기가 무엇이었는지 분석하기에 앞서, 1954년에 발표한 에세이 「최근에 느낀 한 가지」의 내용을 살펴보자. 재일조선미술회의 기관지 『조선미술』 2호(1954년 1·2월 합병호)에 게재된 이 글에서는 '민족미술의 창조'라는 말을 직접 언급하지는 않았지만, 이국땅에서 살아가는 사람들에게 창조가 과연 어떤 의미인지 숙고했던 단초가 엿보인다.

1 김창락, 「최근에 느낀 한 가지」, 『조선미술』 2호(1954), p.8.

> '조국상실'적인 생활로서 이런 요소(코스모폴리타니즘을 의미— 옮긴이)가 몸에 함뿍 박힌 자들은 개적個的인 자自와 타他는 잘 아는데 내 민족과 타민족, 내 나라와 타국, 내 계급과 적敵 계급, 이런 넓은 의미의 내외 관계에 대해서는 감각이 대단히 둔하다. 해방 후 8년이 지난 오늘에 있어, 일본을 '내지內地'라고 무의식중이나마 말하고 있는 동포가 아직도 있으니 마음 아픈 일이다. 이것은 민족의 자존심을 완전히 소실한 태도이며, 자기 개인을 위해서는 나라도 민족도 역사도 팔아먹는 행위며, 이는 곧 '코스모폴리탄'적인 이기주의에서 나오는 것이다. (…) 우리는 외국에 있으며 민족예술 창조에 이바지한다는 어려운 일을 하고 있다. 세계정세에 비추어 냉정히 내외 대상을 주시하며 열렬한 민족의식에 입각하여 일하지 않으면, 우리들의 예술은 물론 생활 자체도 허공에 뜰 것이다. 우리는 '파리'의 일본인 화가들처럼 자기 나라 자기 민족보다도 개인의 출세를 꿈꾸며 어느 민족의 예술인지 자기도 모르는 일을 해서는 안 되며 어디까지나 우리 민족을 대상으로 한 민족예술이라야 하며 또 이것은 우리 재일 60만 동포들의 요구이기도 하다.

글의 중간쯤에 "민족예술 창조에 이바지한다는 어려운 일을 하고 있다."라고 썼듯, 김창락은 1954년이라는 시점에서 모국을 떠나 살아가는 조선인으로서 민족이나 자신의 존재 자체를 어떻게 이해해야 하는지 고민하고 있었다는 점을 알 수 있다. 그는 자민족이란 무엇인가를 고려하여 제작에 임했다.

특히 '민족예술 창조'라는 문구에 주목하고 싶다. 이 표현이 등장하는 시기는 1956년부터이다. 1956년 3월에 발행된 『조선미술』 5호에 실린 김창락의 「일본에서의 민족미술 창조 문제」[2]를 요약하면 다음과 같다.

재일조선미술회의 강령에는 '민족미술의 창조와 보급'이 크게 주창되고 있다. 그러나 실질적으로는 잘 되지 않고 있는데 원인으로 여러 문제가 포함되어 있고 그에 관해 단체 안에 여러 가지 견해가 있다.

① 일본에도 동포가 많이 있으니 주로 이들을 대상으로 하여 우리들의 미술운동을 해야 한다.

② 일본에서는 도저히 우리 민족미술 창조는 불가능하니 화학생畵學生(미술학도—옮긴이)의 마음으로 돌아가서 기초 공부를 하는 것이 조국에 이바지하는 길이다.

③ 일본에 있는 조선인은 미술에 이해가 전혀 없다. 그러니 작품 발표 활동은 일본화단에서 할 수밖에 없다.

맨 마지막 견해는 우리 회 정신에 맞지 않고 민족애가 부족하니 앞으로 고쳐가야 하겠으나 앞 의견들은 서로 논의하여서 반드시 의견 일치를 보아야 할 것이다.

공화국 공민으로서의 희망과 신념을 주자. 일본 혁명에 직접 참가할 필요는 없으나 객관적인 시대의 흐름에 뒤떨어지지 않기 위해 민족성, 세계성, 계급성에 대한 이해와 그 본질 파악에 더욱 힘쓰는 한편, 일본 화단과 친선교류를 위한 전람회도 열고 동시에 기초 공부를 계속해야 할 것이다. 그래야만 우리들의 운동이 더욱 장래성 있는 것이 될 것이다.

이 글에서 김창락은 재일조선미술회의 강령에 기초하여 미술가에게 민족미술의 의미를 숙고하기를 주장한다. 단체의 강령은 다음과 같다.

2 김창락, 「日本에서의 民族美術 創造問題」, 『조선미술』 5호(1956), p.1.

1. 우리들 재일조선인미술가는 조선민주주의인민공화국 공민으로서 재일동포와 결부한 미술운동의 적극적 추진을 기한다.
2. 우리는 새로운 민족미술의 창조와 보급을 기한다.
3. 우리는 재일조선인미술가의 자유로운 창조 연구 발표 등 제 활동의 추진을 기한다.
4. 우리는 미술을 통해서 조·일 친선 문화교류를 더욱 깊이 추진한다.
5. 우리는 조국 미술계의 평화적 문화 운동과 적극적인 제휴를 기한다.[3]

2항에서 "민족미술의 창조"라는 문구가 등장한다. 그렇다면 김창락이 말하는 '민족미술의 창조'란 과연 무엇을 의미할까. 같은 해 6월 30일 『해방신문』에 기고한 글에는 민족미술에 관한 더 구체적인 서술이 등장한다. 요약하면 다음과 같다.

> 일본에서의 문화운동 중에서는 미술 부문이 제일 어렵지 않을까 생각된다. [동포들이 모이는—필자] 대회에 쓸 포스터를 만들고, 무대장치를 담당했다고 하더라도, 그것은 조직 활동 속에 묻혀버려 우리 미술가 그룹이 있다는 사실조차 동포들에게 알려지지 않는 상황 아래 있다. 작품 제작의 측면에서 보면, 외국에서 타민족이 자기의 미술을 창작한다는 것은 사실 어려운 일이다. 원래부터 민족미술은 장기간에 걸쳐 그 민족의 언어, 습관, 문화가 일체가 되고 그 문화를 계승하여 민족이 살아가는 자연의 영향이나 관습에서 나오는 생활 감정이 서로 합해져서 그것이 체취가 되고 조형예술에 나타났을 때 참다워진다. 우리는 타국에서 살아

3 「綱領」, 『조선미술』 6호(1959), p.1.

가고 있지만, 이름을 날리기 위해 파리로 간 미술가나, 제2차 세계대전 중 개인의 안락을 추구해 미국으로 모여든 예술가와는 다르다. 조국의 평화적 통일을 염원하며 곤란한 생활을 보내고 있는 동포들에게 공화국의 공민으로서의 희망과 신념을 줄 수 있는' 새로운 민족미술을 창조하기 위해 힘을 다하자.[4]

이 글에서 김창락은 민족미술이란 "고향 땅에 살고 있어야 창조가 가능한 것"인데, "타국에 사는 우리 조선인 미술가들이 창조하는 민족미술은 처지를 함께 하는 조선인을 대상으로 하는 동시에, 조국 통일을 바라고 곤궁한 생활을 하는 동포에게 공화국 공민으로서 희망과 신념을 갖게 하는" 것이어야 한다고 주장한다. 1954년의 에세이 「최근에 느낀 한 가지」에서 밝힌 "우리는 '파리'의 일본인 화가들처럼 자기 나라, 자기 민족보다도 개인의 출세를 꿈꾸며 어느 민족의 예술인지 자기도 모르는 일을 해서는 안 되고 어디까지나 우리 민족을 대상으로 하는 민족예술이어야 하며 또 이것은 우리 재일 60만 동포들의 요구이기도 하다."라는 발언을 더욱 구체화했다고 보아도 좋다. 1954년부터 탐구해온 민족미술 창조에 대한 사색은 뒤에 서술할 《순회전》에서 발휘된다.

'민족미술의 창조'에 심혈을 기울였던 김창락은 어떤 인물이었을까. 앞서 언급한 전철이나 김창덕만큼 자세한 정보를 찾을 수는 없었지만, 1956년 『해방신문』에 기고한 에세이 「환쟁이」를

4 김창락, 「독자적인 미술전을 갖자」, 『해방신문』 1956. 6. 30, 4면.

통해 민족미술을 향한 김창락의 생각을 짐작해 볼 수 있다. (fig.1)

여름철이 되면 어쩐지 나는 집에 붙어 있기가 싫은 성벽이라서 철들 무렵부터 매년 여름에는 여기저기 놀러 다니곤 했다. 돈이 없어 언제나 방랑이 되고 마나 재미있는 일도 많다. 어느 해 여름에는 전라남도 다도해 방면에 스케치 여행을 한 일이 있었는데 여수에서 돈이 똑 떨어져 버렸다. 하는 수 없이 초상화라도 그려서 노자를 만들기도 하였다. 그래서 나는 그 주문을 받아보려고 어떤 큰 대문이 달린 집을 찾아들어 갔더니 점잖은 팔십 노인이 사랑방에 앉아 있다가 말하기를 "예전에 화생을 시켜서 자기 부친 초상화를 그렸을 때에 근 10년의 시일이 걸렸는데 단 두 시간에 초상화를 그린다니 무슨 말이요?" 하며 별방에 안치되어 있던 그 초상화를 보여주었다. 그 그림은 예복을 차린 소위 이조李朝 '양반'의 전신상인데 이조 초상화의 성격이 뚜렷하고 인품이 있으며 독특한 조선의 감정과 기질이 여지없이 드러나 있었다. 나는 놀라움과 말할 수 없는 감동에 빠져 있다가 선뜻 정신을 가다듬으며 생각해보니 뿌리 없이 허공에 뜨고 있는 자기 자신이 너무나 비참하여서 도망치듯이 그곳을 나와 버리고 말았다.

그때부터 '환쟁이'라는 말이 내 머리에서 떠나지 않는다. 조선의 전통을 살펴본 일도 없이 서양 문화의 여파에 부풀어 올라서 자칭 위대한 예술가가 되고 있는 화가들에 언제나 나는 이 무명의 '환쟁이'가 그렸다던 그림을 한 번 보여 주었으면…… 하는 생각이 난다. 여수 사건[5] 때 타 버렸을지 않을까 걱정되며 또 한 번 볼 수 있는 여름이 몹시 기다려진다. (필자—재일조선미술회 회장)[6]

5 1948년 10월 19일 여수에 주둔 중이던 국방경비대 제14연대 소속 일부 군인들이 제주 진압 출동을 거부하며 반란을 일으킨 여수·순천 사건(여순 사건)을 가리킨다.

fig. 1 「담화실-환쟁이」, 『해방신문』 1956년 7월 7일 (김창락이 기고한 에세이)

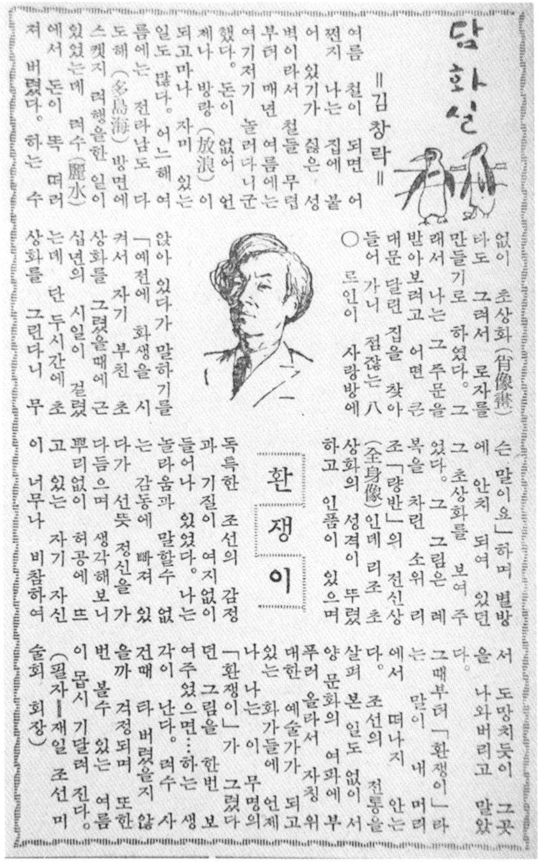

담화실

‖김창락‖

여름철이 되면 어쩐지 나는 집에 붙어 있기가 싫은 성벽이라서 철들 무렵부터 매년 여름에는 여기저기 놀러다니군 했다。돈이 없어 언제나 방랑(放浪)이 되고 마나 자미 있는 일도 많다。어느 해 여름에는 전라남도 다도해(多島海) 방면에 스켓지 려행을 한 일이 있었는데 려수(麗水)에서 돈이 똑 떠러저 버렸다。하는 수없이 초상화(肖像畵)라도 그려서 로자를 만들기로 하였다。그래서 나는 그 주문을 받아보려고 어면 큰 대문 달린 집을 찾아들어 가니 점잖는 八○로인이 사랑방에 앉아 있다가 말하기를 「예전에 화생을 시켜서 자기 부친 초상화를 그렸을 때에 근 십년의 시일이 걸렸는데 단 두시간에 초상화를 그린다니 무슨 말이요」하며 별방에 안치 되여 있던 그 초상화를 보여 주었다。그 그림은 레복을 차린 소위 리조「량반」의 전신상(全身像)인데 리조 초상화의 성격이 뚜렸하고 인품이 있으며

환쟁이

독특한 조선의 감정과 기질이 여지없이 들어나 있었다。나는 놀라움과 말할수 없는 감동에 빠져 있다가 선뜻 정신을 가다듬으며 생각해보니 뿌리없이 허공에 뜨고 있는 자기 자신이 너무나 비참하여서 도망치듯이 그곳을 나와버리고 말았다。

그때부터「환쟁이」라는 말이 내 머리에서 떠나지 안는다。조선의 전통을 살펴본 일도 없이 서양 문화의 여파에 부푸러 올라서 자칭 위대한 예술가가 되고 있는 화가들에 언제나 나는 이 무명의 「환쟁이」가 그렸다던 그림을 한번 보여주었으면…하는 생각이 난다。려수 사건 때 타버렸을지 않을까 걱정되며 또한번 볼수 있는 여름이 몹시 기달려진다。

(필자‖재일 조선미술회 회장)

이 글에서 김창락은 뇌리에 박힌 그림 한 점을 예로 들면서 조선의 전통보다 서양 문화를 뛰어나게 여기며 서양미술에 몸담고 있는 자야말로 예술가라는 통념을 우회적으로 비판한다. 전통적인 그림을 본 후 "도망치듯이 나와 버리고 말았다."라고 회상하며 자신 역시 서양 문화에 도취되어, 미술 부문에서는 서양이 우월하다고 생각해온 점에 대해 부끄러운 심정을 내비치기도 했다. 일본이라는 이국땅에서 어떻게 민족미술을 창조해야 할까를 고민하던 김창락이 충격적인 기억의 한 자락을 떠올리면서, 식민지에서 해방되었지만 민족미술이 상실되어버린 상황을 한탄하는 글이라 할 수 있다. 기억 속의 그림을 다시 보고 싶다는 희망도, 동료 화가들에게 보여주고 싶다는 희망도, 분단이라는 비극과 겹쳐 이룰 수 없게 된 안타까운 심정도 담겨 있다. 전해 들은 바에 따르면, 김창락의 친가는 넓은 과수원을 가꾸었다고 한다. 조국에서의 경험을 통해 민족미술의 의미를 숙고하고자 했던 김창락에게는 자신을 둘러싸고 있던 고향의 풍경이 사고의 근저에 있었을지도 모른다.

백령과 초현실주의

재일조선인미술가들은 조국의 산하를 머릿속에 떠올리면서

6 김창락, 「담화실」, 『해방신문』 1956. 7. 7, 4면.

민족의 전통을 직접 접할 수 없는 상황에 안타까움을 느끼며 서양의 전통적인 미술을 탐구해야 했다. 이러한 상황에서 김창락은 같은 처지에 있던 재일조선인들에게 조국이라는 존재를 잊지 말고 통일을 기원하는 미술을 보이자고 제안했다.

그렇다면 그들은 민족미술이 구체적으로 어떤 조형물로 형상화되어야 한다고 생각했을까. 자료가 많이 남아 있지는 않지만, 백령이 1956년에 쓴 「파산의 예술-소위 위기의식의 파산적 생활에 대한 각서」라는 글을 통해 재일조선미술회 소속의 미술가가 목표로 삼았던 창작 활동의 방향을 찾아보고자 한다.

백령은 이 글에서 "모더니즘은 회화의 파산이자, 파산의 예술"이라고 주장하면서 다음과 같이 말한다.

> 올해 일본앙데팡당전의 벽면을 장식한 작품 중 모더니즘 계열 작품이 많았던 것은 모순적 현상이었다. 예를 들어 그들의 작품이 아무리 진보적인 의도를 갖고 있고 사회적인 관념을 가졌다 하더라도, 파산의 예술의 한 계통임은 부정할 수 없을 것이다. 최대한 선의를 갖고 해석해 보아도, 다키구치 슈조滝口修造 씨의 소위 '검은 만화'밖에는 없다.[7] '하얀 만화'에 대응하는 실로 적절한 제목인데, 모더니스트들은 그 검은 만화를 표방하면서 최고의 예술, 현대의 위기의식을 드러낸 예술이라고 자칭하는 데 그치고 있다. 즉 그들은 스스로 유행 현상의 본질을 깨닫지 못한다. 깨달았다고 하더라도 인정하려 들지 않는다. 모더니즘 유행의 원류는

7 1950년대 화단에서는 사회와 인간을 주제로 판화나 펜을 사용한 흑백 표현이 성행하며 화가들도 풍자만화를 잡지에 기고하기도 했다. 다키구치 슈조는 이러한 형식의 예술이 가진 사회 비평의 힘을 주목하며 '검은 만화'라고 명명했다.

> 프랑스나 미국의 화단이 아니라, 바로 거대한 자본을 배경으로 하는 퇴폐예술을 환영하는 매스커뮤니케이션이다. 화가가 지닌 추한 허명의 욕망, 동시에 매스커뮤니케이션을 향한 교태, 예속적인 태도가 되어 항간에 파산의 회화를 범람케 하는 것이다. 말하자면 교묘한 자본주의적 장치의 한 기구인 셈이다. [원문 일본어][8]

이렇게 백령은 모더니즘 작품을 퇴폐예술이라고 강한 어조로 비판하며 리얼리즘 작업을 의욕적으로 해나갈 것을 주장했다. 당시 그의 모습은 같은 호에 실린 「회원 프로필(2) 새바람을 불어온 신사무국장 백령의 옆모습」에 소개되어 있다.

> 미와 심리의 요구와 실천에 땀을 뻘뻘 흘리면서 리얼리즘을 논하고 모더니즘을 말하는, 강렬한 원색에 의한 환상적 회화(라고 부르도록 하자)를 그려온 그. 그랬던 그 역시 긴 모색 끝에 우리 민족의 거대한 역사적 걸음에 맞춰 180도 전회轉回를 시도하여 리얼리즘의 길을 걸어가고 있다.[9]

당시 백령이 작업 방식에 있어 전환을 시도했음을 알려주는 글이라 할 수 있다. 또한 일본인 평론가 하야시 후미오林文雄는 「제9회 《일본앙데팡당전》의 조선인 미술가 작품」[10]에서 백령의 작품에 큰 발전이 보인다고 평가하며 리얼리즘의 길이 어렵

8 白玲,「破産の芸術―所謂危険意識の破産的生活についての覚えがき」,『조선미술』 5호(1956), p.13.

9 事務局,「会員プロフィール(その二) 新風を吹きこむ新事務局長白玲の横顔」,『조선미술』 5호(1956), p.11.

더라도 한두 번의 혹평이나 말살에 굴하지 말고 나아가길 바란다는 취지로 격려했다.

백령은 어떤 인물이었을까? 유족의 증언을 토대로 이력을 정리해 보면 다음과 같다.[11] 본명은 박영환朴榮煥이며 1926년 경상북도 의성에서 태어났다. 네 살이 되던 해, 사업에 어느 정도 성공했던 아버지를 따라 어머니와 함께 일본으로 건너간 백령은 구제舊制아자부麻布중학(구제 중학교는 제국 시기 중고교를 통합한 과정의 교육기관을 말한다 – 옮긴이)을 다니면서 미술에 관심을 가지게 되었다. 아버지의 반대를 무릅쓰고 무사시노미술학교에 입학한 후 학교 근처에서 하숙하면서 특히 초현실주의에 관심을 가지고 그림에 전념했다. 해방 직후 한국으로 돌아가 정치 활동에 참여하기도 했지만 고향이 미군의 관리와 통제 아래 놓이자 낙담하여 다시 일본으로 돌아갔다. 30세 전후에 결혼하여 슬하에 2남 2녀를 두었고, 1952년에 일본청년미술가연합이 결성된 당초부터 참여하여 나카무라 히로시中村宏, 가와라 온河原温 등 전후 일본의 전위미술을 주도했던 젊은 미술가들과 함께 활동했다. 재일조선미술회에는 1954년부터 참여하였는데 1956년에는 사회주의 리얼리즘[11]의 수법으로 그리겠다는 목표를 정하고 이론 투쟁에서도 중심적인 인물로 떠올랐다. 앞서 언급한 「파산

10 林文雄, 「第九回日本アンデパンダン展の朝鮮人美術家の作品について」, 『조선미술』 5호(1956), p.3.

11 백령 유족 인터뷰(2007. 6. 3).

의 예술 — 소위 위기의식의 파산적 생활에 대한 각서」는 재일조선인미술가 중에서 가장 많은 논고를 남긴 백령의 생각을 추측할 수 있는 귀중한 글이다. 덧붙이자면 나는 여러 관계자와 인터뷰를 진행하면서 그가 사무와 행정 능력에도 뛰어난 사람이었다는 이야기를 들을 수 있었다. 백령은 조직의 기관지 『조선미술』의 편집을 비롯하여, 『재일조선미술가화집』의 간행과 일본인 미술가와 진행한 대표적인 연대 활동인 《조일우호미술전》의 운영에도 중요한 역할을 담당했다.[12]

앞서 말했듯 백령은 무사시노미술학교에서 초현실주의에 경도되었지만 1950년대 중반부터 사회주의 리얼리즘으로 방향을 전환했다. 초현실주의의 영향을 받은 작품으로는 〈무제〉(fig.2)를, 사회주의 리얼리즘으로 양식을 바꾼 후의 작품으로 〈나도 조국으로〉(fig.3)를 들 수 있다.[13] 프롤로그에서 언급했던 것처럼 백령의 작품 대부분은 2000년대에 들어 유족이 사단법인 재일코리안미술작품보존협회(ZAHPA)에 기증했다. 모두 귀중한 작품이지만 특히 〈무제〉는 백령이 무사시노미술학교에서 습득한 초현실주의 양식을 시도했던 그림 중에서 유일하게 남아 있는 작품이라는 점에서 특히 중요하다.

〈무제〉의 한가운데에는 머리가 없는 인체가 그려져 있다. 다리

12 재일조선인미술가가 사회주의 리얼리즘을 어떻게 정의했는지를 명시한 기록이나 자료는 아직 발견하지 못했다.

13 옮긴이 — 『재일조선미술가화집』에 원색판으로 게재되었을 때 한글 제목이 〈나도 가련다〉라고 적혀 있으나, 본문에서는 많이 알려진 제목인 〈나도 조국으로〉라고 표기했다.

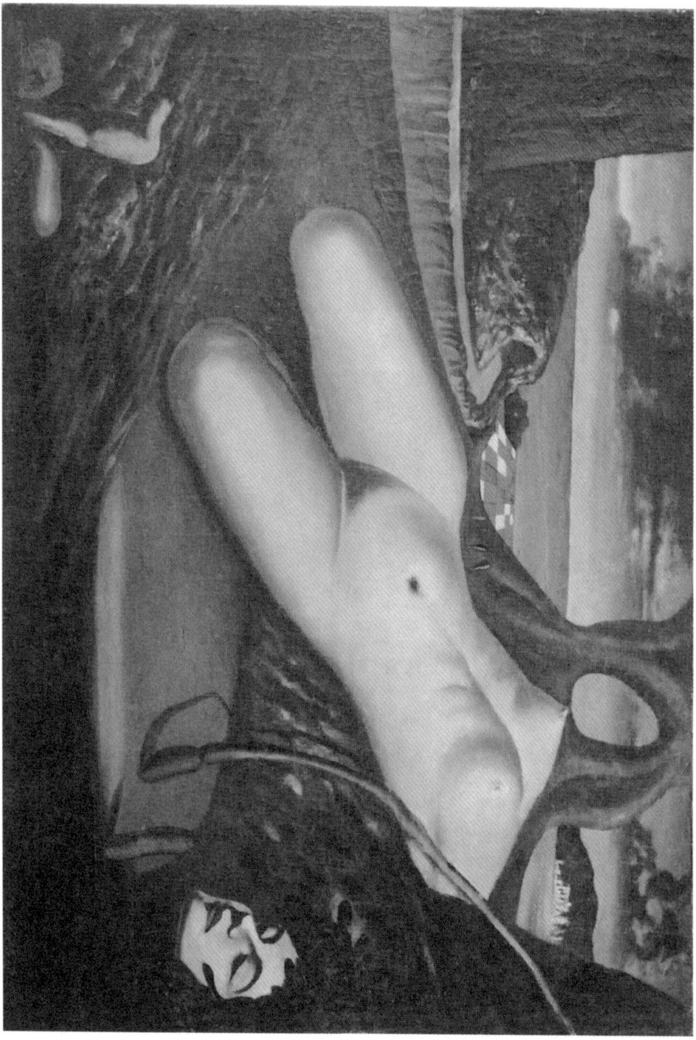

fig. 2　백령, 〈무제〉, 1950년대, 91×65.2cm, 재일코리안미술작품보존협회 (ZAHPA) 소장.

fig. 3 백령, 〈나도 조국으로〉, 1959년, 90×72cm, 재일코리안미술작품보존협회 (ZAHPA) 소장(출처: 『재일조선미술가화집』).

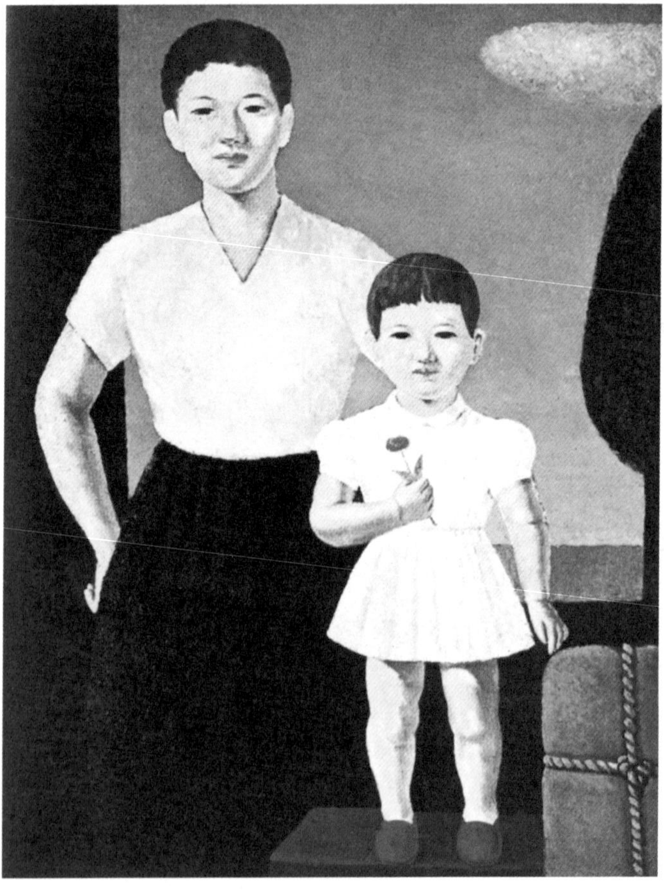

는 무릎 부분에서 뒤로 꺾여있고, 머리는 화면의 오른쪽 아래에 그려져 있다. 화면 앞쪽에는 인체뿐만 아니라 그림자를 늘어뜨린 끈 같은 물체와 함께 껍질이 벗겨진 나무뿌리 같은 형상을 그려 놓았다. 그림의 뒤쪽으로 붉은 커튼과 뒤로 터널이 보이고 푸른 바다가 펼쳐져 있다. 무엇을 그렸는지 대부분 판별이 가능하지만, 현실 세계에는 있을 수 없는 정경이기에 그림에 등장한 대상들이 서로 어떤 관계를 맺고 있는지 한눈에 판단하기는 어렵다.

리얼리즘을 기조로 삼았던 〈나도 조국으로〉에서는 정면을 향해 서 있는 여성과 어린아이를 그렸다. 허리 부근에 뒷짐을 진 여성은 여유롭고 부드러운 인상이며, 아이는 한 손에 작은 꽃을 쥐고 귀엽게 서 있다. 엄마와 딸인 듯 보이는 두 사람은 부동자세를 취하고 있지만, 이들로부터 화면 오른쪽 아래에 묘사된 갈색 소포(짐꾸러미) 쪽으로 흐르는 사선 구도가 작품에 풍부한 리듬감을 부여한다. 파란 하늘에 안개처럼 살짝 걸쳐 있는 흰 구름이 엄마의 상의와 아이의 원피스 색과 호응하면서 화면에 밝은 분위기를 전달한다. 여자아이가 손에 쥐고 있는 분홍색 들꽃과 빨간 구두가 화면을 강조하는 역할을 한다. 현실 속 인간과는 살짝 거리감을 느끼게 하는 단순화된 인물 묘사이지만 친근감이 느껴진다. 뒤에서 아이를 지키는 듯 서 있는 엄마는 살며시 왼쪽으로 얼굴을 기울였다. 오른쪽 손등을 허리 뒤로 받쳐서 너무 경직되어 보이지 않게끔 여유 있는 자세로 화면 밖을 바라본다. 어린 여자아이도 똑바로 서서 앙증맞은 포즈를 취하고 있다. 흰색 상의와 검은 치마를 입은 엄마의 간소한 옷차림과, 맑은 날 외출을 위해 엄마가 정성스레 준비한 듯 보이는 아이의 원피스와 빨간 구두가 대조적이다.

멀리 보이는 하늘, 역동감이 부족한 인물 묘사, 광택감이 느껴질 정도의 강한 음영 표현을 보면 사회주의 리얼리즘의 작법에 충실했다고 말하기엔 어려운 측면이 있다. 눈동자에 빛을 담아내지 않고 그냥 까맣게 칠한 특유의 인물 표현은 백령이 사회주의 리얼리즘을 도입한 1960년대 이후에도 오래 지속되었다. 그렇다면 백령은 자신의 언급대로 초현실주의에서 어떻게든 벗어났다고 볼 수 있을까, 혹은 사회주의 리얼리즘으로 완전히 이행했다고 말할 수 있을까? 백령의 사상과 회화 사이에 어떤 괴리가 있지 않을까? 이러한 의문이 떠오르지만, 사회주의 리얼리즘을 도입하면서도 초현실주의의 영향이 아직 남아있던 탓에 기법적으로는 양쪽 영역에서 창작을 이어갔다고도 볼 수 있다. 이러한 표현을 조형 의식이 반영된 것으로 파악한다면 백령의 마음속에 나름의 사상적 진폭과 고뇌가 있었음을 짐작해 볼 수 있다. 20대 후반의 젊은 나이에 표현 양식을 바꾸는 것은 쉽지 않았겠으나 그 상황에서 백령은 대담하게 방향 전환을 시도했다. 두 작품은 그러한 변화의 흔적과 고뇌를 증언하고 있다.

성리식과 모더니즘

앞서 언급했듯 성리식은 무사시노미술학교에서 표세종과 알게 되어 김창덕을 사사하면서 실력을 쌓아나갔다. 그는 김창덕 주변의 미술가 중에서도 드물게 추상 표현을 관철해 나간 화가였다.

백령의 「파산의 예술 — 소위 위기의식의 파산적 생활에 대한 각서」가 게재된 『조선미술』 5호에는 성리식의 글 「시대의식과 조형정신 — 앙데팡당전에서 여러 회원의 작품을 보고」라는 글도 실렸다. 《제9회 일본앙데팡당전》에 출품한 재일조선인미술가의 작품을 분석한 내용이다(분석이라기보다는 혹평에 가깝다). "이제 와서 인상파를 따르는 것은 완전히 난센스"(김창락의 작품에 대한 평), "트롱프뢰유trope l'oeil[14] 나 투시화법적 원근법을 무기로 화면을 구성하려고 하지만, 이런 한 세기 전에 유행한 화법은 이제 매장되어도 좋지 않겠는가?"(표세종의 작품에 대한 평) 등의 문장을 통해 동료들의 테마보다는 수법이나 자세를 강하게 비판하고 있다. 당시 성리식은 《자유미술가협회전》이나 《모던아트협회전》에도 출품했는데, 재일조선미술회가 사실적인 화법을 추구하고 모색하던 상황에 있었기 때문에 적지 않은 고뇌 속에 있었던 것으로 보인다.

나는 성리식과 세 차례 만났다. 그는 필자가 『조선신보』에 게재한 연재 기사[15]를 보고서 "눈물이 난다."라며 김창덕을 중심

14 '눈속임'이라는 뜻으로, 착각을 일으킬 정도로 사실적으로 묘사한 회화를 의미한다.

15 「동포미술 안내」라는 제목으로 『조선신보』에 2007년 4월부터 2008년 4월까지 총 11회 연재.

으로 모여 미술에 대해 뜨겁게 논쟁하며 전시회를 개최했던 과거를 떠올리며 귀중한 이야기를 전해주었다. 자신에 대해서는 그리 많은 이야기를 하지 않았지만, 인터뷰를 통해 정리한 그의 이력은 다음과 같다.

1930년 3월에 경상북도 대구에서 태어난 성리식은 2016년 1월 도쿄의 오타大田구에 있는 자택에서 세상을 떠났다. 식민지 시기에 일본으로 건너가 간사이 지방에서 생활했던 그는 해방 이후 본격적으로 미술을 배우기 위해 도쿄로 이주했다. 성리식은 사사할 만한 미술가를 찾아 이케부쿠로 몽파르나스를 찾았다가 '다카하시 스스무'라는 조선인 미술가가 있다는 이야기를 전해 듣게 된다(다카하시 스스무가 김창덕이었다는 것은 앞서 언급한 바 있다).

성리식은 1949년에 무사시노미술학교에 입학한 이후 추상 표현에 심취했다. 1950년대에는 왕성하게 제작에 임했고, 재일조선인미술가와 교류하면서 작품 활동을 해나갔으며 일본 공모전에도 출품했다. 1960년대부터 서서히 작업량이 줄었지만, 사업에도 성공하여 경제적으로도 어느 정도 안정적인 기반을 쌓았다. 1970년대부터 1980년대에 걸쳐서는 해외에 다니며 100권 이상의 스케치북에 크로키를 남기기도 했다. 후술하겠지만 《자유미술가협회전》이나 《모던아트협회전》 출품 목록에서도 성리식의 이름을 확인할 수 있다.

성리식의 〈풍경〉(fig.4)은 화면의 가로 폭을 가득 채운 큰길이 중앙에서 크게 선회하는 구도이다. 앞쪽으로 사각형의 붉은 집이 화면 중앙에서 오른쪽 아래를 향해 비스듬히 서 있다. 화면 위쪽으로는 파란 하늘이 펼쳐지고, 전신주 사이로 가느다란 전선이 팽팽하게, 때로는 휘어져 자유롭게 오간다. 집 앞에는 구부러진 나무 두 그루가 서 있고 그 앞으로는 여러 겹의 울타리가 큰 원을 그리고 있다. 모두 매우 '즐거워 보이는 선'이다.

이렇듯 〈풍경〉에서는 즐겁고 경쾌한 '선'과 풍부한 '색'의 협연이 펼쳐진다. 길은 황토색을 기본으로 위아래 황록색으로 채색했고, 춤추는 듯 보이는 초록색 나무와 붉은색 집을 대조적으로 표현했다. 청명한 푸른 하늘을 배경으로 나란히 늘어선 집의 벽면은 눈부실 정도로 밝은 크림색을 사용했다.

절묘한 균형에 의해 배치된 '선'과 '색'은 대상이 지닌 흘러넘치는 생명력을 표현하는 동시에, 표현 주체인 예술가의 존재감을 드러낸다. 성리식에 따르면 이 작품은 당시 그가 살고 있던 도쿄 히로오廣尾 근처의 풍경을 그린 것이다. 보이는 대상들을 거의 즉흥적으로 그린 매력적인 작품이라 할 수 있다.

그렇다면 재일조선미술회의 회원들은 이런 성리식의 작품을 어떤 시선으로 바라보았을까. 같은 모임(이 무렵 단체 이름을 재일조선미술회에서 '문예동 미술부'로 개칭하였다)의 소속이었던 조량규는 성리식의 개인전을 보고 전시평을 남겼다. 재일조선인미술가 중에서 가장 잘 알려진 조량규에 대해 잠깐 언급하면, 그는 1928년 경상남도 진주에서 태어나 1948년에 도일하여 무사시노미술학교에 다녔다. 조량규는 《일본앙데팡당전》이나 《자유미술가협회전》 외에도 《야스이상 후보 신인전》에 작품을 출품했으며 개인전도 개최했다. 『재일조선미술가화집』에 따르면 재일조선미술회에는 결성 당시(1953년)부터 참가했고, 『화집』의 「귀국자 명단」에도 이름이 올라 있다. 귀국한 해는 1960년으로, 일본에서의 체류가 십수 년에 불과했던 것을 고려하면, 과연 '재일조선인' 미술가로 분류해도 좋을지 의문이 생기기도 한다. 앞서 언급한 표세종 역시 일본에서 14년밖에 체류하지 않았다. 이에 관해서는 제6장에서 다루기로 한다.

성리식의 작품에 대한 조량규의 평은 조금 길지만 전문을 인용한다.

> 올바른 창작 방향에로
>
> — 성리식 동무의 작품전을 보고…
>
> 미술 단평 — 조량규
>
> 지난달 20일까지 도쿄 긴자 화랑에서 개최된 문예동 미술부원 성리식 동무의 개인전을 보았다. 거기에는 성 동무가 지난 3년간에 걸쳐 제작한 유화 작품을 주로 하여 20여 점이 전시되어 있었다.
>
> 소위 전위前衛 회화를 주장하는 그의 일련의 작품에서 솔직히 말하여 나는 적지 않게 실망하였다.
>
> 일본이라는 자본주의 사회 환경에서 매일 수많이 생산되고 있는 이 회화 장르에 대하여 비판할 지면의 여유가 없어, 한 말로 이렇게 말하기가 어려울 것 같으나, 성 동무의 작품에서 나는 작자의 주체성이 어디에 있는가 의심하지 않을 수 없었다.

fig. 4 성리식, 〈풍경〉, 1961년, 65×53cm, 재일코리안미술작품보존협회(ZAHPA) 소장(출처: 『재일조선미술가화집』).

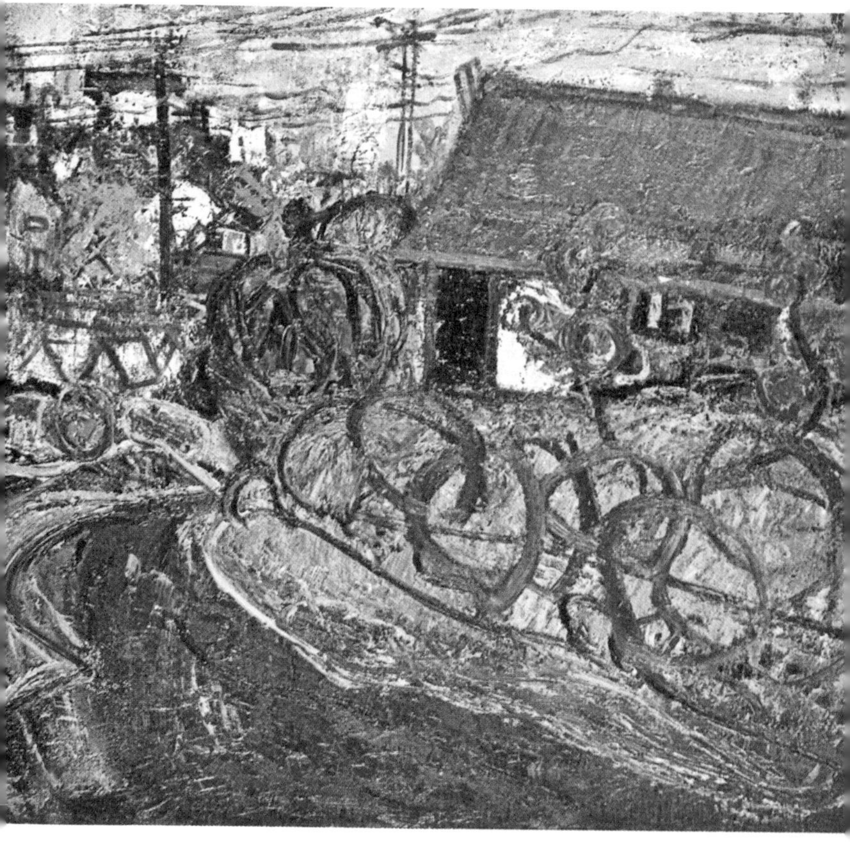

그가 자본주의 일본의 사회 및 예술적 환경의 영향 밑에 무비판적으로 추종한 결과가 아닌가 싶다.

그의 작품에는 하나같이 구체적인 형태도 없었다. 황黃, 록綠, 적赤, 청靑 들의 배경 위에 검은 빛깔의 곡선이 좌우상하로 무질서하게 교차하고 있다.

물론 이런 선들이 작자의 감정을 표현한 것이라고 할 것이나 나는 거기에서 아무런 그럴 듯한 사상과 감정도 찾아내기 어려웠으며 다만 작자의 혼란한 감각을 노출한 것으로밖에 볼 수 없었다.

그러나 앞으로 이러한 혼란된 추상성을 벗어날 가능성이 전혀 없는 것은 아니라고 본다. 그가 상술한 일련의 화풍임에도 불구하고, 〈郭泉〉, 〈泰風〉 등 동양적 고전 명제를 붙이고 있는 데에서 그의 지향성의 일면을 엿볼 수 있으며 특히 이번 작품전에서 다소 알아볼 수 있는 형태로서의 유일한 데생 작품인 〈승만 리〉가 다소라도 기대되는 그의 지향성을 나타낸 것이라고 할 것이다.

회장에 온 관람자들도 잘 알 수 있는 작품을 요망하고 있었으며 작자도 관람자들의 의견을 수긍하고 있다는 것이었다.

앞으로 이런 점을 귀중한 경험으로 하여 커다란 희망과 용기로써 적극적인 창작 방향을 찾아 나감으로써 재일조선인에게 공감과 사랑을 받는 미술인으로 성장할 것을 염원하며 기대한다. [16]

조량규가 언급했듯 성리식은 1960년 6월 20일까지 긴자의 화랑에서 개인전을 열었다. 전시 작품은 20여 점으로 과거 3년간, 즉 1950년대 후반의 작품을 전시했을 것이다. 이 작품들에 관하

16 조량규, 「올바른 창작 방향에로—성리식 동무의 작품전을 보고」, 『조선민보』 1960. 7. 1, 4면.

여 조량규는 전위회화를 주장하는 성리식의 표현 방식에 실망하여 앞으로는 대중들이 알기 쉬운 작품을 제작해 주기를 기대한다고 썼다.

조량규의 지적을 성리식이 어떻게 받아들였는지는 알 수 없다. 또한 사실주의 방향으로 나아가는 회원들 속에서 성리식이 어떤 생각을 품고 있었을지도 상상에 맡길 수밖에 없다. 이러한 비판 속에서 1962년에 출판된 『재일조선미술가화집』에 성리식이 다른 회원과 함께 작품을 수록했다는 점을 고려하면, 표현 방법은 달랐어도 어느 정도는 타협하며 활동했으리라 추측할 수 있다.

성리식은 나와의 인터뷰에서 1950년대를 회상하며 함께 활동했던 미술가를 향한 추억을 되새기며 눈물을 머금곤 했다. 자기 작품으로 가득 찬 아파트에서 만년을 보낸 그는 나지막한 목소리로 "일본에서 살아갔던 조선인미술가들의 진짜 역사와 진실에 대해 전하고 싶다."라고 거듭 말하며, 김창덕, 표세종과 함께 나눈 추억을 들려주었다(인터뷰의 상세 내용은 6장에서 다룬다). 자신의 그림과 함께 여러 자료를 모아 '메모리'라고 적어둔 상자에 둘러싸여 살다가 생을 마감한 성리식. 그의 마음을 충분히 헤아리려면 조금 더 긴 시간이 필요할지도 모른다.

2.
《순회전》 개최의 기쁨과 이후의 전개

재일조선미술가에게 김창락이 민족미술을 제창하고, 백령이 이론과 실천 활동을 시작했을 무렵, 재일조선미술회는 《순회전》을 준비하고 있었다. 앞서 소개한 김창락의 기고문(『해방신문』 1956년 6월 30일)에도 순회전을 개최할 예정이라고 소식을 밝힌 바 있는데, 김창락은 재일조선미술회가 1955년 10월, 제3회 총회에서 채택한 '새로운 행동 방침'을 기초로 이 전시를 실행했다고 명기했다.[17]

전시의 성사 과정

이 전시는 개최 취지서가 남아 있으므로, 다소 길지만 전문을 인용한다.

17 김창락, 「独自的인 美術展을 갖자」, 『해방신문』 1956. 6. 30, 4면.

「제1차 조선미술회 순회전 취지서」[18]

재일조선미술회는 1955년 11월 제3차 총회 이후 총회 결정 노선에 따라서 각층의 사업을 해왔습니다. 선전·연구 활동의 중심으로서 기관지는 제4·5·6 각 호를 발행하고 호에 따라서 내용 부수는 충실히 되며 독자적인 성격을 가지는 기관지로서 발전하고 있습니다.

올해 2월에 일본 앙데팡당전(제9회전을 의미—필자)에는 회원 작품을 일괄 반입하여 벽면을 함께 해서 일반 관람자들에게 다대한 감명과 공감을 준 사실은 아직까지 일반의 기억에 새로운 것입니다. 그러나 당시에는 아직 전 회원에 그 취지가 철저하지 않았고 출품자는 적은 범위에 한정되고 작품수도 적었던 것이었습니다.

돌아보건대 일본에서 공부하는 조선인 미술가의 수는 전전 전후를 통해서 상당히 많았던 것입니다. 그럼에도 불구하고 조선 미술가의 손으로 된 전람회라고는 한 번도 갖지 못했던 것입니다. 동포 미술가들의 결집의 어려움, 경제적 이유, 생활이 곤란한 것이 그 원인이 되고 있었었습니다. 그리고 이 곤란을 극복하고 합동 대전람회가 있어야 한다는 필요성도 근래에 와서 전 회원이 통감하고 있는 것입니다. 이것은 오로지 미술가만의 욕구뿐만 아니고 일반 동포 대중의 요망이 되고 있었던 것입니다.

이번에 제1차 순회전을 개최하는 데 있어서 전 동포에게 이 순회전을 성공시키기 위해서 전면적으로 협력·후원·비판을 해주시기를 요망합니다. 이 전람회는 다음 예정하고 있는 조선미술회 종합전을 위하는 기초 활동이며 전 동포의 따뜻

18 재일조선미술회, 「제1차 조선미술회 순회전 취지서」 1958. 6.

한 협력과 엄중한 비판 없이는 좋은 성과를 볼 수가 없을 것입니다. 아직까지 우리 조선 미술가들의 역량은 절대량에 있어서 불충분하고 곤란한 생활은 그 진전에 지장을 주고 있습니다. 그러나 우리들은 민족미술의 창조를 목표로 하고 조국에서 발전하고 있는 민족문화의 창조적 발전에 기여하고자 노력하고 있습니다.

우리들은 말기적 데카당 미술을 부정하고 대중을 모멸하는 미술에 반대합니다. 건강스럽고 아름다운 미술 현실에 대해서 타협 없고 엄격한 미술적 비판력을 가진 미술, 민족의 전통을 계승하고 또 새로운 전통을 만들어내는 미술을 지지하고 그 창조에 자기들의 전 능력을 다하고 있는 것입니다.

그리고 이러한 미술은 모든 사람으로부터 지지를 받으며 공감을 받을 것을 믿고 있습니다.

지역 전 동포의 지지 협력과 엄중한 비판은 재일조선미술가에게는 귀중한 공부가 되는 동시에 밝은 정신적 기둥이 되여 민족미술 발전에 중요한 모멘트가 될 것입니다. 우리들은 결코 동포 대중들에게 지나친 요망을 가지는 것은 아니며 서로서로가 우리들의 작품을 보아주셔서 느낀 점과 생각되는 점들을 솔직히 우리에게 알려주시면 충분합니다. 우리들은 대중의 소리에 귀를 기울여 금후 창작에 있어서의 귀중한 편달로 하고자 합니다.

아울러 각급 조직 및 활동가들에게 다음과 같이 호소합니다.

1. 지역 동포 대중의 전람회 동원을 전면적으로 협력해 주실 것

2. 각 지역에서 순회전 개최 준비를 추진해 주실 것.

ㄱ) 회장 준비와 일시의 예정과 결정

ㄴ) 선전 팸플릿, 초대권의 분포

3. 비판회 및 강연회 개최에 협력해 주실 것

4. 활동자금 캄파(대중에게 호소하여 정치적 운동의 자금을 모집하는 것—옮긴이)에 협력해 주실 것

우리들 재일조선미술가 전원은 이상의 활동을 전개하면서 전국 합동전람회를 가지도록 전력을 다하며 동포 여러분의 기대에 어그러지지 않도록 민족 미술의 창조 발전에 전력을 다할 결의를 가지고 있습니다. 전 동포의 따뜻한 협력을 충심으로 기대하는 바이올시다.

(주: 이 순회전에는 조국 미술가들 작품 복제사진을 특별 전시합니다.)

순회미술전 예정

도쿄 후카가와, 에다가와초 조선인초급학교 강당 1956년 7월 14일—7월 16일

가와사키시 마쓰야松屋 화랑(가와사키시역소 앞) 1956년 7월 19일—7월 22일

요코하마 유린도有隣堂 화랑(예정) 1956년 7월 28일—7월 29일

도쿄 총련회관 강당(예정) 1956년 9월 중순

1956년 6월 재일조선미술회

이처럼 재일조선미술회는 취지서를 통해《순회전》의 개최 목적과 날짜를 공표했다. 취지서에는 일본에서 공부한 조선인미술가가 많으나 자발적인 전시회는 한 번도 개최한 적이 없기에, 민족의 전통을 계승하고 새로운 전통을 만들어내겠다고 포부를 밝히며 동포의 비판으로부터 배우겠다고 강하게 호소하고 있다.

1956년 7월 21일 자 신문 기사에 따르면,《순회전》은 "지난 14일부터 4일간 걸쳐 도쿄 고토구 에다가와 소학교 강당에서 개최되

었다."[18] 출품자는 김창락, 조량규, 리인두, 리철주, 표세종, 오림준, 전철 등이며 유화, 데생, 만화 등 30여 점의 그림과 조선민주주의인민공화국에서 보내온 작품 5점을 전시했다. 그 후 가와사키, 요코하마 등을 순회했다.[19] 기사와 함께 실린 사진을 보면, 가로와 세로 50cm 이내의 그리 크지 않은 작품이 걸려 있다.(fig.6)

전시에 참여한 성리식은 작은 트럭에 작품을 싣고 전시장으로 달려가 작품을 걸고 사흘 정도 지나면 철거하여, 서둘러 다음 장소로 옮겨 전시를 이어갔다고 당시를 회상했다.[21] 식민 지배로부터 해방된 후, 오로지 자신들의 힘만으로 개최한 첫 전시회였으므로 기쁨은 한층 더 컸을 것이다.

개최 후의 혼란

《순회전》은 김창락이 제창한 '민족미술의 창조'를 구체화하고 조선인에 의한 조선인만의 독자적인 전시회인 동시에, 일본에 사는 조선인들을 대상으로 작품을 전시한다는 그들의 지향

19 「第1回巡回展 시작 재일조선미술회서」, 『해방신문』 1956. 6. 1, 4면.

20 도쿄의 전시 장소는 현재의 도쿄 조선 제2초급학교, 가와사키 전시 장소는 현재의 쓰루미 조선유치원이지만, 요코하마의 경우는 확실하지 않다.

21 성리식 인터뷰(2010. 3. 25).

이 성사된 전시였다. 그러나 실제로는 회원들에게 무거운 과제를 안기기도 했다. 『화집』에는 《순회전》을 전후로 당시의 동향이 기록되어 있다.

1955년 10월

제3회 총회 진행. 새로운 운동방침이 채택되어 역원도 다음과 같이 개선되었다.

회장 김 락(김창락의 '창'이 탈자—필자), 부회장 김창덕, 사무국장 백령.

1956년 7월

재일조선미술회 제1회 순회전 진행 7월 14일-16일 도쿄, 7월 19일-22일 가와사키, 7월 26일-29일 요코하마.

1956년 10월

제4회 총회 진행, 창작과 발표 양식 등이 논의되었다. 역원은 회장 김창덕, 부회장 리철주, 사무국장 백령. [이하 문장은 일본어 페이지에만 기재되었다—옮긴이] 제5회 총회까지는 개인적인 공모전 출품 정례회에서 창작과 발표 기관 설치 등에 대한 논의가 거듭되었다.

1957년 11월

제5회 총회. 이때부터 테마 제작에 대한 논의와 종합전에 대한 의욕이 앙양되었다. 역원 개선 없음.

1958년 4월-6월

테마 제작의 과제 '재일조선인의 생활'을 결정

(밑줄은 필자)

이렇듯 《순회전》을 개최했음에도 불구하고, 1956년까지는 논

fig. 6 「제1회 순회전 시작 재일조선미술회서」, 『해방신문』 1956년 7월 21일, 4면.

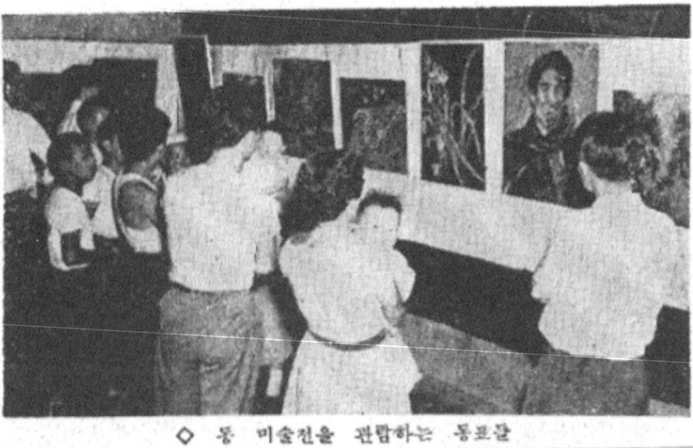

◇ 동 미술전을 관람하는 동포들

第1回 巡回展시작
재일 조선미술회서

이미 보도한바와 같이 재일조선미술회 제一회 미술전이 지난 一四일부터 四일자 東京江東區枝川소학교 강당에서 개최되었다 전람회에는 동회회원들인 김창락

무실기를 쓰는적으로비과학적인 비평활동을하고 있으며 그것도 종파적인 리익을 위해제멋대로 쓰고 있다고 지적하고 있다 이리하여 미제와 리승만도당은 문화 각 분야에서 남조선 인민들을 무기력하며 자주성없는 인간으로 만들며 자기들의 충복으로 삼으려하고 있다 (박)

의만 거듭했을 뿐 특별하게 집단적인 움직임이 포착되지 않는다. 1957년이 되어서야 "테마 제작에 대한 논의가 앙양"되었다고 썼다. 이후 왕성한 테마 제작이 이루어진 듯 보이는데, 그렇다면 이 논의란 대체 무엇이었으며 그 과정에서 어떤 구체적인 움직임이 있었을까.

당시의 상황을 알려주는 자료로 「재일조선미술회 제5회 총회 사무국 총괄 보고와 금후 방침(초안)」이 있다(「초안」으로 약칭). 약 13,000자로 이루어진 「초안」은 재일조선인미술 관련 1차 자료 중에서 가장 긴 내용이다. 부분적으로 인용하면서 《순회전》의 개최 이후 어떤 반성이 있었으며, 그들이 이상적으로 여긴 전시회의 양상은 어떠했는지 살펴보자.

> 제3회 총회가 결정의 배 위에 올라탔다. 드디어 우리는 미술회 본래의 활동을 궤도에 올리게 되었지만 이 시금석과도 같은, 정점이라고도 해야 할 순회전을 열었을 때, 우리의 허약함이 드러났다. 4개월의 준비 기간과 출품 예정자가 20명 가까이 되었음에도 불구하고 실제 출품자는 8명에 지나지 않았고, 계속 재정적인 어려움으로 고민해야 했다. (…)
>
> 우리는 종합적인 전시회를 향해 내딛는 발걸음으로서 순회전을 개최했다. 그러자 앞서 서술한 여러 모순이 거기서 드러났다. 가장 유감은 대부분이 사태를 발전시키는 방향성을 갖지 못했다는 점이다. 그 저류에 다음과 같은 결함이 없었다면 더 나은 성과를 얻을 수 있었으리라 생각한다. 즉, 전반적으로 낮은 공동체 의식, 조직에 대한 무관심, 현저한 고립 경향 등이다. (…)
>
> 조선인미술가로만 조직한 일본에서의 첫 전시회라는 문구도 공허한 목소리로

끝나고 말았다고 볼 수 있다. 우리 능력의 한계를 말하고 마치면 그것으로 끝이겠지만, 그렇다면 70명에 이르는 회원 명부는 무엇을 위한 이름의 나열이란 말인가! 재일조선미술회라는 조직을 만든 우리 조선인미술가는 어떤 존재인가? 우리 자신의 존재 정립으로까지 명제를 확장하지 않으면 안 될 것이다.

전시란, 축제도 아니며 야외극도 아니다. 현재를 살아가는 예술가로서의 우리와 현실에 대한 엄격한 관여, 존재 방식, 확증으로서의 질문에 대한 대답이다. 특히 일본에서 생활하며 제작하고 있는 우리 조선인미술가들에게는 더욱 엄중한 길이기도 하다. 단순한 계몽운동의 틀 안에 머물러서는 당연히 안 되며, 또한 허무한 자가당착의 장이어서도 안 된다. 우리 미술가가 진실로 대가와 관계를 맺고 서로 이야기하며 역사의 창조에 참여할 수 있는 것은 작품을 통해서만 가능하기 때문이다. 또한 이렇게 함으로써 미술가는 존재의식을 가질 수 있을 것이다. [원문 일본어][21]

글은 더 이어지지만 중심 내용만 발췌했다. "일반 관중에게 받은 공감과 지지, 격려, 비판은 상상 이상"이었다는 내용을 통해 관람객의 반응은 만족스러웠으리라 추정한다. 하지만 회원 명부에 70명의 이름이 올라 있고 출품 예정자가 20여 명 정도였음에도, 실제로 8명밖에 참가하지 않았다는 점을 반성하며 조직의 약한 기반을 지적하고 있다. 그 원인으로 "전반적으로 낮은 공동체 의식, 조직에 대한 무관심, 현저한 고립 경향 등"을

22 「在日朝鮮美術会第五回総会における事務局総括報告と今後の方針(草案)」, pp.6-7(재일조선미술회 1957. 7. 7. 작성).

꼽으며 "우리들 사이에 가장 결여된 것은 연대 의식"이라고 반성하는 태도를 보인다. 이러한 반성은 "조선인미술가로만 조직한 일본에서 처음 열린 전시라는 문구도 공허한 구호로 끝나고 말았다."라는 언급을 통해 일본에 살고 있는 조선인미술가의 의미에 대한 자문으로 이어져, 전시에서 작품을 발표하는 의미와 효과를 고민하고 있었음을 짐작케 한다.

1956년에 발행한 기관지 『조선미술』 5호에서는 백령의 표현양식을 따뜻하게 응원하거나, 미술가들이 서로의 작품을 비평하며 교류하는 친목의 분위기가 느껴졌으나, 다음 해 7월에 작성된 「초안」에서는 임원에게 맹렬한 반성을 촉구하고 해산 위기와 관련한 불안을 토로하며 강고한 연대를 절실히 요구하는 모습을 찾아볼 수 있다. "제4회 총회 결정은 기본적으로 잘못" 되었다고 돌아보는 이 글은 "일본 사회에서 활동하는 조선인미술가의 대동단결이 우리의 목표이지만, 그렇다고 모임 자체가 아무 활동도 할 수 없다면 모임은 유명무실한 가짜 단체"가 되고 만다며, 규약 개정의 결과로 모임을 이탈하는 사람이 나오더라도 사업과 활동을 궤도에 올리기 위해서는 어쩔 수 없이 이를 실행해야만 한다는 과격한 판단을 내리고 있다.

이렇게 아쉬운 결과로 끝난 《순회전》은 서장에서 언급한 '테마 제작'이라는 방향 전환으로 연결된다. 다음 장에서는 당시 재일조선인미술의 핵심적 과제였던 테마 제작을 중심으로 이들의 활동을 살펴보기로 한다.

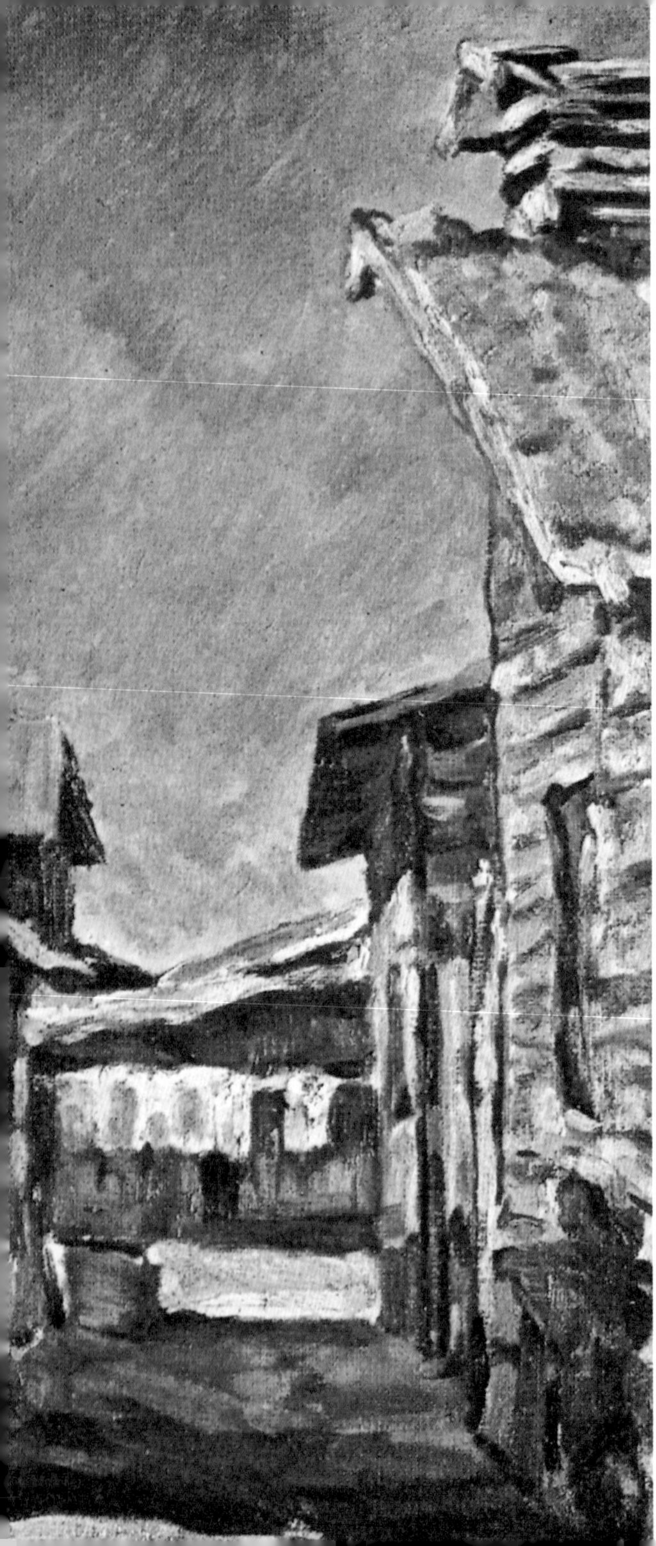

3

공통
테마와
'사실'

토론에서
제작으로,
그리고 발표로

재일조선인미술가가 시도한 '테마 제작'이란 여러 명의 창작자가 어떤 사건이나 사항을 공통 주제로 설정하여 각자의 해석을 근거로 미술 작품을 제작하는 방식이다. 이러한 과정을 거쳐 제작된 작품을 '테마 작품'이라고 부르려고 한다. 『재일조선미술가화집』의 기록을 다시 살펴보자.

1957년 11월

제5회 총회. 이때부터 테마 제작에 대한 논의와 종합전에 대한 의욕이 앙양되었다.

1958년 4월-6월

테마 제작의 과제로 '재일조선인의 생활'을 결정

즉 1957년 무렵부터 테마 제작에 관한 논의가 시작됐고 1958년에는 '재일조선인의 생활'을 테마로 정했음을 알 수 있다. 1960년에는 '귀국'과 '남조선의 구국투쟁'을 테마에 추가했다.

서장에서도 언급했듯 『화집』은 주제 순으로 작품을 수록했기 때문에 테마 제작이 회원들의 창작 작업의 축을 이루는 기준이었다고 생각되며, 수록 작품의 대부분이 테마에 따라 '사실적'으로 그려졌음을 알 수 있다. 따라서 3장에서는 테마 제작 및 리얼리즘과 관련하여 벌어진 당시의 토론을 확인하며 구체적으로 작품을 분석한다. 앞 장의 서술 방식을 적용하여 각 과정에서 등장하는 미술가의 이력과 일화도 함께 살펴볼 것이다.

1.

토론과 제작

토론

테마 제작이 창작의 축을 이루었다는 점은 『화집』을 통해 충분히 추측할 수 있다. 그러나 테마 제작을 둘러싼 논의나 어떠한 경위로 테마를 제작하게 되었는지를 확인할 수 있는 직접적인 자료는 현재까지 발견되지 않았다. 하지만 앞서 살펴본 「초안」에 게재된 내용을 근거로 삼으면, '민족미술의 창조'를 제창한 김창락의 주장과 《순회전》의 개최가 테마 제작의 계기가 되었다고 보아도 무리는 없다.

테마 제작에 덧붙여 '사실성'이라는 개념에도 주목하고 싶다. 1956년에 발행된 『조선미술』 5호에서는 백령을 "180도 전회를 시도해 리얼리즘의 길을 걸어 나간" 화가로 소개하고 있으며, 『조선미술』 6호(1959)를 살펴보면 표현의 자유, 발표의 자유, 표현과 정치, 자본이나 권력과 예술을 둘러싼 논의가 활발하게 이루어졌음을 알 수 있다. 이와 관련하여 리진규李珍珪, 한우영, 백령, 김희려의 주장을 정리하면 다음과 같다.

리진규(당시 총련 교육문화부장)는 「정치와 예술」[1]에서 부르주아 사회에서의 정치와 예술의 관계를 정리했다. 그는 재일조선인미술가 중에도 "사회주의 국가에는 자유가 없다"고 이야기하는 사람이 있으나, 이는 사회주의가 파시스트 독재와 같다는 선전을 믿고 있거나 사회주의 국가에서는 부르주아 예술을 발전시킬 수 없다며 한탄하는 자세에서 비롯된 것이라고 썼다.

한우영의 글은 그가 직접 쓴 것이 아니라 트로피모프Aleksandr Sergeyevich Trofimov의 「예술에 있어서의 당성에 관한 레닌적 원칙」[2]을 번역한 것이다. 이 글은 40년 동안 이어온 소련의 예술이 증명하듯, 예술을 수단으로 삼아 생활의 심오한 진리를 발굴할 수 있다고 언급하며 소련 예술과 당의 일체성을 주장했다. 또한 1957년에 개최된 《전소비에트미술전람회All-Union Art Exhibition》에는 생활 속에서 소재를 얻은 작품이 전시되었던 상황을 전달하고 있다.

백령은 「거시적과 미시적」[3]에서 "예술지상주의가 '상품'이 되는 상황에서는 부르주아지에 대해 '효용성 거부'를 표현할 수밖에 없다. 근대주의 아카데미즘화의 원인을 교훈 삼아 창작 태도를 고치고 역사 창조에 참여해야 한다."라고 주장하며 예술

1 리진규, 「정치와 예술」, 『조선미술』 6호(1959), p.6.(목차에는 「정치와 미술」, 본문 제목으로는 「정치와 예술」로 표기되어 있다.)

2 트로휘모흐(한우영 역), 「藝術에 있어서의 黨性에 관한 레닌的 原則」, 『조선미술』 6호(1959), p.9.

3 백령, 「거시적과 미시적」, 『조선미술』 6호(1959), pp.18-27.

이 권력의 종속물이 되어서는 안 된다고 경고했다.

재일조선미술회 안에서는 백령의 이러한 주장을 두고, 이야말로 '우리'가 해야 할 표현이라며 칭찬하는 의견도 있었을 것이다. 그러나 김희려는 「회화에 있어 사실과 추상의 문제에 대하여」[4]라는 글에서 "추상을 비난하고 싶은 것이 아니"라고 말하며 "사회에 대한 저항 의식이 있다면 추상과의 연계도 가능하지 않을까?"하고 중립적인 태도를 보였다.

이러한 논의는 이들이 사회주의 미술을 어떻게 이해했는지 파악할 수 있게 해준다. 즉 예술이 권력의 종속물이 되어서는 안 된다는 점에 동의하면서, 소련에는 생활에서 소재를 찾는 작품이 존재한다는 점을 참고했음을 알 수 있다. 특히 김희려의 논고를 통해 재일조선인미술가 사이에서 사실주의와 추상을 둘러싼 논의가 진행되었던 상황을 읽어낼 수도 있다.

'사실과 추상' 논쟁과 관련해서는 제2장에서 언급한 조량규의 평문에 주목할 필요가 있다. 조량규는 성리식의 개인전 단평에서 추상적 표현을 주로 시도한 성리식을 비판하며 추상을 가리켜 "자본주의 일본의 사회 및 예술적 환경의 영향 아래의 무비판적인 추종"이라고 언급했다.[5]

재일조선인미술가들이 사실적인 그림을 장려한 까닭은, 김창락이 밝힌 《순회전》의 기획 의도나 성리식을 향한 조량규의 엄

4 김희려, 「繪畫에 있어서의 寫實과 抽象 問題에 대하여」, 『조선미술』 6호(1959), p.31.

5 조량규, 「올바른 창작 방향에로—성리식 동무의 작품전을 보고」, 『조선민보』 1960.7. 1, 4면.

중한 비판에서 짐작할 수 있듯 일본에서 살아가는 조선인이 '이해하기 쉬운' 작품을 목표로 삼아야 한다고 생각했기 때문이다. '사회주의 리얼리즘'이 어떻게 재일조선인미술가에 침투했는지 알 수 있는 결정적인 자료는 아직 발견되지 않았기에, 자료 발굴은 향후의 과제이기도 하다. 다만 《순회전》 이후에 활발하게 진행되었던 논의를 통해 그들이 '사실성'이야말로 시대가 요청하는 표현 양식이라고 이해했음은 틀림없어 보인다. 그 후, 재일조선미술회의 회원 대부분이 공개적으로 사회주의 리얼리즘을 창작 목표로 삼았다고 추측할 수 있다.

제작

그렇다면 '테마 작품'은 구체적으로 어떤 양상을 보였을까. 지금부터 그들이 설정한 테마인 '재일조선인의 생활', '귀국', '남조선의 구국투쟁'의 순서로 한동휘, 표세종, 허훈, 김희려, 리철주, 한우영, 박일대의 작품을 고찰하고, 조사 과정에서 파악한 작가의 내력과 일화를 함께 소개하고자 한다. 분석 대상은 모두 『재일조선미술가화집』에 수록된 작품이다.

테마1 '재일조선인의 생활'

먼저 '재일조선인의 생활'이라는 테마를 그린 한동휘의 〈가와사키 조선인 부락〉과 표세종의 〈내년에는 우리 학교에〉를 살펴보자.

한동휘, 〈가와사키 조선인 부락〉(fig.1)

화면 위쪽에 넓게 그려진 우중충한 하늘은 공업 지대 특유의 모습을 표현한 것이다. 어두운 하늘을 올려다보는 시점을 취했고 화면 좌우로 늘어선 함석지붕을 올린 집들을 배치했다. 외벽은 얇은 나무판자를 겨우 이어 붙였을 뿐이다. 이 이음매가 화면에 원근감을 주며, 집이 빽빽하게 들어선 골목길로 관람자의 시선을 이끈다. 골목의 막다른 곳인 화면의 중앙에는 소박한 흰색 빨래가 한 줄로 널려있다. 화가의 언급에 따르면 아기의 천 기저귀를 그렸다고 한다. 힘겨운 환경 속에서도 꿋꿋이 탄생한 생명의 존재를 암시하는 이러한 묘사는 당시 조선인의 넘치는 활력을 연상하게 한다.

제주도 출신인 한동휘(1935-2020)는 유아기를 요코하마에서 보내고 해방 후 한국으로 돌아와 부산에서 살았다. 부산중학교 재학 중에 6·25 전쟁이 일어나자 아들이 동족끼리 서로 총을 겨누는 상황에 휘말리는 것을 바라지 않았던 부모님의 뜻에 따라 홀로 일본으로 건너갔다. 한동휘도 앞서 언급한 도쿄조선중고급학교를 다녔고, 여기서 음악가인 아내 리순애를 만났다. 한동휘는 인터뷰를 통해 고등학생 시절 자신은 친구들과 잘 어울리

fig. 1 한동휘, 〈가와사키 조선인 부락〉, 1960년, 53×65cm, 개인 소장 (출처: 『재일조선미술가화집』).

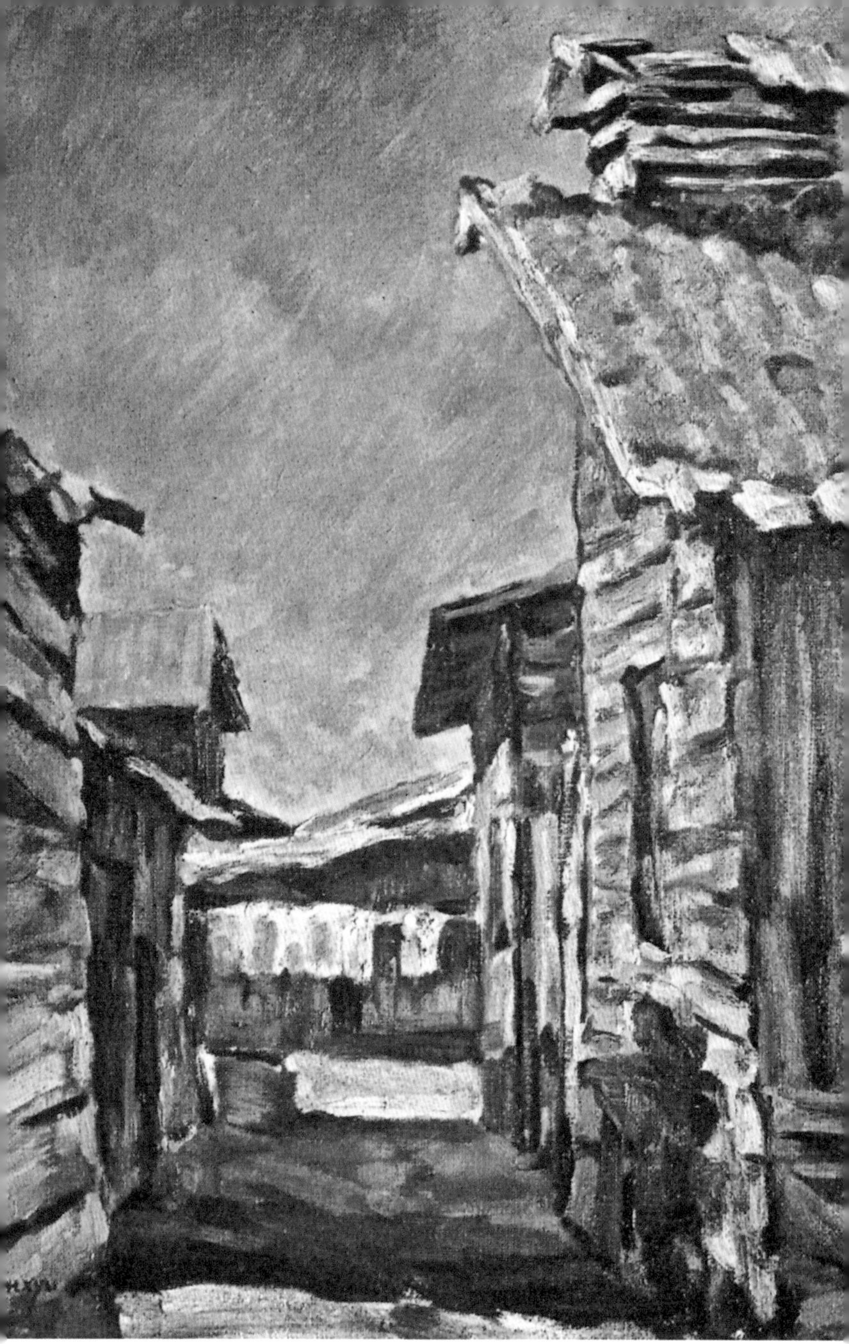

는 장난기 많은 학생이었다고 회상했다. 도립학교여서 일본인 선생님도 계셨는데 학생들의 짓궂은 장난에도 상당히 관용적인 분이었다고 한다.

고등학교 졸업 후 조선대학에 생긴 예술 과정에서 리인두에게 배웠다고 하지만, 자세한 사항은 알려지지 않았다. 부산중학교 시절부터 미술에 재능을 발휘했던 그는 지인과 함께 도쿄예술대학의 큰 석고상을 보러 가기도 하고, 미술 공부를 위해 돈을 마련하려고 신주쿠新宿나 시부야渋谷에서 몸 앞뒤로 간판을 매달고 광고하는 샌드위치맨으로 일했다. 또한 김창덕 등과 교류하면서 그림을 그렸고 도쿄와 가나가와神奈川에 있는 조선학교에서 오랜 기간 교단에 서기도 했다. 필자 역시 조선대학교 교육학부 미술과에서 한동휘에게 배웠는데 특히 대안면大顔面(얼굴만 있는 석고상 — 옮긴이) 데생을 엄격히 지도해 주셨다.

주로 유화를 제작했던 한동휘는 해녀를 비롯하여 고향인 제주의 풍경을 즐겨 소재로 삼았고, 밝고 경쾌한 수채화도 다수 제작했다. 앞서 소개한 〈가와사키 조선인 부락〉은 제5장에서 다룰 《제1회 조일우호미술전》에도 전시되었다는 점에서 중요한 작품이다(이 전시에 함께 출품한 다른 두 점도 현존한다). 《제1회 조일우호미술전》에는 르포르타주reportage 회화의 양식, 즉 현지로 가서 직접 조사하여 그린 작품이 전시되었는데, 이 작품 역시 직접 현지를 방문하여 그렸다. 〈가와사키 조선인 부락〉은 20대 중반이었던 한동휘가 화가로서의 자신을 세상에 알린 그림이라는 점에서도 귀중하다. 2018년 4월, 11년 만에 열린 남북정상회담 때 한동휘가 이 작품을 보며 "요즘 남북한의 교류 움직임이 활발하네. 드디어 하나가 되는 건가. 우리는 그것만 바라보고 온 거니까, 그것만."하고 감개무량해하던 장면이 눈에 떠오른다. 한편 일본인 미술가 마키 도시야스牧利保의 〈재일조선인총연합회 가나가와현본부在日朝鮮人総連合会神奈川県本部〉와 〈가나가와 조선인 부락〉 역시 이 지역을 방문하여 그린 작품이다.(제5장, 333쪽) 이와 관련해서는 제5장에서 구체적으로 다루고자 한다.

표세종, 〈내년에는 우리 학교에〉(fig.2)

그림 속 세 아이는 저마다의 일에 열중하고 있다. 어떤 아이는 쭈그려 앉아 있고 다른 아이는 일어서 있지만, 일사불란하게 무엇을 하는 것일까. 어찌나 열심인지 주변의 소리마저 사라진 듯하다. 앞쪽에 앉은 두 아이를 밑변으로 '조선'이라는 글자를 꼭짓점으로 삼은 안정감 있는 삼각형 구도이다. 정면에는 가옥의 외벽으로 보이는 벽면을 그려 넣어 깊이감을 극단적으로 제한했다. 그러나 벽면의 이음새나 전체를 그리지 않고 잘라 넣은 화면 오른쪽의 자전거, 빨래 건조대인 듯 보이는 목재가 화면을 좌우와 상하로 확장한다. 작품의 감상자는 좁은 골목 안쪽을 눈으로 헤매다 세 명의 아이를 발견하게 된다. 무엇을 하는지 궁금해하다가, 문득 기지개를 켜듯 손을 높이 뻗는 아이를 발견하고, 아이가 자랑스럽게 쓰고 있는 '조선'이라는 글자를 올려다본다. 그러한 시선의 이동이 그림 속 이야기로 빨려 들어가게 만드는 역할을 한다.

↑ fig. 2　표세종, 〈내년에는 우리 학교에〉, 1958년, 162×130cm, 평양 조선미술박물관 소장(출처: 『재일조선미술가화집』).
↓ fig. 3　표세종의 자녀들 (사진 제공 : 표세종 유족)

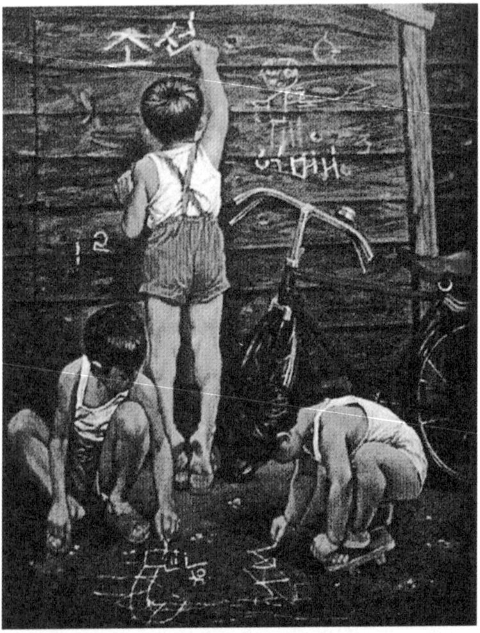

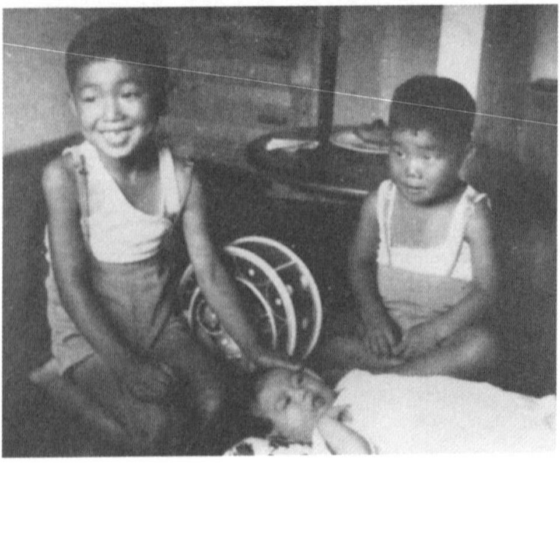

작품이 그려진 시기는 '4·24 한신교육투쟁'이 일어난 해이자, 조선민주주의인민공화국 정권 수립으로부터 10년째가 되던 1958년이다. 이 작품은 《조선민주주의인민공화국 창건 10주년 기념미술전》(1958년)과 《일본앙데팡당전》(1959년)에도 출품된 것으로 보인다. 식민지 지배에서 해방되고 나서 일본 각지에 우후죽순처럼 세워진 조선학교에 입학을 앞둔 어린이를 소재로 삼았다. 조선학교에서 교사 생활을 한 표세종이 그리고 싶어 한 테마 중 하나였을 것이다. 세 명의 아이는 자기 자녀를 모델로 삼았다고 전해진다.(fig.3)

제1장에서 언급했듯 표세종은 1948년에 홀로 일본으로 건너와 1949년에 무사시노미술학교에 입학했고 그곳에서 성리식을 만났다(제6장 참조). 표세종은 1951년 무렵부터 조선학교에서 교사로 재직했다. 이 작품이 그려진 무렵을 기억하는 사람들은 한목소리로 이 작품을 걸작이라고 회상했다. 아마 당시 주변의 미술가들도 이 작품을 '재일조선인의 생활'을 테마로 한 대표적인 작품으로 받아들이고 높이 평가했을 것이다.

〈내년에는 우리 학교에〉는 현재 평양의 조선미술박물관에 소장되어 있는데, 나도 2010년 현지에서 직접 보았다. 당시 조선미술박물관의 학예사도 매우 높은 평가를 내렸으며 귀중하게 보관되어 있었다. 앞서 언급한 김창덕의 〈가난한 생활〉(제1장, 128쪽) 역시 '재일조선인의 생활'을 테마로 한 작품이며, 마찬가지로 조선미술박물관에 소장되어 있다. 이렇게 일본에서 제작된 작품이 북으로 건너가게 된 경위와 궤적, 그로 인한 조선민주주의인민공화국과 재일조선인의 관계사도 차후의 과제로 삼고 싶다.

테마2 '귀국'

'귀국'을 테마로 한 대표적인 작품으로 허훈의 〈민족 군상 '가련다 조국의 품안에로'〉와 김희려의 〈귀국 환송〉을 들 수 있다. 허훈의 작품은 힘차고 김희려의 작품은 상대적으로 온화하여 대조적으로 느껴지지만, 두 작품 모두 군중을 묘사의 대상으로 삼았다는 공통점이 있다.

허훈, 〈민족 군상 '가련다 조국의 품안에로'〉(fig.4)

그림의 실제 크기를 머릿속에 그리며 살펴볼 필요가 있을 만큼 스케일이 웅장한 이 작품은 가로 4미터가 넘으며 그림 속에 표현된 인물만 모두 50명을 웃돈다.

맨 앞쪽에 그려진 여성은 오른손에 깃발을 들고 가슴을 곧게 편 채 서 있다. 그 오른쪽으로 한 걸음 물러서 있는 나이 든 남성은 부드러운 표정을 지으며 화면 밖을 향해 왼손을 내밀고 있다. 오른쪽 가장자리 중간에는 이 남성과 마찬가지로 손을 뻗은 하얀 저고리 차림의 여성이 그려져 있다. 작품의 왼쪽으로 눈을 돌리면 혈기 넘치는 청년이 주먹을 치켜들고 크게 입을 벌리며 무언가를 외치고 있다. 그 왼쪽으로 머리를 땋은 소녀, 옆으로 살짝 뒤쪽에는 등을 돌리고 선 남성을 묘사했다. 그림의 양 끝, 앞쪽으로는 어린아이를 배치했는데 오른쪽은 네 명의 형제가 다소 겁을 먹은 표정으로 서 있고, 왼쪽 끝에는 노란색 옷을 입은 여자아이가 손에 얼굴을 묻고 있다. 작품 중앙에서 상단으로 눈을 돌리면 목발을 짚은 청년, 젖먹이 아기를 안은 여성, 똑바로 선 남녀, 주먹을 내밀고 선 밀짚모자를 쓴 인물, 휘날리는 깃발이 그려져 있다.

이런 수많은 인물을 하나로 묶어주는 조형 요소를 찾기는 그리 어렵지 않다. 바로 역逆아치 반원형 구도이다. 앞에 있는 나이 든 여성을 중심으로 앞서 언급한 인물을 따라가다 보면, 중앙에서 오른쪽으로 흰 수염의 남성, 흰색 저고리를 입은 여성, 왼쪽으로는 소리치는 청년, 머리를 땋은 소녀, 그리고 등을 돌린 남성의 모습으로 연결되어 역 반원형으로 군중을 통괄하는 형태를 확인할 수 있다. 이렇게 안정된 구도를 통해 함성, 환희, 웅성거림과 같은 역동적 표현이 가능해졌다.

작품을 더 자세히 분석해 보면, 그림 속 인물들의 간격이 무척 가깝다는 점이 눈에 띈다. 화면 오른쪽 위에 정면을 보며 똑바로 선 남녀 중에서, (흰 셔츠를 입은) 남성의 어깨 너머로 검지를 내밀고 손가락질하는 팔이 불쑥 뻗어 나와 있다. 여성의 뒤에서 깃발을 흔드는 아이와 바로 뒤 민소매 차림의 여성을 바짝 붙여 놓아 둘 사이의 거리도 무척 가깝다. 이렇게 단축법 사용과 더불어 사람들이 서 있는 높이의 차이가 불명확하여, 누가 누구 옆에 서 있는지 판별하기 어렵다. 또한 그려진 인물이 반드시 하나의 광원(무대의 스포트라이트)으로 비춰지고 있지도 않다. 화면 왼쪽에 밀짚모자를 쓴 인물은 머리 위에서 빛을 받고 있으며, 가운데 안쪽에 양산을 든 여성은 등 쪽으로 빛을 받고 서 있다. 다시 말해

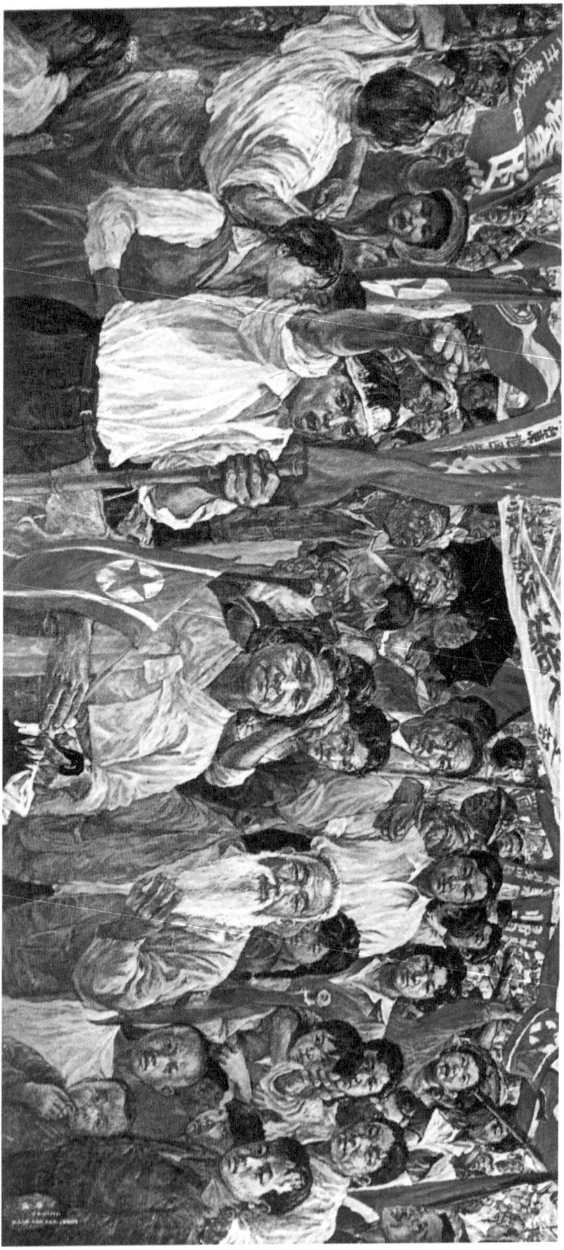

fig. 4 허훈, 〈민족 군상 '가련다 조국의 품안에로'〉, 1958년, 200×455cm, 소장처 불명(출처: 『재일조선미술가화집』).

이 작품에 묘사된 인물들이 모두 한 장소에 있지 않다는 의미이기도 하다. 화가는 서로 다른 장소에서 목격한 사람들을 하나의 화면 속 군중의 모습으로 집대성했다. 노인이나 청년, 아이, 그리고 젖먹이를 안은 여성 등 개별적으로 관찰한 결과를 하나의 화면 안에 통합하여 완성한 것이다.

제작 연도인 1958년은 재일조선인의 귀국을 실현하기 위해 일본 각지에서 운동이 일어났던 시기다. 작품에서 조선청년동맹[6]의 마크와 '台東'이라는 글자[7]가 쓰인 깃발도 볼 수 있다. 힘찬 인체를 묘사하는 데 탁월했던 허훈이, 귀국을 기원하는 동포의 모습과 각지에서 울려 퍼진 목소리들을 한 화면 안에 담아냈다고 생각해도 좋다.

허훈(1929-2011)은 평안북도에서 태어나 1944년에 일본으로 건너갔다. 일본미술학교와 다마多摩미술대학을 졸업했으며, 1950년대에는 각지의 조선학교(초·중·고급부)와 조선대학에서 교편을 잡았다. 그 후 1970년대에 설립된 총련 산하 단체의 미술연구소에서 소장도 맡았다. 주로 유채로 작업했으며, 정확한 데생 실력에 기초하여 인물, 풍경, 정물 등 폭넓은 대상을 그렸다. 인터뷰를 위해 찾았을 때는 이미 병상에 있어서 가족이나 제작에 관련된 일화들은 역시 화가로 활동했던 아내 금정혜에게서 들을 수 있었다.

6 재일본조선청년동맹으로 추측된다.

7 도쿄 다이토台東구에서 살고 있던 재일조선인들의 깃발로 추측된다.

김희려, 〈귀국 환송〉(fig.5)

화면 왼쪽의 상단에서 오른쪽 하단을 향해 행진하는 인물들을 그렸다. 지팡이를 짚은 사람, 마이크를 잡은 사람, 깃발을 내건 사람, 횡대로 무리 지은 사람들 등, 셀 수 없을 만큼 다양한 포즈를 취한 사람들을 묘사했다. 이렇게 많은 인물이 한 캔버스 안에서 어떻게 균형을 이루며 표현될 수 있었을까.

김희려는 화면 위쪽의 1/4은 천장 쪽으로 공간을 열어두고, 아래쪽으로 3/4 정도에 서로 끌어당기듯 인물을 빽빽하게 배치했다. 군중의 모습을 담고 있는 상단으로는 인물들의 머리만 그리고, 앞쪽 인물들은 어깨 아래까지 묘사했다. 얼굴을 묘사한 부분은 비교적 밝으며 어깨 밑은 그림자가 드리워져 어둡다. 또한 선두에 선 노인에게 빛을 밝게 비추어 한층 더 두드러지게 표현했다. 천장과 안쪽으로 이어지는 공간, 군중의 머리 부분, 그리고 인물들의 어깨 아래에서부터 하반신 부분으로 나눈 3단 구도를 통해 화면에 깊이와 공간감을 부여하고 있으며, 많은 인물을 효과적으로 그리는 데 성공했다. 단지 이렇게 횡단하는 3단의 구도를 제시했을 뿐만 아니라, 화면 좌우에 깃발을 배치하여 종단하는 흐름까지 더하였다.

수많은 군중의 모습을 표현했다는 점에서 허훈의 작품과도 공통점이 있으며, 화면 속 군중의 선두에 나이가 지긋한 인물을 그려 넣은 점도 유사하다. 모델이 된 노인들을 70세 전후의 나이로 가정하면 한반도가 식민지에서 해방된 무렵에는 이들이 어림잡아 50대 중반 정도였다고 볼 수 있다. 이 세대의 조선인

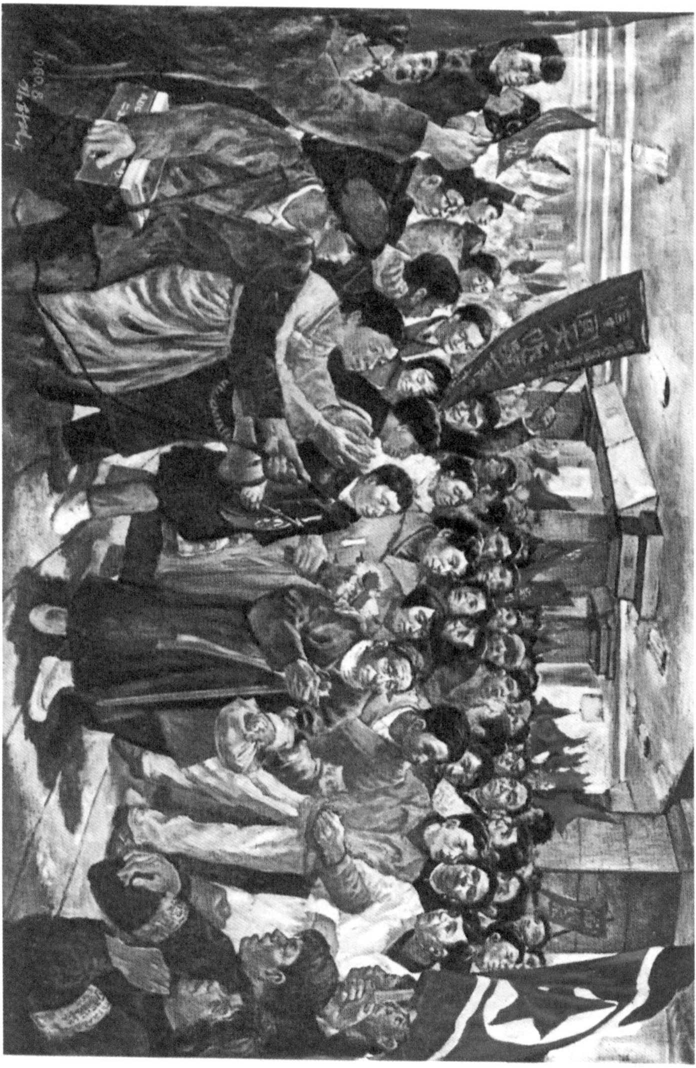

fig. 5 김희려, 〈귀국 환송〉, 1960년, 112×161cm, 소장처 불명
(출처: 『재일조선미술가화집』).

에게는 무엇보다 해방된 조국으로 돌아가고 싶다는 간절한 소망이 있었을 것이다. 이 그림은 하루빨리 그 땅을 밟게 해주고 싶다는 주변 사람들의 바람까지 담았는지도 모른다.

색채의 측면에서 살펴보면 허훈의 작품은 다양한 색을 사용했지만, 김희려는 거의 따뜻한 계통의 색으로 마무리했다. 인물의 움직임도 그다지 크지 않으며 조국으로 돌아가는 이들을 환송하는 환희에 넘치는 모습을 부드러운 터치로 표현했다.

김희려(1926-2007)는 제주도에서 태어나 1942년에 일본으로 건너가 오사카시립미술연구소에서 실력을 쌓았다. 재일조선미술회가 결성된 다음 해인 1954년, 그는 오사카 지부를 만들어 송영옥과 함께 간사이 지역의 미술 활동을 지원했다. 제6장에서 서술하겠지만 오사카에서 개최된 《조일우호미술전》에서도 중요한 역할을 맡았다. 김희려는 베트남 전쟁 반대 등 국제 정세에도 관심을 가져 이를 주제로 한 작품도 남겼다.(fig.6)

김희려 역시 대부분 유화 작업을 했으며 전통 무용을 하는 여성 인물화로 정평이 난 화가였다. 나는 3주기를 맞아 유족의 배려로 그가 사용하던 아틀리에를 방문했는데, 작품 외에도 많은 소설과 화집이 책장에 꽂혀 있었고, 무희를 그린 드가Edgar Degas의 작품과 렘브란트Rembrandt van Rijn의 초상화도 벽에 걸려 있었다. 이젤에 남겨진 마지막 작품에서는 고요하게 묘사한 수면이 인상적이었다. 또 돗토리鳥取현에 있던 다이센大山이 계절마다 다양한 표정을 짓는다면서, 때마다 그곳의 풍경을 그리기 위해 사생을 나갔다는 이야기를 유족으로부터 전해 들었다. 내가

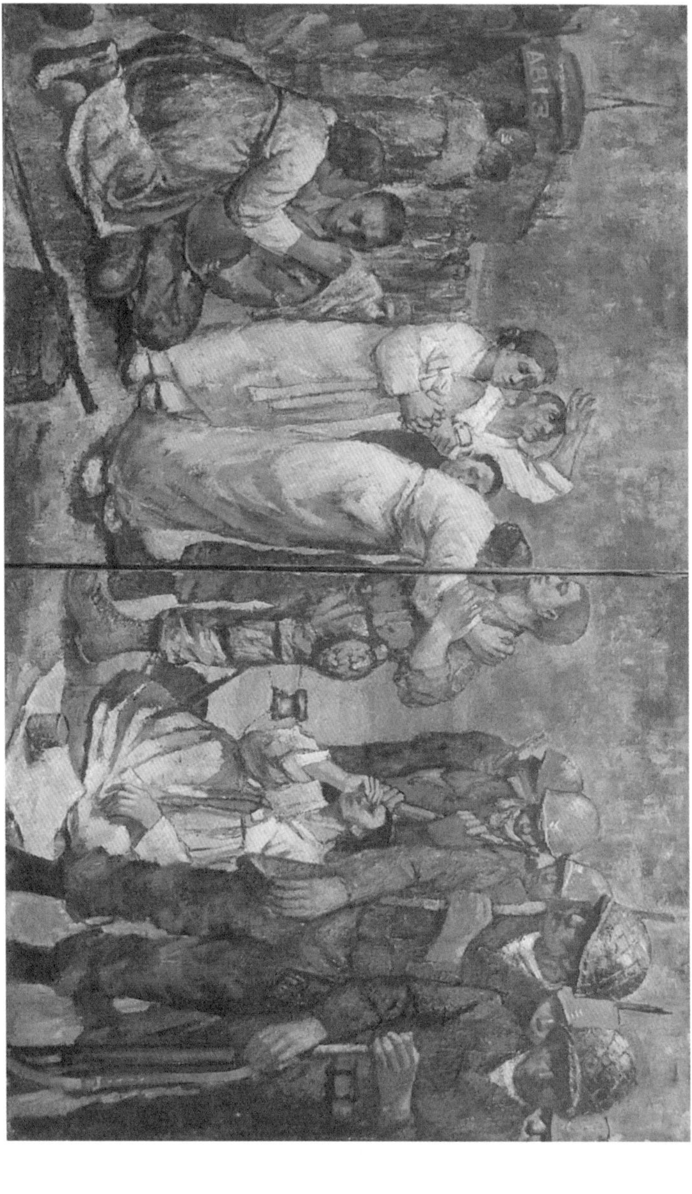

fig. 6 김희려, 〈베트남 파병에 반대하는 어머니들〉, 1961년,
재일코리안미술작품보존협회(ZAHPA) 소장.

재일조선인미술가의 작품을 제대로 보존해야 한다고 생각하게 된 것은 김희려의 유족들에게 느낀 뜨겁고도 조용한 열정에 많은 영향을 받았다는 사실을 말해두고 싶다.

귀국을 테마로 한 신문 삽화와 스케치

이야기를 조금 다른 방향으로 돌려, '귀국'과 관련된 작품 활동을 몇 점 더 소개하려 한다. 앞에서 언급한 백령의 〈나도 조국으로(나도 가련다)〉(제2장, 148쪽) 역시 '귀국'을 테마로 한 대표적인 작품이며, 그 밖에도 『조선민보』에 귀국 운동을 다룬 스케치가 게재되기도 했다. 기관지 『조선미술』에는 화가들이 열었던 귀국 관련 좌담회의 기록도 남아 있다. 과연 재일조선인미술가는 '귀국'에 관해 어떠한 생각을 품고 있었을까.

우선 조량규(1959년 2월, 1960년 2월), 오림준(1959년 3월), 마루키 도시丸木俊(1960년 1월), 전철(1960년 7월)의 스케치를 간단히 살펴보도록 하자.

도판7부터 도판12까지는 조량규의 스케치이다. 7번 스케치에는 필자 불명의 글이 함께 기재되어 있으며(9에서 12는 조량규가 직접 글을 썼다.) 화면 상단의 1/5 정도는 비워 놓고 아래쪽은 대부분 인물들로 가득 채웠다. 어깨에 멘 띠에는 "재일조선인의 귀국"이라는 글자가 선명하게 적혀 있다. 누가 집필했는지는 명기되어 있지 않지만, 스케치 밑에 실린 글의 내용을 요약하면 다음과 같다.

지난 1월 30일 오전 10시, 일본 국회의사당 앞마당에는 일본 각지에서 800여 명의 귀국 실현 요청단이 모였다. 귀국을 실현하고자 하는 굳은 결의에 차 있었다. 한 걸음 앞으로 나아갔지만 최후 승리를 위해 계속 전진하자!

9번부터 12번까지는 「니가타 스켓취 루포 누르지 못할 감동」(글, 그림 조량규)이라는 제목의 에세이와 스케치다. 상/하 두 편으로 이루어져 있는데 1960년 2월 10일에 상편이, 2월 12일에 하편이 게재되었다. 그림이 각각 두 장씩 붙어 있는데 에세이의 내용을 요약하면 다음과 같다.

(상)

우리 문예동 미술부원 8명은 제6차 귀국선에 탑승하는 모습을 스케치하기 위해 니가타로 떠났다. 눈이 그치지 않아 니가타에 3시간이나 늦게 도착했다. 총련 출장소에서 설명을 듣고 반다이바시万代橋 야마토大和홀에서 열린 공화국 대표단의 환영 연회에 참석했다. 이때 조국의 대표단 7명과 처음으로 만났다. 성실하고 겸손하고 소박하면서도, 조선전쟁에서 싸우고 공화국 부흥에 힘써온 사람다운 의지를 느꼈다. 그 후 일본적십자 니가타 센터로 이동했다. 밖에서 느꼈던 고요함과 달리 안은 활기찬 분위기였다. 이국에서의 힘든 생활에서 이미 해방된 듯했다. 병실로 향하면 침대가 있었고, 지금까지 병원에 갈 여유조차 없었다는 어르신들도 계셨다. 여기서 치료를 받고 계신다는 것이다. 조국은 우리의 유일한 희망이며, 유일한 삶의 길일 것이다.

↑ fig. 7 조량규의 스케치, 「우리를 조국에로 즉시 귀국시키라!
— 1·30 일본 국회 의사당 앞에 모인 대표들」, 『조선민보』 1959년 2월 7일.
↓ fig. 8 조량규의 스케치, 「어서 귀국의 배 길을 열어라!」,
『조선민보』 1959년 3월 3일.

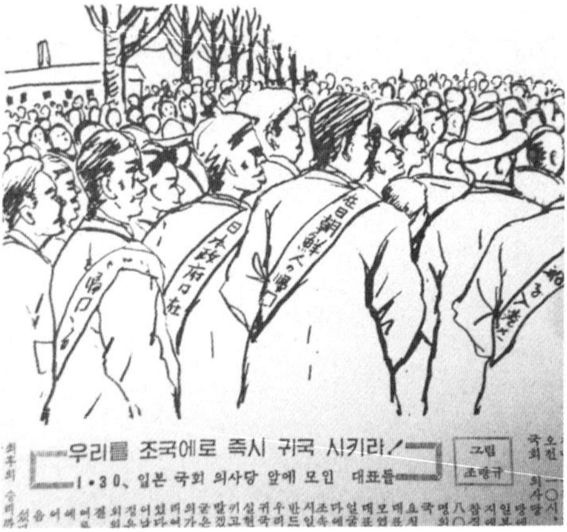

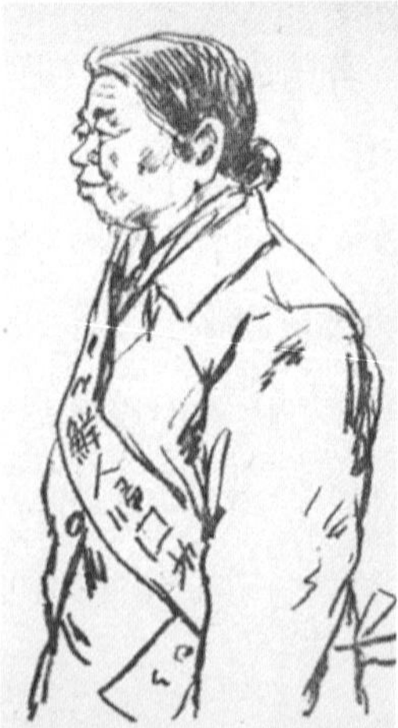

↑ fig. 9　조량규의 스케치, 「新潟 스켓취 루포 (상) 누르지 못할 감동 글과 그림 조량규」, 『조선민보』 1960년 2월 10일.

↓ fig. 10　조량규의 스케치, 「新潟 스켓취 루포 (상) 누르지 못할 감동 글과 그림 조량규」, 『조선민보』 1960년 2월 10일.

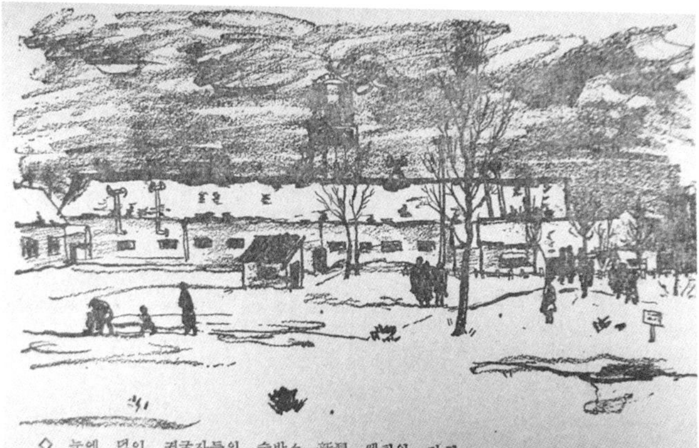

◇ 눈에 덮인 귀국자들의 숙박소—新潟 센터의 전경

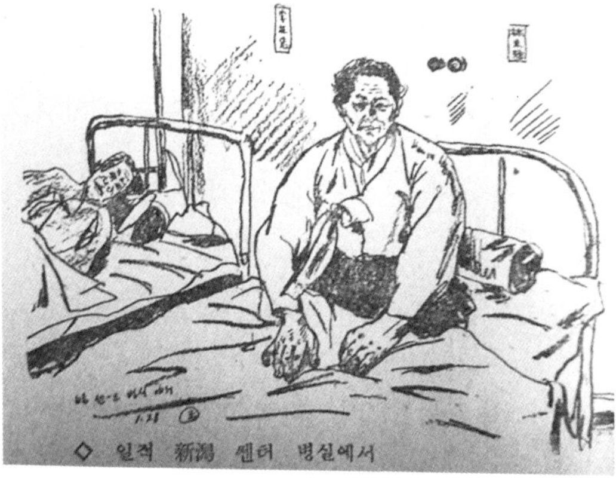

◇ 일직 新潟 센터 병실에서

(하)

눈은 계속 내리고 있었다. 오전 9시에 공화국 대표와 담화를 나눌 기회를 얻었다. 비록 짧은 시간이었으나 우리 한 사람 한 사람에게 따뜻한 말을 건네주었다. 여기서 조국의 애정을 느꼈다. 일본 적십자센터부터 승선을 시작했다. 우리는 눈 속에서도 감동의 정경을 스케치했고, 공화국 대표들은 출항 준비에 분주했다. 감격과 흥분, 그리고 유머 속에서 출항의 기적 소리가 울렸다. 형형색색의 테이프가 휘날렸다. 선체가 완전히 시야에서 사라질 때까지 그 모습을 지켜봤다.

조량규는 귀국선이 출항하는 니가타의 모습을 글과 스케치로 보고했다. 상편에서는 출장소나 의료센터의 모습을, 하편에서는 출항 전 느낀 감격과 흥분, 유머가 가득한 이야기를 중심으로 그렸다.

도판 9과 도판 10은 상편과 함께 실린 조량규의 스케치이다. 도판 9에는 〈눈에 덮인 귀국자들의 숙소 — 니가타 센터 전경〉이라는 제목이 적혀 있다. 글에는 설경 속에 센터 건물이 보이며, 그 앞에서 아이들이 눈싸움을 벌이고 있다는 서술이 담겨 있으므로 화면 왼쪽에 그려진 인물은 눈싸움하는 아이들로 추측할 수 있다. 도판 10 아래에는 〈일적(일본적십자사 — 옮긴이) 니가타 센터 병실에서〉라는 제목이 적혀 있어 병실 안의 모습을 그린 것으로 보인다. 저고리 차림을 한 거친 손의 여성이 침대 위에 앉아 화면 밖을 응시하고 있고, 왼쪽 침대에는 한 여성이 비스듬히 누워있다.

도판 11과 도판 12는 조량규의 에세이 하편에 실린 삽화인데,

↑ fig. 11　조량규의 스케치, 「新潟 스켓취 루포 (하) 누르지 못할 감동 글과 그림 조량규」, 『조선민보』 1960년 2월 12일.

↓ fig. 12　조량규의 스케치, 「新潟 스켓취 루포 (하) 누르지 못할 감동 글과 그림 조량규」, 『조선민보』 1960년 2월 12일.

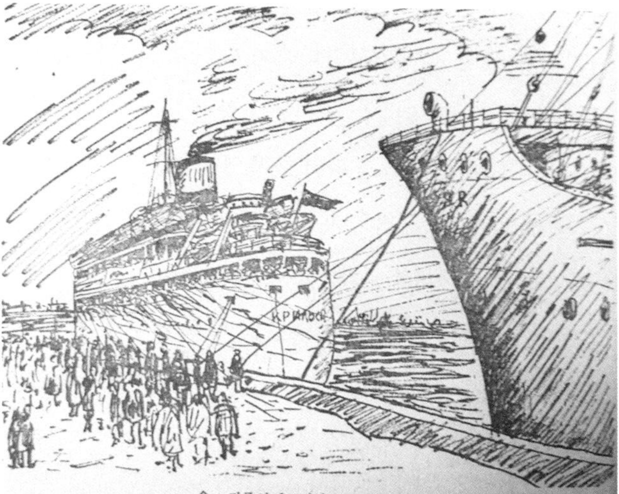

◇ 귀국선이 떠나는 정경

속에서도 이 들끓
정경을 스켓취하
는에게 조국 대표들
로 눈 코 뜰 사이
큼 바쁜 중에서 그
면서 위로와 격려의
않는다.
또한 유모어에 가
리들은 더욱 유쾌하
훈훈한 감을 누르지
례컨데—
동포들은 직접 배를
는 자기들 감격을 모
는데 원망 안들도록
주시요…〉
대화도 우리들을 웃
화로 보는 조국 동
투 길이가 길다는데
아마 긴 외투 입는
이 센 사람이고 짧
입는 사람은 추위를
먼저 외투 무개에
사람일지 모른다〉고

포들의 승선이 끝나

굴에 웃음을 띄
였다.
모두들 와짝
웃음을 터뜨렸
다. 롱담이였던
것이다.
이렇게 감격
과 흥분과 그
러면서도 유모
어에 찬 분위
기 속에서 시
간은 흘러 정
각 5시, 크릴
리온호에서 묵
직한 출항의 기
적 소리가 울
리자 환성은 와
짝 최고조로 솟
아 오른다.
붉고 희고 푸
른 가지 각 색
의 테프가 무수
히 날라 떠나
는 이와 남는
이의 두터운 정

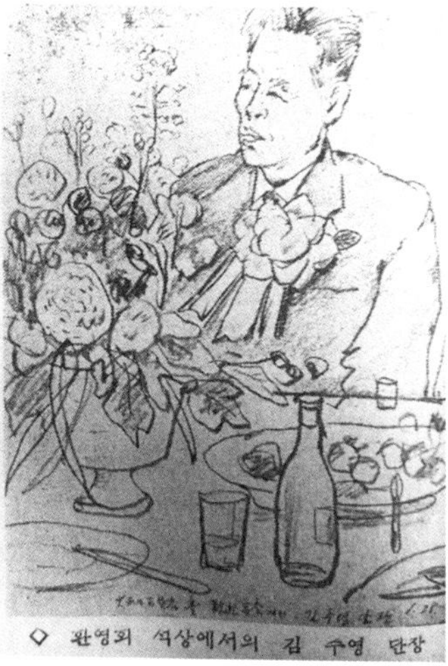

◇ 환영회 석상에서의 김 수영 단장

도판 11에는 〈귀국선이 떠나는 정경〉이라는 제목과 함께 '크릴리온'호와 '또볼스크'호가 출항했다고 적힌 것으로 보아, 그림 속에 등장하는 배가 두 선박으로 추정되며, 환송하는 사람들의 묘사를 통해 배의 크기가 충분히 전달된다. 도판 12에는 '환영회 석상에서의 김주영金朱榮 단장'이라는 설명을 덧붙였다.

나는 니가타에 모인 재일조선인미술가의 단체 사진을 입수했다.(fig.13) 아마 조량규가 이 기사를 쓸 때 촬영했던 사진이 아닐까 생각한다. 사진 맨 앞줄 왼쪽부터 한우영, 백령, 허훈, 오림준이 앉아 있고 두 번째 줄의 왼쪽에서 세 번째 인물이 표세종, 그 옆이 한덕수(총련 중앙의장을 역임하고 『재일조선미술가화집』의 표지 글씨를 담당한 인물—옮긴이)이며, 한덕수의 대각선 위쪽에 서 있는 인물이 한동휘이다. 앞서 살펴본 조량규의 글에 '미술부원 8명'이 니가타로 향했다고 적혀 있는데(조선민주주주주의인민공화국 대표단이 7명으로 적혀 있으므로, 오른쪽에 잘린 인물을 포함하면) 사진에 전원이 찍힌 것으로 추정된다), 다만 사진에는 앞서 언급한 6명의 미술부원(한우영, 백령, 허훈, 오림준, 표세종, 한동휘) 밖에 없다. 그러나 오림준이 오른쪽, 사진의 프레임 바깥으로 누군가에게 손짓하며 말을 거는 모습이 보이고, 한우영 역시 그쪽을 응시하고 있는 것으로 보아 나머지 인물이 그곳에 있었다고 가정하면 당시에 찍은 사진이라는 것을 충분히 추정할 수 있다. 사진이 찍힌 시기를 1960년 2월로 특정할 수는 없다고 하더라도 재일조선인미술가들이 니가타에 스케치하러 갔던 것만은 분명하다.

fig. 13 재일조선인미술가들이 니가타항에서 조선민주주의인민공화국 관계자와 찍은 기념사진 (사진 제공 : 표세종 유족)

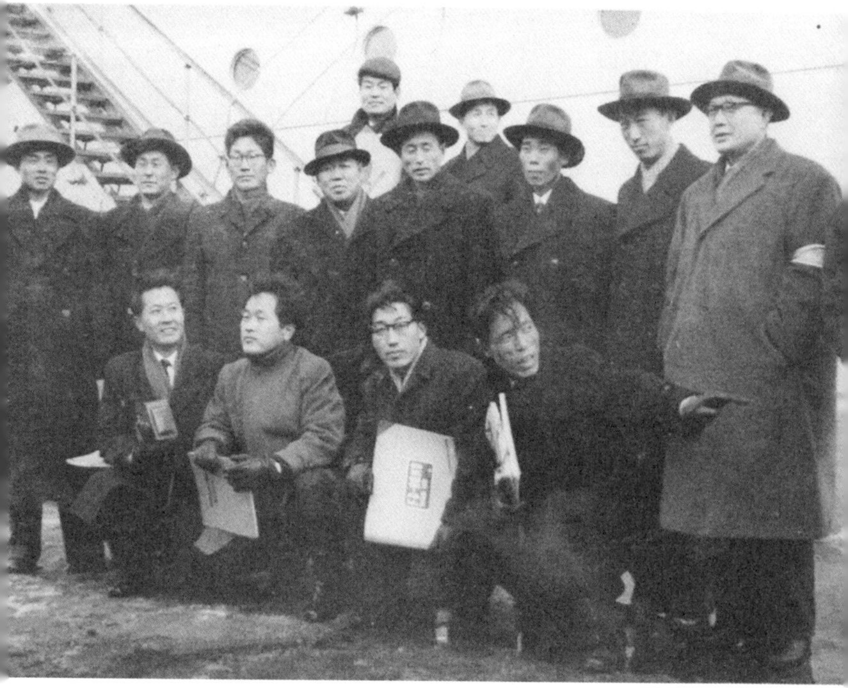

이어서 오림준과 마루키 도시가 귀국을 다룬 스케치를 살펴보자. 도판 14에는 무릎 위에 아이를 앉힌 여성의 모습이 묘사되어 있다. '귀국을 앞두고 배우는 여성'이라고 적힌 설명에서 알 수 있듯, 여성의 앞쪽에 있는 책상 위에는 노트와 종이, 연필과 지우개가 놓여 있으며 노트와 종이에는 '조선어'로 된 글씨가 보인다. 배울 기회가 없었던 조선인은 귀국을 앞두고 열심히 우리말을 익혔을 것이고, 그 한 장면을 그린 컷으로 생각된다. 그리고 화면 왼쪽에는 세로로 적힌 메모가 있는데 정확하게 글자가 확인되지는 않지만, 어느 부락(마을)을 찾아가서 그린 것으로 추정할 수 있다. '국어강습 회장에서'라는 글자와 날짜 '1959.2.20'은 판독할 수 있으며, 그 밑에 필기체로 'olim'이라는 사인이 있다.

도판 15도 오림준의 스케치인데 여성의 또렷한 옆모습을 그렸으며, 오른쪽 어깨에 둘러멘 띠에 '帰国第一船(귀국제일선)'이라는 글자가 적혀 있다. 오른쪽 하단의 글자는 앞의 스케치만큼 정확하지 않지만 '大田部落'이라 추정할 수 있다. 일자는 '1959년 3월 1□일'(날짜 판독 불가능), 그 밑에 '오림준 화'라고 적혀 있다. 두 스케치 모두 날카로운 선을 여러 차례 겹쳐서 그린 작품으로, 그림 속 대상이 마치 미세하게 호흡하는 듯 보이게끔 하는 오림준 특유의 인물화 표현이 잘 드러난다. 그의 선묘는 『재일조선미술가화집』에 수록된 자화상으로 추정되는 〈소묘〉를 통해서도 확인할 수 있다.(fig.16)

다음으로 일본인 화가 마루키 도시의 컷을 살펴보자. 마루키

↑ fig. 14 오림준의 스케치, 「귀국을 앞두고 배우는 녀성」, 『조선민보』 1959년 3월 14일.
← fig. 15 오림준의 스케치, 『조선민보』 1959년 3월 26일.
→ fig. 16 오림준, 〈소묘〉, 1961년, 사이즈와 소장처 불명.

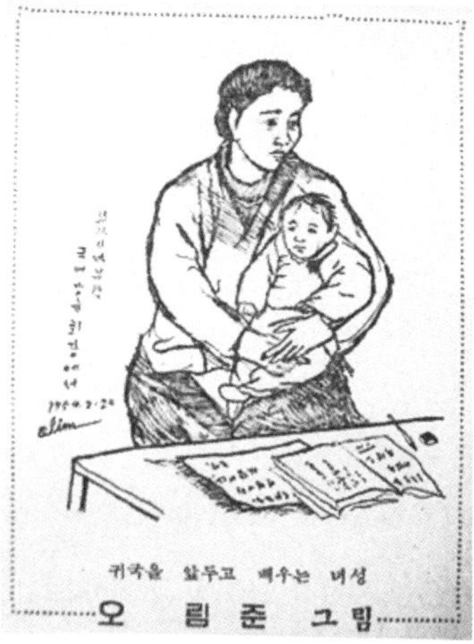

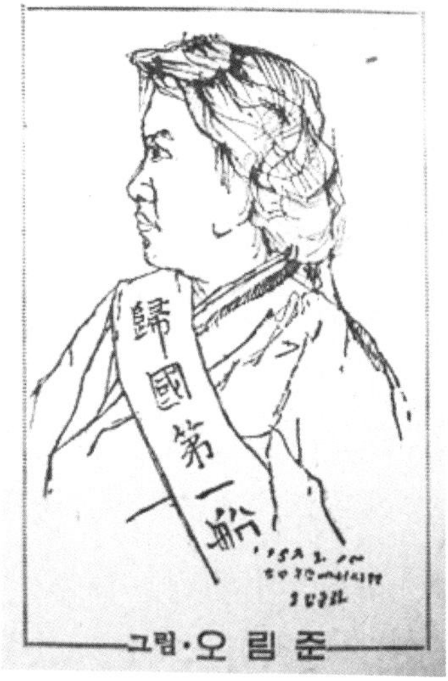

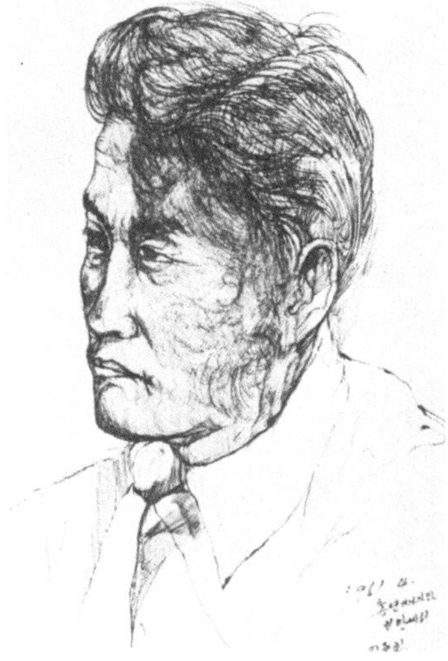

도시(아카마쓰 도시코 赤松俊子, 1912-2000)는 남편 마루키 이리丸木位里와 함께 〈원폭도〉 연작을 제작한 화가로 널리 알려져 있다. 1960년 1월 29일 자 『조선민보』에는 '글과 그림 마루키 도시'라고 쓰인 기사가 게재되었다.(fig.17) 그림에는 승선자와 배웅하는 사람들, 장식용 테이프가 바람에 나부끼는 배를 묘사하고 있다. 거침없는 선과 날렵한 콧날을 한 인물 묘사가 특징적인 그림이다. 그림의 왼쪽 아래 끝에는 '1960. 1. 15 니가타에서 안녕 안녕 다시 만날 날까지 도시'(정확한 식별이 어렵기 때문에 추정)라고 적혀 있다. 「안녕히들 가시라」라는 제목의 글을 요약하면 다음과 같다.

> 옛날 옛적 하느님이 베푸신 기적에 구원받아 이스라엘 땅으로 돌아간 민족이 있었다. 이제 조선 민족은 반세기의 고통과 작별을 고하며 조국으로 돌아간다. 하느님의 힘이 아니라, 인민의 손으로 열린 길이다. 20세기의 민족 대이동. 이제 조선인과 일본인과의 우호는 시작될 것이다. 당신들이 고통 속에 있을 때 도움을 주지 못했던 우리를, 일본 땅에서 당신들의 조국을 공격한 비행기를 막지 못했던 우리를 용서하소서. 앞으로 이런 일을 되풀이하지 못하도록 우리가 힘쓰리라. 바다 건너면 바로 저곳에 당신들의 나라가 있다.

마루키 도시가 일본어로 쓴 시적인 문장을, 누군가 지면에 우리말로 번역해 놓았을 것이다. 일본어로 쓰인 원문을 확인해보고 싶으나 원문에 대한 정보는 아직까지 찾지 못했다. 이 글 외에도 마루키는 무용가 최승희의 공연을 일본에서도 열고 싶다

↑ fig. 17　마루키 도시의 스케치, 「안녕히들 가시라」, 『조선민보』 1960년 1월 29일.
↓ fig. 18　마루키 도시의 스케치, 「일본 국민의 책임으로 귀국 실현—일본 각계 인사들의 신년사」, 『조선민보』 1959년 1월 1일.
"그림은 공화국을 공부한 바 있는 마루키 도시 씨로부터 〈올해야말로 최승희 무용단의 초청 실현의 해로〉라는 인사와 함께 보내온 것이다."라는 설명이 붙어 있다.

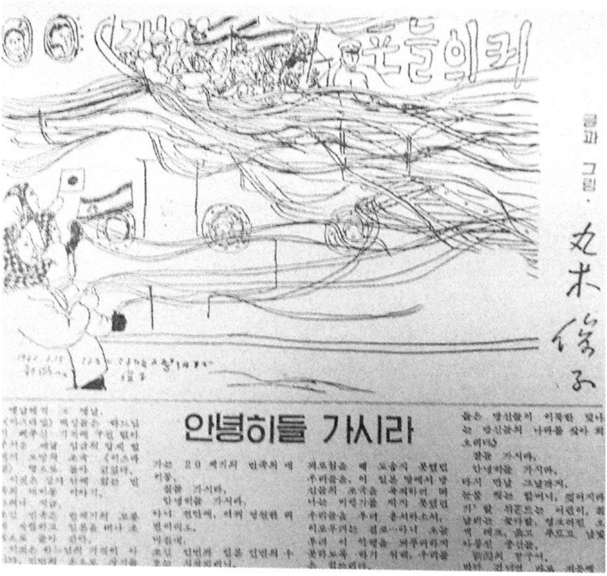
글과 그림 · 丸木俊子

안녕히들 가시라

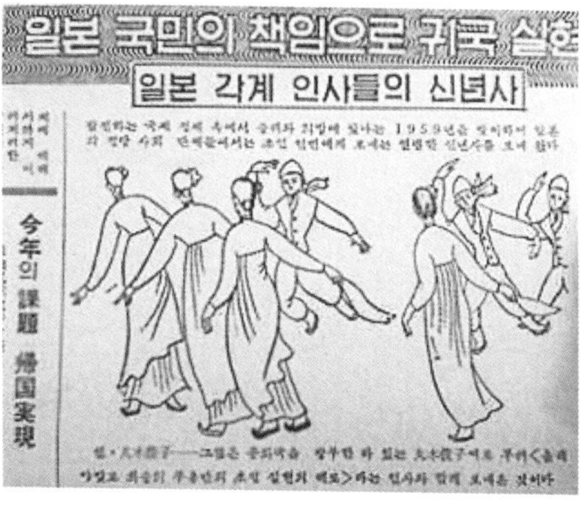
일본 국민의 책임으로 귀국 실현

일본 각계 인사들의 신년사

今年의 課題 帰国実現

fig. 19 전철의 스케치, 「똘똘이의 니가타 방문기(1)」, 『조선민보』 1960년 7월 1일.

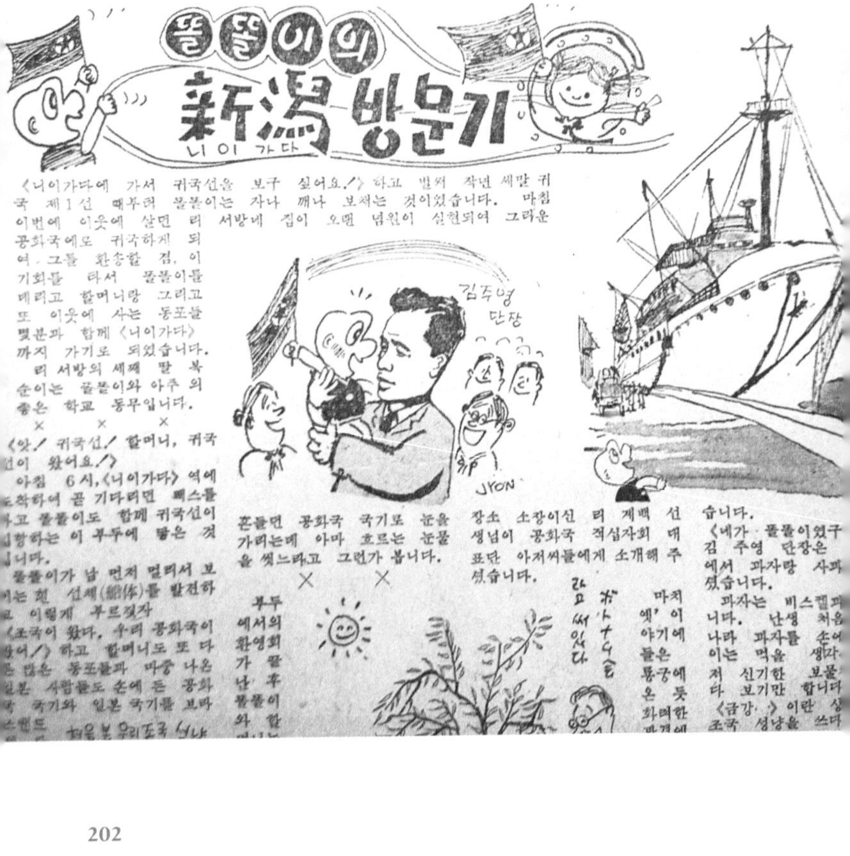
똘똘이의 新潟 방문기
니이가다

《니이가다에 가서 귀국선을 보구 싶어요.!》하고 벌써 작년 세말 귀국 제1선 때부터 똘똘이는 자나 깨나 보채는 것이였습니다. 마침 이번에 이웃에 살던 리 서방네 집이 오랜 념원이 실현되여 그리운 공화국에로 귀국하게 되여, 그들 환송할 겸, 이 기회를 타서 똘똘이를 데리고 할머니랑 그리고 또 이웃에 사는 동포들 몇분과 함께 《니이가다》까지 가기로 되였습니다.

리 서방의 세째 딸 복순이는 똘똘이와 아주 의 좋은 학교 동무입니다.

× × ×

《앗! 귀국선! 할머니, 귀국선이 왔어요.!》

아침 6시, 《니이가다》 역에 도착하여 곧 기다리던 뻐스를 타고 똘똘이도 함께 귀국선이 입항하는 이 부두에 많은 것 입니다.

똘똘이가 남 먼저 멀리서 보이는 흰 선체(船体)를 발견하고 이렇게 부르짖자 《조국이 왔다. 우리 공화국이 왔어!》 하고 할머니도 또 다른 많은 동포들과 마중 나온 일본 사람들도 손에 든 공화국 국기와 일본 국기를 흔들며 ...

흔들면 공화국 국기로 눈을 가리는데 아마 흐르는 눈물을 씻느라고 그런가 봅니다.

× ×

부두에서의 환영회가 끝난 후 똘똘이와 함 ...

장소 소장이신 리 계백 선생님이 공화국 적십자회 대표단 아저씨들에게 소개해 주셨습니다.

마치 옛'이야기에 들은 룡궁에 온 듯 화려한 ...

습니다.

《네가 똘똘이였구 ... 김 주영 단장은 ... 에서 과자랑 사과 ... 셨습니다.

과자는 비스켓 ... 니다. 난생 처음 ... 나라 과자를 손에 ... 이는 먹을 생각 ... 저 신기한 보물 ... 다 보기만 합니다.

《금강 ...》이란 ... 조국 성냥을 쓰다 ...

는 취지의 글과 그림을 비롯하여(fig.18), 스케치 몇 점을 투고하기도 했다.

마지막으로 전철이 그린 〈똘똘이의 니가타 방문기〉(fig.19, 20, 21)를 살펴보자. 전철의 이 스케치는 조량규와 마찬가지로 2회로 나눠서 게재되었는데, 조량규의 기고가 (상), (하)로 구분되었다면, 전철은 (1), (2)로 나누었다. 또한 조량규의 원고는 작가가 실제로 보고 느낀 것을 1인칭으로 서술한 반면, 전철의 네 컷 만화는 등장인물인 똘똘이가 현지를 방문하는 설정으로 구성되었다. 즉 똘똘이 일가와 친하게 지내던 조선인이 귀국하게 되자 환송을 위해 할머니, 이웃과 함께 니가타를 방문하는 내용이다. 두 편의 기사를 요약하면 다음과 같다.

(1) 니가타 항구에 모인 사람들은 배를 발견하고, 손에 든 공화국 국기와 일본 국기를 브라스밴드의 음악에 맞춰 몸을 흔들었다. 부두에서의 환영회가 끝난 후, 또볼스크호에 들어갔다. 니가타 출장소 소장 리계백李季白 선생의 소개로 공화국 적십자회 대표단의 양팔에 안기자 얼굴이 사과 빛과 같이 붉어졌다. 김주영 단장님이 비스켓을 주셨다. 할머니는 공화국의 성냥을 소중한 듯 쓰다듬으며 만지작거리고 있었다.

(2) 출항 전, 공화국 대표단이 귀국 동포들을 만나러 가서 인사를 하셨다. 오랜 시일 나라를 빼앗겼던 탓에 그 우수한 재능을 마음껏 발휘하지 못했으나 여러분께는 이제 훌륭한 집과 보람찬 직장이 마련되고 있다고 말씀하셨다. 출항 당일에는 공화국 국기, 일본 국기, 색색의 테이프와 풍선이 날리고 있었다. 똘똘이는 친구 복순

이에게 크레용을 선물로 주고 나서 '조국에 가서는 조국 그림을 많이 그려 보내다우"하고 소리를 지르며 부탁했다. "나도 빨리 조국에 가고 싶어요."라고 말했다.

전철은 귀국선이 드나드는 니가타 항구의 모습을, 똘똘이를 통해 보도하는 형식을 취했다. (1)은 단장과의 면담과 조선민주주의인민공화국의 상품을 접하면서 느낀 조국에 대한 감상을, (2)에서는 동포를 위로하는 북쪽 대표와 출항 장면의 이야기를 담았다. 도판 19와 도판 20은 (1)과 함께 게재된 컷이다. 김주영 단장과 배를 그려 넣은 것은 조량규의 그림과 동일하다. 전철은 자신이 만든 캐릭터인 똘똘이가 김 단장에게 안긴 모습과 큰 배를 바라보고 있는 모습으로 나누어서 그렸다.

도판 21은 (2)에 실은 컷이다. 글에는 등장하지 않은 버스와, 똘똘이가 승객에게 손을 흔드는 장면을 그려 넣었다. 일장기를 든 기모노 차림의 여성도 보인다. 이처럼 조선인과 정답게 지내는 일본인의 모습을 자주 다룬 것은 전철 특유의 표현이다.

귀국 문제에 관한 재일조선인미술가의 논의

마지막으로 기관지 『조선미술』 6호에 수록된 「귀국문제에 관한 좌담회」를 살펴보자. 좌담회의 개최일은 1959년 12월 25일이며, 참석자는 김창덕, 리철주, 리인두, 한우영, 오림준, 조량규, 백령, 문정순으로 8명, 기록자는 참석자이기도 한 오림준이다.

좌담회의 주된 내용은 귀국에 대한 각자의 의견을 확인한 후, 귀국 의사를 어떻게 표명할 것인지, 귀국을 이해해주는 일본인

↑ fig. 20 전철의 스케치, 「똘똘이의 니가타 방문기(1)」, 『조선민보』 1960년 7월 1일.
↓ fig. 21 전철의 스케치, 「똘똘이의 니가타 방문기(2)」, 『조선민보』 1960년 7월 4일.

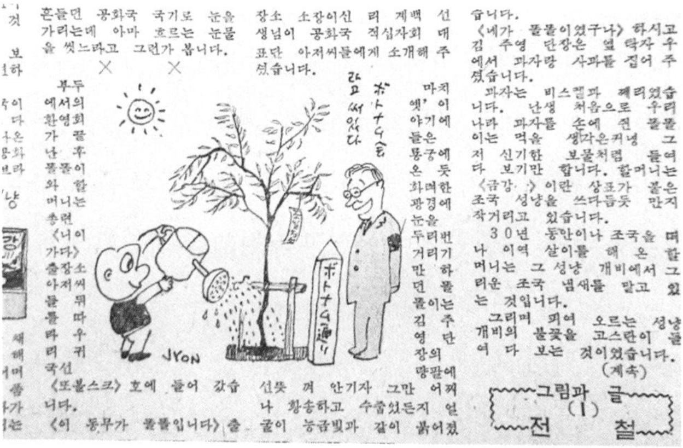
흔들면 공화국 국기로 눈을 가리는데 아마 흐르는 눈물을 씻느라고 그런가 봅니다.

× ×

부두에서의 환영회가 끝난 후 똘똘이와 할머니는 총련 《니이가다》 출장소 아저씨를 뒤를 따라 우리 귀국선 《또볼스크》호에 들어 갔습니다.

《이 동무가 똘똘입니다》 출장소 소장이신 리 계백 선생님이 공화국 적십자회 대표단 아저씨들에게 소개해 주셨습니다.

마치 옛' 이야기에 들은 룡궁에 온 듯 화려한 광경에 눈을 두리번 거리기만 하면 똘똘이는 김 주영 단장의 당팔에 선뜻 껴 안기자 그만 어찌나 황송하고 수줍었든지 얼굴이 능금빛과 같이 붉어졌습니다.

《네가 똘똘이였구나》 하시고 김 주영 단장은 옆 탁자 우에서 과자랑 사과를 집어 주셨습니다.

과자는 비스켙과 캐러멜였습니다. 난생 처음으로 우리 나라 과자를 손에 쥔 똘똘이는 먹을 생각은커녕 그저 신기한 보물처럼 들여다 보기만 합니다. 할머니는 《금강》이란 상표가 붙은 조국 성냥을 쓰다듬듯 만지작거리고 있습니다.

30년 동안이나 조국을 떠나 이역 살이를 해 온 할머니는 그 성냥 개비에서 그리운 조국 냄새를 맡고 있는 것입니다.

그리며 피여 오르는 성냥 개비의 불꽃을 고스란이 들여다 보는 것이였습니다. (계속)

그림과 글 (1) 전 철

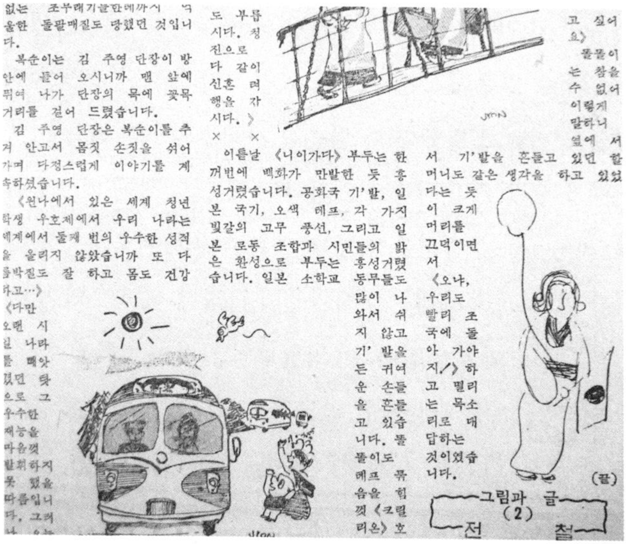
없는 조무래기들한테까지 억울한 돌팔매질도 당했던 것입니다.

복순이는 김 주영 단장이 방안에 들어 오시니까 맨 앞에 뛰여 나가 단장의 목에 꽃목거리를 걸어 드렸습니다.

김 주영 단장은 복순이를 추겨 안고서 몸짓 손짓을 섞어가며 다정스럽게 이야기를 계속하셨습니다.

《윈나에서 있은 세계 청년 학생 우호제에서 우리 나라는 세계에서 둘째 번의 우수한 성적을 올리지 않았습니까 또 다름박질도 잘 하고 몸도 건강하고…》

《다만 오랜 시일 나라를 빼앗겼던 탓으로 그 우수한 재능을 마음껏 발휘하지 못 했을 따름입니다. 그러 …

… 도 부릅시다. 청진으로 다 같이 신혼 려행을 가십시다.》

× ×

이튿날 《니이가다》 부두는 한꺼번에 백화가 만발한 듯 흥성거렸습니다. 공화국 기'발, 일본 국기, 오색 테프, 각 가지 빛갈의 고무 풍선, 그리고 일본 로동 조합과 시민들의 밝은 환성으로 부두는 흥성거렸습니다. 일본 소학교 동무들도 많이 나와서 쉬지 않고 기'발을 든 귀여운 손들을 흔들고 있습니다. 똘똘이도 테프 묶음을 힘껏 《크릴리온》호 …

… 고 싶어요》

똘똘이는 참을 수 없어 이렇게 말하니 옆에 서 기'발을 흔들고 있던 할머니도 같은 생각을 하고 있었다는 듯이 크게 머리를 끄덕이면서

《오냐, 우리도 빨리 조국에 돌아 가야지./》 하고 떨리는 목소리로 대답하는 것이였습니다. (끝)

그림과 글 (2) 전 철

의 협력을 어떻게 얻을 것인가에 대해 토론하며 각자의 사정을 밝히고 사상과 창작 문제 등을 논의하는 것이었다.

아내가 일본인이었던 김창덕과 리철주는 귀국과 관련하여 조선인 부부가 미처 할 수 없던 생각을 갖고 있었다. 그들은 자녀의 교육을 생각하면 조금 더 시간적 여유를 가진 후 조국에 가고 싶다고 발언했다. 백령은 부모님이 고향에서 삶을 마치고 싶어 하신다며 귀국을 약간 주저하는 모습도 내비쳤다. 귀국을 이해하는 일본인과의 관계를 이야기하는 자리에서 조량규는 자유미술협회 회원들 중에는 기부금을 내고자 하는 사람도 있다고 전했다. 한우영은 1월 15일쯤에 일본인과 좌담회를 개최할 예정이라 밝히며 특히 일본인들과의 접점이 많은 조량규와 백령에게 초청장을 보낼 만한 일본인 미술가를 조금 꼽아 달라고 부탁하기도 하였다. 창작과 사상 문제와 관련해서 백령은 자신이 부르주아 경향이 있으므로 귀국할 때까지 더 공부하고 싶다고 언급했고, 조량규는 일본에 있건 조국에 있건 창작에 관한 생각은 변하지 않을 것이라고 말했다. 오림준은 사회주의 리얼리즘은 조국에서 배울 수 있으며 탄광으로 가라고 해도 그 말에 따르겠다고 했다. 리인두와 문정순은 조금 더 공부한 후에 귀국하고 싶다는 의사를 밝혔다. 기사에는 미술가들의 솔직한 심정이 담겨 있어 생생한 현장감이 느껴진다. 이 좌담회의 발언이 기록된 첫 장에는 한글로 "귀국문제에 관한 좌담회 1958.12.25. 조선회관에서. 출석자 백령, 리인두, 김창덕, 한우영, 조량규, 문정순, 리철주, 오림준", 행간을 조금 두고 "사회자 한우영"이라고 쓰여 있

fig. 22 〈귀국문제에 관한 좌담회〉 기록, 재일코리안미술작품보존협회(ZAHPA) 소장

歸國問題에 관한 座談會
조선회관에서

다.(fig.22) 손으로 쓴 속기록이며, 기록자를 오림준이라고 밝힌 것으로 보아 오림준의 필체로 추정된다.

귀국이 당시 일본에서 큰 관심사였던 상황은 이미 잘 알려진 바이며, 이와 관련된 논고도 많이 발표되었다. 지금까지는 주목받지 못했지만, 위에서처럼 미술가들의 신문 삽화 컷이나 좌담회를 확인해보면 조선민주주의인민공화국에서의 생활을 상상하며 귀국 현장인 니가타항에 관심을 보이거나 일본인 미술가와의 교류나 표현을 모색했음을 엿볼 수 있다. 앞서 서술한 바와 같이 신문의 삽화 투고는 조선인미술가에게 많지는 않아도 어

느 정도 수입원이 되었을 것이고 내용의 방향성은 표현 매체가 지닌 특성에 따라 어느 정도 좌우됐을 것이다. 그러나 적어도, 미술가의 활동과 귀국을 둘러싼 당시의 소박한 감정을 솔직하게 전했던 것만큼은 틀림없다. 좌담회에서 백령은 부모님께서 고향에서 삶을 마감하고 싶어 한다며 "네가 북으로 가면 죽을 때까지 만날 수 없을 것 같다."라는 말을 들었다고 했다. 그 발언에 참석자들이 웃음보를 터뜨렸다는 기록이 있다. 이들은 분단과 그로 인한 가족의 이산이 이렇게까지 오래 지속되리라고 생각하지 못했음을 기록을 통해 추측할 수 있다. 그러나 실제로는 귀국한 지 60년이 넘은 지금까지도 가족 간의 자유로운 만남과 연락이 불가능한 상태이다. 현재의 가치관으로 판단할 것이 아니라 당시의 미술가들이 가지고 있던 생각을 고려하면서 남겨진 자료를 통해 면밀히 작품을 조사·분석하는 작업이 반드시 필요하다고 생각한다.

테마3 '남조선의 구국투쟁'

'남조선의 구국투쟁'을 테마로 한 대표적인 작품 3점을 살펴보자.

리철주, 〈피로 물들인 교복〉

한우영, 〈궐기한 남조선 청년 학생들〉

박일대, 〈궐기한 남조선의 인민〉

모두 『재일조선미술가화집』에 게재된 작품이며, 그중 2점의 작품명에는 '궐기한 남조선'이라는 문구가 적혀 있다. 현재 작품의 행방은 알 수 없지만 3점 모두 컬러로 게재되어 색채의 확인이 가능하다는 점에서 자료적으로 가치가 있다. 군상이라는 동일한 테마를 다루었지만 저마다 개성이 드러난다. 먼저 작품의 조형적 특징을 파악하고 시대 배경을 확인한 후, 마지막으로 재일조선인미술가들의 관점을 밝혀 그들이 전개한 표현 활동에서 주목할 점과 의의를 서술하고자 한다.

리철주, 〈피로 물들인 교복〉(fig.23)

화면 왼쪽에서 오른쪽을 향해 행진하는 시위대의 모습을 그린 작품이며, 선두의 세 명을 대각선 구도로 배치했다. 제목에서 알 수 있듯 교복을 입고 있는 시위대는 대부분 학생으로 보인다. 횡대를 이루어 전진하면서 소리 높여 외치는 모습도 볼 수 있다. 멀리 장갑차와 그 위에 올라서서 주먹을 치켜든 학생도 보인다. 힘차게 전진하는 시위 현장을 그렸지만, 상처 부위에 붕대를 감싸고 있는 학생과 완전히 쓰러져 드러누운 사람도 있어 격렬한 참상이 전달된다.

화면 왼쪽을 가득 메운 시위대와 대조적으로, 화면의 오른쪽에는 회색빛의 지면이 드러나 있다. 경찰이 쓰고 있던 모자의 끈이 풀리면서 땅으로 떨어지며 휘날리는 순간을 포착하여 생생한 현장의 모습을 마치 슬로 모션 효과로 보여주듯 표현했다. 가장 근경에 경찰을 배치하고 동시에 오른쪽 화면 안쪽으로 흐린 하늘을 배경으로 나무들을 간략히 그려 넣어 화면에 충분한 공간감을 부여하고 있다. 소실점을 화면 오른쪽 상단에 설정한 후,

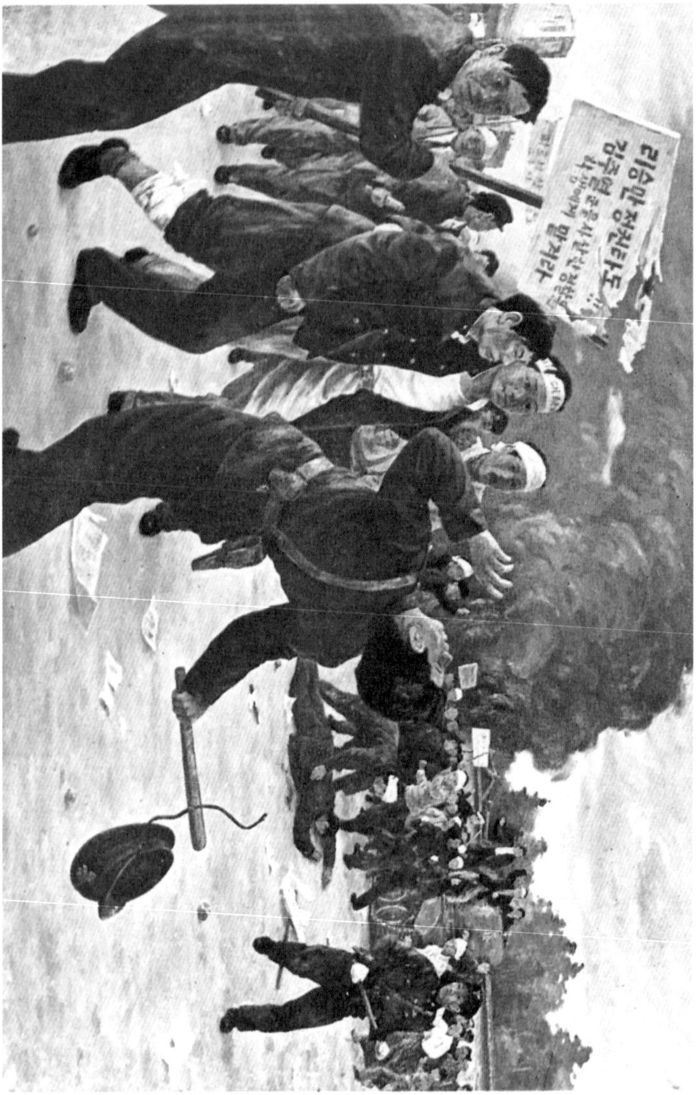

fig. 23 리철주, 〈피로 물들인 교복〉, 1960년, 227×145cm, 소장처 불명 (출처: 『재일조선미술가화집』).

그곳에 장갑차와 그 너머로 흔들리는 가로수를 배치했다. 나무들 옆으로 어두운 색감의 구름과 연기가 하늘 높이 치솟는다. 타오르는 연기 전체를 화면에 그려 넣지 않고 잘라냄으로써 오히려 격렬한 분위기를 효과 있게 전달한다. 연기는 화면의 왼편으로 크게 휘어지면서 앞쪽 플래카드의 배경을 이룬다. 플래카드는 금세 떨어져 나갈 듯 너덜너덜한 상태지만 바닥에 흩어진 유인물이 땅 위로 떨어지는 경찰의 모자와 어우러져 2차원의 정지된 화면에 몇 초의 시간을 가두는 효과를 준다.

소박한 플래카드에는 "리승만 정권타도 김주열 군을 사살한 경찰을 학생에게 맡겨라"라는 문구가 적혀 있다. 1960년 4월 11일, 당시 고교생이었던 김주열이 마산 앞바다에서 시신으로 발견된 사건 이후에 일어난 시위라는 정보를 담고 있다.

작가인 리철주는 출생 연도도, 출생지도 분명하게 밝혀져 있지 않다. 제1장에서 서술했듯 '리인수'와 동일 인물로 추측하며, 앞서 살펴본 '귀국' 관련 좌담회의 발언을 통해 통해 김창덕과 마찬가지로 일본인 아내가 있었다는 정보가 남아있을 뿐이다. 기관지 『조선미술』 7호에서는 리철주의 프로필을 다음과 같이 소개했다.

> 참 소박하고 겸손한 선배. 언제나 미소 또 미소…… 그러나 썩어 빠진 자본주의 사회와 예술 문제에 격분할 때 그의 눈에는 생생한 청춘의 열정이 빛난다. 그는 항상 말하기를 "1개월이든 3개월이든 그 기간 동안 이젤을 금강산 어딘가에 세워놓고 생활에 대한 걱정 없이 마음 놓고 자유롭게, 활기 발랄하게 그릴 수 있는

시간이 있다면……" 철주 씨! 당신의 마음은 지금 조국의 산천도 잘 알고 있을 것입니다.[8]

『재일조선미술가화집』에는 지금 언급한 작품 외에도 리철주의 〈가난한 생활〉(fig.24), 〈탁주와 명태〉(서장, 74쪽)가 수록되었다.

한우영, 〈궐기한 남조선 청년 학생들〉(fig.25)

화면 중앙으로 힘차게 행진하는 시위대를 그렸다. 리철주의 그림에 등장하는 교복과는 다르지만, 제목에 따르면 인물들을 학생으로 보아도 무방할 것이다. 리철주의 작품에서는 시위대가 화면의 왼쪽에서 오른쪽으로 행진하는 반면, 한우영은 오른쪽에서 왼쪽으로 행진하는 시위대를 묘사했다. 입을 벌리고 턱을 내밀며 크게 구호를 외치는 사람들의 모습이 보이고, 움켜쥔 주먹은 실제보다 크게 보이도록 약간 변형하였다. 리철주가 그린 시위대보다 더 많은 인물이 대오를 형성해 전진하고 있다.

화면의 위쪽으로 넓게 펼쳐진 하얀 깃발 위에는 "리승만 정권 물러가라"라는 글씨가 크게 적혀 있다. 바람에 휘날리는 듯한 모습은 화면에 속도감을 부여한다. 흰 천의 양 끝으로 깃발을 지탱하는 막대가 묶여 있으며, 행진하는 시위대의 두 번째 줄에 선 인물 둘이 움켜쥔 막대를 높이 치켜들고 서 있다.

8 「프로회-르 리철주」, 『조선미술』 7호(1961), p.70.

fig. 24 리철주, 〈가난한 생활〉, 1957년, 65×63cm, 소장처 불명
(출처: 『재일조선미술가화집』).

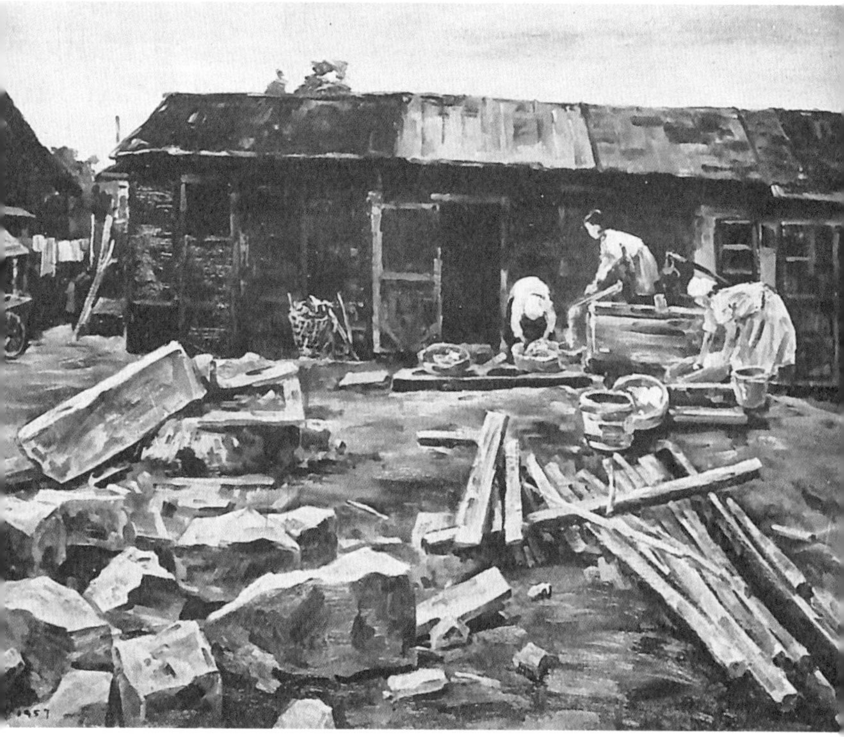

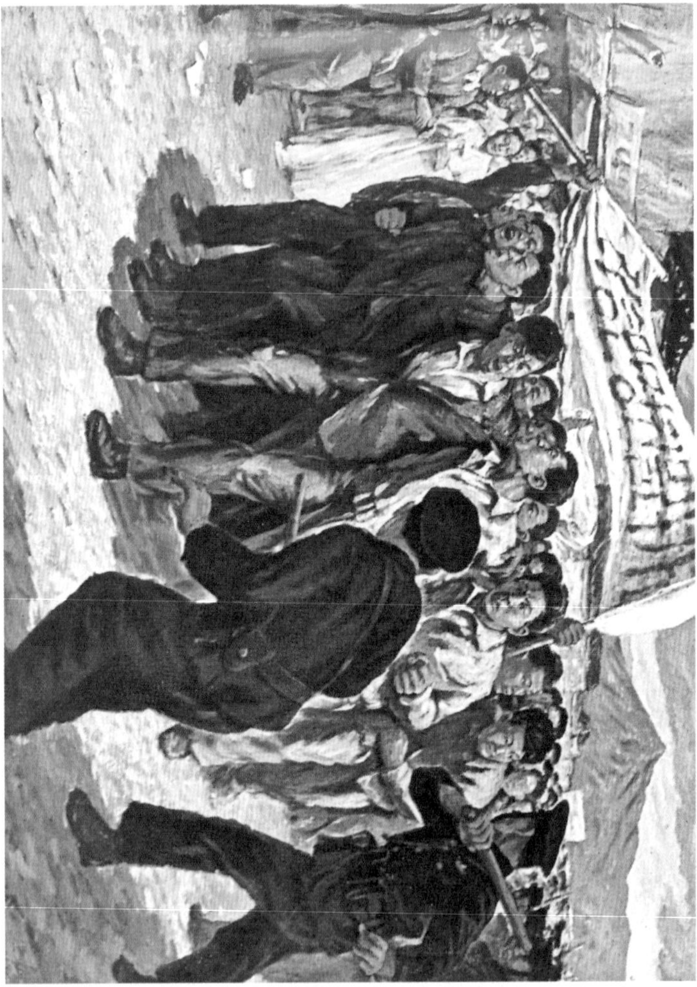

fig. 25 한우영, 〈궐기한 남조선 청년 학생들〉, 1960년, 227×145cm, 소장처 불명 (출처: 『재일조선미술가화집』).

화면의 왼쪽 뒤편에 서 있는 사람들은 시위대를 지지하는 시민으로 보인다. 그중에는 흰색 치마저고리를 입은 여성도 있다. 화면의 맨 앞쪽에는 시위대를 진압하는 경찰관들이 시위대를 향해 서 있는데, 리철주의 작품에서와 같이 감상자의 시선에 가장 가까운 곳에 배치하였다. 맨 앞쪽에 서 있는 경찰관의 윤곽을 밝은 색으로 표현하여, 겁먹은 듯 움츠린 경찰관의 자세가 시위대와 거리를 두고 있음을 표현하고 있다.

인물로 구성한 전경에 비해 멀리 뒤쪽으로는 산과 하늘을 그려 넣었다. 리철주의 작품과 마찬가지로 화면의 오른쪽 위에 소실점을 설정하여 원근감을 확보했기 때문에 넓은 공간으로 힘차게 전진하고 있는 군중의 모습이 한 덩어리가 되어 앞쪽을 향해 다가오는 것처럼 보인다.

리철주의 작품이 경찰 모자가 벗겨져 바닥에 떨어지는 장면을 통해 짧은 몇 초간의 시간을 포착하여 표현한 반면, 한우영은 무너지지 않고 힘차게 전진하고 있는 시위대의 행렬과 선두에 선 인물들을 역동적이고 추진력 있게 표현하여 작품 속에 시간의 흐름을 담아내고 있다.

한우영의 내력 역시 자세히 알려지지는 않았으나, 증언을 참고하면 1920년생으로 추정된다. 『조선미술』 5, 6, 7호를 참조하면, 오사카 지부의 임원 명단에 '지부장 송영옥, 사무담당 김희려'와 함께 재정 담당자로 그의 이름이 올라 있다. 도쿄로 상경했다는 기록도 있어 원래는 오사카에 살았다가(혹은 일시적으로 오사카에 거주했다가), 1956년부터 도쿄로 거점을 옮겼을 것으로 생각된다. 기관지의 편집자, 모임의 사무국장을 거쳐 귀국 직전에는 회장을 역임했기에 단체에서 구심적인 인물이었음은 틀림없다. 또한 기관지의 주소록을 보면 스기나미杉並구에 살면서 'STUDIO 니시하라'를 경영했다는 사실도 확인할 수 있다. 또한 소비에트 미술아카데미의 회장 게라시모프Aleksandr Gerasimov의 「현대미술가의 과제—공산주의 건설과 미술가의 역할」[9], 트로피모프의 「예술에 있어서의 당성에 관한 레닌적 원칙」[10]을 일본어로 번역했으므로 러시아어에도 조예가 있었던 것으로 보인다. 2절에서 다루겠지만 1960년 8월에 개최한 《8·15 조국해방 기념미술전》과 그 《순회전》에 대한 전시 비평도 남긴 바 있다. 창작 면에서는 이 작품처럼 유화를 주로 그리면서 조각도 하고, 벽화 제작에도 관심이 있었던 것으로 추측한다. 재일조선인 미술가가 주최한 전람회 외에 《일본앙데팡당전》에도 출품했다. 리철주와 마찬가지로, 『조선미술』 7호 「프로필」란에는 한우영을 다음과 같이 소개한 글이 실렸다.

> 유화도 잘 그리고 조각도 호평을 받고 이것만으로는 만족하지 못하겠다고 하여 이제는 벽화 기법을 연구하고 있다. 다양하고도 세밀한 열정. 지금 김일성 원수의 전신상을 제작하기 위해 매일 같이 대분투 중(1장, 64쪽 작품으로 추정—옮긴이).

9 ア·ゲラシーモフ, 「現代美術家の課題—共産主義建設と美術家の役わり」, 『今日の美術』 6호(1954. 9·10월호), pp.2-15.

10 트로휘모흐(한우영 역), 「芸術에 있어서의 党性에 関한 레-닌的 原則」, 『조선미술』 6호(1959), pp.9-13.

미술부장의 중책을 매고 있으면서 이러저러하게 머리를 쓰는 사무 문제도 제작처럼 선두에 서서 수행하니 감사, 또 감사의 소리가 여기저기에서 스스로 나오는 동무의 앞길에 영광이![11]

7호 발간 이후에 간행된 『재일조선미술가화집』의 「화집 수록자 명단」에는 '1962년 1월 귀국 예정'이라고 적혀 있으며, 또한 『조선미술』을 참조하더라도 귀국한 사실은 틀림없어 보인다. 한우영에 관한 상세한 내력을 해명하는 작업 또한 향후 과제이다.

박일대, 〈궐기한 남조선의 인민〉(fig.26)

가로로 긴 캔버스에는 화면의 오른쪽에서부터 왼쪽으로 전진하는 시위 현장의 모습을 묘사했다. 앞의 두 그림과 달리 박일대의 작품에서는 시위대가 바로 옆으로 나아가는 측면 장면을 담고 있다. 그림 속 민중들이 당장이라도 화면 왼쪽 밖으로 뛰쳐나갈 듯 속도감이 넘친다.

화면 안에는 총 60명 정도의 인물들이 담겨 있으며, 한 화면에 담긴 인원수로 볼 때 앞에서 살펴본 허훈이나 김희려의 군상 작품과 규모가 비슷하다. 인물들을 그리는 방법에 대해, 『화집』에도 글을 기고한 미술평론가 마쓰야 쓰토무는 조선인 미술가들이 "모두 다多인물 구도라는 매우 어려운 소재로 제작하고 있다."[12] 고 평가했다. 마쓰야가 지적했듯 당시 조선인미술가

11 「푸로회-르 한우영」, 『조선미술』 7호(1961), p.69.

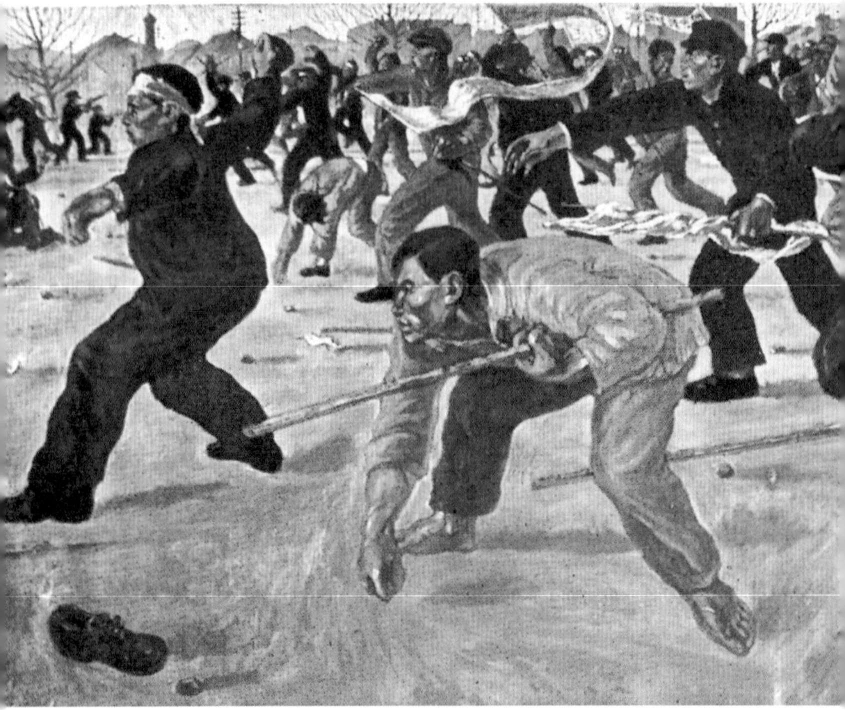

fig. 26 박일대, 〈궐기한 남조선의 인민〉, 1960년, 259×95cm,
소장처 불명(출처: 『재일조선미술가화집』).

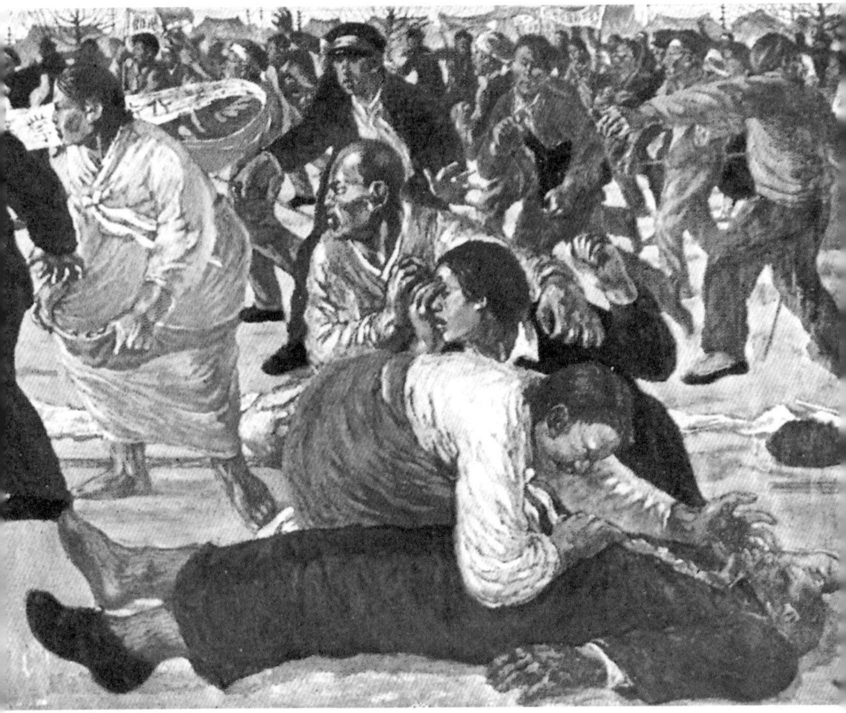

의 작품 중에는 지평선을 위쪽에 배치하고 약간 부감 시점으로 내려다보는 구도로 많은 인물을 한 화면에 그려 넣은 그림이 몇 점 있다. 앞서 살펴본 허훈의 〈민족군상 '가련다 조국의 품안에로'〉는 화면의 깊이감을 의식적으로 제한하고 있지만 많은 인물을 한 화면에 그려 넣었다는 점에서는 비슷하다. 이러한 인물 표현 방법이 어디서 비롯되었는지 현재로서는 밝힐 수 없지만, 마쓰야는 조선인미술가의 제작 태도가 감상자에게 감명을 주었다고 서술했다.

그림 속 대상 중에서 경찰관을 주목하면, 리철주와 한우영은 화면에 원근을 강조하는 요소를 넣어 경찰을 표현함으로써 어느 정도 존재감을 부여했지만, 박일대는 경찰관을 멀찌감치 떨어져 있는 듯 작게 표현했으며, 화면 가장 앞쪽에 쓰러진 남성과 그 위에 엎드려 슬퍼하고 있는 여성을 앞쪽에 그렸다. 시위대의 민중을 표현할 때, 리철주와 한우영의 그림에 등장하는 시위대의 대부분이 학생이라면, 박일대는 여성과 노인도 함께 그렸다. 여성의 치마 색깔인 하늘색과 빨간색이 화면 속에서 강조하는 역할을 하며 시위 참가자의 존재감을 부각한다.

공간의 깊이를 표현하는 방식을 살펴보면, 박일대는 화면 위쪽으로 하늘을 아주 좁게 표현하고 그 아래에 줄지어 늘어선 작은 가옥을 그려 거기에 겹쳐지도록 사람들을 배치했다. 전경에

12 松谷彊,「アンデパンダン展での覚え書ー在日朝鮮美術の作品について」,『조선미술』 7호 (1961), p.67.

가까울수록 인물을 크게 그려 넣어 화면에 넓은 공간을 마련했다. 한우영이 화면의 오른쪽 상단에 소실점을 마련했다면, 박일대의 작품은 거의 중앙에 소실점을 설정했다. 소실점을 화면상에서 높은 위치에 두는 방법은 리철주와 한우영, 그리고 김희려와도 공통되는 부분인데 수많은 인물을 그려 넣으려는 방편일 것이다.

박일대의 인물 표현은 피부를 마치 금속의 질감처럼 표현하는 점이 특징이다. 또한 극단적인 명암법을 사용하여 힘겨운 투쟁에도 흔들리지 않는 인물들의 결의를 상상하게끔 만든다. 원근의 효과를 통해 시위에 참여한 많은 민중과 시위대의 규모를 표현했으며 휘날리는 깃발과 펄럭이는 옷자락, 앞쪽에 크게 그려진 인물의 동작이 화면에 생동감을 주어 민중이 느끼는 분노나 슬픔을 보는 이에게 충분히 전달한다.

박일대 역시 태어난 연도나 출생지가 밝혀지지 않았다. 『재일조선미술화집』에 실린 주소록에 따르면 활동 거점은 '나고야시 도후東府 야타초矢田町 11-14 곤도 씨 댁'으로 표기되어 있고 『조선미술』 7호에 기재된 주소도 이와 동일하다.(곤도近藤가 곤소近莊로 쓰여 있으나 오타인 듯하다 — 필자) 다른 자료를 참고하면 1960년대에 귀국한 것으로 나온다.

화집에 실린 주소 뒤에 '동해 지부 미술 부장'이라는 표기가 있고 『조선미술』 7호에도 「동해 지부 미술부 활동 보고」라는 제목의 글을 발표한 것으로 짐작해볼 때, 아이치愛知현을 중심으로 한 도카이東海 지역의 조선인미술가들 사이에서 중심 인물로 활동했으리라 짐작된다. 이 보고서에 따르면, 도카이의 미술부에는 윤도영(제1차 귀국선으로 귀국)과 김영자(1961년에 무사시노미술학교에 입학?)가 있었으리라 추정된다.

박일대는 《일본앙데팡당전》에도 출품했는데 1959년부터 현재(1972년쯤)까지 이 전시회에 작품을 출품했다고 밝힌 화가 하라타 하지무はらた・はじむ가 「나고야 지방에서」라는 글에서 박일대와 '그룹 8월'을 결성했다고 서술한 바 있다.[13] 1960년 8월의 전시에 대해 박일대가 "남조선의 인민들의 용감한 투쟁의 모습을 사실적으로 그렸다."라고 서술한 내용을 볼 때 '테마 제작'이 도쿄나 오사카뿐만 아니라 도카이 지방에서도 실천 과제로 행해졌다고 간주해도 무방할 것이다.

그렇다면 재일조선미술가는 왜 4·19 혁명을 제작상의 공통 테마로 설정한 것일까. 제2장에서 확인한 바와 같이 재일조선인미술가는 '민족미술의 창조'를 추구하였으며, 《순회전》을 계기로 벌어진 토론은 민중을 위한 미술을 사실적으로 그린다는 목표를 결론으로 내세운 바 있다. 즉 일본에 사는 조선인에게도 조국이 있다는 점, 한반도의 평화를 함께 염원하는 마음을 담아 인간과 사회와의 관계를 생각하며 작품 제작을 목표로 삼고자 했다. 따라서 당시 자신들이 실제로 경험했던 '재일조선인의 생활'과 '귀국'이라는 두 가지 테마를 선택했음에는 의심할 여지가 없다.

13 はらた·はじむ, 「名古屋地方から」, 『日本アンデパンダン展の25年 歴史と作品』(日本美術会, 1972), p.115.

하지만 한국에서 일어난 4·19 혁명은 그들이 직접 경험한 사건이 아니다. 일본에 사는 동포와 소통하고 미술 작품에 그 감정을 표현하는 데 역점을 두었던 제작 태도와 대한민국 현지에 갈 수 없는 그들이 4·19 혁명을 제재로 삼는다는 것은 일견 모순되어 보이기도 한다. 왜 그들은 대한민국의 민중 투쟁을 테마로 선택한 것일까. 4·19 혁명을 간략히 정리한 후, 재일조선인미술가가 이 사건을 공동의 테마로 삼게 된 경위를 추적하고자 한다.

4·19 혁명은 재일조선인미술가에게 어떻게 전해졌을까

4·19 혁명은 1960년 3월에 실시한 한국의 제4대 대통령선거에서 벌어진 부정에 반발하여 학생과 시민들의 시위로 시작되었다. 3월 15일, 이 부정선거에 대해 경상남도 마산에서 학생과 시민을 중심으로 시위가 일어났는데, 경찰이 이에 대해 무차별적인 발포와 진압을 강행했고, 이때 8명이 사망하고 많은 부상자와 실종자가 발생했다. 이러한 상황은 재일조선인미술가의 작품 소재로도 채택되었는데 『화집』에는 앞의 세 작품에서 궐기한 민중의 모습과는 달리 희생자를 앞에 둔 슬픔과 분노를 담은 표세종의 작품 〈학살〉이 실리기도 했다.(fig.27)

4월 11일, 앞서 언급한 마산 시위에서 실종된 학생 김주열이 참혹한 시신으로 발견되었고, 이에 반발한 학생과 시민들이 다시 시위를 일으켰다. 마산에서 일어난 이 사건과 시위가 전국에 있는 학생들의 투쟁을 촉발하는 계기가 되었다. 4월 18일, 고려대학교 학생들이 마산에서 체포된 학생들의 석방과 학문의 자

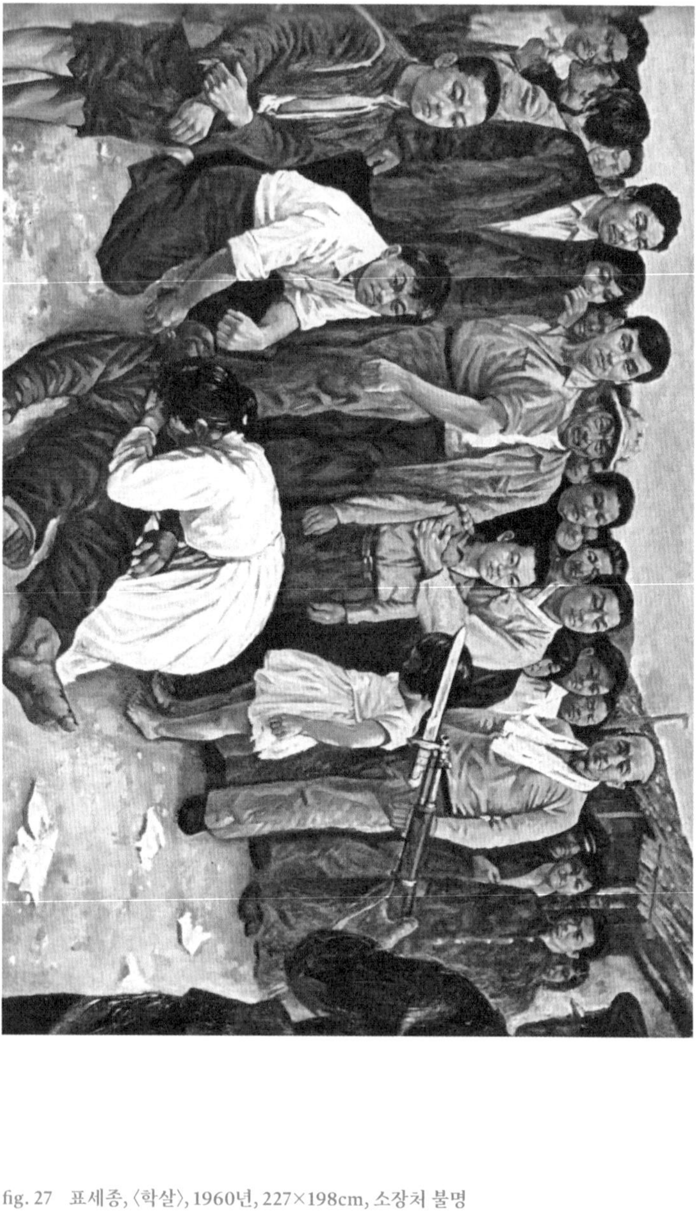

fig. 27　표세종, 〈학살〉, 1960년, 227×198cm, 소장처 불명
(출처: 『재일조선미술가화집』).

유를 요구하며 거리 행진을 진행했는데, 경찰과 공권력의 습격과 무차별적인 강제 진압이 더욱 거센 반발을 초래했다. 다음 날인 19일 서울대, 연세대, 중앙대 등 수만 명의 학생이 궐기했다. 행렬의 규모는 수십만 명까지 늘어났으며 이승만 대통령의 퇴진을 요구하고 부정선거에 반대하는 시위가 연이어 일어났다. 계속하여 4월 25일, 교수들의 시위가 일어나는 등 사태가 수습되지 않는 가운데, 측근에서도 퇴진을 촉구하는 움직임이 일자 결국 이승만은 대통령직에서 하야했고 12년간의 독재 정권이 막을 내렸다

『해방신문』과 『조선민보』는 「미제국을 물리치기 위한 불길을 더 높이 치켜들자」, 「마산에서 체포된 학생을 즉각 석방하라」, 「서울, 포항에서 계속되는 군중의 시위 활동」[14]과 같은 표제를 통해 투쟁의 모습을 상세하게 전했다. 또한 도쿄에서 개최된 「반미 반이승만 남조선인민애국운동지원 도쿄조선인궐기대회」[15]를 비롯하여 궐기 집회가 일본 각지로 퍼져나간 소식도 보도하였다. 「영웅적 마산 시민이여! 투쟁의 깃발을 더 높이 들어라」[16]와 같은 제목을 붙여 김주열의 죽음을 전하기도 했다. 일련의 정치 상황과 시위의 모습, 그 전후의 경위는 『조선민보』가 1960년 3월부터 수개월에 걸쳐 보도했다.

14 『조선민보』 1960. 4. 23, 3면.

15 『조선민보』 1960. 3. 25, 1면.

16 『조선민보』 1960. 4. 18, 2면.

1960년 3월 23일 자 『조선민보』 3면에 게재된 사진과 한우영의 〈궐기한 남조선 청년 학생들〉 속에 원경으로 보이는 산과 화면 왼쪽 상단에 늘어선 가옥, 특히 지붕이나 간판의 모습이 매우 흡사한 것으로 보아 작품을 그릴 때 참고했음을 짐작할 수 있다.(fig.28)

4·19에 주목하고 소재로 삼은 이유

재일조선인은 『조선민보』 등을 통해 전해지던 대한민국의 민중 투쟁에 왜 이토록 주목했던 것일까. 마른침을 삼키고 지켜보며 작품으로 표현하고자 한 이유는 무엇일까. 앞서 언급한 도쿄에서 열린 연대 집회를 보도하는 기사에는, 집회에 참여한 마산 출신의 주周씨라는 인물을 소개하고 있다. 그는 마산에 살고 있는 가족의 안부가 걱정된다고 말했는데, 이 발언에서 볼 수 있듯이 재일조선인 가운데는 한반도의 남쪽 출신들이 많았다. 이미 소개한 김창덕과 백령 역시 경상북도 출신이다.

지금도 총련과 관련된 사람들의 마음이 항상 '평양'을 향해 있다는 오해가 많지만, 그들이 대한민국에서 일어나는 사건에 귀를 기울이며 정세를 지켜보았던 것은 그들의 출신지를 생각할 때 지극히 자연스러운 일이다. 1980년 5월 광주민주화운동 때도 마찬가지였다. 더군다나 현재 고향을 북쪽으로 생각한다고 해도 분단 이전에는 하나였기 때문에, 그들은 어느 쪽의 정세에도 민감할 수밖에 없었다. 예를 들어 전화황, 오병학은 평안남도 출신이며, 만화가 전철의 부모님은 함경북도 출신이다. 그러

fig. 28 『조선민보』 1960년 3월 23일 3면에 게재된 4·19 관련 기사와 사진

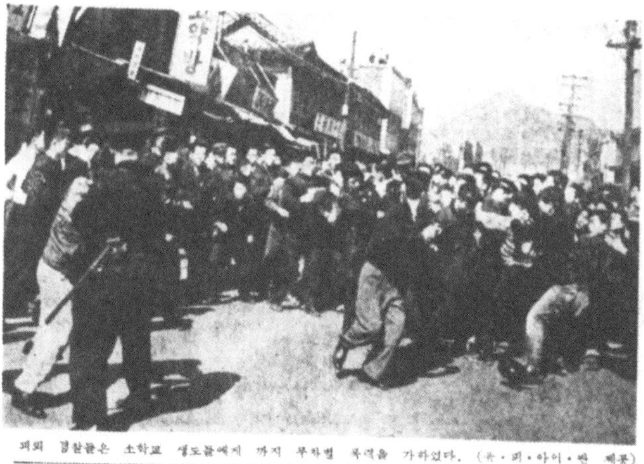

괴뢰 경찰놈은 소학교 생도들에게 까지 무차별 폭력을 가하였다. (유·피·아이·반 제공)

馬山서 체포된 학생을 당장 석방하라

서울 학생들 영등포서 시위

합동 통신에 의하면 지난 15일 1만 명의 시민들과 같이 리 승만 도배의 〈선거〉 날조 행위를 규탄하여 집단 투쟁을 전개하다가 괴뢰 경찰에 체포된 마산 학생들의 석방을 요구하여 17일 서울 학생들이 시위를 하였다.

이날 성남 고등 학교를 비롯한 고등 학교 학생 약 400명은 영등포에 모였다가 〈마산 학생들을 석방하라!〉는 구호를 웨치면서 거리를 행진하였다. 그들은 시위 도중 삐라도 다수 살포하였다.

이날도 괴뢰 경찰은 시위를 야만적으로 탄압하였으며 40여명의 학생들을 체포하였다.

나 그들은 남쪽 땅에 고향을 둔 다른 미술가들과 뜻을 같이했다. 그런 까닭에 다음 장에서 살펴볼 1961년에 개최된 《연립전》에서는 출품자와 감상자 모두 한반도에 뿌리를 둔 사람으로서 남과 북 어느 쪽을 지지하는가에 상관없이 벅찬 감동을 함께 나누었던 것이다.

리철주, 한우영, 박일대의 출생 연도나 출생지는 명확하게 파악할 수 없지만, 지금까지의 인터뷰를 참고하면 1910년에서 1920년대 사이에 태어났으리라 파악된다. 당대 대학생의 나이를 20대로 간주하면, 대략 1940년대 출생으로 짐작할 수 있다. 그렇다면 자신들보다 적어도 열 살 이상 아래인 어린 학생들이 고국에서 목숨을 걸고 싸우는 것을 지켜본 셈이다. 직접 경험하거나 체감하지는 못했지만, 재일조선인미술가들이 깊은 관심을 가지고 예술가로서 북받치는 감정을 작품으로 표현한 것은 자연스러운 일이었다.

지금까지 서술한 유화 7점이 당시 작품의 전부는 아니지만, 한 점 한 점씩 꼼꼼히 살펴보면 저마다의 개성적인 특징을 확인할 수 있다. 이처럼 풍부한 특징을 가진 작품은 앞 장에서 서술한 재일조선인들의 활동이 기반에 있었기에 가능했다. 정리하자면 본격적인 활동을 펼치지는 못했으나 역사에 처음 이름을 새긴 최초의 미술단체인 재일조선미술가협회를 비롯하여, 미술학교에서 만나 기량을 쌓으며 뜻을 함께한 화가들의 활동, 조선학교에서의 교사 생활, 신문의 삽화나 네 컷 만화를 담당하며 사회 정세를 민감하게 반영한 경험, 그리고 본격적인 첫 그룹인 재일조선미술회의 결성을 통해 '민족미술의 창조'라는 기치를 내걸며 《순회전》을 개최하고 토론했던 경험이 모두 밑거름이 되었을 것이다.

정치를 예술과 연관 짓는 것에 대한 기피감, 혹은 순수 미술을 추구하려는 의도 때문인지, 아니면 예술가를 둘러싼 정치적 상황이 오래 지속되지 않는다는 생각 때문인지, 작품이 조금이라도 정치성을 띠고 있으면 감상자의 평가 능력까지 낮추어 보는 시선을 종종 경험한다. 하지만 결국 이러한 이유로 예술 작품의 가치마저 폄하되었던 것은 아닐까. 오히려 예술에서 정치적인 성격을 삭제함으로써 감상자가 느낄 법한 감성 중, 중요한 부분을 잃어버리게 만들지도 모른다. 표현의 매체로서 예술 작품을 성의 있게 관찰하고, 독립적인 인간인 창작자에 대한 정직한 접근을 통해 그들이 개인으로서 어떻게 살아왔고 또 어떤 작품을 만들어 왔는지에 답하는 작업은, 당시 일본에 살았던 조선인 미술가의 인생과 작품을 검토할 때만 필요한 일은 아닐 것이다.

『조선미술』 6호에는 「조선미술가동맹에 보내는 편지」[17], 7호에는 「우리의 귀중한 재일조선미술가 동지들!」[18]이라는 제목이

17 재일본조선미술회 확대상임위원회, 「朝鮮美術家同盟에게 보내는 편지」, 『조선미술』 6호(1959), p.1.

18 조선미술가동맹 유화분과 위원회, 「우리의 귀중한 재일 조선 미술가 동지들!」, 『조선미술』 7호(1961), pp.30-35.

19 조인규, 「조국과 생활에 바친 감동적인 화폭」, 『조선미술』 7호(1961), pp.36-39.

붙은 조선민주주의인민공화국에서 온 편지, 그리고 「조국과 생활에 바친 감동적인 화폭」[19]이라는 글이 게재되어 있어 북측과의 연관도 있었음을 짐작할 수 있다. 또한 「귀국한 미술가들의 소식」[20]에는 조선민주주의인민공화국으로 돌아가 제작에 집중하는 미술가들의 모습도 담겨 있다. 일본에서의 힘든 생활과 제작에 대한 고뇌를 고려할 때, 평양의 미술잡지인 『조선미술』을 통해 전해온 '북쪽 조국'의 기대는 매우 컸을 것으로 생각된다.

북으로의 귀국 실현을 위해 재일조선인들이 활발히 활동하기 시작했을 무렵, 재일조선미술회 소속의 미술가들은 해방된 조국의 민족 구성원으로서 무엇을 어떻게 그려야 하는가 하는 문제를 제기했다. 그리고 당시 소련의 이론 등을 참고하여 사회주의 리얼리즘을 열심히 학습하였다. 그들은 자신들이 처한 현실을 기반으로 한 표현을 모색하고 있었다.

일본 화단에도 테마 제작이 존재했던 사실은 일부 자료를 통해 엿볼 수 있지만(제5장 참조), 테마 제작에 힘을 쏟던 조선인미술가를 향해 "전쟁기에 일본의 화가들이 제작한 수많은 전쟁화와, 그들이 창작한 사회주의 리얼리즘의 작품들이 어떠한 차이가 있는가?"[21], "대중이 관심을 가지는 사회적 문제를 취급하는

20 필자 불명, 「귀국한 미술가들의 소식」, 『조선미술』 7호(1961), p.63.

21 김희려, 「우리 미술 전람회와 창작」, 『조선미술』 7호(1961), p.57.

22 한우영, 「8·15 조국해방 15주년 기념미술전의 성과, 조선적십자회 대표단 환영미술전 보고」, 『조선미술』 7호(1961), p.40.

미술은 저속하며, 대중이 이해하고 감동할 수 있도록 그린 사실적인 그림은 19세기 이전의 낡은 예술"[22]이라고 비판하는 사례도 있었다.

지금껏 살펴본 작품들은 확실히 메시지를 전달하려는 성격이 강하며, 내용 역시 매우 정치적이다. 발표 당시에도 위와 같은 혹평을 받은 바 있으며 심지어 현재도 이들을 프로파간다나, 상명하달식으로 총련 상층부의 명령을 받아 무비판적인 그림을 그렸기 때문에 개인의 의사가 담겨 있지 않고 자유를 박탈당한 표현으로 간주하는 경향도 있다.

프롤로그에서 서술한 것처럼 총련의 문화 활동의 방침에는 물론 "형식은 민족적, 내용은 사회주의 리얼리즘의 방법"으로 표현 활동을 장려한 대목이 있다. 따라서 언뜻 보면 그들이 선택한 사회주의 리얼리즘을 상층부의 지시라고 생각할 여지도 있다. 그러나 백령이 "재일조선인미술가는 토론 끝에 테마 제작을 향한 도전을 펼쳤다."[22]라고 밝혔듯, 더욱이 이번 장에서 다루고 있는 자료나 인터뷰를 통해 살펴보았듯 사회주의 리얼리즘을 포함한 사실적인 표현을 이국땅에서 살아가는 조선인 미술가라는 같은 처지에 있던 이들의 내부에서 솟아 나온, 변화를 향한 희구이자 주체적인 방법론으로 파악하는 것이 타당하다. 지금까지 재일조선인의 작품의 정치성을 표백하여 평가하거나,

23 白玲,「評論 課題と創作—第14回日本アンデパンダン展評」,『조선미술』 7호(1961), pp.71-79.

혹은 반대로 정치적인 관점으로만 감상해온 경향이 있다. 따라서 제대로 된 비평이 이루어지지 않았다.

1956년에 개최된 《순회전》을 통해 그/그녀들이 생각한 자신의 독자적인 전람회는 어떤 방향으로 나아가야 하는지, 과연 재일조선인은 어떤 존재이며 미술가란 또 어떤 존재인지에 관한 질문이 생길 수 있다. 또한 재일조선미술회라는 조직의 해체 위기 속에서 어떻게 조직을 다시 일으켜 세울 것인가 하는 문제도 제기되었다. 그러한 과정에서 결국 테마 제작이라는 아이디어와 리얼리즘의 방법론이 결론으로 도출된 셈이다.

재료(물감)에 대해서도 간략히 언급하자면, 이 책에서 다루는 미술가들의 대부분이 동양의 전통적 재료인 먹을 사용하지 않고 서양미술에서 비롯된 유화 물감으로 그림을 그렸던 점을 지적할 수 있다. 민족적인 표현을 목표로 삼았던 그들이 수묵화를 선택하지 않은 이유는 무엇일까. 이 점에 관해서도 앞으로의 과제로 삼는다.

2.

전시와 반응

조선인미술가들이 테마 작품을 공개한 발표의 장은 무엇이었을까. 그리고 전시의 반응은 어땠을까. 당시에 개최된 《9·9전》(1958년 9월), 《제12회 일본앙데팡당전》(1959년 2월), 《8·15 조국해방 기념미술전》(1960년 8월) 및 니가타, 오사카, 군마群馬에서 열린 《순회전》(1960년 9월)에 대한 정보를 통해 정리해 보기로 한다.

《9·9전》

《조선민주주의인민공화국 10주년 기념미술전》은 1958년 9월에 개최되었다. 《공화국 창건 10주년 기념전》, 혹은 조선민주주의인민공화국이 1948년 9월 9일에 건국되었기에 《9·9전》이라고 기록되기도 했다. 이 전시는 1956년 7월에 열린 《순회전》 이후에 재일조선인미술가가 주최한 전람회였다. 『조선미술』 6호에 따르면 출품자는 '김창덕, 리인두, 한우영, 오림준, 리철주, 조량규, 김창락, 문정순, 허훈, 표세종, 전화황, 김희려, 리경훈, 리상두, 윤도영, 백령, 리필건'[24]이며, 같은 호에 실린 「9·9기념 집단제작 목록」에 따르면 작품의 제목은 다음과 같다.

1. 김창덕, 〈조선민보사 편집국의 모습〉
2. 허훈, 〈교육비와 선물을 받는 학생들〉
3. 표세종, 〈내년에는 우리 학교에〉
4. 김창락·리인두 합작, 〈에다가와초枝川町의 동포들〉
5. 리철주, 〈미국대사관에 항의하는 동포들〉
6. 한우영, 〈강제송환〉
7. 백령, 〈평화행진〉
8. 김희려·리경훈 합작, 〈생활학교의 모습〉
9. 전화황, 〈에피소드〉

목록에 적힌 '집단 제작'이란 '테마 제작'을 뜻하는 것으로 보이며, 총 9점을 출품했음을 알 수 있다. 세 번째 표세종의 작품은 앞서 다뤘듯 '재일조선인의 생활'을 테마로 했으며, 네 번째와 여덟 번째 작품은 합작이다. 인터뷰 등을 통해 전해 들은 바에 따르면 합동으로 작품을 제작한 김창락과 리인두는 같은 고향 출신으로 매우 사이가 좋았으며, 김희려와 리경훈도 친하게 지냈다. 김희려와 리경훈은 공동 제작에 앞서 현지를 직접 방문해 모델을 의뢰한 기록도 남아있으므로 계획성 있는 전시였다는 것도 짐작할 수 있다.[25]

24 「九·九記念出品者」, 「九·九記念集団制作目録」, 『조선미술』 6호(1959), p.35.

이 전시와 관련해 김창덕과 마쓰야 쓰토무가 남긴 글이 있다. 김창덕은 「자평적 비판」[26]이라는 글에서 《공화국 창건 10주년 기념전》은 총련의 경제적 지원도 있었으며 회원들의 제작이 우수했다고 평가했다. 또한 해방 이후 10여 년 만에 "이제야 우리 미술회의 운동이 궤도에 올랐다."고 느꼈으며 학생의 작품 중에서 유망한 싹을 보아 기뻤다고 서술했다. 마쓰야 쓰토무는 「조선민주주의인민공화국 창건 10주년 축하미술전람회를 보고」[27]라는 글에서 "작가들이 지닌 생활에 대한 탐구의 파토스와, 그들이 민중의 요구에 얼마나 공감하는지 절실함을 느꼈다."라고 썼다. 또한 "이 작가들이 묘사회화니 자연주의니 하는 경솔한 발언 등에 흔들리지 않는 사람들이라고 상상할 수 있다."라며 사회주의 리얼리즘의 원리는 머지않아 압도적인 다수 예술가의 것이 될 것이라고 썼다. 마쓰야는 『재일조선미술가화집』에도 조선인미술가의 작품에 대해 기고한 적이 있다. "궤도에 올랐다."라는 김창덕의 표현과 마쓰야의 글을 통해 충실한 전람회였음을 추측할 수 있다.

25 「大阪支部短信」, 『조선미술』 6호(1959), p.28.

26 金昌德, 「自評的批判」, 『조선미술』 6호(1959), pp.7-8.

27 松谷彊, 「朝鮮民主主義人民共和国創建10周年祝賀美術展覧会を見て」, 『조선미술』 6호(1959), pp.40-42.

《제12회 일본앙데팡당전》

조선인미술가들은 1959년 2월 18일부터 3월 1일까지 도쿄도 미술관에서 개최된 《제12회 일본앙데팡당전》에도 테마작을 출품했다. 조량규는 이 전시에 관해 다음과 같이 서술했다.

> 「투철한 현실 통찰을—안데판단전 동포 작품을 보고」
>
> (이번 전람회에서는 작년에) 9·9전을 계기로 앙양된 기세 속에서 재일미술인들의 당면 귀국 문제를 둘러싸고 견결히 일떠서고 있는 재일동포 생활 속에 침투하여 제작 열의를 높이고 있다는 것을 엿볼 수 있다. 다양한 유파의 그림들이 범람하고 있는 회장에서 동포 화가들의 작품이 모두가 사실적 묘사 방법을 취하고 있는 점이 많은 추상적인 작품과 대조하여 특색이 있었다. (…) 현실 인식의 거리를 다시 한번 똑똑히 살펴볼 필요가 있을 것 같다.[28]

"재일미술인들의 당면 귀국 문제"라는 구절을 통해 《제12회 일본앙데팡당전》에 테마 작품이 전시되었음을 알 수 있다. 또한 조량규는 조선인미술가가 '사실'을 표현 방법으로 취하고 있다고 기록했다. 《일본앙데팡당전》의 출품에 관해서는 조선인과 일본인 미술가의 교류 양상을 다루는 제5장에서 상세히 서술할 예정이다.

28 조량규, 「투철한 현실 통찰을 안데판단전 同胞 作品을 보고」, 『조선민보』 1959. 3. 14. 4면.

《8·15 조국해방 기념미술전》

1960년에 개최된 《8·15 조국해방 기념미술전》에도 테마 작품을 전시한 것으로 보인다. 앞서 살펴본 바와 같이 '재일조선인의 생활' 외에 '귀국'(전년 12월에 니가타에서 귀국선 첫 출항)과 '남조선의 구국투쟁'(같은 해 4·19 혁명)도 테마로 추가된 시기이다. 당시 신문에는 《8·15 조국해방 기념미술전》에 관한 예고 기사가 실렸는데 요약하면 다음과 같다.[29]

> 「재일조선미술인들의 8·15기념 작품 제작 진행」
>
> 8·15해방 기념을 한 테마 제작이 거의 완성 단계에 이르고 있다. 재일동포들의 귀국 실현과 관련한 것과 남반부 인민들의 영웅적인 투쟁 모습을 그린 것이 대부분이다. 허훈, 백령이 귀국을 테마로, 한우영, 표세종, 김창덕, 리철주, 조량규, 오림준, 박일대가 남반부의 투쟁을 테마로 그렸으며, 리찬강이 연극 〈불사조〉의 무대 장치 모형을 제작하고 있다. 작품은 8·15 조선해방 15주년 기념 체육 출전 시에 국립 경기장 화랑에 진열한 후 군마, 니가타, 오사카에서 열린 조일미술전에 진열하며, 내년 2월에 있을 일본 앙데판당전에 출품하기로 되어 있다. 그 후 3월에 조국에 보내며 재일조선인 미술 전시회를 개최하고 싶다.

여기까지가 《8·15 기념미술전》에 관한 내용인데, '귀국'과 '남조선의 투쟁'을 테마로 한 작품을 전시할 예정으로, 완성을 향해 한창 제작 중이며 순회전도 기획하고 있음을 확인할 수 있

29 「재일조선미술인들의 8·15 기념 작품 제작 진행」, 『조선민보』 1960. 8. 12, 4면.

다. 앞서 소개한 '귀국'을 테마로 한 허훈의 〈가련다 조국의 품안에로〉(184쪽)의 제작 풍경을 통해 작품의 크기를 짐작할 수 있다.(fig.29) 개최 기간은 8월 16일-17일이며, 전시 내용에 관해서는 기관지 『조선미술』 7호에 자세한 내용이 기재되어 있다. 김창덕은 「훌륭한 성과 — 8·15 해방 15주년 기념 미술전을 보면서」[30]라는 제목의 글을 통해 귀국 사업과 남조선의 인민 투쟁이 재일조선인미술가들의 창작 의욕을 자극했다는 점과 총련 및 한석희의 지원이 있었기에 제작이 순조롭게 진행되었다고 언급했다.

『조선민보』 1960년 8월 22일 자에 실린 전람회를 다룬 리뷰 「미술, 사진전 성황」을 살펴보면, 포스터를 포함하여 작품을 전시했음을 알 수 있다.(fig.30) 사진 맨 앞쪽에 찍혀 있는 작품은 '귀국'을 테마로 한 김희려의 작품 〈귀국 환송〉(187쪽), 안쪽에 있는 작품은 조량규의 〈가면을 벗으라〉(1960)로 추측된다. 이 전시는 니가타로 순회하였는데, 한우영은 같은 호에 기고한 글[31]에서 귀국과 인민 봉기를 주제로 한 작품은 재일조선인 동포들이 지금 가장 관심을 기울이고 있는 내용이었기에 동포와 일본인을 감동시켰으며, 사회적인 문제를 다루는 미술은 '전위미술'이나 '20세기 미술'이 횡행하는 일본에서는 저속한 것으로

30 김창덕, 「훌륭한 성과 8·15해방 15주년 기념미술전을 보면서」, 『조선미술』 7호(1961), p.54.

31 한우영, 「활동보고 8·15 조선해방 15주년 기념 미술전의 성과 조선 적십자회 대표단 환영 미술전을 보고」, 『조선미술』 7호(1961), pp.40-44.

↑ fig. 29 허훈의 〈민족 군상 '가련다 조국의 품안에로'〉 제작 풍경
(사진 제공 : 표세종 유족)
↓ fig. 30 「미술, 사진전 성황」, 『조선민보』 1960년 8월 22일.

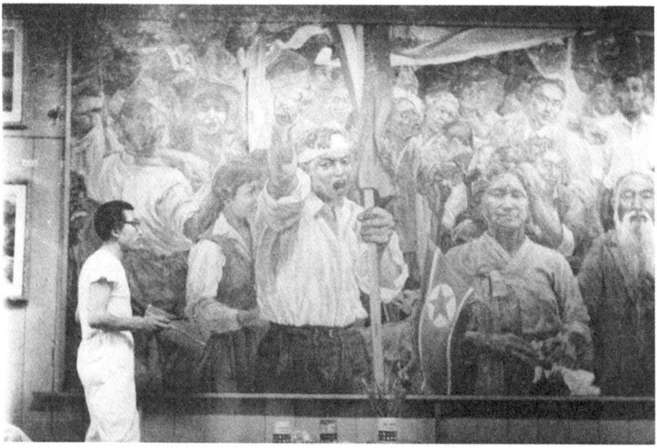

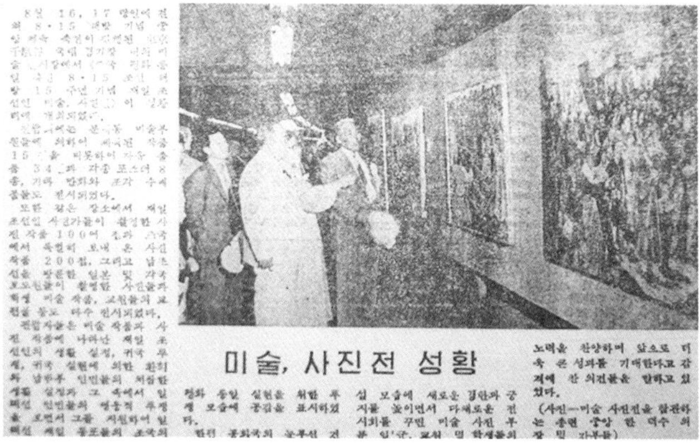

8월 16, 17 량일에 걸쳐 8·15 해방 기념 중앙 체육 축전이 진행된 [illegible] 국립 경기장 내의 미술 전시장에서 《조국 평화 통일 촉진 8·15 조선 해방 15 주년 기념 재일 조선인 미술, 사진전》이 성황리에 개최되었다.

전람회에는 [illegible] 미술부원들에 의하여 제작된 작품 15점을 비롯하여 작품 총 34점과 작품 포스터 8종, 기타 판화와 조각 수점들도 전시되였다.

또한 같은 장소에서 재일 조선인 사진가들이 촬영한 사진 작품 100여 점과 조국에서 특별히 보내 온 사진 작품 200점, 그리고 남조선을 방문한 일본 및 각국 보도진들이 촬영한 사진들과 학생 미술 작품, [illegible] 등도 다수 전시되였다.

관람자들은 미술 작품과 사진 작품에 나타난 재일 조선인의 생활 실정, 귀국 투쟁, 귀국 실현에 의한 환희와 남반부 인민들의 처참한 생활 실정과 그 속에서 일떠선 인민들의 영웅적 투쟁을 보면서 그를 지원하여 일떠선 재일 동포들의 조국의

미술, 사진전 성황

평화 통일 실현을 위한 투쟁 모습에 공감을 표시하였다.

한편 [illegible] 실 모습에 새로운 결의와 긍지를 높이면서 다채로운 전시회를 꾸민 미술 사진 부문 일군, 교원 및 학생들의 노력을 찬양하며 앞으로 더욱 큰 성과를 기대한다고 감격에 찬 의견들을 말하고 있었다.

(사진—미술 사진전을 참관하는 총련 중앙 한덕수 의장 및 간부들)

간주되어 어려움이 많다고 전했다. 전시를 두고 합평회가 있었다는 것도 밝히고 있으며, 재일조선인미술가들이 조국과 생활을 주제로 그림을 그릴 때, 사실주의 외에는 다른 방법이 없다고 지적했다.

이 전시는 오사카에도 순회했는데 김희려는 「우리 미술 전람회와 창작 — 오사카 미술 전람회 보고 속에서」[32]에서 오사카 부원의 작품 20점과 도쿄 《8·15 기념전》에서 전시된 바 있는 테마 작품 5점이 전시되었다고 밝혔다. 전시는 군마 지역으로 이어졌다.

허훈은 「활동보고 귀국 실현 1주년 조일 양국의 문화 교류 촉진 친선 미술전을 마치고」[33]에서 1960년 9월 30일에 개최된 《조일친선미술전》에 관해 썼다. 이 전람회는 세 단체의 공동 주최로 열렸으며, 세 곳의 전시장에서 진행되었다. 관람객들의 감상 중에는 "아세아 제諸민족의 우호 친선과 세계 평화의 확립을 지향하는 조·일 양국 인민들의 공동된 염원에서 나오는 것이다."라는 내용이 적혀 있다. 또한 "심미주의[34]와 보수주의, 추상주의와 앵포르멜[35]의 틀 안에 있는 일본인 미술가들에게도

32 김희려, 「우리 미술 전람회와 창작—大阪 미술 전람회 보고 속에서」, 『조선미술』 7호(1961), pp.55-58.

33 허훈, 「활동보고 귀국 실현 1주년 조일 양국의 문화 교류 촉진 친선미술전을 마치고」, 『조선미술』 7호(1961), pp.46-49.

34 미술에서 표면상의 '아름다움'에 주안점을 두는 생각을 가리키는 말로 썼으리라 추측된다.

35 '비정형informel'을 뜻하는, 1950년대 유럽을 중심으로 퍼진 추상회화 운동을 가리킨다.

영향을 줄 수 있었다. 우리가 극복해야 할 것은 동포의 삶에서 배우는 것이다."라는 감상과 제2회 전시장에 나온 도쿄 조선고등학교 학생의 작품에서 후배들의 가능성을 보았다는 소감까지 있다.

지금까지 테마 작품 발표의 장이었던 《9·9전》(1958년 9월), 《제12회 일본앙데팡당전》(1959년 2월), 《8·15 조국해방 기념미술전》(1960년 8월) 및 니가타, 오사카, 군마에서 같은 해 9월에 열린 전시에 대해 정리했다. 《9·9전》은 1956년에 개최된 《순회전》 이후 조선인이 주최한 두 번째 전시회이자, 테마작을 최초로 선보였다는 점에서 의의 있는 전시회였다. 또한 1959년에 개최된 《일본앙데팡당전》에 테마 작품을 출품한 것도 확인했다. 더불어 1959년 귀국선 출항과 1960년 4·19 혁명에 영향을 받아 '귀국'과 '남조선 투쟁'을 주제로 하여 《8·15 조국해방 기념미술전》에 작품을 전시했음도 알 수 있었다. 미리 계획적으로 작품을 제작하고 사전에 순회전도 기획했으며 개최 후에는 여러 리뷰를 남겨 《순회전》 이후에 모임이 쇠퇴하였다는 자평과 반대로 활동이 매우 성황이었다는 점도 엿볼 수 있었다. 일본인의 전시 평가가 남아있는 것으로 보아 그들의 활동이 폭넓게 전개되고 있었던 점도 확인할 수 있었다.

다음 장에서는 4·19 혁명을 계기로 개최한 《연립전》에 주목하고자 한다. 조국에서 일어난, 민주주의를 위해 목숨을 건 혁명은 일본에 사는 조선인미술가들에게 어떤 영향을 끼쳤을까.

조선미술 뉴-스

1961·10·1 발행

편집 미술부 기관지부

1·2·4 분기 개괄보고

영광스러운 조선로동당 제 4 차 당대회의 보고와 결정을 받들고 조국의 평화통일을 앞당기기 위하여 우리들 재일 미술가들도 창작과 리론수준을 더욱 제고시키며 앞으로 단합사업을 중심으로 성스러운 과업을 수행하여야한다. 지난 1·4분기의 사업을 개괄하면서 지금 진행중인 2·4분기의 사업을 보고하면서 앞으로의 전망을 바라보고저 한다

6月 13日(火)에 진행된 제1차 부회에서는 다음의 문제들이 토의되였다

1. 단합에 관하여

5월초에 개최된 4·19 남조선 인민봉기 1주년을 기념해서 「남북 통일 남북 문화교류 촉진 련립전」의 성과

· 조국 해방 16주년을 기념하여 제2차 련립전을 조직한다. 5·16 군사정변 이후의 어려운 조건하에서 적극적으로 조직을 추진하게

책임자로

김 창덕 백 령이 선출되였다.

2. 8·15 미술전에 관하여

민족의 명절 8·15 해방을 기념하여 기념 미술전을 가진다.

ㄱ. 제-마로서

1. 평화 통일

2. 재일 동포의 생활모습

3. 남반부 군사통치 반대

ㄴ. 원조금 (미정)

ㄷ. 기일 장소

ㄹ. 련립전 회

와 시기로

3. 기관지에 관

기관지 제7

58頁로 완성

전천이 배포사

조국 미술에

동지의 귀국편

4. 류 창조 견

회 조직에 관

6月 17日

5. 종합 화집

ㄱ. 11月 말까

ㄴ. 천색판 8

사진판 3

ㄷ. 인쇄는 제1

이상의 결정은

련한 토의와 찬

에 들어가서 다

다.

ㄱ. 련립전에

결과 명칭

주년 기념 제

결정

ㄴ. 장소는 銀

기일은 8

후이 되여 련

토론하게 되였

ㄷ. 종합 화집에

4

《연립전》, 이국땅에서 분단을 넘어서다

1.
개최까지의 과정

한반도 분단과 재일조선인

2018년 4월 27일, 남북정상회담이 열렸다. 대한민국의 문재인 대통령과 조선민주주의인민공화국의 김정은 국무위원장의 일거수일투족에 세계가 주목했고 실시간으로 보도되었다. 두 정상이 손을 잡고 군사경계선을 넘나드는 장면은 뉴스를 보는 이에게 놀라움과 감동을 주었고, 공동성명과 만찬 등을 통해 분단된 두 나라가 원래는 하나였다는 사실을 다시금 인식하도록 만들었다. 2007년 10월에 있었던 남북정상회담 이후 11년 만에 열린 정상회담이었다. 2000년 6월에 첫 번째 정상회담이 열렸고, 「6·15 남북공동선언」이 발표되었다. 이 선언에서 밝힌 '우리 민족끼리'의 이념이 앞으로도 영향력과 효력을 지속할 수 있기를 기대한다.

일본의 식민지 지배, 해방 후의 분단국가 성립, 그리고 6·25와 분단의 고착화로 한반도의 상처가 점점 더 깊어지고 벌써 70년이 넘는 시간이 흘렀다. 한반도의 역사와 재일조선인의 역사는 치유되지 못한 채 지속되고 있다는 점에서 공통점을 갖는다. 민단과 총련의 대립도 남북 대립의 역사와 마찬가지로 오랜 기간 이어지고 있다. 남북에 서로 다른 이념을 가진 국가가 존재하기에, 그리고 동서 냉전이라는 세계정세도 그 배경에 있었기 때문에 민단과 총련은 여러 국면에서 의견을 달리하며 때로는 격하게 대립했다.[1]

하지만 두 단체가 항상 반목했던 것만은 아니다. 1972년 발표된 「7·4 남북공동성명」 직후, 두 단체는 공동 모임을 열었다. 1991년 2월에 열린 나가노長野 동계올림픽과, 같은 해 4-5월에 지바千葉에서 개최된 세계탁구선수권대회에 남북의 선수가 단일팀으로 참가하자, 총련과 민단은 공동 응원을 펼치기도 했다. 또한 2000년 「6·15 공동선언」을 발표한 후 5년이 지나 총련과 민단은 「5·17 공동성명」을 발표하여 '우리 민족끼리'의 이념을 이어받아, 화해를 목표로 협력하고자 했다. 두 단체가 '공통으로 겪고 있는 동포들의 상황과 체험'[2]이 「5·17 공동성명」을 발표하는 원동력이 되었다. 이렇게 일본에 살고 있는 조선인들은 분단의 현실을 극복하고자 적극적으로 노력하며 여러 행사를 개최했다.

이번 장에서는 그 노력 중 하나로 재일조선인미술가들이

1 특히 1959년 12월에 시작된 재일조선인의 '공화국 귀국 사업'을 두고 두 단체는 정면으로 대립하기도 했다.

2 吳圭祥, 「総聯と民団の歴史的な和解と和合についての一考察」, 『統一評論』(統一評論社, 2006), p.87: 吳圭祥, 『記録·朝鮮総聯60年』(私家版, 2015), p.264.

1961년에 개최한 《연립전》을 살펴보고자 한다. 지금껏 《연립전》은 미술 관계자들 사이에서도 그러한 획기적인 시도가 존재했다는 사실 정도만 전해져 온, 소위 '전설'처럼 여겨진 전시회였다. 지금까지 몇 편의 논문에서 언급되기는 했으나 전모를 밝힌 연구는 없었다.[3] 《연립전》은 어떠한 경위로, 언제 어디서 열린 전시였을까? 기획한 단체와 관련자는 누구였으며, 어떻게 보도되었고, 어떤 반향이 있었을까? 약 반세기 동안 분단의 어둠 속에 묻혀있던 전시회를 필자가 직접 수집한 자료를 바탕으로 정리하며 실체를 규명하고자 한다.

《연립전》이 개최된 직접적인 계기는 4·19 혁명이었다. 혁명의 과정과 소식은 바로바로 일본에 전해졌고 재일조선인의 뿌리도 대부분 남쪽(대한민국)이었기 때문에 큰 관심 속에서 추이를 지켜보았다.

해방 직후 재일조선인들은 고향이 '북이냐, 남이냐'와는 상관없이, 개별적인 의지에 따라 총련과 민단에 소속하는 경우가 많았다. 또는 아예 어느 쪽의 방침에도 공감하지 않는 사람들도

3 朴慶植, 『解放後在日朝鮮人運動史』(三一書房, 1989), pp.402-406에는 1960년부터 1962년까지의 재일조선인 문화인의 활동을 기록하고 있지만, 《연립전》에 대한 설명은 충분하지 않다. 또한 宋恵媛, 『「在日朝鮮人文学史」のために―声なき声のポリフォニー』(岩波書店, 2014), p.238에는 "5월 긴자 무라마쓰화랑에서 열린 연립미술전을 거쳐 조국평화통일 남북문화교류촉진 재일문화인회의가 발족했다."라고 언급하며 미술가들의 이름을 여러 명 열거하지만, 그 이상 깊이 있게 다루지는 않았다. 각각 민단과 총련의 역사를 기록한 『民団70年史』(在日本大韓民国民団, 2017) 및 오규상의 『記録·朝鮮総聯60年』에는 관련 내용이 수록되지 않았다.

있었다. 하지만 이들 모두가 공동으로 모여 개최한 전시가 바로 《연립전》이었다.

《연립전》 전사 前史

《연립전》은 지금까지 별로 논의되지 않았지만, 『재일조선미술가화집』을 통해 이 전시가 재일조선인미술가가 지금껏 전개한 활동 중에서 가장 중요한 행사 중 하나였다는 점을 알 수 있다. 제5장에서 자세히 다루겠지만, 재일조선인미술가들은 일본인 미술가와의 교류를 통해 접점을 만들어 나가기도 했다. 예컨대 이과미술협회(이과회), 행동미술협회, 자유미술협회, 일본청년미술가연합, 일본노동만화클럽, 일본판화운동협회 등에 참가하거나 출품했고, 1953년경부터는 일본미술회가 주최하는 《일본앙데팡당전》에도 집단으로 출품했다. 특히 이 전시에서 알게 된 일본인 미술가들과의 관계는 조선인미술가에게 있어 매우 중요한 역할을 했다. 그들은 1960년 《조일우호미술전》을 공동 개최했는데, 우연히도 전시 개최일이 4·19 혁명이 일어난 날과 겹친다. 미술가들이 이 같은 우연을 충격적으로 받아들였던 양상은 『재일조선미술가화집』에 수록된 글 「재일조선인미술가들이 걸어온 길」에 기록된 다음의 문구를 통해 엿볼 수 있다.

1960년 4월. 가와사키에서 문예동 가나가와 지부가 주최한 《귀국실현 축하 조일우호미술전》 개최. 전시 첫날(4월 19일), 경성에서 학생을 중심으로 하는 남조선 인민들이 일어났다.

앞에서도 언급했지만 1957년경부터 공통 테마 작업을 위해 토론을 거듭해온 조선인 미술가들은 '남조선의 구국투쟁'을 공통 테마에 포함했다. 이론이나 창작 두 측면에서 절정기를 맞았던 1960년 말, 그들은 민단 계열 미술가들과 망년회를 가졌으며 다음 해 초에는 신년회를 열었다. 그 자리에서 공동 전시를 열기로 한 결정이 《연립전》 개최로 이어진 것이다.

2.

예술가의 '통일'을 목표로 한 활동의 궤적

《연립전》은 재일조선인미술가들의 창작 의욕이 넘치던 시기에 개최되었다. 즉 1950년대부터 나타나기 시작한 그룹 결성의 움직임, 《순회전》 개최, 《일본앙데팡당전》 출품 등의 동향이 뒷받침한 결과였다. 《연립전》을 서술하기 위해 참고한 자료로는 『재일조선미술가화집』 외에 《제1회 연립전》과 《제2회 연립전》 팸플릿을 비롯하여(fig.1, 2)[4], 『白葉(백엽)』[5](fig.3), 『경향신문』[6], 『로동신문』[7], 『민주신문』[8] 그리고 재

4 제1회전 팸플릿은 A4사이즈 종이를 3면으로 접은 형태이다. 제2회전 팸플릿은 B4보다 조금 큰 사이즈 한 장이다. 현재 두 자료 모두 재일코리안미술작품보존협회(ZAHPA)가 소장하고 있다.

5 백엽동인회의 기관지로서 1957년에 창간호를 발행했다.

6 1946년 창간 당초는 가톨릭 계열로 보수적 입장을 내세웠지만 1950년대 말부터 반독재 논조가 강해졌다. 1959년 여적 필화 사건으로 폐간되었다가 1960년에 복간되었다. 《연립전》 보도는 복간 후의 일이다.

7 북한의 조선노동당 중앙위원회 기관지로서 1945년 11월 1일 창간했다.

8 민단의 기관지. 『조선신문朝鮮新聞』이라는 이름으로 1946년 3월 10일 창간되어 『신조선신문新朝鮮新聞』, 『민단신문』, 『한국신문』으로 개칭했고 1966년부터 『민단신문』이 되었다.

← fig. 1 《제1회 연립전》 팸플릿, 재일코리안미술작품보존협회(ZAHPA) 소장.
→ fig. 2 《제2회 연립전》 팸플릿, 재일코리안미술작품보존협회(ZAHPA) 소장.
↓ fig. 3 『백엽』 18호(1961년 8월 15일 발행) 표지, 일본 국립국회도서관 소장.
홍구성의 목판화로 추정되는 작품이 게재되었다.

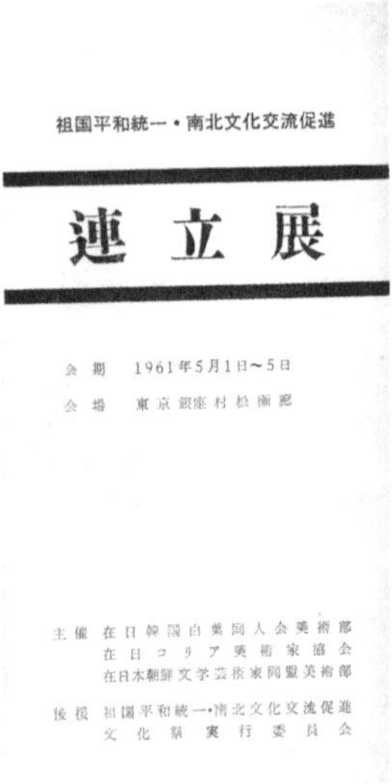

祖国平和統一・南北文化交流促進

連 立 展

会 期 1961年5月1日～5日
会 場 東京銀座村松画廊

主 催 在日韓国白葉同人会美術部
在日コリア美術家協会
在日本朝鮮文学芸術家同盟美術部

後 援 祖国平和統一・南北文化交流促進
文化県実行委員会

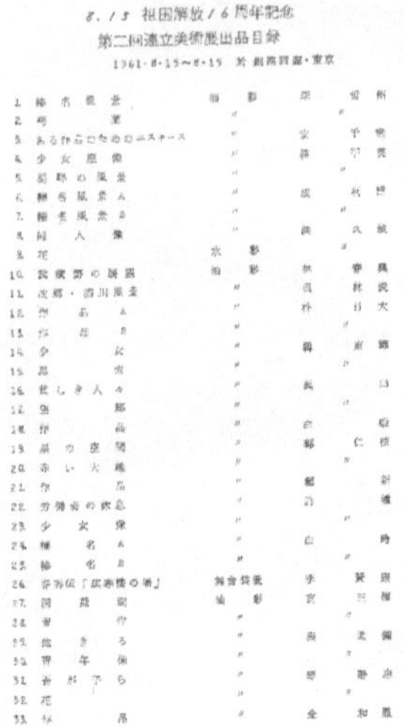

8.15 祖国解放16周年記念
第二回連立美術展出品目録
1961・8・15～8・19 於 銀座画廊・東京

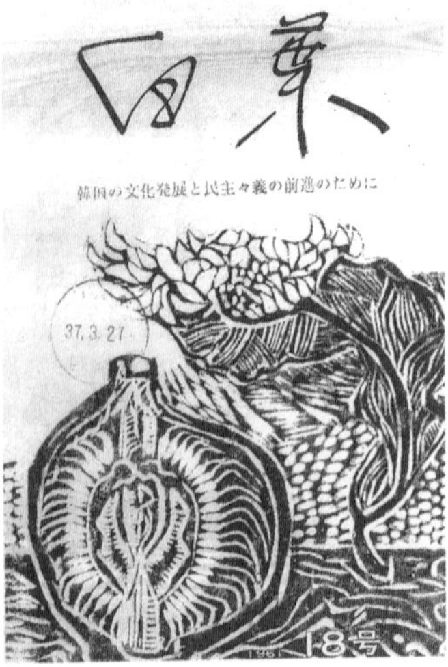

일조선미술회의 기관지 『조선미술』과 『조선신보』, 『조선시보』 등 《연립전》이 개최됐던 1961년 전후에 발행된 문헌을 들 수 있다. 먼저 전시의 개최 경위와 기간, 참가 단체를 확인하고 제1회 전시와 제2회 전시를 나누어 설명한 뒤, 참가자와 출품 작품을 살펴보도록 한다.

《제1회 연립전》의 개최 경위와 기간, 참가 단체

『재일조선미술가화집』에 따르면, 《제1회 연립전》은 민단과 총련에 소속된 미술가들이 함께 자리를 마련했던 1960년의 망년회 및 1961년의 신년회에서 방침이 결정되었다. 화집에는 다음과 같이 기록되어 있다.

> 1960년 12월, 한국계 미술가들과 망년회를 같이 하여 단합(일본어로는 "한국계 미술가들과 망년회를 가지고 조국의 평화적 통일 등에 대해 이야기를 나눴다."라고 더 자세히 서술했다. — 옮긴이)
>
> 1961년 1월, 한국 계통 화가들과 신년회를 가져서 구체적으로 단합한 결과 조국의 평화적 통일과 남북 문화교류를 촉진시킬 것을 목적으로 한 《연립전》을 가질 것에 관하여 의견이 일치되었다.

망년회와 신년회에서 한반도의 평화적 통일이 중심 화제에 올랐다면, 개최 취지는 어떻게 정리되었을까. 조금 길지만 팸플릿에 게재된 취지문의 전문을 인용한다.

해방 후 이미 16년이 지났지만 우리들의 조국은 여전히 남북으로 분열된 채로 오랜 기간이 흘러 우리 문화는 통일적으로 발전하지 못하고 있습니다.

민족이 다르고 국가가 다르더라도 상호동화 왕래가 빈번한 오늘날, 우리 민족은 여전히 남북으로 갈린 채 만나는 것은 물론 서신조차 보낼 수가 없는 상태가 계속되고 있습니다.

이국땅에 살면서 우리 민족문화의 개화를 염원해 마지않는 우리는 이런 상태를 좌시할 수가 없으며, 먼저 조국의 평화통일과 남북 문화교류를 촉진하기 위해 큰 문화제를 개최하고, 또 오늘 여기에 정치, 신앙, 소속 여하를 묻지 않고 재일미술가 모두의 뜻을 합쳐 미술전을 개최하여 조국의 평화통일을 하루라도 앞당길 것을 바라는 바입니다.

다행히도 이런 부족한 전시를 여기에 여는 우리들의 성의가, 평화를 바라는 내외 수많은 사람들의 찬동을 얻어, 온갖 외부 세력의 간섭이 없이 우리 민족끼리의 자주적이고 평화적인 통일을 달성하는 데에, 또한 남북 문화교류를 촉진하고 조국 문화예술의 통일적 발전을 앞당기는 데에, 조금이라도 힘이 된다면 더없는 영광이겠습니다.[9]

9 《제1회 연립전》 팸플릿, 1961.

[표4-1] 《연립전》 참가 단체

제1회전			
참가 단체	① 재일본조선문학 예술가동맹 미술부	② 백엽동인회 미술부	③ 코리아미술협회
출품자	한우영, 박일대, 백령, 허훈, 표세종, 리철주, 전화황, 금정혜, 하상철, 한동휘, 김인순, 김희려, 김창덕, 권령일, 오병학, 오림준, 오일, 성리식	홍구성洪久城, 김식金軾, 김태신金泰伸, 리북李北, 리수남李壽男, 림경林景, 정백鄭伯, 정홍자鄭弘子	곽인식郭仁植, 정신鄭新, 강용이庚竜伊, 백희白姬, 황청동皇青童
제2회전			
참가 단체	① 재일본조선문학 예술가동맹 미술부	② 백엽미술부	③ 한국예술가협회
출품자	한우영, 백령, 허훈, 표세종, 리철주, 전화황, 금정혜, 리찬강, 오림준, 고삼권, 안천룡, 한동휘, 오일, 성리식	홍구성, 림춘흥林春興	곽인식, 정신, 백희

이 글에서는 한반도의 분단으로 인해 민족문화의 발전이 지체되고 있는 점과 연락과 통신조차 막혀버린 상황에서 느끼는 절절한 안타까움이 엿보인다. 이향에 살고 있으나 한반도의 평화통일 실현과 문화예술의 통일적 발전에 공헌해야만 한다는

개최 의지도 담겨 있다.

팸플릿에는 '주최: 재일한국백엽동인회 미술부, 재일코리안 미술가협회, 재일본조선문학예술가동맹 미술부'라고 표기하여 참가 단체의 이름을 밝혀 놓았다. 팸플릿 표지에 적힌 개최 기간은 1961년 5월 1일부터 5일까지, 장소는 도쿄 긴자의 무라마쓰村松화랑이다.

[표4-2] 〈연립전〉 관련 행사, 정식 명칭, 개최 장소 및 출품작 수

	개최일/시기	전시회 명칭	장소	
망년회	1960년 연말			
신년회	1961년 연초			
문화제	4월 18일	조국평화통일 남북문화교류 촉진 문화제	도라노몬 오쿠보강당	
제1회전	5월 1일-5일	조국평화통일 남북문화교류 촉진 미술전	무라마쓰화랑 (긴자)	출품자 33명 작품 수 62점
제2회전	8월 14일-19일	조국해방 16주년기념 제2회 연립전	긴자화랑	출품자 20명 작품 수 33점

한편 조사 과정에서 전시 개최를 예고하는 다음의 기사를 발견할 수 있었다.

「이번에는 연립미술전」

총련, 민단의 미술가들 5월1일-5일, 무라마쓰화랑

(중략) 이 연립미술전은 작년 말 즈음부터 재일본조선문학예술가동맹 미술부(대표 한우영), 백엽동인회 미술부(대표 홍구성), 코리아미술협회(대표 곽인식) 등을 중심으로, 재일동포미술인들의 접촉과 교류가 깊어지면서 결실을 맺게 된 것이다.[10]

이 기사와 팸플릿을 통해 《연립전》과 관련된 단체는 세 곳으로 ① 재일본조선문학예술가동맹 미술부, ② 백엽동인회 미술부, ③ 코리아미술협회였음을 파악할 수 있다. 문헌마다 명칭에 약간의 차이는 있지만, 같은 단체로 보아도 무방하다. 각 단체의 대표는 ① 한우영, ② 홍구성, ③ 곽인식이다.

재일본조선문학예술가동맹 미술부는 프롤로그에서 언급했듯 재일본조선인총연합회 산하의 단체로, 1959년에 결성되었으며 전신은 1953년에 창설한 재일조선미술회이다.(fig.4) 그렇다면 백엽동인회 미술부(팸플릿에는 '재일한국백엽동인회 미술부'라고 기재)와 코리아미술협회(팸플릿에는 '재일코리안미술가협회'라고 기재)는 어떤 단체였을까.

10 「こんどは連立美術展」,『朝鮮時報』, 1961. 4. 29, 3면.

fig. 4　재일본조선문학예술가동맹(문예동) 미술부 제2차 정기 총회 기념 사진
위 왼쪽부터 김희려, 백령, 한우영, 성리식. 아래 왼쪽부터 허훈, 리칠주, 김창덕, 미상, 표세종. (사진 제공 : 리용훈)

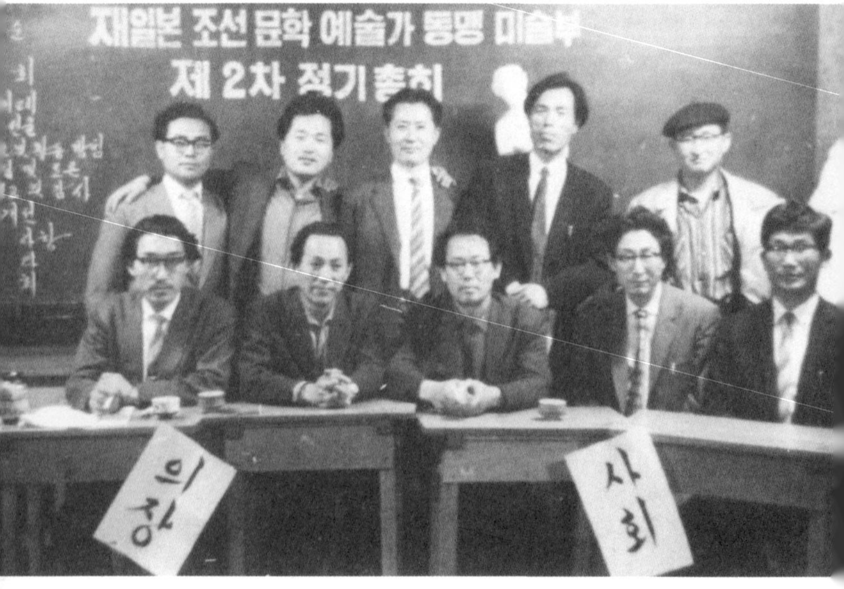

『백엽』 15호(1960년 8월 발행)에는 다음과 같은 기록이 있다.

> 코리아미술협회, 첫 전시
>
> 곽인식, 홍구성, 김태신 세 명의 동인을 중심으로 하는 코리아미술협회가 첫 전시를 9월에 개최한다. 세 명은 모두 제작에 몰두하여 무더위에도 아랑곳하지 않고 캔버스와 씨름하고 있다. 세 명의 걸작을 기대하라.[11]

코리아미술협회(혹은 재일코리안미술가협회)가 주최한 전시 예고인데, 이 단체에 곽인식, 홍구성, 김태신이 속해 있음을 알 수 있다. "세 명을 중심으로"라는 언급으로 보아 전시에는 4인 이상이 출품했음을 짐작해볼 수 있다. 또한 『조선민보』에는 조량규가 쓴 「미술인의 단합에 기대, 코리아 미술 6인전을 보고」라는 글이 실렸다.(fig.5)

> 귀국 준비에 분주한 일과이나마 이때까지 낯설은 재일동포 화가들의 《코리아 미술 6인전》을 볼 기회를 갖고 그중 몇 사람과 담화할 기회를 갖게 된 것을 기쁘게 생각한다. 재일조선미술인들의 대부분은 내 자신이 소속하고 있는 문예동에 굳게 뭉치어 창작 사업에 제각기 힘쓰고 있으나 한편 현재까지 이러저러한 조건과 사정으로 서로 접촉 없이 지내오던 화가들 중에서 금번 6명이 공동으로 미술전을 가지게 된 데 대하여 종래 사상과 단체를 운운하여 격조해 온 재일조선미술인이 앞으로 조국의 찬란한 민족 예술의 개화 발전과 나아가서는 조국 평화 통일의

11 「風見どり」,『白葉』15호, 1960. 8. 15, pp.27-28.

fig. 5 조량규, 「미술인의 단합에 기대–코리아 미술 6인전을 보고」, 『조선민보』 1960년 9월 17일, 4면.

미술인의 단합에 기대

《코리아 미술 6인전》을 보고

조 량 규

귀국 준비에 분주한 일과이나마 이때까지 낯설은 재일 동포 화가들의 《코리아 미술 6인전》을 볼 기회를 갖고 그 중 몇 사람과 담화할 기회를 갖게 된 것을 기쁘게 생각한다.

재일 조선 미술인들의 대부분은 내 자신이 소속하고 있는 문예동에 굳게 뭉치여 창작 사업에 제각기 힘쓰고 있으나 한편 현재까지 이러저러한 조건과 사정으로 서로 접촉 없이 지내 오던 화가들 중에서 금번 6명이 공동으로 미술전을 가지게 된 데 대하여 종래 사상과 단체를 운운하여 격조해 온 재일 조선 미술인이 앞으로 조국의 찬란한 민족 예술의 개화 발전과 나아가서는 조국 평화 통일의 한자리에서 손잡고 나아갈 것을 기대하면서 커다란 관심을 가지고 전람회 회장으로 갔던 것이다.

회장인 日比谷 공원 화랑에는 6명의 작품 30여 점의 유화와 판화와 조선 의복 디자인들이 진렬되어 있었다.

곽 인의 《젊은 피》의 련작은 4월의 남반부 인민들의 봉기에서 주동적 역할을 한 젊은 학생들이 흘린 고귀한 피에 대한 작가의 공감과 정열을 토대로 하여 그린 작품인상 싶었다. 그러나 너무나 독자적인 자세가 표현의 추상성과 아울러 내용의 깊이를 소실하는 결과로 되지 않았을까?

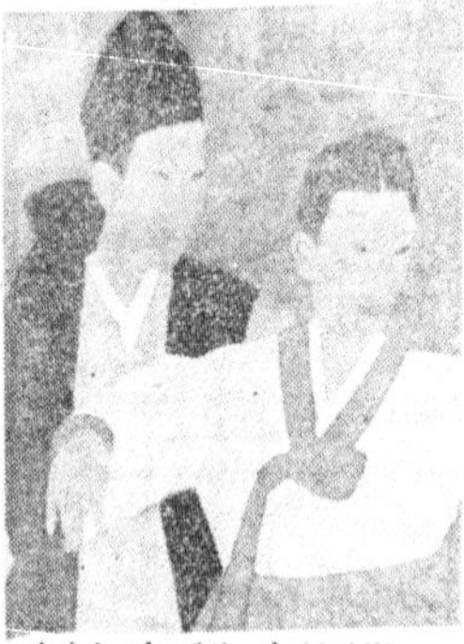

◇사진--김 대신 작 《춘향무》

즉 추상화가 옳으냐? 구상화가 옳으냐의 론의는 잠시 두고라도 추상적 사고와 형식으로써 표현의 무한한 가능성과 보편적 진실성을 자기 한정한 가운데서 예술의 가능성을 찾을려는 소위 《회화적》 의식의 내용이 문제가 되는 점이다. 사람의 감성이란 감성 자체로서는 성립할 수 없고 어디까지나 리성적 뒷받침과의 통일된 단계에서만 대상 인식이 명확화되는바 리성이란 즉 작가의 내면 세계를 규정하는 세계관의 일환으로서 나타나는 것이다.

한 자리에서 손잡고 나아갈 것을 기대하면서 커다란 관심을 가지고 전람회 회장으로 갔던 것이다.[12]

이 기사를 통해 전시가 '히비야 공원의 화랑'에서 개최되었고 여섯 명의 작품 30여 점이 전시되었으며 곽인식과 김태신이 출품한 사실을 파악할 수 있다.[13]

두 기사를 통해 코리아미술협회에 곽인식, 홍구성, 김태신이 소속되어 있다고 추측할 수 있다. 홍구성은 백엽동인회(혹은 재일한국백엽동인회)의 대표였으므로, 양쪽 모두에서 활동했던 것으로 보인다. 한편 백엽동인회의 기관지인 『백엽』의 편집에는 이 세 사람이 관여하고 있었다. 따라서 필자가 조사한 바에 따르면 두 단체의 차이는 분명하게 드러나지는 않는다.[14] 다만 어느 한쪽이 민단계, 다른 한쪽이 중립계였다는 점은 분명하다. 또한 1960년대 말에 망년회를 가졌다는 사실과 함께, 조량규의 전시평을 통해 1960년 9월에 이미 면식이 있었고 작은 교류를 시작했다는 점도 확인할 수 있다.

12 조량규, 「미술인의 단합에 기대 코리아 미술 6인전을 보고」, 『조선민보』 1960. 9. 17, 4면.

13 조량규는 기사에서 곽인식(자료에는 '곽인'으로 표기되어 탈자로 추정)이 출품한 〈젊은 피〉 연작을 남한의 인민 봉기에 관한 자각의 공감과 정열을 토대로 한 작품으로 평가하면서도 너무나 독자적인 자세가 표현의 추상성과 아울러 내용의 깊이를 소실하는 결과를 낳았다고 언급했다. 김태신의 작품 〈춘향무〉는 도판으로 소개되었다.

14 코리아미술협회에 관해서는 『민주신문』(1960. 9. 21, 4면.)에도 「好評のコリア美協展 感動呼ぶ力作」이라는 기사가 실렸다. 6명의 그룹전이었으며, 곽인식, 홍구성, 김태신의 이름이 등장한다. 나머지 3명의 이름은 판별이 어렵다.

세 단체 대표의 이력에 대해서는 다른 출품자를 다룰 때 함께 정리하기로 하고, 우선 《연립전》의 개최 기간과 장소를 살펴보자.

「연립전」

총련, 민단, 중립층 미술가

사상, 단체의 차이를 넘어 조선민족 3천만 명의 염원인 조국의 자주적 평화통일을 달성하기 위해 (중략) 총련, 민단, 중립층의 미술가들도 올 5월 1일부터 5일까지, 도쿄 긴자 무라마쓰화랑에서 〈연립전〉을 개최한다. (중략) 이에 앞서 미술가들은 18일에 개최된 〈조국평화통일 남북문화교류촉진 문화제〉에도 적극적으로 참가하여 (…) 우정과 연대를 바탕으로 연립전 준비를 성공리에 추진하고 있다.[15]

[이하 밑줄은 필자]

이 기사를 통해서도 《제1회 연립전》이 무라마쓰화랑에서 5월 1일부터 5일까지 개최된 점을 확인할 수 있다. 또한 《연립전》 개최에 앞서 4월 18일에는 〈조국평화통일 남북문화교류촉진 문화제〉가 개최되었다는 사실도 파악할 수 있다. 문화제와 관련하여서는 다음과 같은 기록이 남아 있다.(fig.6)

「상설위 두고 운동을 더욱 확대

내외에 커다란 반향 일으킨 공동 문화제」

조국의 평화적 통일과 남북 문화교류를 촉진하자는 공통의 목적 하에, 해방 후

15 「連立展」, 『조선신보』 1961. 4. 27, 4면.

fig. 6 「상설위 두고 운동을 더욱 확대」, 『조선신보』 1961년 4월 29일, 3면.

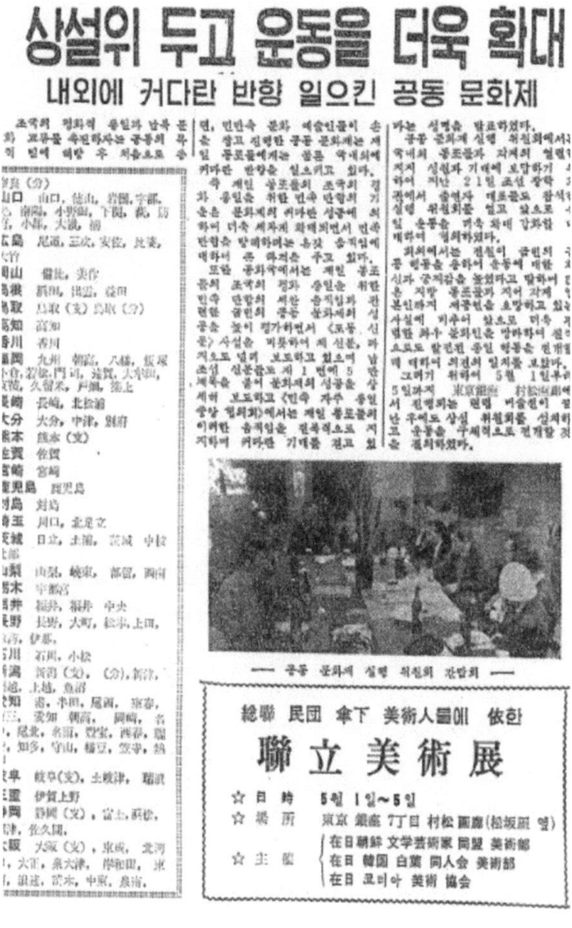

상설위 두고 운동을 더욱 확대

내외에 커다란 반향 일으킨 공동 문화제

— 공동 문화제 실행 위원회 간담회 —

總聯 民団 傘下 美術人들에 依한

聯立美術展

☆ 日時 5월 1일~5일

☆ 場所 東京 銀座 7丁目 村松 画廊(松坂屋 옆)

☆ 主催 在日朝鮮 文学芸術家 同盟 美術部 / 在日 韓国 白葉 同人会 美術部 / 在日 코리아 美術 協会

처음으로 총련과 민단 측의 문화예술가들이 손을 잡고 개최한 공동문화제는 재일동포는 물론, 국내외에 커다란 반향을 얻고 있다. (…) 공화국에서는 (…) 금번의 공동 문화제의 성공을 높이 평가하면서 『로동신문』 사설을 비롯하여, 여러 신문과 라디오에서도 널리 보도하고 있으며, 남조선 신문들도 (…) 민족자주통일중앙협의회에서는 재일동포들의 이러한 움직임을 전폭적으로 지지하며 커다란 기대를 걸고 있다는 성명을 발표하였다.[16]

1961년 4월 18일에 개최된 《조국평화통일 남북문화교류촉진 문화제》는 "조국의 평화적 통일과 남북 문화교류 촉진"을 목적으로 하며, "해방 후 처음으로 총련과 민단 측의 문화예술가들이 손을 잡고 개최"했다고 개최 의의를 밝혔다. 또한 남과 북에서 모두 보도되었다는 사실도 확인할 수 있는데 대한민국의 『경향신문』과 조선민주주의인민공화국의 『로동신문』은 각각 다음과 같이 보도하였다.

「재일교포 남북계 접촉 빈번
공동문화제 · 미술전 등 개최」

(중략) 지난 3월 말 재일한국인기자단과 조선인언론협회가 공동성명을 발표하고 난 이후로는 남한 또는 북한을 지지하던 각종 단체 간에 상호접촉이 빈번해지고 있다. 4.19 일주년이 되는 지난 18일 도쿄의 도라노몽 구보강당에서 재일문화인이 주체가 되어 "평화통일남북문화교류촉진문화제"를 개최하였다. (중략) 동

16 『조선신보』 1961. 4. 29, 3면.

문화제에서는 호소문도 채택하였는데 그 내용은 다음과 같다.

1. 우리는 일절의 외세간섭이 없는 우리 민족끼리의 자주적인 평화통일을 위하여 노력한다.

2. 남북간 문화교류를 촉진하여 삼일절, 8.15와 같은 민족적인 기념일을 공동으로 개최하도록 하고 민족문화예술의 통일발전을 위해 노력한다.

3. 남북간 문화예술인들의 교류를 위하여 노력한다.

4. 민족적인 대사에 남북 간에 상호 협상할 것과 민단 조총련은 서로 단합하여 삼일절, 8.14와 같은 거족적인 명절을 공동으로 기념하게 되기를 바란다.

이같은 내용의 성명을 채택한 뒤 준비위원 곽인식 씨는 "5월 1일부터 도쿄에서 공동으로 남북계 미술전을 개최하게 되었으며 이 같은 문화제는 오사카에서도 개최할 예정이다."라고 말하였다.[17]

4월 29일 『조선신보』 기사에서도 확인할 수 있지만, 『경향신문』 역시 《제1회 연립전》이 《조국평화통일 남북문화교류촉진 문화제》의 개최 이후에 열렸으며, 장소가 도라노몬의 구보강당이었다고 전한다. 또한 호소문이 채택되었으며 준비위원에 곽인식이 관여한 사실도 전하고 있다. 곽인식은 앞서 확인했듯 코리아미술협회의 대표였다.

네 가지 항목으로 구성된 호소문에는 남북 간의 문화교류, 민단과 총련이 앞으로도 공동 사업을 도모할 것 등에 관해 명기되어 있다.[18] 다른 미디어와 비교해 볼 때 『경향신문』의 경우, 문화

17 「재일교포 남북계 접촉 빈번」, 『경향신문』 1961. 4. 19, 1면.

제 관련 정보를 호소문까지 포함하여 상세히 보도하고 있어 주목할 만하다. 바다 건너 대한민국에서도 적지 않은 관심을 보이고 있었다고 생각해도 무방하다.[19]

다음으로 『로동신문』의 기사를 확인해보자.

> 「사설-조국의 자주적 평화 통일을 위한 재일 동포들의 애국적 운동」
>
> 남조선에서의 4월 인민 봉기 1주년에 제하여 지난 18일, 재일 조선인총련합회와 재일 한국인 거류민단의 공동 주최로 도꾜에서 재일 문화인들의 〈평화통일 남북문화 교류촉진 문화제〉가 진행되었다. 정치적 견해와 신앙 및 소속을 달리하는 각계각층 재일동포 약 2천 명이 참가한 이 모임에서는 외세의 간섭이 없는 민족 자주적인 평화통일과 남북 간의 문화교류를 주장하는 호소문이 채택되었으며 각 부문에 걸쳐 호상 접촉과 협조를 계속 발전시킴으로써 민족의 자주 통일과 남북 교류 및 동포들의 통일 단결에 기여할 데 대한 결의가 피력되었다.[20]

『로동신문』에서도 개최 취지와 함께 호소문이 채택된 사실을 보도했다. 대한민국의 신문보다 며칠 늦었지만, 신속하게 보도했다고 할 수 있다. 양쪽 신문 모두 문화제의 취지와 목적, 경위

18 호소문 4에 "민족적인 대사에 남북 간에 상호 협상할 것"이라는 문구가 보이는데, 『조선신보』에 민단과 총련의 협상이 시도되었다는 기사가 있다. 이 책에서 다루지는 않지만, 문화면뿐만 아니라 경제 분야의 교류도 있었을 것으로 추측한다.

19 『경향신문』이 보도한 같은 날 『조선일보』에서도 「공동문화제—재일민단과 조련」이라는 제목의 기사가 실려 준비위원을 소개하고 호소문 내용을 소개했다.

20 「사설」, 『로동신문』 1961. 4. 21, 4면.

를 정확히 전달하고 있는데, 『로동신문』에는 남쪽에서 일어난 4·19 혁명과 한국 민중에 대해 공감을 표하면서 동시에 "우리 조국의 분열은 해외에 사는 동포들에게도 큰 고통과 불안을 가져다 준다."라고 기술한 부분을 통해 재일조선인을 향한 연대를 표명하려는 의지를 함께 읽어낼 수 있다.

마지막으로 《제1회 연립전》의 소식을 전하는 다음의 기사를 확인해보자.

> 「감동 부르며 련립 미술전 진행
>
> 총련, 민단 미술인들이 손을 잡고」
>
> 재일 조선 문학 예술가 동맹 미술부와 재일 한국 백엽동인회 미술부, 재일코리아 미술협회가 주최하고 조국 평화통일 남북 문화교류 촉진 문화제 실행위원회가 후원하는 《조국평화통일, 남북문화교류 촉진 연립미술전》이 지난 1일부터 도쿄 긴자 무라마쓰화랑에서 진행되고 있는 바 회장에는 3단체 소속 미술인 33명의 작품 62점이 전시되어 있다.[21]

이 기사만으로는 '실행위원회'나 앞선 기사에 등장하는 '상설위'(『조선신보』 1961. 4. 29, 3면), '준비위원'(『경향신문』 1961. 4. 19, 1면)이 문화제에서 어떤 위치이며 어떤 역할을 담당했는지 구체적으로 확인할 수는 없다. 하지만 문화제 운영에 적지 않은 수의 사람이 관여했으며 어느 정도 조직적인 움직임이 있었다

21 「감동 부르며 련립 미술전 진행」, 『조선신보』 1961. 5. 6, 4면.

는 점[22], 더불어 33명의 참가자와 62점의 출품작이 전시의 규모를 짐작하게 한다.

정리하면, 문화제는 1961년 4월 18일에 도라노몬에 있는 구보강당에서 개최된 《조국평화통일 남북문화교류촉진 문화제》 이후에 열렸고 민단, 총련 그리고 남북 모두가 관심 있게 문화제를 지켜봤다. 후술하겠지만 문화제에서는 연극이 상연되었고, 문학가도 폭넓게 참여했기 때문에 다양한 분야에 종사하는 이들의 기대와 관심 속에서 행사가 개최되었음을 알 수 있다. 뒤이어 《제1회 연립전》은 문화제로부터 약 2주 후인 5월 1일부터 5일에 걸쳐 무라마쓰화랑에서 열렸고, 재일본조선문학예술가동맹 미술부, 백엽동인회 미술부, 코리아미술협회 세 단체가 참가하여 30명 정도의 미술가들이 교류를 다졌다.(fig.7, 8)

《제2회 연립전》의 개최 경위와 기간, 참가 단체

『재일조선미술가화집』에 따르면, 《제2회 연립전》은 8월에 개최되었다. 제1회의 정식 명칭이 《조국평화통일 남북문화교류

22 '실행위원회'에 대해 연립전 팸플릿에는 "후원: 조국평화통일·남북문화교류촉진문화제 실행위원회"라고 적혀 있으며, 『조선신보』(1961. 4. 29, 3면)에도 "21일, 조선장학회관에서 출연자 대표들이 참가하여 실행위원회를 개최하고 금후 통일운동을 더 확대 강화하기로 협의했다."고 적혀 있다. 『민주신문』(1961. 6. 14, 2면)에는 이 실행위원회가 열리지 못했고 한국예술가협회가 남북교류문화제 실행위원회로부터 탈퇴했다는 기록이 있다.

↑ fig. 7 《제1회 연립전》 전시 풍경, 『백엽』 18호(1961년 8월 15일 발행) 19쪽.

↓ fig. 8 《제1회 연립전》 전시 풍경, 『조선신보』 1961년 5월 6일.

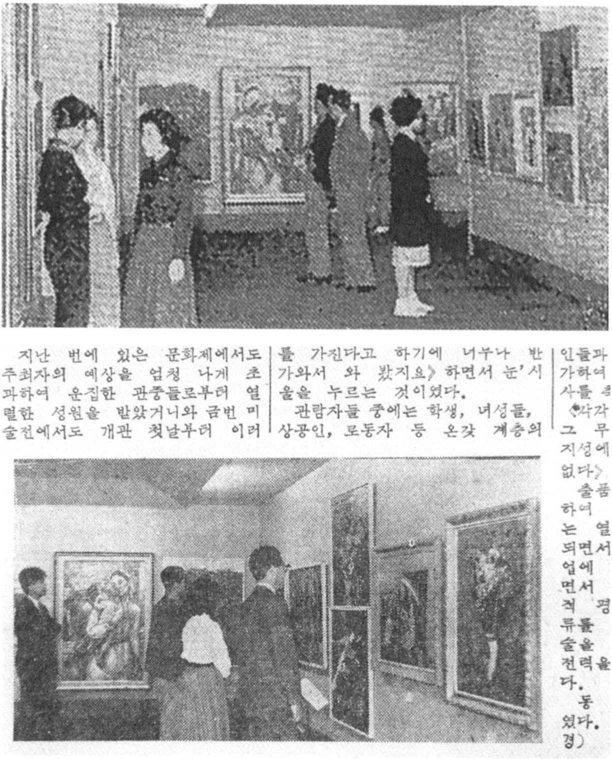

지난 번에 있은 문화제에서도 주최자의 예상을 엄청 나게 초과하여 운집한 관중들로부터 열렬한 성원을 받았거니와 금번 미술전에서도 개관 첫날부터 이러를 가진다고 하기에 너무나 반가와서 와 봤지요》하면서 눈'시울을 누르는 것이였다.

관람자들 중에는 학생, 녀성들, 상공인, 로동자 등 온갖 계층의

인들과
가하여
사를 속
《각각
그 무
지성에
없다》
출품
하여
는 열
되면서
업에
면서
적 평
류를
술을
전력을
다.
동
였다.
경)

촉진 연립미술전》이었다면, 제2회는 《조국해방 16주년 기념 제2회 연립전》이었다.

제2회전의 참가 단체는 ① 문예동 미술부(대표 한우영) ② 백엽동인회 미술부(대표 홍구성) ③ 재일한국예술협회(대표 곽인식)였다. 제1회 때와 비교하여 큰 변화는 없다고 생각되지만, 자세한 사항을 정리하면 아래와 같다. 《제2회 연립전》의 팸플릿에는 참가 단체에 대한 기록이 없으므로, 문예동 미술부(재일조선미술회)의 기관지 『조선미술』의 번외편으로 추정되는 『조선미술뉴스』라는 자료를 참조하였다.(fig.9)

「8·15 연립전」

전체 재일동포들의 주목리에 8월 15일부터 19일까지 긴자화랑에서 진행되었다. 참가자는 다음과 같다.

한국 백엽동인회 미술부: 홍구성, 림춘흔(림춘흥의 오기로 추정—옮긴이)

재일한국예술협회: 곽인식, 정신, 백희

문예동 미술부: 백령, 한우영, 허훈, 표세종, 리철주, 전화황, 금정혜, 리찬강, 오림준, 고삼권, 안천룡, 한동휘, 오일, 성리식

긴자화랑에서 마치고 8월 20일 간다 공립강당에서 열린 통일문화제에 참가, 약 3천 명의 각계각층의 관객들에 큰 감명을 주었다.[23]

마지막에 등장하는 '문예동 미술부'는 앞서 언급한 재일본

23 『조선미술 뉴-쓰』(문예동 미술부 기관지 번외편), 1961. 10. 1.

조선문학예술가동맹 미술부로, 제1회 전시 때부터 참가한 단체다. '한국백엽동인회 미술부' 역시 제1회전에 참가한 '백엽동인회 미술부'와 같은 그룹일 것이다. '재일한국예술협회'는 제1회전의 참가 단체 명단에서 확인할 수 없지만, 제1회 때의 참가 단체였던 '코리아미술협회'와 마찬가지로 곽인식, 정신, 백희 등의 참가자 이름으로 미루어 보아, 조직명이 개칭되었거나 혹은 비슷한 단체로 추정할 수 있다. 『조선시보』는 《제2회 연립전》을 다음과 같이 보도했다.(fig.10)

「연립미술전 성회

도쿄 긴자화랑에서」

《8.15 조국해방 16주년 기념 제2회 연립미술전》은 지난 15일부터 19일까지, 도쿄 긴자화랑에서 성대하게 열렸다. 이번 개최는 전회에 이어 사상과 정치적 견해의 차이를 넘어 조국의 평화통일을 향해 재일조선인미술가들이 더욱 대동단결하자는 의욕이 넘치는 것이었다. 작품은 33점, 20명의 화가들은 각자 개성적인 테크닉을 뽐냈다.[24]

개최의 목적은 이전 전시에 이어 "사상과 정치적 견해의 차이를 넘어 조국의 평화통일을 향해 재일조선인미술가들이 더욱 대동단결"이라고 전하고 있다. 『조선미술뉴스』에는 참가자 19명의 이름만 올라와 있지만, 『조선시보』에서는 참가자가 20명이

24 「連立美術展盛会」, 『朝鮮時報』 1961. 8. 26, 4면.

↑ fig. 9 『조선미술뉴스』 1961년 10월. (문예동 미술부 기관지 『조선미술』의 번외편)

↓ fig. 10 「連立美術展盛会」, 『朝鮮時報』, 1961년 8월 26일.

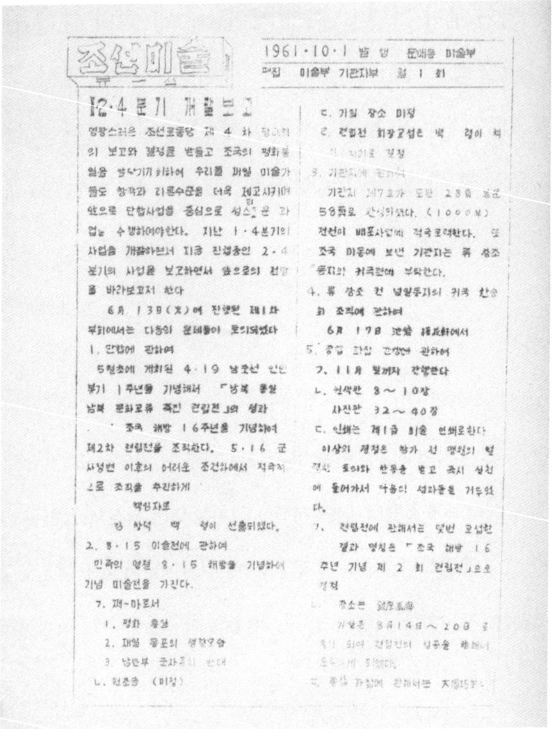

조선미술 뉴 스

1961·10·1 발 행 문예동 미술부

편집 미술부 기관지부 첨 1 회

2·4 분기 개활보고

영광스러운 조선로동당 제 4 차 당대회의 보고와 결정을 받들고 조국의 평화통일을 앞당기기 위하여 우리들 재일 미술가들도 창작과 리론수준을 더욱 제고시키며 앞으로 단합사업을 중심으로 성스러운 과업을 수행하여야한다. 지난 1·4분기의 사업을 개괄하면서 지금 진행중인 2·4 분기의 사업을 보고하면서 앞으로의 전망을 바라보고저 한다

6月 13日(火)에 진행된 제1차 부회에서는 다음의 문제들이 토의되였다

1. 단합에 관하여

5월초에 개최된 4·19 남조선 인민봉기 1주년을 기념해서 「방북 통일 남북 문화교류 촉진 련립전」의 성과 · 조국 해방 16주년을 기념하여 제2차 련립전을 조직한다. 5·16 군사정변 이후의 어려운 조건하에서 적극적으로 조직을 추진하게

책임자로

강 창덕 백 령이 선출되였다.

2. 8·15 미술전에 관하여

민족의 명절 8·15 해방을 기념하여 기념 미술전을 가진다.

ㄱ. 테-마로서

1. 평화 통일

2. 재일 동포의 생활모습

3. 남반부 군사독재 반대

ㄴ. 현조총 (미정)

ㄷ. 기일 장소 미정

ㄹ. 련립전 회장교섭은 백 령이 책임지기로 결정

3. 기관지에 관하여

기관지 제7호가 도판 28頁 본문 58頁로 완성되였다. (1000부)

전원이 배포사업에 적극 로력한다. 또 조국 미풍에 보낸 기관지는 류 상조 동지의 귀국편에 부탁한다.

4. 류 상조 전 념일동지의 귀국 환송회 조직에 관하여

6月 17日 池袋 梅花軒에서

5. 종합 화집 간행에 관하여

ㄱ. 11月 말까지 간행한다

ㄴ. 원색판 8~10장

사진판 32~40장

ㄷ. 인쇄는 제1급 미술 인쇄로한다

이상의 결정은 참가 전 맹원의 열렬한 토의와 찬동을 받고 즉시 실천에 들어가서 다음의 성과들을 거두었다.

ㄱ. 련립전에 관해서는 몇번 교섭한 결과 명칭은 「조국 해방 16주년 기념 제 2 회 련립전」으로 결정

ㄴ. 장소는 銀座画廊

기일은 8月14日~20日 로 하기 되여 련립전의 성공을 위해서 토의하게 되였다.

ㄷ. 종합 화집에 관해서는 大塚巧藝社

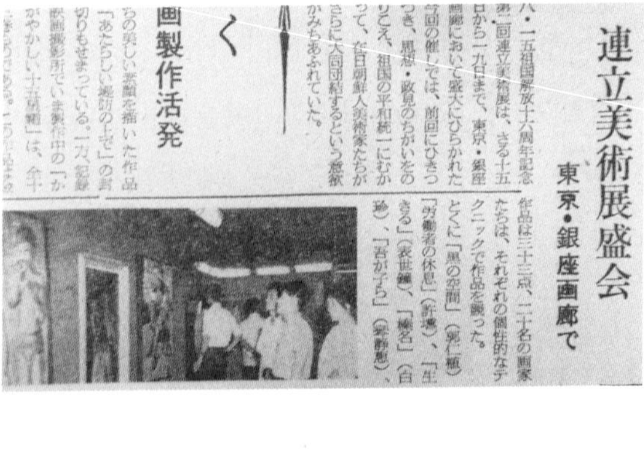

連立美術展盛会

東京・銀座画廊で

八・一五祖国解放十六周年記念第二回連立美術展は、さる十五日から一九日まで、東京・銀座画廊において盛大にひらかれた。今回の催しでは、前回にひきつづき、思想・政見のちがいをのりこえ、祖国の平和統一にむかって、在日朝鮮人美術家たちがさらに大同団結するという意欲がみちあふれていた。

作品は三十三点、二十名の画家たちは、それぞれの個性的なテクニックで作品を競った。とくに「黒の空間」（郭仁植）、「労働者の休息」（許◯）、「生きる」（表世鍾）、「榛名」（白◯珍）、「吾が子ら」（◯◯◯）、

……く

画製作活発

ちの美しい素顔を描いた作品「あたらしい縄切の上で」の封切りもせまっている。一九、記録映画撮影所でいま製作中の「かがやかしい十五周年」は、全年……

라고 밝히고 있다. 어느 쪽이 맞는지는 확인할 수 없지만, 20명 내외의 미술가들이 총 33점을 출품했음을 파악할 수 있다.

이상의 내용과 같이 《제2회 연립전》은 1961년 8월 15일부터 19일까지 긴자화랑에서 열렸다. 참가자나 작품의 수는 제1회에 비해 축소되었으나 개최 목적과 참가한 그룹을 살펴보면, 제1회 전시를 계승했다고 판단된다.

출품 작가와 작품

《연립전》의 참가 단체 중 재일본조선문학예술가동맹 미술부의 대표를 맡은 한우영은 앞서 제3장에서 서술했듯 해방 직후부터 재일조선인 미술운동에 적극적으로 참여하고 1960년대 초기에 북으로 귀국한 작가이다.[25] 백엽동인회 미술부의 대표인 홍구성은 『백엽』의 표지를 여러 차례 담당했는데, 치밀함이 돋보이는 판화와 수채화를 주로 제작했다.(fig.3) 《제2회 연립전》에 관한 자료에는 "희소한 판화가 홍구성 씨는 수채화 〈꽃〉에서 예민함이 넘치는 표현을 구사하고 있다."[26]라고 언급된 부분이 있어, 기본적으로는 판화를 제작했으나 그 밖의 다른 작업도 병행했으리라 추측한다. 홍구성은 1960년 전후에 『민주신문』에

25 李鏞勲, 「在日コリアン美術の軌跡」, 『Neo Vessel』 vol.2, 2004, p.68.

26 鄭達鉉, 「第二回連立展をみて」, 『白葉』 20호, 백엽동인회, 1961.10.15, p.27.

일러스트나 연재소설 삽화를 그리기도 했다. 마지막으로 코리아미술협회(재일한국예술협회)의 대표인 곽인식(1919-1988)은 경상북도에서 태어났으며 일제강점기에 도일하여 1930년대 후반부터 일본 화단에서 작품을 발표했다. 1956년에 발행한 기관지 『조선미술』 5호에는 곽인식이 《제9회 일본앙데팡당전》에 김창덕, 백령, 조량규와 함께 재일조선미술회의 회원 자격으로 작품을 출품했다는 기록이 남아 있다.[27] 재일조선미술회를 탈퇴했는지 정확히는 알 수 없으나, 《연립전》이 개최되던 당시에는 코리아미술협회의 소속이었다. 그는 다양한 소재의 특징을 살린 작품을 주로 그렸고[28] 홍구성과 마찬가지로 『민주신문』에 일러스트나 연재소설의 삽화를 그리기도 하였다.

세 명의 대표 이외에 《연립전》 출품자는 다음과 같다.[29]

제1회

① 문예동 미술부 : 박일대, 백령, 허훈, 표세종, 리철주, 전화황, 금정혜, 하상철, 한동휘, 김인순, 김희려, 김창덕, 권령일, 오병학, 오림준, 오일, 성리식

② 백엽동인회 미술부 : 김식, 김태신, 리북, 리수남, 림경, 정백, 정홍자

③ 코리아미술협회 : 정신, 강용이, 백희, 황청동

27 「アンデパンダン展出品者名簿」, 『조선미술』 5호(1956), p.5.

28 郭仁植, 『郭仁植画集』(三彩社, 1962); 菅原猛, 『現代美術への招待』(新評論, 1991), pp.292-309 참고.

29 팸플릿과 재일조선미술회(문예동 미술부)의 기관지인 『조선미술』 참고.

제2회

① 문예동 미술부 : 백령, 한우영, 허훈, 표세종, 리철주, 전화황, 금정혜, 리찬강, 오림준, 고삼권, 안천룡, 한동휘, 오일, 성리식

② 한국백엽동인회미술부 : 림춘흥

③ 재일한국예술협회 : 정신, 백희

다음으로 출품작을 확인해보자. 《제1회 연립전》의 팸플릿에는 〈정물〉(홍구성), 〈작품A〉(곽인식), 〈삼십팔도선〉(김창덕), 〈백제관음〉(전화황) 등 54점의 작품명과 작가명이 실렸다. 1961년 8월 15일 발행된 『백엽』 18호 19쪽과, 1961년 5월 6일 자 『조선신보』 4면에는 전시장의 사진이 게재되어 있는데(fig.7, 8), 허훈의 작품인 〈타국살이〉가 전시된 모습을 확인할 수 있다. 이 작품은 『재일조선미술가화집』에도 수록되었다(서장, 69쪽). 그 밖의 작품은 사진만으로 판별하기는 어렵지만, 꽃병에 꽂힌 꽃을 위시한 정물화가 전시된 것을 볼 때 사실적으로 묘사한 작품이 전시되었음을 짐작할 수 있다.

《제2회 연립전》 팸플릿에는 림춘흥의 〈무사시노의 전망〉, 백희의 〈작품〉, 오일의 〈가난한 사람들〉(서장, 83쪽) 등, 33점의 출품작의 작품명과 작가명이 실려 있다. 1961년 8월 26일 자 『조선시보』 4면에는 출품작 가운데 "특히 〈흑의 공간〉(곽인식), 〈노동자의 휴식〉(허훈)(서장, 69쪽), 〈삶〉(표세종)(서장, 74쪽), 〈하루나 호수〉(백령)(fig.11), 〈나의 애기들〉(금정혜)(서장, 71쪽), 〈고향〉(오림준) 등의 작품이 감상자의 시선을 끌었다."고 보도되었으

fig. 11　백령, 〈하루나 호수〉, 1961년, 41×32cm, 소장처 불명
(출처: 『재일조선미술가화집』).

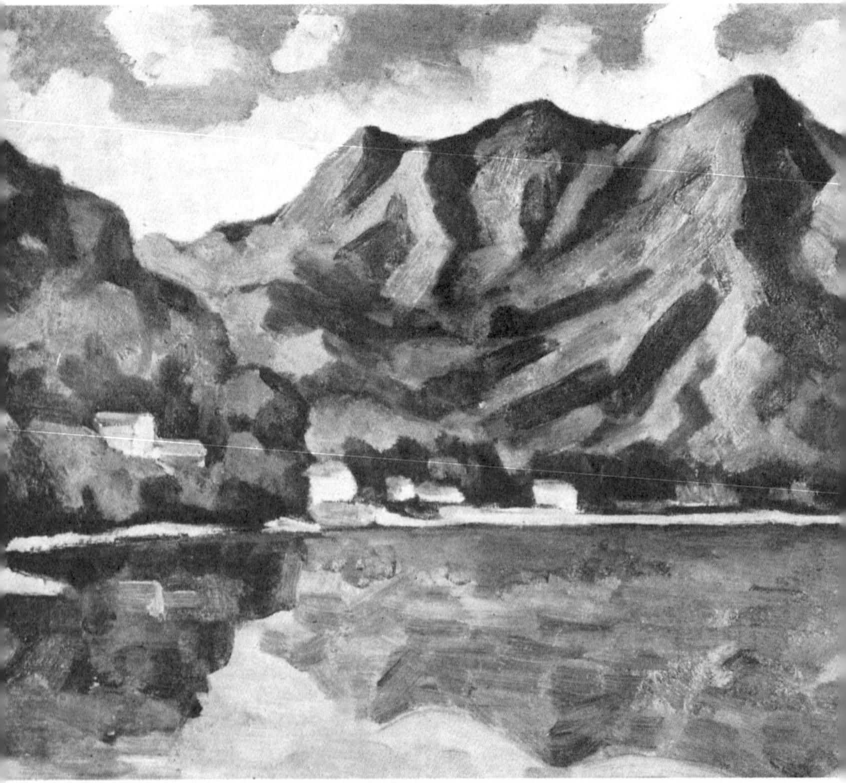

며, 기사에 첨부된 전시장의 모습이 담긴 사진에는 금정혜와 표세종의 작품이 확인된다.(fig.10)[30]

정달현(백엽동인회의 회원, 자세한 사항은 후술)의 경우, 『백엽』 제20호에 전시평을 썼는데 곽인식의 추상화 〈붉은 태양〉, 무대장치가로서 활약한 리찬강李贊康[31]의 〈광한루〉의 무대 모형(서장, 80쪽) 등을 언급하고 있다.[32]

수집한 자료를 통해 판단하건대, 전시된 작품군의 특징은 소재가 다양했으며 표현 방법에 있어서는 추상과 구상이 공존했음을 알 수 있다. 《연립전》의 개최 경위나 개최 기간, 참가 단체, 출품자, 작품과 관련하여 현시점에서 알 수 있는 사항은 이상과 같다.

30 《제2회 연립전》의 출품작 일부도 『화집』에 실려 있다.

31 한자가 다르나 李讚康을 가리키는 것으로 판단된다.

32 鄭達絃, 「第二回連立展をみて」, 『白葉』 20호, pp.26-27.

3.

따뜻했던 교류와 급속한 냉각

《연립전》이 끼친 영향과 반향은 어떠했을까. 앞서 언급한 자료, 특히 『백엽』 18호(1961년 8월 15일 발행)에 수록된 좌담회 「조국평화통일 남북교류촉진 문화제를 기원하며」를 중심으로 살펴보려 한다.

좌담회가 열린 장소나 일시에 대한 기록은 찾을 수 없었으나, 잡지의 발행일로 미루어, 5월에 개최된 《제1회 연립전》과 8월에 열린 《제2회 연립전》 사이에 진행되었으리라 짐작한다. 좌담회에서는 먼저 문화제를 돌아보며 여러 명이 발언한 후, 두 단체에 속한 문화인들이 함께한 이 행사가 지닌 의의, 미술 전람회와 연극에 대한 감상, 작품 비평의 방식 등에 관해 서로 의견을 나누었다. 또한 이 이벤트를 두고 조국에서 어떤 반응이 있었는지를 살펴보았으며, 앞으로의 지속적인 개최 가능성에 관한 이야기가 화제에 올랐다.

좌담회의 출석자는 다음과 같다.

허남기許南麒(1918-1988): 문학가.

김달수金達寿(1919-1997): 문학가.

신홍식申鴻湜(1905-1994): 조련 시기부터 재일조선인의 활동에 참여한 인물.

장철張徹(1926-?): 1950년대부터 도카이 지방에서 조선학교의 교원을 지냈고 문화 활동에 참여한 인물. 1950년대 후반에 총련 중앙본부에서 교육 분야에 관여했으며 1965년에 조선민주주의인민공화국으로 귀국했다.[33]

최선崔鮮(1918-1968): 시인, 평론가(조선장학회에서 신홍식과 함께 3년간 일했다고 좌담회에서 발언했다).

안도운安道雲: 연극인.

정달현鄭達鉉: 문학가로 추정.

조상주趙尚洙: 자세한 정보는 알 수 없으나, 『백엽』 19호에는 조상주가 소개한 「코리아 뉴스」가 실렸다(날짜 없음, 32쪽).

김태신金泰伸: 미술가. 『백엽』의 표지를 여러 번 담당했던 인물. 1960년 전후로 『민주신문』의 삽화도 그렸으며, 백엽 동인지에는 김태신의 개인전에 관한 정보도 게재되어 있다.

사회자 김경식金慶植: 문학가나 비평가로 추측되며 최선이 사망한 뒤, 『背理への反抗』(新興書房, 1968)을 편집했다.

참가자는 문학인이 다수를 차지했으며 미술인은 김태신뿐이었다.

33 장철은 귀국 후에도 문화부문에서 활약했다고 오규상 씨에게 전해 들었다. 오규상 씨가 제공한 자료에 대한 상세한 조사는 앞으로의 과제로 삼는다.

상호교류의 활성화

두 차례 열린《연립전》은 한반도의 평화통일과 문화교류의 촉진을 목표로 개최되었으며, 해방 후 16년이 지난 시점에서 처음으로 소속을 따지지 않고 민단과 총련이 공동으로 개최했다는 점에서 의의가 크다. 그렇다면 전시는 어떤 반향을 불러왔을까. 『조선신보』는 다음과 같이 전했다.

> (전략) 지난번에 있은 문화제에서도 주최자의 예상을 엄청나게 초과하여 운집한 관중들로부터 열렬한 성원을 받았거니와 금번 미술전에서도 개관 첫날부터 이러한 전람회에서는 전례를 찾아볼 수 없을 만큼 각층 조일 인사들이 쉴 새 없이 모여 들어 의좋게 나와서 접대하는 총련, 민단 측 미술인들을 둘러싸고 감동을 교환하는 정경들이 계속되었다. (중략) 관람자들 중에는 학생, 여성들, 상공인, 노동자 등 온갖 계층의 동포들이 그림보다 오히려 민족 단합의 분위기에 황홀한 듯 오래 장내를 서성거리고 있었다.[34]

이 기사는 우선 전시회장에 방문객이 끊이지 않았던 상황을 전한다. 그리고 그림을 보는 법은 모르지만, 총련과 민단이 같이 전시를 개최한다는 사실이 기뻐 찾아온 관객의 이야기와 이제껏 역사에는 무관심했으나 전시를 계기로 미술 작품을 가보로 삼고 싶다며 작품의 구입을 원하는 사람, 미술가 각자의 기법은

34 「감동 부르며《련립 미술전》진행」,『조선신보』1961. 5. 6, 4면.

다르지만 무언가를 추구하는 열의와 진지함에 있어서는 마찬가지라는 사실에 경의를 표하는 평론가의 존재 등을 언급했다.[35]

좌담회에서 나온 발언은 다음과 같이 정리할 수 있다.

김달수는《연립전》이전에 개최된《일본앙데팡당전》에서 재일조선인미술가의 작품을 본 것을 증언하면서, 민단 소속의 미술가와 중립 계열 미술가의 작품이 일본인의 그림과 비교하더라도 훌륭했다고 평가하는 한편, "이러한 교류도 지금까지 없었다."[36]고 아쉬움을 표하였다.

또한 시인 허남기는 "처음에는 백엽 미술부나 코리아미술협회 회원들이 그린 그림은 추상이거나 그렇지 않으면 쉬르리얼리즘(초현실주의)뿐이겠지 하는 선입견이 있었지요. 정말 그런 작풍도 있었습니다만, 그렇지 않은 작품이 절반 이상을 차지하고 있었습니다. 그래서 그림의 경우, 본질적으로는 양쪽 사이에 그렇게 큰 문제는 없지 않을까 하고 느꼈습니다. (…) 원래 어려울 것이라고 생각한 그림조차도 하나가 되어야 한다는 점에서는 매우 간단한 것이 아닐까(하는 생각이 들었습니다)."[37] 라고 전했다. 전시된 작품이 감상자의 기대를 뛰어넘는 수준이었다는 점과 추상과 구상에는 차이가 있지만 기법 상에서는 격차가 많이 나지 않았다는 점을 짐작해 볼 수 있다.

35 위의 기사.

36 『白葉』18호, pp.12-13.

37 『白葉』18호, p.13.

그 밖에도 "역시 문학, 미술 장르의 사람들이 모였기 때문에 결국 작품이라는 것을 논하지 않으면 안 된다는 것이 제 생각입니다."(신홍식)[38], "비평까지 나아가야 하는 문제이지만, (…) 주저 말고 비판하고, 비평하기 전에 우리는 이런 것을 해야 합니다."(김경식)[39]라고 강조하는 등 비평과 관련된 화제로 논의가 확장된 점으로 미루어 볼 때, 작품 전시 자체에는 서로 만족했던 것으로 보인다.

한편 백엽 동인 미술부의 홍구성은 문예동 미술부의 기관지 『조선미술』 7호에 「연립전을 마치고」라는 글을 기고하여 이렇게 전하고 있다.

> 우리 화가들끼리의 마음과 마음이 한 점 한 점의 그림을 통해 육체 깊숙한 곳에서부터 끓고 있는 것을 각자의 목소리를 통해 충분히 확인했다. 전시가 열린 5일간은 상쾌함으로 가득했다. 이렇게 즐겁고 뜻 깊은 행사를 왜 15년간 아무도 열 수 없었을까 하고 생각하면 유감스럽다.[40]

출품자 자신도 전시 개최를 통해 충분한 성취감을 느끼면서 이제껏 교류가 없었던 것을 아쉬워하는 모습이다.

《제2회 연립전》과 관련해서는 『백엽』 20호에 실린 정달현의

38 『白葉』 18호, p.15.

39 『白葉』 18호, p.15.

40 洪久城, 「連立展を終えて」, 『조선미술』 7호(1961), p.80.

전시평을 참고할 만하다. 그는 제1회보다 장소도 좁고 출품작의 수도 줄어들었음을 지적하며,[41] "이렇다 할 대작은 없지만, 적당한 사이즈라서 오히려 친밀하게 볼 수 있었고, 정숙하고 안정된 분위기였습니다. (…) 내면적인 반성과 고심을 겪은 것만큼, 작풍과 표현이 차분해졌음을 느꼈습니다."[42]라고 말했다. 출품자들은 짧은 기간 동안 작품을 새로 그렸거나 이제껏 그려온 작품 중에서 제1회 전시에 출품하지 않은 것을 제출했던 것으로 보이며, 테마 작품의 출품을 피한 것일 수도 있다. 이런 변화와 관련하여 김태신이 좌담회 때 한 발언이 의미심장하다.

> 문예동 미술부의 벗들과는 전부터 알고 지내던 사람도 있습니다. 처음에 앙데팡당에서 받았던 느낌과 그 후에 느낀 것은 포즈나 구도 같은 것보다도 작품 그 자체에서 분리된 것 같이 기록화를 그린 듯한 느낌을 받았습니다. (…) 어쨌든 문화제에서는 작품을 본위로 한 문화제를 열면 좋겠다고 동료들과 함께 결정했습니다. (…) 신 선생에게도 이런 타이틀은 너무 강한 것이 아니냐고 말하는 것을 들었습니다. (…) 문화제에 내기 위해 그린 것은 적을 겁니다. (…) 연립전의 경우에는 의외로 성실히, 역시 연립전을 위해 그렸다는 인상을 작품에서 받을 수 있었습니다. (…) 앙데팡당에 낼 때와 같은 테마 작품이었다고 한다면, 그러한 작품에는 그들의 개성이 다소 발휘될 여지가 있었기는 하지만 좀 부족한 듯한 느낌이 있었습

41 정달현은 "작품도 54점에서 33점으로 줄어들었다."라고 언급했는데, 《제1회 연립전》의 작품 수가 62점이었다고 전하는 자료(『조선신보』 1961. 5. 6)와는 차이가 있다. 어느 쪽이 정확한 정보인지는 알 수 없다.

42 鄭達鉉, 「第二回連立展をみて」, 『白葉』 20호, p.26.

니다.[43]

김태신은 백엽동인회의 소속이면서도 문예동 미술부에 속한 미술가들과는 이전부터 접촉이 있었고, 그들의 작품을 《일본앙데팡당전》을 통해 본 적이 있다고 밝혔다. 또한 그가 "기록화를 그린 듯한"이라고 말한 작품은 아마도 문예동 미술부의 '테마 제작' 작품으로 짐작된다. 다음 장에서 서술하겠지만 재일조선인미술가는 1957년부터 테마작을 그리기 시작하였고, 1959년에는 《일본앙데팡당전》에 대거 출품했다.[44] 김태신이 말하는 "기록화"란 그러한 일련의 작품을 가리키는 것으로 사료된다. 또한 그는 테마를 갖춘 작품을 보며 때때로 작가의 개성이 다소 나타났지만 《연립전》에 전시한 작품에서는 그것이 느껴지지 않아 "부족한 느낌"이었다고 했다. 문예동 미술부와 이전부터 접촉해 왔고, 그때부터 그/그녀들의 작품에 위화감을 느꼈기 때문에 공동 전시에서는 그런 종류의 작품 전시를 피하고 싶었지만, 실제 전시된 것을 보면서 오히려 전자(테마 제작)의 작품들에서 개성을 느껴졌다고 솔직한 의견을 내보였다. 김태신의 언급을 통해, 공동 전시를 함께 개최한 상대편의 미술에 대해 어느 정도 이해하려고 노력했음을 엿볼 수 있다. 한편으로 문예동 미술부 역시 전시의 방향성에 대해 백엽동인회의 의견을 수용했을 것

43 『白葉』 18호, p.14.

44 테마는 '재일조선인의 생활, 귀국, 남조선의 구국투쟁'이었다.

으로 생각된다. 앞서 언급한 정달현의 전시평을 살펴보더라도 작품과 관련하여 두 그룹 사이에는 어느 정도 교섭과 조정이 있었음을 가늠할 수 있다.

《제1회 연립전》 개최 직전에 열린 문화제에 대해서는 어떤 이야기를 주고받았을까. 김달수의 발언을 인용하면 문화제를 찾아온 재일조선인의 민족적인 감정에 대해 "초보적" 혹은 "소박한" 감정이었다고 표현하고 있다.

> 조선요리집이라고 불리는 곳에 갔습니다. 그런데 그 집은 이른바 거류민단계였습니다. (…) 먼저 무슨 말을 하나 싶었더니, '내일 통일할 거예요'라고 말하는 거예요. 그런 식이었어요. (…) 생각해보면 웃고 넘겨버릴 문제는 아니었습니다.[45]

이어서 안도운은 상연된 연극을 두고, 처음 만난 사람들이 당일에 어떻게 하나의 작품을 만들어 낼까 걱정했으나 "무언가 전처럼 의식적으로 통일하자고 말하지는 않았어도, 신기하게도 서로 매우 온화한 분위기가 되어 사이좋게 진행되었다."[46]고 언급했다. 두 사람의 발언에서 문화제를 편안하게 대하는 보통의 재일조선인들의 모습과, 기대와 불안을 동시에 품은 관계자들의 준비 상황과 심경을 엿볼 수 있다. 말하자면 그/그녀들은 적극적으로 문화제를 기다리며 바라고 있었다고 할 수 있다. 문화

45 『白葉』 18호, p.15.

46 『白葉』 18호, p.17.

제 당일에 상연된 연극의 제목은 〈검은 족적〉, 〈검은 눈〉인데, 한 해 전에 일어난 4·19 혁명을 주제로 한 작품이었다. 창작 의도에 대해 자세히 다루고 있는 글도 찾아볼 수 있다.[47]

이 책은 미술에 초점을 두고 있기에 자세한 내용은 다루지 않겠지만, 합동문화제에 이어 7월 22일에 야마노 홀에서 좌우 연극인의 합동 연극발표회를 갖기도 하였다. 《8·15 조국해방 16주년 기념 합동문화제》를 통해 "지금까지의 의혹의 구름을 다 걷어내고, 이제부터의 연극이 나아갈 길을 강하게 느꼈다."[48]라고 평가한 대목도 남아 있어, 미술가들의 《연립전》이 2회에 걸쳐 열린 것과 마찬가지로 연극 부문에서도 4월 문화제에 이어 7월 연구회, 그리고 8월까지도 교류를 지속했다는 사실을 파악할 수 있었다. 다시 말해 문화제가 성공했다는 반증이다.

문화제에 이어 《제1회 연립전》이 끝나자, 총련 산하의 신문에는 다음과 같은 기사가 실렸다.

> 곽인식 개인전
>
> 곽인식 개인전이 지난 7월 24일부터 28일까지 도쿄 긴자 중앙화랑에서 열렸다. 작품은 〈시時의 공空〉 9점으로 유화. 그는 조국평화통일 남북문화교류촉진 문화인회의 실행위원이기도 하다.[49]

47 安道雲, 「『黒い足跡』のあゆみ」, 『白葉』 20호, pp.20-22.

48 安道雲, 위의 글.

49 「郭仁植個展」, 『朝鮮時報』 1961. 7. 29, 4면.

또한, 《제2회 연립전》 이후에는 홍구성의 개인전이 다음과 같이 소개되었다.

> 홍구성 개인전
>
> 도쿄 다케가와竹川 화랑
>
> 백엽동인회 미술부 홍구성 씨의 개인전이 지난 21일부터 도쿄 긴자의 다케가와 화랑에서 열렸다. 작품은 유화 〈나는 물구나무 서고 아내는 북 치고〉 외에 일본 판화협회상을 수상한 판화 〈얼굴〉 등 13점으로 호평을 얻었다.[50]

곽인식(재일한국예술협회), 홍구성(백엽동인회 미술부)의 미술 전시를 총련 산하의 신문에 소개한 것을 보면, 두 번에 걸쳐 개최된 《연립전》을 통해 조직을 초월하여 미술가들 사이에 교류가 활발해졌음을 짐작할 수 있다.

위의 기록을 참고해서 볼 때, 2회에 걸친 《연립전》은 굳이 말로 하지 않아도 서로 마음이 통하는 사람들이 펼친 전시 활동이었음을 알 수 있다. 즉 한반도에 뿌리를 두고 일본에서 살면서 식민 통치를 직접 경험했거나 혹은 부모 세대가 몸소 경험해야 했던 조선인들이, 미술가라는 공통점 아래 함께 힘을 합쳐 개최한 전시였다. 그런 만큼 조직과 계파를 불문하고 전시회에 참가한 재일조선인미술가들은 감개무량했을 것이다.

50 「洪久城個展」, 『朝鮮時報』 1961. 11. 25, 4면.

성공에 따른 여파

《연립전》은 이러한 결실을 보았지만, 한편으로는 또 다른 여파를 불러왔다. 일련의 사업 종료 후 백엽동인회 대표인 최선이 총련계 예술가들과 접점을 갖고 문화제를 개최했다는 이유로 민단에서 제명 처분을 당한 것이다. 『백엽』 창간 4주년 기념 문화제 개최 전날인 9월 20일의 일이었다. 자세한 정황은 최선이 『백엽』 21호에 게재한 장문의 항의문을 통해 파악할 수 있다.[51] 또한 김일면金一勉[52]은 "남북 문화인의 간담회를 시작으로 민단계와 총련계 문화인이 교류하고 그로 인해 백엽동인회도 당초 동인지에 논문만 실었지만, 지금은 연극인, 음악인, 화가들이 모여 역량과 의의를 발휘하기에 이르렀다. 즉, 『백엽』은 민단 일각 문화인들의 에너지를 발산하는 장을 만들었다. 그와 동시에 조국평화 통일의 운동이 되었고 (…) 백엽문화제를 개최하기에 이르렀다."라고 서술했다.[53] 그러나 이어서 다음과 같은 내용이 이어진다. "백엽문화제가 열린 당일 저녁 6시, 전시 장소인 도시마공회당 앞에 한 무리의 폭력단이 나타났다." (…) "평화 통일 운동을 하고 있는 백엽동인회 '최선 일당'은 '빨갱이의 앞

51 崔鮮,「私こそ権逸を除名する:民族裏切者たちに対する私の回答」,『白葉』 21호(1961. 11. 15), pp.2-22.

52 김일면은 조련에 소속되어 있던 소설가이다. 宋恵媛,『「在日朝鮮人文学史」のために―声なき声のポリフォニー』(岩波書店, 2014), p.236 참조.

53 金一勉,「白葉文化祭における暴力徒始末記」,『白葉』 21호, pp.30-31.

잡이'가 되어 '조총련에 놀아나' '이적행위'를 하고 있으니 이것을 못하게 만들겠다는 것이었다." 한편, 백엽동인회에 소속한 홍구성도 "이번 문화교류회에 있어, 민단 측 일부 보도에 대해 유감을 표하고 싶다. 남북문화교류에 참가한 주도자를 규약에 기초하여 처분 운운하는 것이나, 내 얼굴도 모르면서 '문화제에 불참가하겠다는 서명을 민단에 제출했다'는 등 근거 없는 기사를 보았다."[54] 라고 언급하며, 문화제를 비롯한 동인회 활동에 대한 민단의 대응을 강하게 비판했다. 당시의 기사를 미루어 볼 때, 민단이 문화제 개최 이전부터 총련계 문화인과의 접촉을 조직적으로 비판했다는 점을 알 수 있다.[55] 또한 백엽동인회 활동에 관해서도 문화제 개최를 경계로 엄격한 감시가 시작되었음을 짐작할 수 있다.[56] 건강 상태가 나빠진 최선의 뒤를 이어 백엽동인회의 주간을 맡은 한욱韓郁은 민단의 대응뿐만 아니라, 두 단체의 접촉에 소극적인 태도를 취하기 시작한 문예동을 향한 실망감을 다음과 같이 드러냈다.

(최선은) '백엽'과 함께 온갖 어려움을 이겨내고 오늘에 이르렀으나 아직도 남북이 서로 양보하지 않는 사상적 갈등이나 모순을 처리하는 타당성을 도출하지 못

54 洪久城, 「連立展を終えて」, 『조선미술』 7호(1961), p.80.

55 「総連との接触は慎重に 中央監察委が警告」, 『민주신문』 1961.4.12, 2면.

56 『민주신문』(1960. 9. 28, 6면)은 「『白葉』 창간 3주년 기념축하회 각계 유지, 백여 명이 참가」라는 제목으로 문화제 개최 이전에는 최선을 중심으로 한 문화 활동을 긍정적으로 평가하였다.

하고 있다. (···) 조국통일의 실현에 부조리한 현실을 만들어 내는 모순과 방해를 없애고 통일운동에 적극적이며 대담하게 나아가고 싶은 뜻을 다시 새기고자 한다.[57]

한욱은 최선을 필두로 한 백엽 동인들이 조국 통일을 위해 힘썼다고 말하면서, 문예동의 미술가들이 오사카에서 개최될 예정이었던《연립전》을 실현하지 못한 점을 비판한 것이다. 또한 민단이 백엽동인회 회원이 추진하고 있던 통일운동을 부정한 사실에도 분개했다.《제2회 연립전》이 끝나고 제3회가 개최되었다는 기록은 어디서도 찾아볼 수 없다. 또한『조선신보』등 총련 산하의 언론에서 최선의 제명 사건이나 문화제를 둘러싼 혼란에 관한 기사도 더 이상 찾을 수 없는데, 총련 측 예술가들도 민단계, 중립계 예술가들과 공동으로 추진하던 문화 사업에 대한 의욕이 어떤 이유로 꺾여버린 것으로 추측할 수 있다. 같은 장소에 작품을 나란히 걸고 상호 비평의 가능성까지 논의하며 한반도의 통일을 소박하게 바랐던 미술가들은, 연대와 공동 행동을 방해하는 여러 모순에 깊이 절망했다.

57 韓郁,「主幹に選ばれて」,『白葉』26호(1965. 5. 15), p.9.

4.

정리

《연립전》은 4·19 혁명을 계기로 민단과 총련의 미술가가 합동으로 개최한 미술전으로서, 제1회는 5월에 도쿄 긴자의 무라마쓰화랑에서, 제2회는 8월에 긴자화랑에서 열렸다. 참가 단체로는 문예동 미술부, 백엽동인회 미술부, 코리아미술협회(2회는 한국예술가협회)가 있다. 같은 해에 재일조선인 문학가와 연극인이 주최한 문화제가 개최되었다는 사실을 통해, 《연립전》이 재일조선인 문화인들의 활동이 활발해지던 시기에 열렸다는 것을 확인할 수 있었다.

일본에서는 『민주신문』과 『조선신보』에, 한반도에서는 『경향신문』, 『조선일보』, 『로동신문』에 문화제에 대한 정보와 의의를 다룬 기사가 실렸으며, 재일조선인의 융성한 문화 활동을 이해하고 연대하고자 하는 의사가 표명되기도 했다.

또한 『백엽』에 실린 좌담회의 내용에서 참가자들이 합동 사업을 통해 소박한 감정의 교류를 주고받은 기쁨과 희망에 부풀어 있었던 정황을 포착할 수 있었다. 특히 미술가들의 작품은 추상과 구상이라는 표현상의 차이가 있었으며, 《제2회 연립전》에서는 표현 방법에 관하여 사전에 어느 정도 서로 의견을 교환했다는 것을 파악할 수 있었다.

《연립전》의 특징은 순위를 겨루는 전시가 아니었고 상이 제정된 것도 아니었으며 공통된 화풍을 가진 미술가들의 전시회도 아니었다는 점에 있다. 한반도의 평화통일과 남북의 교류를 바라는 조선인미술가라는 사실만이 참가자들에게서 찾을 수 있는 공통점이다. 시각에 호소하는 예술 작품에 중점을 두었을 뿐만 아니라, 작품을 출품하는 사람들 사이에 공통점이 있다는 점이 당시의 재일조선인에게 영향을 미쳤을 것이다.

전시가 이루어졌다는 성취감으로 희망을 품은 미술가들이지만, 전시가 끝난 후 두 진영 사이의 교류 단절로 인해 깊은 실망에 빠졌다. 이 전시가 1960년 4·19 혁명을 계기로 개최된 것은 앞서 언급한 바와 같다. 한국에서는 이 혁명이 기점이 되어 민중문화 운동이 크게 발전했다.[58] 재일조선인의 문화 활동이 활기를 띠기 시작한 것도 한국과 비슷한 시기였던 만큼, 이들의 활동이 1961년에 있었던 전시를 통해 고조되었다가 급속히 축소되어 갔다는 점은 지금 돌이켜 보아도 매우 안타깝다.

「판문점 선언」에 이어 남북 간에 스포츠 분야나 경제 활동, 육로의 정비 등이 추진되면서 재일조선인 예술가들에게도 새로운 역사의 창조가 기대되는 시기인 만큼 《연립전》의 성공과 경험은 적지 않은 참고가 될 수 있을 것이다.

58 古川美佳, 『韓国の民衆美術 : 抵抗の美学と思想』(岩波書店, 2018), p.7.

이번 장의 기초가 된, 《연립전》에 관한 필자의 첫 번째 발표 논문의 부제를 「알려지지 않은 재일조선인의 미술전을 해명하다」라고 붙인 적이 있다(『아시아태평양리뷰』, 제15호, 2018). 이 논문이 공개된 후 미술가와 연구자로부터 "알려지지 않은"이라는 표현이 과장된 것은 아닌가 하는 지적을 받기도 했다. 1961년 당시로서는 매우 뜨겁게 달아오른 큰 이벤트였으며 문화제나 《연립전》에 관여된 관계자 중에는 당시의 상황과 경험을 후배들에게 전한 사람도 있었다고 한다. 자료나 인터뷰를 통해 재일조선인 1세와 2세의 생활 체험, 그리고 당시의 분위기를 충분히 느끼고 이해하기 위한 지식과 감수성을 갖추는 것도 앞으로 주어진 과제라고 생각하며 이번 장을 마친다.

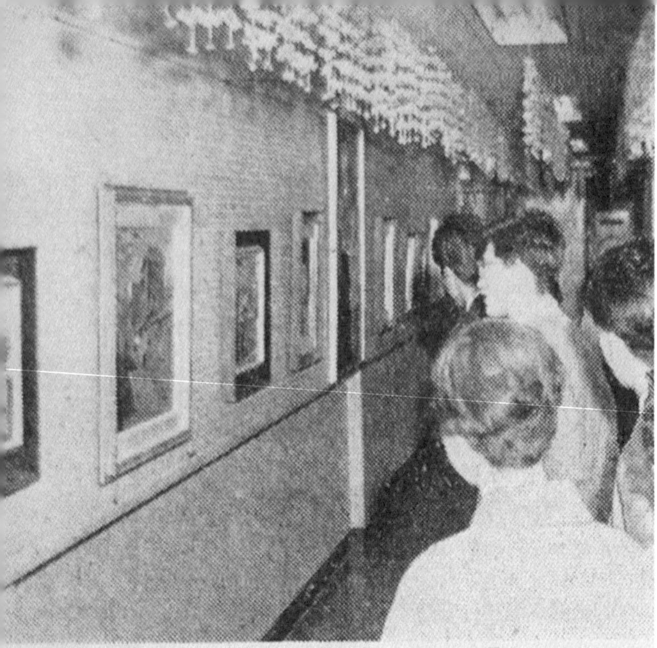

神奈川《일조 우호 미술

新潟서도 전시한 후 그림을 공화

2월 29일 호에 보
마와 같이 귀국 념원의
를 들고 나선 川崎 中留
있는 神奈川 현하의 일본
은 재일 조선 공민들의
자기들의 미술 작품으
하하며 조일 친선의 기
돋이자고 지난 19일부
8일까지에 걸쳐 川崎역
4층 화랑에서《일조 우
전》을 개최하고 있다.
전에는 川村信雄(太平洋
원), 收 利保(일본 미술회
松島一部(獨立 미술협회
10명의 일본의 각파
들과 백 명, 오 림준,
휘 등 3명의 재일 조선
이 참가하고 있는데 여
23점의 그림이 진렬

(太平洋 미술 회원
本 미술 회원), 한
芸同) 씨 등은 中留
들을 그렸는데 이들
본 화가들은 中留
아 가서 그림을
말로 재일 조선
국의 의의를 알게
기들의 감상을 말
그 작품들을 통하
선 민주주의 인민
교류를 강화하며
정을 깊여 나가이
하고 있다.

그리하여 일본
번에 전시한 그림들
져가서 전시회를
그것을 전부 공화
싶다고 하고 있다.

5

일본인 미술가와의 접점

재일조선인미술가들은 6·25 전쟁 휴전 직후에 본격적인 미술 단체 재일조선미술회를 결성하여 '민족 미술의 창조'를 모색했다. 구체적인 활동으로 《순회전》을 개최하면서 꾸준히 테마 제작을 실천하고 발표를 이어갔다. 이러한 과정에서 재일조선인미술가들은 일본인 미술가와 교류하고 접점을 형성해 나가기도 했다.

1950년 후반부터 1960년대에 걸쳐 일본에서는 전쟁의 쓰라린 기억과 날로 심각해지는 냉전 구조에 대한 강한 위기감으로 평화를 희구하는 운동이 일어났다. 미술계에도 사회의 이러한 동향에 호응하며 반전과 인권 및 사회 문제에 많은 관심이 모아졌다. 《일본앙데팡당전》은 이러한 토양에서 개최되었고, 조선인미술가도 결합하여 작품을 활발하게 발표하는 장으로 삼았다. 이는 재일조선인이 일본 미술계에 참여했다는 단순한 차원에 그치지 않는다. 당시 일본 사회 역시 재일조선인 문제나 한반도 정세에 강한 관심이 있었기에 가능했던 특별한 사례였다는 점에 주목할 필요가 있다. 이 시기 이후 일본 미술계에서 재일조선인미술가가 이렇게 집단적인 형태로 일본의 화단에 관여한 경우는 거의 찾아볼 수 없기 때문이다.

1.
개인전 개최와 일본 공모전 참여

재일조선인이 일본의 공모전과 맺은 관련을 살필 수 있는 단서는 「재일조선인미술가들이 걸어온 길」(『재일조선미술가화집』에 수록) 중 1949년부터 1953년까지의 상황을 설명한 항목에서 찾을 수 있다.

> 이 시기는 미술가들의 개인 교류의 시기이며 작가들은 일본 공모전에 출품하거나 미술학교들에 다니고 있었다. 작가와 소속 단체는 다음과 같다.
> 김창덕-행동미술협회, 백령-미술문화협회·일본청년미술가연합, 전화황-행동미술협회, 허훈-전일본초상화연맹, 박찬근-동광회, 김창평-이과회, 오병학-일본직장미술협의회 등.

위에서 확인할 수 있듯이 조선인미술가들은 행동미술협회나 일본청년미술가연합 등과 관련이 있었으리라 보인다. 이번 장에서는 조사가 진행된 이과회와 행동미술협회, 일본청년미술가연합, 그리고 조사 과정 중에 어느 정도 관련성을 확인할 수 있었던 일본판화운동협회, 일본노동만화클럽과의 관계를 중심으로 살펴보고자 한다.

이과회

1914년에 결성된 이과회는 1944년에 해산되었으나 패전 후 1946년에 재건된 일본미술가 단체 중의 하나이다. 『재일조선미술가화집』에 기록된 김창평의 이과회 참가 사실은 1956년에 조량규가 『해방신문』에 기고한 전시 관람평을 통해서도 확인할 수 있다.[1] 조량규는 「현실의 반영 위한 노력」이라는 제목의 글에서 이과회의 작품 경향을 언급했다.(fig.1) 그는 "(이과전에는 추상 표현이 많고) 추상과 구상의 표현 형식의 차이는 있으나 대부분의 미술가들의 작품이 오늘날의 사회현상에 깊은 관심을 가지고 있다는 것을 보여주고 있다. 이 감정을 더욱 구체적으로 대중의 현실적인 감정과 결합시켜 나가는 방향으로 나간다면 착실한 전진을 기대할 수 있으리라 믿는다."라고 지적했다. 한편 김창평은 《이과전》에 〈달밤의 고양이〉라는 작품을 출품한 듯 보이는데 조량규는 "작품 제목 그대로의 고요한 심정을 나타내고 있어 인상적"이라고 평가했다.

행동미술협회

행동미술협회는 이과회의 재건에 반대하며 새로운 시대에 어

1 조량규, 「現實의 反映 위한 노력 二科 行動 美術展 출품작품을 보고」, 『해방신문』 1956. 9. 15, 4면.

fig. 1 「現實의 反映 위한 노력 二科 行動 美術展 출품작품을 보고」, 『해방신문』 1956년 9월15일, 4면.

입예술로서의 연극에 있
어서 독히 상대적인 언
어 행동인 연극에 있
어서 《자기의 언어》를
갖가지고 대사를 미텃속
에서 생각해 내는 그
런 순간—관중의 시선
은 혼갈린다. 때문에 관
중은 오히려 극의 본
줄거리 보다 에피소드
에 더 큰 관심을 돌
리군 했다. 모란봉 동
무들에 있어서의 언어

의 문제—그것은 일본
에서 났으니까……하는
것으로 걷어 치울 수
없는 일이며 그것은 또
한 어느 한 장면의 회
화의 악센트 문제만도
아니다. 《언어를 위한
투쟁—그것은 또한 사
상투쟁(표미키)이 기
도하다.」 속히 이번 공
연에서 앞에는 바와
같은 기본 내용을 연
어의 미숙성으로 인하
여 갈등이 심화되지 않

고 원자이 갖는 감명
을 수지 못하였는 바
연기자중 주목을 받은
최환추 동무를 위시하
여 서정자, 려운산, 김
순희, 천진, 리일성, 강
연자 등 제동무들은 연
기를 그 내면적 행동
에서 표현하려 하고 있
는 바 이 동무들이 비
적 《자기의 언어》를 가
지고 있다는 것은 절코
우연한 일이 아닐것이다
(려 호)

現實의 反映위한 努力

二科 行動 美術展출품작품을 보고

미술

예년과 같이 지
금東京·上野
都미술관 에서
二科·行動 양
단체의 미술전
이 개최되고 있
는데 이에는 수 많은
일본 화가들의 작품이
출품되고 있으며 그 작

품들과 나란히 동포화
가들의 그림도 한두점
씩 볼수가 있다. 최근
재일 미술가들의 작품
활동이 활발하며 독자
적인 이동 전람회와 아
울러 二科, 行動 전람
회장에도 적극적으로 출
품하고 있는 것은 매

우 기쁜 일이 아닐수
없다.
行動전에는 전화광,
김창덕(高橋進)외 량
씨, 그리고 二科전에는
김칭평(金原昌平) 씨가
출품하였다.
전후의 일본 미술계
의 일반적 경향인 추
상화(抽象畵)가 이 두
전람회에 있어서도 가
장 수가 많았으며 반
면에 추상, 구상의 표
현 형식의 차이는 있

으나 대부분의 미술가
들의 작품이 오늘날의
사회현상에 깊은 관심
을 가지고 있다는 것
을 보여주고 있다. 이
감정을 더욱 구체적으
로 대중의 현실적인 감
정과 결합시켜 나가는
방향으로 나간다면 착
실한 전진을 기대할 수
있으리라고 믿는다.
량 전람회에 출품한
동포화가들의 그림들
도 위의 경향성을 반

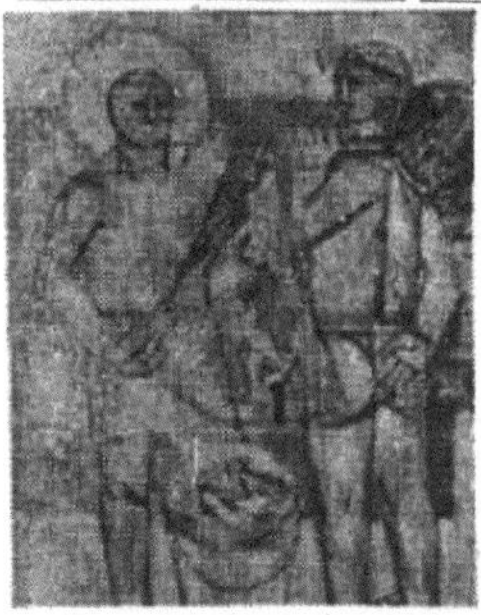

영하고
있는 것
같다.
김창
덕씨의
《여름》
《땅》
의 두
작품은
어두우
색갈로
씨 아
무리

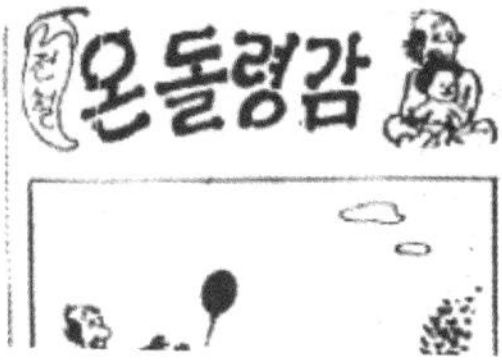

울리는 미술 단체를 목표로 삼은 미술가들이 1945년에 조직했다. 1956년 《행동미술전》을 관람한 조량규는 위의 기사에서 조선인미술가가 《순회전》을 독자적으로 개최하면서도 일본의 전람회에 출품한 점이 기쁘다고 말하며 "《행동전》에는 전화광(전화황), 김창덕(다카하시 스스무) 두 사람"[2]이 출품했다고 기록했다. 이 기사에 등장하는 《행동전》이 바로 행동미술협회가 주최한 전람회이다.

조량규는 〈여름〉과 〈땅〉을 출품한 김창덕에 대하여 "사람들의 생활 감정과 모습을 조형적인 요소를 강조하여 그려져 있어 호감을 느꼈다."고 말하지만 "일하는 사람들의 생태를 객관적으로 깊이 파악하였더라면" 하는 아쉬움도 표했다. 전화황(전화광)은 〈태양족太陽族의 심판〉, 〈두 태양을 쫓는 백의족白衣族〉을 출품했는데 조량규는 "결국 무엇을 표현하려고 의도하고 있는지 최후까지 잘 모르고 말았다."라며 "4, 5년 전 조국해방 전쟁 시대에 역시 《행동전》에서 발표된 〈갓난이의 죽엄〉(행동전 도록에는 〈갓난이의 매장〉으로 기재), 〈어느 날 밤의 꿈〉이란 작품들에서 얻은" 감명이 더 선명하다고 말했다.

김창덕과 행동미술협회와의 관계를 확인할 수 있는 또 다른 자료로 『행동미술 35년의 소사』가 있다. 이 책에서는 "감사를 진행할 담당자는 (…) 경묘하고 빠르며 너무 노련하지 않은 자질을 가진 사람이 어울린다. 젊은 시절의 다카하시 스스무 역시

2 조량규, 위의 기사.

그런 명인 중 한 사람"[3]이었다고 언급하여 김창덕이 출품뿐만 아니라 감사역으로서도 일익을 담당했음을 짐작할 수 있다. 이후《행동미술전》에는 성리식도 출품했다.

일본청년미술가연합

앞서 언급했듯 백령은 일본청년미술가연합의 결성(1952년) 초기부터 참여하여, 나카무라 히로시 등 전후 일본의 전위미술을 이끈 미술가들과 함께 활약했다. 또한 일본청년미술가연합의 기관지 『오늘의 미술』에는 백령이 쓴 「표현과 전달성」[4] 및 「토론과 이해에 대하여」[5]를 비롯하여 설문조사에 대한 조량규의 회답[6], 한우영이 번역한 소비에트 미술아카데미 회장 알렉산드르 게라시모프의 「현대미술가의 과제-공산주의 건설과 미술가의 역할」[7]이 게재되었다.

일본판화운동협회

1949년 10월에 결성된 일본판화운동협회는 1949년 12월에 기관지 『판화운동』의 창간호를 발행했다. 『판화운동』에 실린 회

3 向井潤吉·難波香久三編,『行動美術35年の小史』, 行動美術協会, 1980, p.219.

4 白玲,「表現と伝達性」,『今日の美術』2호, 1953.6.5, pp.14-16.

5 白玲,「討論と理解について」,『今日の美術』3호, 1953.8.7, pp.8-10.

6 조량규의 회답은『今日の美術』3호, p.5에 실렸다.

7 アレクサンドル·ゲラシモフ(韓宇英訳),「現代美術家の課題ー共産主義建設と美術家の役わり」,『今日の美術』6호, 1954, pp.2-15.

원 명단에서 오병학과 강이용姜二用의 이름을(7호, 1952), 신회원란에서는 박사림과 장광설張光雪의 이름을(8호, 1952) 확인할 수 있었다. 기관지에는 그들의 판화 작품도 게재되었으며(fig.2), 제6장에서 자세히 언급하겠지만 조선학교의 판화 교육과 관련된 내용도 찾아볼 수 있다.

일본노동만화클럽

1953년에 결성된 일본노동만화클럽과 재일조선인미술의 관계는 연표[8]를 통해 다음 사항을 확인할 수 있다. 결성 멤버는 대표 스즈키 헤이하치, 미야시타 모리, 데라오 가즈후미(혹은 가즈시)寺尾和史, 나카하타 하루오中畑春雄, 가타요리 미쓰구片寄貢, 나카지마 히로지中島弘二, 사사키 도루佐々木哲, 야마자키 사다오山崎定雄, 모바라 슌지茂原峻二, 하야시 슈지林しゅうじ, 나가이 야스하루(혹은 야스시)永井泰治, 그리고 전철이며, 중계자로 스즈키 헤이하치, 가토 에쓰로加藤悦郎, 기시 다케오岸丈夫, 미야시타 모리가 있었다. 조선인 미술가로 모바라 슌지(채준의 일본명; 제1장에서 언급)와 전철의 이름을 찾아볼 수 있다.[8]

기타

『재일조선미술가화집』에는 위에서 언급한 단체 외에도 전일

8 『労漫』, 『漫画会議』 연표(미야시타 모리 기록). 이 연표는 만화연구가 가타쿠라 요시오片倉義夫 씨에게 제공받았다.

fig. 2 『일본판화신문』 9호(일본판화운동협회의 기관지, 8호부터 명칭 변경) 표지에 실린 오병학의 판화 〈조선의 시골길〉, 『日本版画新聞』9호, 1952년 7월 31일.

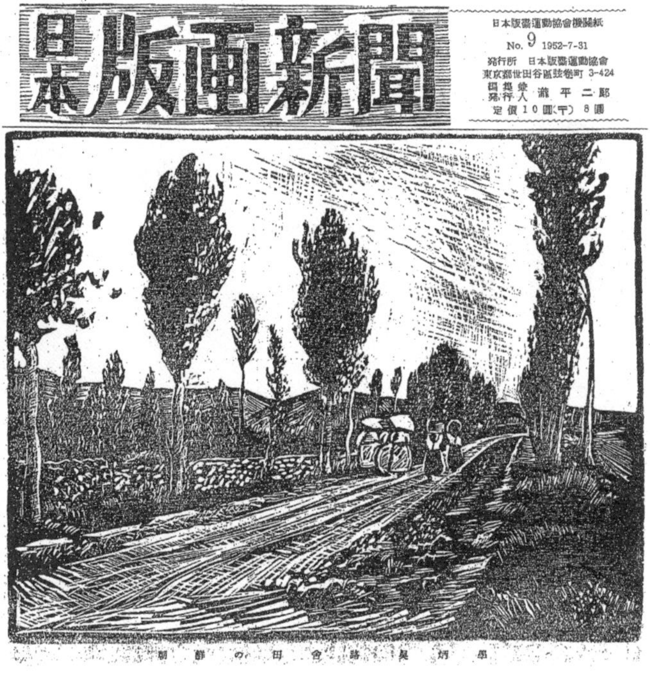
日本版画新聞

日本版畫運動協會機關紙
No. 9 1952-7-31
發行所 日本版畫運動協會
東京都世田谷區弦巻町 3-424
編集兼發行人 瀧平二郎
定價 10 圓(〒) 8 圓

朝鮮の田舎路 吳炳學

본초상화연맹에 허훈, 동광회에 박찬근, 일본직장미술협의회에 오병학이 출품했다는 내용과 함께, 공모전이나 미술 단체, 각종 연맹의 그룹전 이외에도 개인전에 대한 기록이 남아있다.

또 다른 자료를 통해서는 조량규가 자유미술가협회(1937년 결성)에 소속되어 있었다는 점을 알 수 있다. 조량규는 1960년 조선민주주의인민공화국으로 귀국했으나 1958년과 1959년에는 《야스이상安井賞 후보 신인전》에 작품을 출품하기도 했다. 당시 귀국 직전인 5월에 개최된 화집의 출판 기념 축하 파티를 취재한 후 신문에는 다음과 같은 기사가 실렸다.(fig.3)

> 조량규 씨의 미술에 대한 가장 적극적인 지지자며 이해자인 미술 평론가 하리우 이치로 씨는 조량규 씨의 미술 활동은 "전후 예술의 도표圖表"라 하며, 일본의 "전후 미술의 가장 중요한 일각이 거의 그의 한 사람의 힘으로 지탱되어 왔다."고 찬사를 아끼지 않았으며 작가 노마 히로시野間宏 씨는 그에 의하여 이루어진 '현대적 시각의 성립'을 "우리들은 더욱 밝혀야 하겠다."고 작자의 꾸준한 탐구심과 탁월한 개성적 자질을 높이 평가하였다.[9]

조량규에 대해서는 지금까지 적지 않은 논고가 발표되었기에 자세한 내용은 이를 참고했으면 한다.[10] 그러나 지금까지의 선행연구를 살펴보면 조량규와 일본인 비평가, 일본인 미술가와

9 「조량규 씨의 귀국 환송 화집 출판 기념 축하회」, 『조선민보』 1960. 9. 9, 4면. 환송회 개최 장소는 '도쿄 도요시마 진흥회관'으로 기재되어 있다.

fig. 3 「조량규 씨의 귀국 환송 화집 출판 기념 축하회」, 『조선민보』 1960년 9월 9월, 4면.

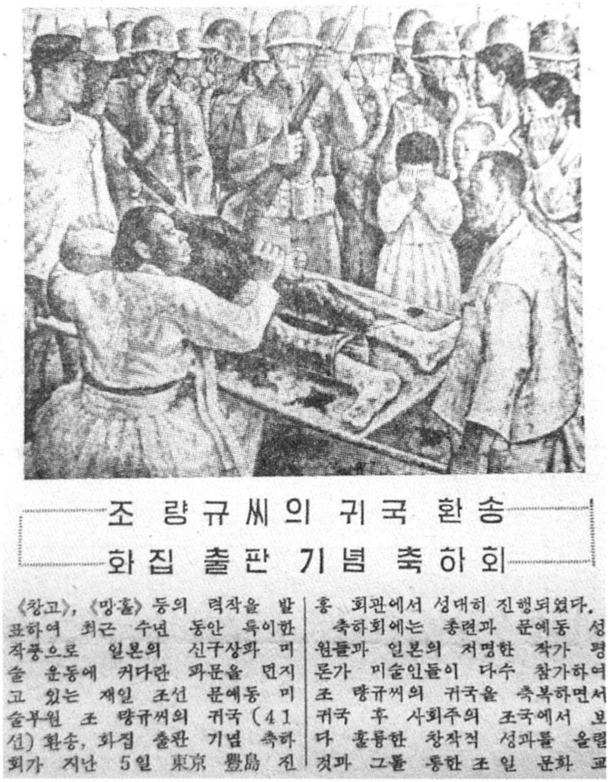

조 량규씨의 귀국 환송 화집 출판 기념 축하회

《창고》, 《밍·홀》 등의 력작을 발표하여 최근 수년 동안 특이한 작풍으로 일본의 신구상파 미술 운동에 커다란 파문을 던지고 있는 재일 조선 문예동 미술부원 조 량규씨의 귀국 (41 선) 환송, 화집 출판 기념 축하회가 지난 5일 東京 豊島 진흥 회관에서 성대히 진행되였다.

축하회에는 총련과 문예동 성원들과 일본의 저명한 작가 평론가 미술인들이 다수 참가하여 조 량규씨의 귀국을 축복하면서 귀국 후 사회주의 조국에서 보다 훌륭한 창작적 성과를 올릴 것과 그를 통한 조 일 문화 교의 접점에 대해서는 언급되었으나, 그와 조선인미술가들과의 관계에 관해서는 이상할 정도로 언급이 없었다. 따라서 조량규의 활동 가운데 중요한 측면인 동포와의 관계에 중점을 두고 그의 표현 활동을 분석하는 새로운 시각의 후속 연구가 나오길 기대한다.

10 2018년에는 조량규 탄생 90주년을 기념한 전람회가 광주시립미술관 하정웅미술관에서 개최되었다.(2018.10.16-2019.1.20.) 한국의 미술사학계에서도 다음과 같은 연구가 발표되었다. 윤범모, 「조양규(曹良奎)와 송영옥(宋英玉)—재일화가의 민족의식과 분단조국」, 『한국근현대미술사학』 18집, (한국근현대미술사학회, 2007); 정현아, 「조양규의 조형 이미지 연구—전위적 방법으로서의 정치성」, 『한국근현대미술사학』 20집(한국근현대미술사학회, 2009); 홍지석, 「1960년대 재일조선인 미술가들의 북한 귀국 양상과 의미—조양규의 사례를 중심으로」, 『통일인문학』 58집(건국대학교인문학연구원, 2014); 홍윤리, 「조양규의 모국 표현 작품에 대한 연구」『인문과학연구논총』 Vol.37 No.1(명지대학교인문과학연구소, 2016); 전선하, 「조양규의 리얼리즘 연구」, 『미술이론과 현장』 25(한국미술이론학회, 2018); 한정선, 「1950년대 일본 미술계의 지형과 조양규의 문화적 위상」, 『용봉인문논총』 54호(전남대학교인문학연구소, 2019); 정현아 「조양규의 작품을 관통하는 또 하나의 축—모자(母子) 이미지에 관한 시론(試論)」, 『文物硏究』 37(동아문화재단, 2020) 등.

2.
《일본앙데팡당전》 출품

1950년대 재일조선인미술가는 일본의 공모전에 출품하거나 미술 단체에 소속되어 실력을 쌓아가고 있었다. 그중에서도 일본미술회가 주최한 《일본앙데팡당전》은 특히 주목해야 할 대상이다. 조선인미술가들이 집단적 활동을 하는 데 있어 일본미술회와의 관계를 중요시했다는 사실은 몇몇 자료를 통해 이미 알려졌다. 일본미술회와의 관계를 살피기에 앞서, 우선 일본미술회의 설립 취지와 《일본앙데팡당전》을 간략하게 설명하고자 한다.

일본미술회의 창립

1946년에 창립한 일본미술회의 강령은 다음과 같다.

1. 민주적 미술 문화를 창조하고 보급한다.
2. 미술을 인민에게 해방시켜 그 미술적 자질의 함양을 도모한다.
3. 미술에 관한 봉건적인 제도나 인습을 배제한다.
4. 미술가의 자유로운 창작 생활을 옹호한다.
5. 국내외의 진보적인 문화운동과 적극적으로 제휴한다.[11]

일본미술회가 결성되던 초기의 모습은 기관지 『미술운동』에 자세히 기술되어 있다. 1호에는 강령 외에도 《일전日展》 재개에 대한 반대 성명을 비롯해, 정부에 미술관 설립을 요망하는 글과 직장 미술 서클에 관한 글이 게재되어 있다. 특히 《일전》의 재개를 둘러싸고 상당히 비판적인 의견이 개진되었다. 《일전》은 《일본미술전람회》의 줄임말로 정부가 주최한 문부성미술전람회, 제국미술전람회 등 관설전람회의 흐름을 이어받은 전시다. 『미술운동』 1호에는 "문부대신이 내놓은 안에 따른 기구 개혁 발표를 보면, 과거의 폐해를 뿌리부터 개선하려는 고려가 조금도 느껴지지 않는다."[12]는 비판이 담긴 「일전 운영에 관한 문부성 당국에 대한 건의 내용」[13]이라는 제목의 글이 실렸다. 그 밖에 「전람회의 의의와 임무」나 「가을의 미술전 평」과 같은 글에서 "전람회의 명성은 그 작가의 작품 가치를 높이는 것이며, 미술의 상품화를 촉진한다."[14]라고 진단하면서 《일전》의 주최자가 "전쟁미술에 대한 자기비판을 지극히 불철저하게만 완수하고 있다."[15]고 비판했다.

11 永井潔, 「創刊の言葉」, 『美術運動』 1호(1947.1.20), p.1.

12 「美術展は美術家の手で自由出展を準備しよう 日展改組の反動性批判」, 『美術運動』 1호, p.2.

13 「日展運営に関する文部省当局への建白の内容」, 『美術運動』 1호, p.2.

14 後藤禎二, 「展覧会の意義と任務」, 『美術運動』 1호, p.3.

15 永見譲治, 「秋の美術展評」, 『美術運動』 1호, p.8.

《일본앙데팡당전》 개최

《일본앙데팡당전》은 Indépendant(독립)이라는 이름 그대로 출품에 있어 심사위원이나 심사 제도를 따로 마련하지 않았다.[16] 『미술운동』에도 언급되어 있듯이 《일전》 및 다른 공모전에서 나타나는 폐해에 강하게 문제 제기하며 이를 불식하는 전람회를 목표로 했다. 또한 일본미술회는 당시 일본 미술계에 만연한 파벌주의와 상업주의에도 반대를 표명했다. 이름을 알리고 싶어 하는 작가의 욕구를 자극하면서 전람회의 흥행에 몰두하던 당시의 미술계를 비판한 일본미술회의 방향성에 재일조선인미술가들도 공감하는 바가 있었을 것이다.[17] 따라서 많은 재일조선인미술가가 《일본앙데팡당전》에 출품했다.

조선인미술가의 출품 기록

『재일조선미술가화집』에는 조선인미술가의 《일본앙데팡당전》 출품 시기와 관련하여 다음과 같은 설명이 있다.

- 1956년(제9회) 단체로 출품
- 1959년(제12회) 테마작을 출품
- 1961년(제14회) 지난해의 테마작을 중심으로 약 30점을 출품

16 앙데팡당은 1884년 프랑스에서 보수적인 관전(살롱)에 반기를 들며 탄생한 전시회로서 무감사와 무상無償을 내세운 자유 출품 형식의 전람회를 말한다. 《일본앙데팡당전》은 2023년 현재, 76회를 맞이했다. 《일본앙데팡당전》에 관한 사항은 瀬木慎一, 『戦後空白期の美術』(思潮社, 1996)을 참조할 수 있다.

17 「第1回アンデパンダン展目録」, 日本美術会, 1947.

글에는 이렇게 세 차례 전시에 관해서만 언급되어 있다. 그러나 「일본앙데팡당전 진열 목록」을 살펴보면, 조선인미술가의 첫 출품은 1952년 제5회 전시로 확인된다. 이 목록을 바탕으로 전체 출품작과 출품작의 숫자를 표 5-1, 5-2로 정리했다.

[표5-1] 재일조선인미술가의 《일본앙데팡당전》 출품 상황

	개최 기간	전시실	이름	작품 제목
제5회	1952. 2.3-2.14	4실 (판화)	오병학	판화집 조선
		11실	박사림	평화를 지키자! (데생)
			오병학	데생
			박사림	풍경 (데생)
제6회	1953. 2.22-3.5	7실	박사림	판화
				아내의 상
				M군의 상
				요코스카 조선인 부락
				아스팔트 공장
				목마
			리찬강	빨간 책
				여인
			오병학	이웃집 아주머니
			조량규	고향
				조선에 평화를! (같은 제목 작품을 두 점 출품)
				고철 수집장 풍경

				에다가와 1초메 조선인 부락 (같은 제목 작품을 두 점 출품)
제7회	1954. 2.22-3.5	7실	량석만	나부 (조각)
		8실	장광설	K군의 상
		13실	모바라 슌지 (채준)	재즈 선풍 (풍자화)
				배치 전환 (풍자화)
				수난자 (풍자화)
				외국인 (풍자화)
			고베 조선인학교	학생 작품 (판화)
		14실	남관	춘향전에서
				두 사람
				피난민과 물
		15실	조량규	목동
				일본의 아이들
				점심 시간
제8회	1955년 (정확한 개최 일자 불명)	6실	리철주	생활의 굴
		9실	리인두 오병학 박사림	요코스카에서 원수폭 반대서명을 하는 조선의 아이들
			문삼봉	해안 부락
		13실	김창락	평화로운 날
		15실	표세종	굶주림
			조량규	끌려가는 소
제9회	1956. 2.2-2.14	3실	리철주	부흥찬가
			한우영	물고기
			김창락	홋카이도

			조량규	토지를 빼앗기다
			백령	풍경
				망향
				습작
			문삼봉	저녁 시각의 쓰나시마 부락
		10실	곽인식	태양이 있는 곳
				외침
			리인두	국화
			표세종	작품명 없음
제10회	1957. 1.28-2.8	1실	표세종	후카가와 풍경
			리철주	양파와 냄비
		7실	조량규	밀폐된 창고
				소와 남자
			오림준	꽃
		10실	문정순	접시와 과일
			리인두	부인상
			김창락	Mel neolie
		13실	한우영	배를 기다리며
		15실	리철주	자반 연어
제11회	1958. 7.2-7.14	4실	송영옥	개간
		7실	한우영	민족군상 (왼쪽)
				민족군상 (가운데)
				민족군상 (오른쪽)
			전철	다방
		11실	김창락	어망을 말리는 어촌의 한낮
				사과
				요코하마의 다리

				벚꽃이 있는 풍경
				아침
			리인두	접시 안의 사과
				목장이 있는 풍경
				요코하마를 바라본다
				농가
				꽃과 사과
			조량규	노동자·창고
제12회	1959. 2.18-3.1	2실	백령	평화의 행진
			한우영	강제송환된 가족들
			전철	지정석
			리인두 김창락 (합작)	시위에서 호소하는 동포 부락의 사람들
			허훈	조국에서 온 진학 통지
			오림준	쓰나시마 조선 부락의 스케치
				쓰나시마 조선 부락의 스케치(2)
			표세종	내년에는 우리 학교에
		3실	문정순	아침의 정물
			송영옥	제목 없음
제13회	1960. 2.18-3.1	2실	성리식	작품
		3실	백령	돌아가는 날을
		4실	조량규	맨홀(E)
제14회	1961. 2.18-3.2	4실	오일	고향의 어머니
			금정혜	농가
			리경조李耕助	정물
			김희려	선착장
			백령	귀미의 상(貴美の像)

				K양의 상
			오림준	조선인의 상
				조선인의 상(2)
			권령일	설경
			김인순	수문(水門)
			리경훈	조국 환등(祖国幻燈)
				피난
			김창덕	재일조선인의 생활
				구국투쟁의 희생자
			표세종	학살
			김희려	귀국환송
			한우영	궐기한 남조선 청년 학생들
			허훈	민족군상 '가련다 조국의 품안에로'
			오림준	화염 속
			성리식	작품A
				작품B
				작품C
			리철주	피로 물들인 교복
			박일대	궐기한 남조선의 인민
			리필건	돌아간다

[표5-2] 출품 작품 수(1952년 5회부터 1961년 14회까지)

5회	4	10회	10
6회	15	11회	16
7회	13	12회	11
8회	6	13회	3
9회	12	14회	25

『재일조선미술가화집』에 이름이 남아있는 조선인미술가가 《일본앙데팡당전》에 작품을 출품하기 시작한 계기는 알 수 없으나, 제5회 때부터 출품하여 이듬해(1953년) 제6회에는 15점을 전시했다. 그 후 매년 출품이 이어지다 1960년 제13회에서는 출품 수가 격감했으나, 1961년에는 25점으로 증가했다. 이러한 기록을 통해, 그들이 《일본앙데팡당전》에 지속적으로 관심을 갖고 있었던 것을 알 수 있다.

출품 보고와 비평

조선인미술가가 《일본앙데팡당전》에 관여한 구체적인 양상을 살펴보기로 하자. 그들이 《일본앙데팡당전》 출품을 통해 발견한 것은 무엇이었을까. 분석을 위해 재일조선미술회의 기관지 『조선미술』과 일본미술회의 기관지 『미술운동』, 그리고 일본미술회가 작성한 「일본앙데팡당전 진열 목록」을 참조했다.

조선인미술가의 《일본앙데팡당전》 출품과 관련하여 현재 발견된 문헌 자료는 제7회, 제9회, 제11회, 제14회의 기록이며 지세한 내용은 다음과 같다.

재일조선미술회 명의로 단체 출품

1953년, 『조선미술』 1호 3면에는 조선인미술가와 일본미술회의 접점을 살펴볼 수 있을 만한 기사가 실렸다.

> '리李 라인' 문제, 일본미술회 사무국에서 검토!
>
> 일본미술회 사무국의 초청에 응하여 '일미(일본미술회)' 사무국에서 조일미술 간담회 운영에 관한 양 사무국 협의회를 개최하였다.[18]

기사 제목에 나오는 '리 라인'이란 1952년 대한민국 측이 해양 경계선이라 주장한 '이승만 라인'을 가리킨다. 조선인미술가들은 이를 일본인의 문제로 여기고 '성명서를 발표하라'고 일본미술회에 요청했는데, 한반도 정세에 대해 일본인 미술가들과 의견 교환이 이루어지고 있었음을 짐작할 수 있다. 더불어 이 기사는 조선인에 관한 일본인의 "인식이 실로 얕다는 점을 솔직하게 지적하고 서로의 민족적인 특성을 확실히 파악하자."라고 바라면서, 진정한 우정과 교류는 이해를 바탕으로 구축해 가는 것이라는 점을 일본인에게 전했다. 일본미술회에 소속했던 조

18 「李라인問題 日本美術会事務局에서 検討!」, 『조선미술』 1호(1953), 3면.

선인들이 조직을 탈퇴하고 재일조선미술회 회원으로서《일본앙데팡당전》에 '단체 참가'한 소식도 기록되어 있다. 1953년에 제안된 '단체 참가' 규정이 곧바로 실행되었다면, 1954년 제7회부터는 조선인미술가들이 재일조선미술회 회원 자격으로 출품했다고 이해할 수 있다. 이렇게 단체 출품 방침이 실행된 다른 공모전이나 전시회는 현재까지 찾아볼 수 없다. 이러한 점을 미루어 볼 때 재일조선인미술가는《일본앙데팡당전》을 특별한 관계로 의식하고 있었다고 추측할 수 있다.

《제7회 일본앙데팡당전》(1954년)

『조선미술』 3호에 「평화와 자유를 위한 국민미술 창조 전시회《일본앙데팡당전》 일본미술회 주최」라는 제목의 기사가 실렸다. 필자가 누구인지는 알 수 없으나, 주요 내용은 다음 세 가지이다. 우선 노동자가 현장에서 스케치하며 우치나다内灘, 아카바네赤羽, 다치카와立川 등에서 벌어진 투쟁 현장의 모습을 그렸다는 점이다. 여기서 말하는 '투쟁'이란 미군 기지나 사격장 설치 반대 투쟁을 말한다.《제7회 일본앙데팡당전》 진열 목록을 보면 제목에 '우치나다'라고 적힌 작품이 10점 정도 있어 일본의 미술가들이 사회 문제를 테마로 하여 작품을 만들었음을 알 수 있다.

조선인미술가 중에서 작품을 출품한 인물로는 '梁', '南', '張', '曺'라고 성 밖에 거론되어 있지 않았지만, 진열 목록을 참조하면 '량'은 '량석만梁石萬'을 가리키는 것일지도 모른다(『재일조선미술화집』의 귀국자 명부에는 '량만석梁万石'이라는 기록도 있으나 동일 인물인지 확실하지는 않다). 이어서 '남'은 남관南寬, '장'은 장광설로 추정된다. '조'는 조량규인 듯하다. 기사 후반에는 조량규의 작품에 대한 짧은 비평도 쓰여 있다.

또한 고베조선중학의 판화가 진열된 사실을 소개한 글도 실렸다. 기사에 따르면 고베의 조선학교 학생이 제작한 약 20점의 판화가 전시된 것으로 보인다. 같은 호 4면에 "이번 《일본앙데팡당전》에 판화를 출품한 고베조선중학교 미술 담당 교사는 앞으로 일본미술회와 자주 연락하겠다는 소식을 받았다."는 글이 실려 있다. 필자의 조사에 따르면 이 기사에서 말하는 미술 교사는 아오야마 다케미靑山武美(1908-1980)라는 남성이다. 「제7회 일본앙데팡당전 진열 목록」에도 '아오야마'라는 이름이 기재되어 있으므로, 그 역시 직접 작품을 냈으며 자신이 지도한 학생들의 작품도 함께 출품했음을 알 수 있다(아오야마 다케미와 조선학교 학생들의 관계는 제6장에서 상세히 다룬다).

《제9회 일본앙데팡당전》(1956년)

제9회전은 『조선미술』 5호(1956)에 특집으로 편성되어 앞서 살펴본 제7회에 비해 기사 분량이 조금 더 늘었다. 다음은 『조선미술』 5호에 수록된 《일본앙데팡당전》에 관한 특집 기사의 제목이다(괄호 안은 게재 페이지).

「앙데팡당전 출품의 의의」… 사무국 (2)

「제9회 일본앙데팡당전의 조선인 화가의 작품」… 하야시 후미오 (3)

「제9회 일본앙데팡당전」… 조량규 (4)

「박력감의 부족—제9회 일본앙데팡당전에 출품한 벗들에게」… 오림준 (6)

「시대의식과 조형정신—앙데팡당전에서 회원 제형의 작품을 보고」… 성리식 (7)

「파산의 예술에 대하여」… 백령 (11)

이상 6편의 글의 자세한 내용을 목차 순서대로 살펴보기로 하자.

「앙데팡당전 출품의 의의」[19]에는 이 전시에 대한 사무국의 의견이 반영되어 있는데, 특히 집단으로 출품한 점에 반응하는 모습을 확인할 수 있다. 한편으로 표현의 자유와 함께 발표의 자유도 있다는 점을 이야기하면서, 이를 전제로 이번《일본앙데팡당전》에서의 집단적 출품의 의미를 되돌아보고 싶다고 밝혔다. 또한 이 기사에 따르면 재일조선미술회의《일본앙데팡당전》출품이 조선인미술가의 종합전 개최를 향해 가는 중간 단계의 하나이며, 조일 우호와 친선을 위한 일로 생각했음을 알 수 있다.

하야시 후미오는「제9회 일본앙데팡당전의 조선인 화가의 작품」[20]에서 박사림, 오병학, 리인두, 백령, 조량규, 문삼봉, 한우영, 표세종, 리철주의 작품에 대한 평을 남겼다. 하야시는 백령

19 事務局,「アンデパンダン展出品の意義」,『조선미술』5호(1956), p.2.

20 林文雄,「アンデパンダン展の朝鮮人画家の作品」『조선미술』5호(1956), p.3.

의 작품에서 큰 도약을 볼 수 있었다면서 그렇기에 리얼리즘의 길에 어려움이 있더라도 '한두 번의 불평·말살에 굴하지 않고 나아갔으면' 하는 마음을 드러내고 있다. 또한 조량규의 작품은 '희화적戲畫的'이라서 '이러한 진보성을 대중이 따라갈 수 있을지는 의문'이라고 썼다. 문삼봉과 한우영의 작품에 대해서는 "부드럽고 밝은 표현에 호감이 간다."라고 평했다. 필자 하야시 후미오는 일본의 미술평론가인데 글의 끝부분에 '필자는 일본 진보적 미술평론가'라는 설명을 덧붙여 놓았다.

조량규는 「제9회 일본앙데팡당전」[21]에서 일본미술회에서 개최된 종합 합평회의 소식을 보고한 후, 전람회에 대한 평과 집단적 출품에 대한 소감을 전했다. 이 글에 따르면 일본미술회 주최로 합평회가 개최되었고, 토론의 내용 중 하나로 사실 표현과 추상 표현을 논했음을 알 수 있다. 필자인 조량규 자신도 추상적인 표현보다 사실 표현을 선택했음을 밝히고 있다.[22]

오림준은 「박력감의 부족-제9회 일본앙데팡당전에 출품한 벗들에게」[23]에서 전시에 출품한 조선인미술가 한우영, 백령, 문삼봉, 조량규, 김창락, 리철주에 대해 썼고, 성리식은 「시대의식과 조형정신-앙데팡당전에서 회원 제형의 작품을 보고」에서 한

21 曺良奎, 「第九回日本アンデパンダン展」, 『조선미술』 5호(1956), pp.4-5.

22 이 기사에 따르면 조량규는 《제9회 일본앙데팡당전》에 <토지를 빼앗기다>라는 20호 작품을 출품했다.

23 呉林俊, 「迫力感の不足—第九回日本アンデパンダン展に出品作された友らに」, 『조선미술』 5호(1956), pp.6-7.

우영, 김창락, 문삼봉, 표세종, 곽인식, 백령, 조량규, 리철주, 리인두의 작품에 대한 평을 썼다. 두 사람은 전시에 출품하지 않고, 동료의 작품에 대한 평만 썼으며 혹평한 부분도 비슷하다.

앞서 제2장에서 잠시 언급하긴 했으나 《제9회 일본앙데팡당전》이 개최된 1956년은 김창락이 '민족미술의 창조'를 고심하며 조선인미술가의 표현을 고민하던 무렵이다. 또한 재일조선미술회 전체가 '무엇을', '어떻게' 그릴지를 모색하면서 《순회전》 개최를 기획하고 있던 때이기도 했다. 백령은 『조선미술』 5호에서 「파산의 예술-소위 위기의식의 파산적 생활에 대한 각서」[24] 라는 제목의 글에서, "추상 표현은 퇴폐"라고 단언했다. 즉 추상 표현은 거대한 자본을 배경으로 두고 있는데, 《제9회 일본앙데팡당전》에 모더니즘 작품이 있었던 것은 '아이러니한 현상'이라고 평가했다.

《제12회 일본앙데팡당전》(1959년)

앞서 제3장에서 언급했듯이, 재일조선인미술가들은 1957년쯤부터 공통된 테마의 작품을 제작하는 문제를 논의해 왔다. 그리고 1958년 9월, 《조선민주주의인민공화국 10주년 기념미술전》에 테마작을 출품했고, 다음 해에 열린 《제12회 일본앙데팡당전》에도 출품했다. 12회전에 대해 조량규는 "투철한 현실 통

24 白玲, 「破産の芸術―所謂危険意識の破産的生活についての覚えがき」, 『조선미술』 5호 (1956), p.11.

찰"을 촉구하며 『조선민보』에 기고했는데 여기서 그는 조선인 미술가가 사실적인 그림을 그리고 있다고 언급했다.[25] 다음 해에 열린 《8·15 조국해방 기념미술전》에도 테마작을 출품했는데, 이를 통해 제12회전은 일본인이 주최한 전람회에 테마작을 처음으로 출품했다는 점에서 중요한 의의를 찾을 수 있다.

《제14회 일본앙데팡당전》(1961년)

1961년에 열린 제14회전에는 조선인미술가의 작품이 가장 많이 출품되었다. 김창덕은 조선인미술가들은 과거 식민 통치를 경험했으므로 사회 문제를 외면할 수 없다는 점이 일본인 미술가들과의 차이라고 지적했다. 또한 이러한 사회 문제를 다룰 때는 가능한 한 구체적이어야 한다고 강조하며, 조량규와 마찬가지로 사실적 표현의 중요성을 언급했다.[26]

또한 백령은 『조선미술』 7호에 「과제와 창작-제14회 일본앙데팡당전평」[27]을 썼는데, 일본인 미술가와 재일조선인미술가의 작품의 특징을 비교하는 내용이다. 백령은 이 글에서 일본의 정세도 파악하고 있었다. 그는 세계사적으로도 의미 있는 1960년이라는 해에 일본인 미술가들은 "과거의 악몽을 다시 반복하지

25 曺良奎, 「투철한 현실 통찰을-안데판단 同胞 作品을 보고」, 『조선민보』 1959.3.14, 4면.

26 金昌德, 「朝鮮画家たちの積極的な姿勢 日本アンデパンダン 美術展を見て」, 『조선신보』 1961.3.9, 4면.

27 白玲, 「課題と創作―第14回 日本アンデパンダン展評」, 『조선미술』 제7호(1961), pp.77-79.

않고", "'정치와 미술'의 문제에 조직적으로 맞섰다.", "1960년 투쟁에 의한 과제물 제작" 앞에서 거부반응을 일으킨 경향도 있으나 순수를 지향하는 태도는 "결국은 체제 측의 계략에 빠지고 있다."고 지적했다. 더불어 조선인미술가 사이에서도 과제 제작과 관련하여 일본인 미술가와 마찬가지로 "미술가는 정치적 과제에 종속되면 안 된다."라는 의견이 나왔다고 언급했다. 또한 재일조선인미술가는 '귀국'이라는 세기적인 과제 앞에서, 일본인 미술가는 '안보반대'의 경험 앞에서 과제를 새로 설정해야 하는 상황을 맞았다고 언급했다. 이러한 복잡한 배경으로 새로운 과제 제작이 눈앞에 드러났다는 의미임을 인식했던 것이다. 이어서 표현 양식에 대해서는 "회화가 가진 전달이라는 성격을 생각하면, 감각이라든가 조형이라는 식으로 순수하게 표현된 말들이 우습게 보인다."라며 "일본의 보도 공세에 주눅 들지 않고, 진실한 회화 정신과 제작을 계속했으면 좋겠다."라고 사실 표현을 장려했다. 또한 재일조선인미술가는 긴 토론 끝에 사회주의 리얼리즘으로 향했는데, 그 이유는 테마 제작을 향한 도전이 있었기 때문이라고 덧붙였다. "미술가에게 있어서 대중과의 대화하는 자리는 작품 이외에는 다른 곳을 가질 수 없다."라며 공통 언어를 부정해서는 안 된다고 주장을 이어가기도 했다. 또한 '귀국'과 '남조선의 구국투쟁'을 테마로 삼고 과제 제작에 몰두해서 불안감이나 주저함이 사라진 것 같다는 총평을 남겼다.

《일본앙데팡당전》을 주최한 일본미술회의 기관지 『미술운동』을 살펴보면, 일본미술회가 1950년대 중반까지는 민주주의,

국민, 생활, 대중, 인민, 평화, 자유 등과 미술과의 관계를 논의의 중심으로 삼았음을 알 수 있다. 그러나 1957년 무렵부터는 이와 더불어 안보투쟁이나 '미이케三池투쟁'[28]을 다루면서 정치, 운동, 리얼리즘과 미술의 관계를 논의하기 시작했다.[29]

이런 상황 가운데 일본인 비평가는 제14회전에 출품한 재일조선인미술가의 작품을 어떻게 받아들였을까. 이를 이해하기 위해 『재일조선미술가화집』에도 기고한 마쓰야 쓰토무[30]와 미타 겐지로[31]의 글을 참고로 살펴보자.

마쓰야 쓰토무는 "일본미술계는 《제14회 일본앙데팡당전》을 개최하는 데 있어 중심적인 제작 과제로 '1960년의 투쟁'이라

28 1953년, 후쿠오카현에서 구마모토현에 걸쳐 이루어진 미쓰이三井 미이케 탄광의 노동쟁의를 가리키는 것으로 추정된다.

29 당시 『미술운동』에 실린 정치·사회적 정세와 미술의 관계를 논한 글은 「社会主義リアリズムをどう考えるか」(「日本美術会の変貌について 若い作家の座談会」라는 특집 기사, 『美術運動』 52호(1957), p.8), 森田信夫, 「政治と美術ー日本美術会に望むことごと」(『美術運動』 55호(1958), p.25), 桂川寛, 「戦後美術の創造的主体をめぐってー「移行期のヴィジョン」より」(『美術運動』 58호(1959), p.15), 箕田源二郎, 「思想とリアリズム」(『美術運動』 58호(1959), p.38), 松谷彊, 「イタリアのリアリズム藝術の道ー序説的スケッチ」(『美術運動』 59호(1960), p.6) 등을 들 수 있다.

30 마쓰야 쓰토무는 『재일조선미술가화집』에서 일본미술평론가연맹 회원이라고 소속을 밝혔다. 지금까지 필자가 확인한 마쓰야 쓰토무가 쓴 조선인미술가 관련 글은 다음의 세 편이다. ①「朝鮮民主主義人民共和国創建10周年祝賀美術展覧会を見て」, 『朝鮮美術』 6호(1959), ②「アンデパンダン展での覚え書」, 『朝鮮美術』 7호(1961), ③「十年間」, 『在日朝鮮美術家画集』(1962).

31 미타 겐지로는 『재일조선미술가화집』에 '화가·일본미술회원'이라고 소속을 밝혔다. 현재까지 확인한 바로는 그가 조선인미술가에 대해 쓴 글은 『재일조선미술가화집』에 수록한 「朝鮮の友へ」가 있다.

는 목표를 세웠다."라고 언급했다.[32] 이에 대해 재일조선인미술가인 백령도 『조선미술』 7호에서 "'1960년의 투쟁에 대한 과제물 제작'이 이러한 현실을 고려하여 의욕적으로 추진된 것이 올해의 수확"[33]이라고 한 것을 보면, 테마를 설정한 과제물의 제작이 재일조선인미술가들에게만 나타난 현상은 아니었다고 말할 수 있다. 그러나 마쓰야는 "일본의 미술적 환경에서는 유난히 테마 제작을 무언가 이상한 일을 하는 것처럼 본다."라며 다음과 같이 말했다.

> (이상하게 보이는 것은—필자) 오늘의 미술계에는 단순한 아카데미즘이나 자연주의와 구별 없이, 혁명적인 관점에 선 리얼리즘 예술까지지도 '묘사회화' '재현회화'라는 기묘한 관념으로 보며 멸시하는 풍조가 매우 강하다는 점이다. 이는 리얼리즘 미술가의 전열戰列에서조차 때때로 작가들의 신념이 흐트러지고 기반이 흔들리는 현상이 보이는 상태이기 때문이다. 재일조선인미술가들은 짝을 이루어 인물이 다수 등장하는 매우 어려운 구도에 도전하여, 적극적인 태도로 차근차근 그 소재들을 파고든다. 양식이나 방법이라는 개개인의 문제에 앞서는 이러한 공통된 태도가 많은 사람들에게 깊은 감명을 주었다고 생각한다.[34]

마쓰야의 글을 통해 당시 일본 미술계에서 사실적 표현을 "멸시하는 풍조"가 있었음을 확인할 수 있다. 이러한 상황 속에

32 松谷彊, 「アンデパンダン展での覚え書」, 『조선미술』 7호(1961), p.66.

33 白玲, 「課題と創作 アンデパンダン展評」, 『조선미술』 7호(1961), p.71.

34 松谷彊, 「アンデパンダン展での覚え書」, 『조선미술』 7호(1961), p.67.

서 재일조선인미술가들은 조직적으로 여러 명이 사실적으로 그린 작품을 다수 출품했고, 그들의 작품과 제작 태도가 일본인 미술가에게 리얼리즘과 미술의 문제를 제기했다고 말할 수 있을 것이다.

또한 미타 겐지로는 "미술과 정치를 분리하라는 요구는 비정치적으로 보이지만 사실은 매우 정치적인 것"이라며, 재일조선인미술가의 작품을 다음과 같이 평가했다.

> 나는 민족적인 과제에 부응하려는 적극적이고 성실한 통일된 의지에 무엇보다 강한 감명을 받았고, 테마 미술을 펼치려는 점을 포함해 몸으로 맞부딪히는 용감한 자세에서 새로운 미술전에 관한 시각을 느낄 수 있었다. (…) 내가 본 재일조선인미술가의 일부 작품 속에서 드러나는 테마 미술에 대한 주제와 의식의 방법, 그리고 정물화·풍경화와 테마 미술 사이에 가로놓인 단층은 신경 쓰이는 것 중의 하나였다. 주제에 대한 2차원적인 파악이 안이한 테마주의와 서로 이웃하는 듯 보였기 때문이다.[35]

앞서 언급한 마쓰야 쓰토무와 마찬가지로 미타 겐지로 역시 재일조선인미술가들의 테마 작품을 인상적으로 받아들인 것으로 보인다. 하지만 미타는 그/그녀들의 작품을 인용하면서 일반적인 정물화 및 풍경화와 테마작과의 관계를 언급했다. 이질적인 두 경향을 '서로 이웃하는' 범위로 생각할 때 생겨날 위험성

35 箕田源二郎, 「朝鮮の友へ」, 『재일조선미술가화집』, 1962. p.97.

을 지적하면서 정치와 미술의 관계를 깊이 고찰했다. 이러한 자료를 바탕으로 재일조선인들의 작품이나 제작 태도가 당시의 일본인 미술가나 미술평론가에 적지 않은 영향을 주었다고 생각할 수 있다.

지금까지 《일본앙데팡당전》 제7회, 제9회, 제12회, 제14회 전시에 참가한 조선인미술가의 상황을 당시의 자료를 참조하면서 살펴보았다. 조선인미술가는 제7회부터 재일조선미술회 명의로 집단으로 출품하기 시작했고 제9회, 제12회, 제14회에서는 《일본앙데팡당전》에서 보이는 추상 표현과 자신들의 표현 방법을 비교하면서 제작 방법을 모색했다. 앞서 언급한 바와 같이 《제9회 일본앙데팡당전》이 개최된 1956년에 재일조선미술회가 주최한 《순회전》이 열렸고, 이때의 반성을 토대로 '무엇을, 어떻게 그릴 것인가'에 관한 토론을 시작했다. 이듬해부터 시작된 테마 제작에 관한 논의 후, 1958년부터는 테마작을 제작하여 1958년 제9회전부터 발표하기 시작했다. 이 시기부터 작품을 발표하는 장이 늘어났으며, 《조선민주주의인민공화국 창건10주년 기념전》(1958)이나 《제12회 일본앙데팡당전》(1959)에 출품했을 때는 사실 표현에 대한 자신이 있었던 것으로 보인다. 또한 제14회(1961)에서는 25점으로 출품작이 늘었으며, 이러한 과정에서 일본의 진보적 평론가인 하야시 후미오, 마쓰야 쓰토무, 미타 겐지로의 평가를 받은 것이 재일조선인미술가에게 큰 자극이 되었을 것이다. 따라서 1961년에 발간된 『조선미술』 7호와 다음 해에 발간한 『재일조선미술가화집』에는 다양한 이론과 전시평,

작품을 게재하여 그간의 활동이 집대성된 결과물을 세상에 낼 수 있었다.

미루어 짐작건대 1950년대 후반에 재일조선인미술가가 활동할 수 있었던 추진력의 하나로《일본앙데팡당전》이 있었던 것은 틀림없다. 조선인미술가들은(일본미술회가 강령에서 제시했듯) 봉건제도나 인습에서 미술을 해방하여 민주적 미술 문화를 창조한다는 취지로 활동을 전개한 일본인 작가들에게 기대를 걸었던 것으로 보인다. 조선인미술가가 하나의 집합체로 자기 자신을 의식하고 그 자각을 바탕으로 그림을 그리고자 했을 때, '무감사, 자유 출품'의 기준으로 매년 개최된《일본앙데팡당전》이라는 전람회는 큰 원동력이 되었음이 분명하다.

3.

미술을 통한 문화교류를 실현한 《조일우호미술전》

개최 취지와 제1회전의 양상

《조일우호미술전》은 미술 작품을 통해 일본인과 조선인의 교류를 증진하려는 취지의 전시였다. 제1회전은 1960년 4월 19일에 가나가와현 가와사키에서 개최된 《귀국실현 축하 조·일 우호전》이라는 이름으로 개최되었다. 당시의 모습을 확인할 수 있는 기사가 『조선민보』에 실렸다. 전문은 다음과 같다.(fig.4)

가나가와 일조 우호 미술전

니가타에서도 전시한 후 그림을 공화국에

본지 2월 29일 호에 보도된 바와 같이 귀국 염원의 첫소리를 들고 나선 가와사키 나카도메中留 부락이 있는 가나가와현의 일본 화가들은 재일 조선 공민들의 귀국을 자기들의 미술 작품으로 축하하며 조일 친선의 기운을 높이자고 지난 19일부터 28일까지 가와사키역 빌딩 4층 화랑에서 일조 우호 미술전을 개최하고 있다. 이 미술전에는 가와무라 노부오川村信雄(태평양 미술 회원), 마키 도시야스牧利保(일본미술회 회원), 마쓰시마 이치로松島一郎(독립미술협회 회원) 등 10명의 일

fig. 4 「神奈川《일조 우호 미술전》新潟서도 전시한 후 그림을 공화국에」, 『조선민보』 1960년 4월 27일, 4면.

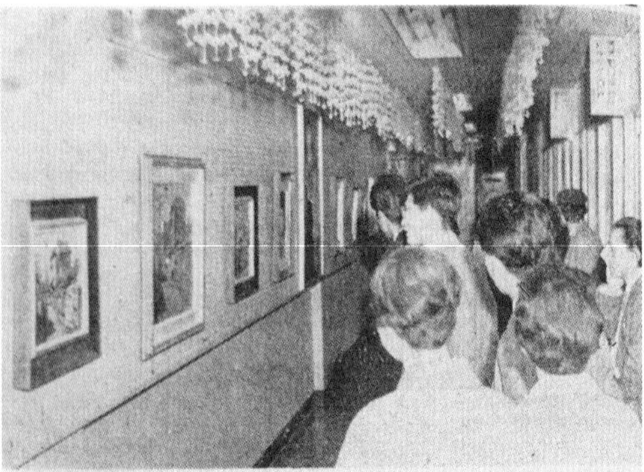

神奈川《일조 우호 미술전》

新潟서도 전시한 후 그림을 공화국에

본지 2월 29일 호에 보도된 바와 같이 귀국 념원의 첫소리를 들고 나선 川崎 中留 부락이 있는 神奈川 현하의 일본 화가들은 재일 조선 공민들의 귀국을 자기들의 미술 작품으로 축하하며 조일 친선의 기운을 높이자고 지난 19일부터 28일까지에 걸쳐 川崎역 삐르 4층 화랑에서《일조 우호 미술전》을 개최하고 있다. 이 미술전에는 川村信雄(太平洋 미술 회원), 收 利保(일본 미술회원), 松島一部(獨立 미술협회원) 등 10명의 일본의 각파 미술인들과 백 명, 오 림준, 한 동휘 등 3명의 재일 조선 화가들이 참가하고 있는데 여기에는 23점의 그림이 진렬되여 있다. 그 중에서 北岡數彦(太平洋 미술 회원), 收 利保(日本 미술 회원), 한 동춘(朝鮮文芸同) 씨 등은 中留 부락의 풍경들을 그렸는데 이들 중 특히 일본 화가들은 中留 부락을 찾아 가서 그림을 그림으로써 참말로 재일 조선 공민들의 귀국의 의의를 알게 되였다고 자기들의 감상을 말하며 앞으로 그 작품들을 통하여 더욱 조선 민주주의 인민 공화국과의 교류를 강화하며 일조 우호의 정을 깊여 나가야 하겠다고 말하고 있다.

그리하여 일본 화가들은 이번에 전시한 그림들을 新潟에 가져가서 전시회를 하고 끝나면 그것을 전부 공화국에 보내고 싶다고 하고 있다. (사진은 미술 전시회 회장 정경)

본의 각 파 미술인들과 백령, 오림준, 한동휘 등 3명의 재일조선화가들이 참가하고 있는데 여기에는 23점의 그림이 진열되어 있다. 그중에서 기타오카 가즈히코北岡和彦(태평양미술 회원), 마키 도시야스(일본미술회 회원), 한동휘(조선문예동) 씨 등은 나카도메 부락의 풍경들을 그렸는데 이들 중 특히 일본 화가들은 나카도메 부락을 찾아가서 그림을 그림으로써 참말로 재일 조선 공민들의 귀국의 의의를 알게 되었다고 자기들의 감상을 말하며 앞으로 그 작품들을 통하여 더욱 조선민주주의인민공화국과의 교류를 강화하여 조일우호의 정을 깊이 만들어 나가야 하겠다고 말하고 있다.

그리하여 일본 화가들은 이번에 전시한 그림들을 니가타에 가져가서 전시회를 하고 끝나면 그것을 전부 공화국으로 보내고 싶다고 했다.(사진은 미술전람회장 정경)[36]

기사에 따르면 이 전람회의 배경에는 1959년 12월부터 시작된 공화국으로의 '귀국 사업'이 있었음을 알 수 있다. 개최 기간은 1960년 4월 19일부터 28일까지, 장소는 가와사키역 빌딩 4층에 있는 화랑이었고 일본인 10명과 재일조선인 3명(백령, 오림준, 한동휘)의 작품 23점이 전시되었다. 가나가와현 일대에서 활동하는 일본인 화가들이 재일조선 공민의 귀국을 미술 작품을 통해 축하하고 조일 친선의 기운을 높이려는 취지로 이 전람회를 개최했다는 내용을 당시 신문에서 확인할 수 있다. 참가했던 미

36 「神奈川《일조 우호 미술전》新潟서도 전시한 후 그림을 공화국에」, 『조선민보』 1960.4.27, 4면. '나카도메 부락'은 JR 및 게이큐 가와사키역에서 도쿄만 방향으로 약 2km 동쪽에 있다.

술가의 인터뷰에 따르면 '화랑'이라는 단어에서 연상되는 단독 전시 공간이 아니라, 백화점의 복도 같은 곳에서 비교적 작은 작품이 전시되었다고 한다.[37] 기사에는 일본인 참가자의 소속(태평양미술회, 일본미술회, 독립미술협회 등)까지 기재되어 있어 당시의 교류 상황을 짐작할 수 있다.

재일조선미술회의 테마 중 하나인 '재일조선인의 생활'을 다룬 한동휘의 〈가와사키(나카도메) 조선인 부락〉(제3장, 177쪽)이 바로 이 전시에 출품되었다. 한동휘는 이 그림 외에도 2점을 더 전시했으며(모두 현존), 출품작 3점 모두 리인두에게 지도받아 그렸다고 회상했다.

전람회 보고와 그 후

조일우호미술전에 대해서는 기관지 『조선미술』 7호에는 오림준의 「활동보고 전진하는 조·일 미술가들의 우호」라는 제목의 글이 '조·일화가 스케치회'라는 사진과 함께 게재되어 있다(fig.5). 이 글을 통해 일본인 11명(『조선민보』에는 10명으로 기재), 조선인 3명이 참여했고 실행위원회가 조직된 점, 제2회 전시도 계획 중에 있다는 사실을 확인할 수 있다.[38]

앞서 신문 기사에서도 밝히고 있듯 일본인 화가들이 실제로

37 한동휘 인터뷰(2009.10.31).

fig. 5　오림준의 기사 「전진하는 조·일 미술인들의 우호」, 『조선미술』 7호에 실린 사진

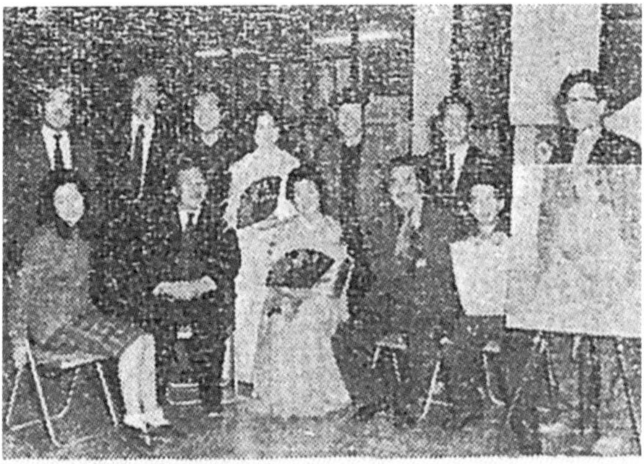

(조·일화가 스켓치회)

가와사키의 나카도메 부락을 찾아가서 그림을 그린 점을 고려하면 당시의 일본 미술계에서 전개되던 르포르타주 회화[39]의 영향을 찾을 수 있다.

또한 "공화국으로 작품을 보내고 싶다고 말한 사람이 있다."라는 서술과 관련하여 평양에서 발행된 미술 전문잡지 『조선미술』에 실린 「재일조선미술가들이 보내온 편지와 선물」을 참고할 수 있다.(fig.6) 이 글에는 귀국을 앞둔 재일조선인미술가들이 편지와 선물을 보내왔다고 하면서 가나가와현의 백령, 오림준, 한동휘 등으로부터 《조일우호미술전》의 소식을 들었다는 내용, 일본인 미술가인 마쓰시마 이치로松島一郎가 참가해 양국의 친선과 단결을 강화하는 데에 공헌했다는 점, 그리고 편지와 함께 일본인 미술가 마키 도시야스가 그린 담채의 풍경화가 포함되어 있다는 내용이 담겨 있다.[40] 이 기사는 당시 재일조선인미술가들이 조선민주주주의인민공화국의 미술가와 연락을 취할 수

38 2회 전시의 일본 측 참가 예정자는 가와무라 노부오, 마쓰시마 이치로, 마쓰시마 미노루松島実, 기타오카 가즈히코, 마키 도시야스, 미즈노 후미오水野富美夫, 호리 마사미치堀真通, 마쓰나가 고지로松永浩二郎, 가자마 로쿠로風間六郎, 마쓰다 요시오(추정)松田義雄, 시미즈 마사오清水正男, 나카야마 단가(추정)中山探雅, 이부키 에이지伊吹英次, 아베 간阿部幹, 스야마 게이치須山計一, 오노 다다시게小野忠重, 마루키 도시丸木俊, 마루키 이리丸木位里 외 일전(일본미술전람회)계 심사원도 포함되었다.

39 서민의 자유와 평화에 관련된 사회적 사건을 '보고'와 '기록'하는 의미로 그렸고, 대표적인 작가로 이케다 다쓰오池田龍雄, 가쓰라가와 히로시桂川寛, 나카무라 히로시中村宏, 야마시타 기쿠지山下菊二 등이 있다.

40 『조선미술』 8호, 조선미술가동맹, 국립미술출판사(평양), 1960년, 페이지 번호 없음.

fig. 6 「재일 조선 미술가들로부터 보내온 편지와 선물」,
『조선미술』 1960년 8호(조선미술가동맹/국립미술출판사 발행, 평양)

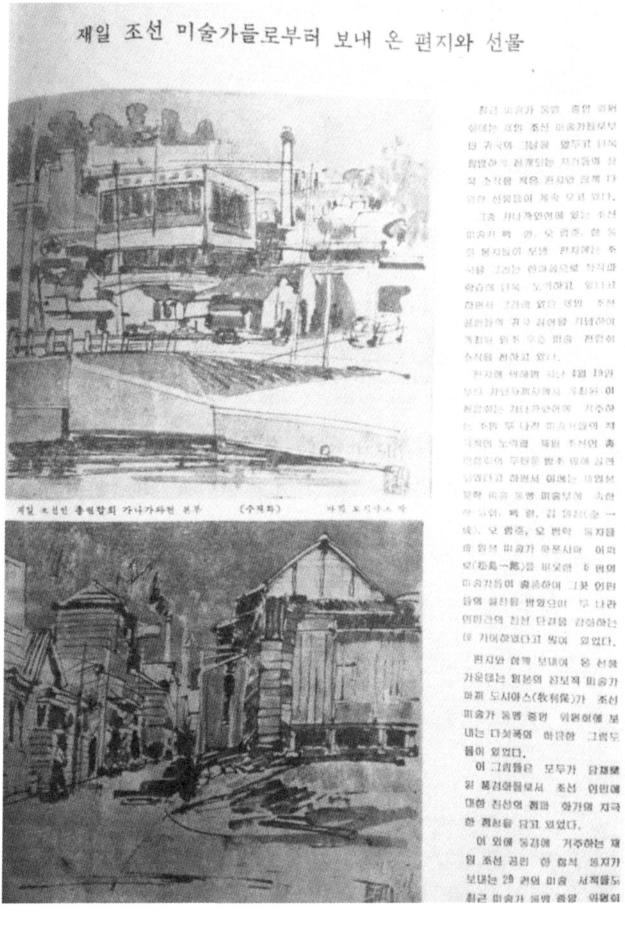

재일 조선 미술가들로부터 보내 온 편지와 선물

최근 미술가 동맹 중앙 위원회에는 재일 조선 미술가들로부터 귀국의 그날을 앞두고 더욱 활발하게 전개되는 자기들의 창작 소식을 적은 편지와 함께 다양한 선물들이 계속 오고 있다.

[illegible]

편지와 함께 보내여 온 선물 가운데는 일본의 진보적 미술가 마끼 도시야스(牧利保)가 조선 미술가 동맹 중앙 위원회에 보내는 다섯폭의 아담한 그림들이 있었다.

이 그림들은 모두가 담채로 된 풍경화들로서 조선 인민에 대한 친선의 뜻과 화가의 지극한 정성을 담고 있었다.

이 외에 동경에 거주하는 재일 조선 공민 한 협석 동지가 보내는 29 권의 미술 서적들도 최근 미술가 동맹 중앙 위원회

재일 조선인 총련합회 가나가와현 본부 (수채화) 마끼 도시야스 작

있는 상황이었으며 북쪽의 미술 단체가 《조일우호미술전》을 호의적으로 받아들이고 있었다는 점을 알려준다. 또한 글 옆에 마키 도시야스의 〈재일조선인총연합회 가나가와현 본부〉와 〈가나가와 조선인 부락〉(수채화로 추정)이 게재된 점을 토대로, 앞서 오림준의 글에 등장한 "공화국에 작품을 보내고 싶다고 말한 사람"이 마키 도시야스일 확률이 높다. 《조일우호미술전》은 가나가와와 교토에서 현재까지 계속 진행되고 있다.[41]

이번 장에서는 재일조선인미술가의 1950년대 후반부터 1960년대 초기의 활동에 주목하며, 이 시기 그들의 활동에 관해 말할 때 빼놓을 수 없는 《일본앙데팡당전》 참가 상황과 《조일우호미술전》의 개최 양상을 고찰했다.

재일조선인미술가들은 당초에 《일본앙데팡당전》에 개인적으로 출품했지만, 나중에는 집단으로 참가했다. 매년 개최되는 전시회였기에 지속해서 작품을 제작하여 발표할 수 있는 장으로 삼았다고 할 수 있다. 또한 심사가 없고 자유로운 출품이 가능했던 '앙데팡당'의 정신, 그리고 민주주의 혹은 리얼리즘과 미술과의 관계 등 당시의 논의들이 그들의 미술 제작에 활력을 더했다. 더불어 이 전시회에 지속해서 출품하면서 자신들의 정체성을 생각했으며, 나아가 일본인 미술가와 평론가에게도 창

41 한편 가나가와 가와사키의 전시가 열린 다음 해에는 오사카에서 《일조우호전·오사카》가 《일조친선 조국의 평화통일을 위한 9·9기념미술전》이라는 명칭으로 1961년 9월 4일부터 10일까지 오사카화랑에서 개최되었다.(『조선민보』 1961. 9. 25, 4면)

작과 이론이라는 양 측면에서 강한 인상을 주었다고 볼 수 있다.

재일조선인미술가들은 자신들의 작품을 《일본앙데팡당전》에 정기적으로 출품하는 과정에서 자신들의 표현을 끊임없이 검증했고, 생각을 함께한 일본인 미술가와 《조일우호미술전》(1960)을 실현했다. 《조일우호미술전》의 개막일이 4·19 혁명이 일어난 날과 겹쳤다는 충격이 앞서 언급했던 세 번째 테마 '남조선의 구국투쟁'의 설정과 제4장에서 서술한 《연립전》(1961) 개최로 이끌었다고도 볼 수 있다.

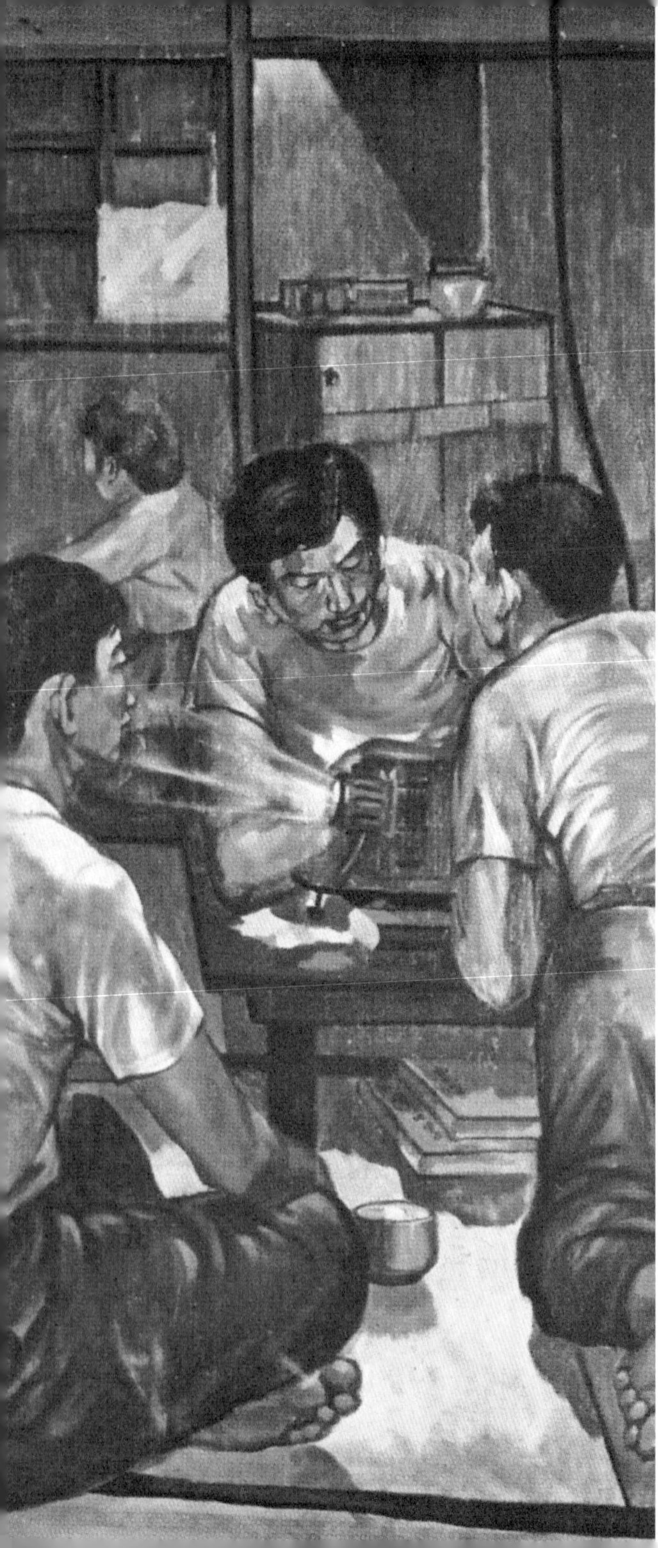

6

재일조선인 미술사를 풀어가는 이야기

1.
연구의 실마리

이번 장의 목적은 재일조선인미술사 연구에서 인터뷰 조사가 차지하는 중요성을 밝히는 데 있다. 앞서 말했지만, 자료 부족으로 인해 1945년부터 1950년대의 재일조선인미술 연구는 거의 진행되지 못했다. 필자는 이를 극복하고자 '인터뷰 조사'를 실시했다. 이 장에서는 지금까지 실시한 인터뷰 조사 내용을 정리하고 그 의의에 대해 논하기로 한다.

재일조선인미술사의 모습을 알려줄 퍼즐 조각은 지금도 세상에 흩어져 떠돌고 있는 까닭에 여전히 논의의 여지가 남아있을 뿐 아니라, 어떤 면에서는 자신을 발굴해 기록하고 전해주기를 기다리고 있음을 인터뷰를 통해 깨닫게 되었다. 퍼즐 조각을 발굴할 수 있게 해준 인터뷰는 무엇을 가르쳐 주었는가.

인터뷰어이자 필자인 '나'에 대하여

지금까지 필자가 재일조선인미술가 및 관계자와 진행한 인터뷰는 약 60회에 이른다. 연구자의 입장이었기에 들을 수 있는 내용이 있었던 한편, 그래서 들을 수 없었던 이야기도 있었으리라 생각한다. 또한 인터뷰를 진행한 시점의 타이밍 역시 결과를 좌우했을 것이다. 우선 인터뷰어였던 자신을 간단히 소개하고 싶다.

나는 1979년에 태어난 재일조선인 3세로, 초등학교부터 대학까지 '조선학교'를 다녔다. 재일조선인의 미술 활동, 특히 식민지 지배에서 해방된 이후부터 1960년대 무렵까지의 활동을 연구하기 위해서는 재일조선인 1세와 2세를 인터뷰할 필요가 있었는데 인터뷰를 위한 기본 조건인 언어 능력이나 인맥은 이미 갖추어져 있었던 셈이다.

본격적으로 재일조선인의 미술에 관해 연구하기로 결심한 뒤 처음 인터뷰를 시작한 해는 도쿄예술대학에 재학 중이던 2007년이었다. 그 무렵 재일조선인 1세 미술가의 작품이 조선대학교(재일본조선인총연합회가 운영하는 대학으로 소재지는 도쿄도 고다이라小平시이다. 대학 수준의 교육을 제공하고 있지만, 문부과학성으로부터 정식으로 대학 승인을 받지 못해 법적으로는 '각종 학교'로 취급받고 있다ㅡ옮긴이)에 기증되었다. 나는 이를 기념하기 위해 개최된 회고전 준비에 참여하면서 그 과정에서 재일조선인 1세 미술가들을 조사하게 되었고 유족의 이야기를 들을 기회도 얻었다. 나의 첫 인터뷰였다.

그 당시 "5년 만 일찍 시작했더라면 좋았을 텐데……. 너무 늦었어."라는 말을 자주 듣곤 했다. 말하자면 생존한 재일조선인 1세가 거의 없었기 때문에 당사자의 이야기를 직접 들을 수 없게 되었다는 의미였다. 1세와 이야기를 나눌 기회는 많지 않았다. 하지만 유족인 2세와의 인터뷰에서 얻을 수 있었던 것이 절대 적지 않았다고 자부할 수 있다.

인터뷰를 본격적으로 시작하던 때는 2000년대에 접어들어 일본과 조선민주주의인민공화국의 관계가 악화되고 일본 미디어의 보도 방식이나 각종 '헤이트스피치(혐오 발언)'가 재일조선인 사회를 위축시키던 시기와 겹친다. 인터뷰 대상자 중에서도 편견을 가진 많은 이들이 내게도 "당신은 북인가, 남인가?" 하고 물었다. 소수이기는 했으나, 내가 재일조선인인지 일본인인지 묻지도 않은 채 별로 이야기하고 싶지 않다며 아예 입을 닫아버리는 분도 있었다. 한편으로는 이런 시기인 만큼 오히려 분명하게 말해두고 싶다고 취재에 적극적으로 응해준 유족이나 관계자도 꽤 있었다. 이런 분들의 의견에 부응해야 한다고 생각하면서 무거운 마음과 희망을 동시에 안고 인터뷰를 계속 진행해왔다. 인터뷰에 참여한 분들이 전해준 모든 내용은 내게는 마치 광산에서 캐낸 보석처럼 빛나는 이야기였다. '재일조선인'이라는 뿌리에 관해 알고 싶었던 마음속 궁금증과 "인간에게 있어 미술이란 무엇인가?" 하는 보편적인 질문에, 동시에 답을 주었기 때문이다.

이번 장은 2019년 '일본 오럴히스토리 학회'의 학회지 『일본 오럴히스토리 연구』에 게재한 글을 수정·보완한 글이다. 생각해보니 인터뷰한 내용을 정리하여 이 세상에 발표하기 위해, 10년 이상의 시간을 보내온 셈이다. 체르노빌 원전 사고 피해자들을 인터뷰한 스베틀라나 알렉시예비치가 "사실은 10년 전에 쓰고 싶었습니다. (…) 그러나 나는 사고를 확실히 파악하거나 사고의 의미를 심화하기 위한 어떠한 이념과 방법도 갖고 있지 못했습니다."[1] 라고 말한 것처럼, 나 역시 인터뷰 내용을 어떻게 제시해 나가야 할지 알지 못했다. 아니, 애당초 그들의 이야기를 공개한다는 의미가 무엇인지조차 알기가 쉽지 않았다.

재일조선인 1세의 증언을 듣는 일이 최근에는 더욱 어려워졌고, 그런 까닭에 기회는 한층 더 귀해졌다. 재일코리안 3세 저널리스트이자 전 마이니치신문 기자 나카무라 일성中村一成이 『르포·사상으로서의 조선적』에서 "제시간에 맞추지 못한 일을 반복할 뿐이었다. 이미 돌아가신 여러 선인들에게 대답하고 싶었다."[2] 라고 말했듯, 연구와 인터뷰의 의미에 대해 고민하는 동안, 한편으로는 출산과 육아로 시간을 놓쳐 인터뷰할 수 없는 상황도 여러 번 있었기에 안타까운 마음이 더해갔다. 초조함 속에서 두 번 다시 후회하지 말아야겠다는 마음으로 지금까지 인터뷰를 옮겨 적은 노트를 펼쳐 다시 도전했다. 왜냐하면 인터뷰야말로 재일조선인미술 연구의 근간을 뒷받침해주는 작업이라고 생각했기 때문이다. 이 글이 또 다른 증언과 사료를 발굴하는 일로 연결되기를 기대한다.

1 スベトラーナ·アレクシエービッチ(松本妙子訳), 『チェルノブイリの祈り—未来の物語』(岩波現代文庫, 2011), p.301.

2 中村一成, 『ルポ 思想としての朝鮮籍』(岩波書店, 2017)

인터뷰 이외의 자료

인터뷰가 항상 즐거운 것만은 아니었다. 그러나 지금껏 계속 도전할 수 있었던 것은 인터뷰에 협력해 주신 분들의 정열과 1차 자료의 존재 덕분이다. 인터뷰를 계속하다 보니 미술 작품에 관한 정보뿐만 아니라 기관지를 비롯한 문헌 자료, 사진이나 편지, 전단지 등의 사료가 필자의 손에 쌓여갔다.

가장 귀중한 자료는 이미 이 책에서 몇 번이나 언급한 『재일조선미술가화집』이다. 연구의 공백을 메우기 위해 화집이 매우 얼마나 큰 역할을 했는지는 이 책을 통해 충분히 확인할 수 있을 것이다. 『화집』은 김창덕, 한우영, 허훈, 백령이 중심이 되어 편집했다. 인터뷰에 따르면 특히 백령은 오랫동안 사무 작업에 몸담았고, 『화집』 외에도 기관지 『조선미술』의 편집에도 적극적으로 관여했다고 한다.

또 하나의 중요한 자료는 사진이다. 그중에서도 김창덕 주변의 미술가들이 함께 모여 찍은 단체 사진은 연구의 가능성을 크게 넓혀 주었다.(fig.1) 이 사진은 1950년대 재일조선인미술 활동의 구심적 존재였던 김창덕의 유족에게 받았다. 후술하겠지만 이 사진에서는 김창덕은 물론이고 『재일조선미술가화집』에 작품을 수록한 미술가들의 모습을 다수 확인할 수 있다.

이러한 1차 자료는 재일조선인미술가들이 반드시 고립되고 외로운 환경에서 활동한 것은 아니라는 사실을 알려준다. 물론 재일조선인 커뮤니티와 일정한 거리를 두고 활동한 미술가도 있었을 것이다. 그러나 『화집』이나 기관지, 사진 등을 통해 재일

fig. 1　재일조선인미술가들의 단체 사진. 뒷줄 왼쪽부터 오림준, 김창락, 약간 앞쪽으로 백령의 얼굴이 보인다. 오른쪽 뒷편이 리철주, 양손을 주머니에 넣은 이가 전철, 그 뒤가 표세종이다. 가장 오른쪽이 리찬강, 왼쪽 앞에 팔짱을 끼고 있는 이가 조량규, 앞쪽으로 얼굴만 보이는 사람이 김창덕이다. 흰 재킷을 입은 사람의 신원은 확인하지 못했다.
(사진 제공 : 김창덕 유족)

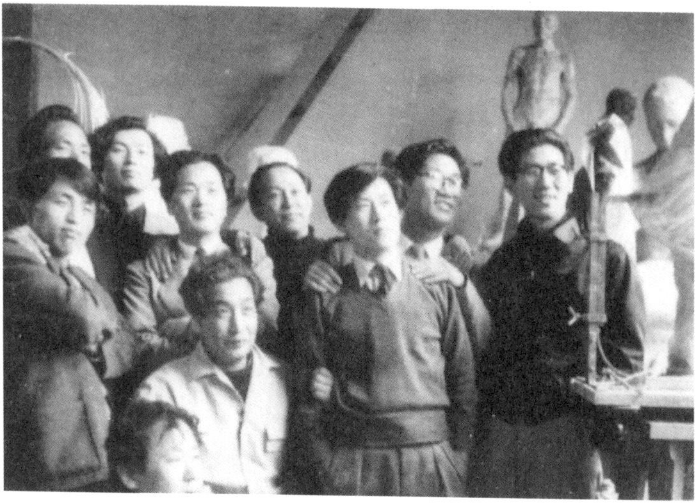

조선인미술사 속에서 여러 미술가가 함께 걸어 나갔던 상황을 충분히 상상할 수 있었다. 자료 발굴은 '점'으로만 존재하는 듯했던 미술가들을 '선'으로 이을 수 있겠다는 희망을 심어주었고 인터뷰 조사를 계속할 수 있는 원동력이 되었다.

제6장의 구성

제6장의 구성은 다음과 같다. 먼저 1945년부터 1960년경까지의 활동 중에서 특히 도쿄를 중심으로 전개한 재일조선인미술가들의 활동을 정리했다. 제1장부터 제3장까지의 서술과 중복되는 내용도 있겠지만, 그러한 경우에는 재정리라는 형태를 제시하기로 한다.

다음으로 오사카, 교토, 효고 등 간사이 지방의 활동을 살펴본다. 필자의 연구 역시 그러한 경향이 없지 않지만, 그동안 재일조선인미술에 관한 연구는 수도권인 간토 지역을 중심으로 이루어졌다. 간토 지역에 비해 부족한 연구를 보완하기 위해 필자는 2018년부터 간사이 지역 작가들을 연구했다. 아직 보완해야 할 내용이 많으므로, 앞으로의 연구를 기약하며 우선은 조사가 일단락된 부분까지 정리했다.

마지막으로는 재일조선인미술 연구에서 인터뷰가 갖는 의의를 논하고자 한다. 재일조선인미술가의 인터뷰를 통한 조사 및 분석은 일본 전후 판화운동사와 미술교육사를 비롯해 다른 개별 장르와 영역의 연구에도 참고가 되리라 생각한다.

인터뷰를 그대로 인용한 부분에는 괄호 안에 인터뷰한 해당 연도를 적었다. 또한 한국판에서는 생략했지만 원서에서는 인터뷰이에게 '一씨さん'라는 경칭을 붙였다. 그 사람이 살아온 인생에 대한 경의와 진실한 이야기를 들려준 것에 대한 감사의 마음을 담고 싶었기 때문이다. 또 직접 이야기를 전해 들은 필자와 인터뷰어인 미술가나 유족과의 관계 역시 의미가 크다고 생각하기 때문이다.

2.

도쿄의 미술가들

일본이 패전한 1945년 무렵, 일본에는 약 200만 명의 조선인이 살고 있었다. 식민지 지배로부터 해방된 조선인들은 대부분 귀향했지만, 약 60만 명이 일본에 남았다. 그중에는 귀국했다가 한반도의 혼란이 거듭되자 다시 일본으로 옮겨간 사람들도 있었다.

도쿄에 거주했던 조선인미술가의 활동은 제2장에서 소개한 성리식의 회상을 통해 풀어내 보려 한다. 성리식은 간사이 지역에서 해방을 맞이했지만, 본격적으로 미술을 배우기 위해서 도쿄로 향했다.

모여드는 미술가들

간사이에서 도쿄로 이주한 성리식은 이케부쿠로 몽파르나스를 찾아갔다. 이곳은 일본인 미술가들이 모여 살면서 함께 제작하던 장소로 1900년대부터 형성된 지역이다. 상경한 성리식은 이케부쿠로 몽파르나스에서 가르침을 받을 만한 화가를 찾다가 어느 날 이런 말을 들었다고 한다.

어떤 사람이 "이과회[3]에 다카하시 스스무라는 이름으로 활약하는 조선인 미술가가 있는데, 시부야에 살고 있으니까 만나보면 좋을 거야."라고 하더라고. (2007)

그 이야기를 들은 성리식은 시부야에 가서 다카하시 스스무, 즉 김창덕을 만났다. 김창덕은 제1장에서 소개했듯 경상북도에서 태어나 19세에 홀로 일본으로 건너와 미술을 배운 화가이다. 성리식은 김창덕과의 첫 만남을 이렇게 회상했다.

내가 인사를 했어, "지금부터 배우고 싶습니다. 잘 부탁합니다."라고 조선식으로 큰절을 했지. 그랬더니 선배는 놀라면서도 매우 기뻐하면서 술을 따라 줬어. 그날 술을 많이 마셨어. (2007)

성리식은 1949년에 무사시노미술학교에 입학했다. 그리고 같은 해에 입학했던 표세종과 친구가 되었다. 표세종은 〈내년에는 우리 학교에〉(제3장, 180쪽)를 그린 화가다. 성리식은 표세종과 만난 날을 다음과 같이 회상했다.

교실에서 데생을 하고 있는데 선생님이 와서 이렇게 말했어. "옆 교실에 너랑 같은 조선 사람이 있다." (2007)

3 이과회는 1914년에 문부성 미술전람회(약칭 문전)와 분리하여 결성한 일본의 미술 단체이다. 종전 후 1946년에 재건되었다.

두 명은 의기투합하여 둘도 없는 화우畵友가 되었다. 김창덕의 유족 및 재일조선인 2세 미술가들의 증언에 따르면 표세종은 전라남도 목포 출신이다. 의료 종사자였던 부모님은 남조선 노동당에 가입했다고 한다. 한반도의 불안정한 정세가 계속되자 외아들만큼은 제대로 된 교육을 받게 하겠다는 부모의 뜻에 따라 표세종은 1948년에 혼자 일본으로 건너갔다. 김창덕의 유족은 당시의 표세종을 다음과 같이 기억하고 있었다.

잘 보니 바지의 엉덩이 부분이 어딘가 이상했어. 자세히 보니까 바지에 난 구멍을 숨기려고 엉덩이에다 직접 먹물로 까맣게 칠해 놓았더라고. 그걸 눈치 챈 우리 어머니가 천을 대서 꿰매 주셨지. (2010)

이러한 증언을 통해 김창덕, 표세종, 성리식의 만남은 1949년 무렵으로 추측할 수 있다. 세 사람은 시부야구 시모기타자와에서 의기투합하며 깊은 교감을 나누었다.

성리식과 표세종은 1949년 무사시노미술대학에 입학한 직후 친하게 되었고 얼마 지나지 않아 재일본조선인연맹(조련)[4] 본부의 부름을 받았다. 그날에 대한 성리식의 기억은 다음과 같다.

도쿄역 야에스 출구로 나가면 그 빌딩 있었어. 4층짜리 큰 빌딩이었지. 당시 문교부에 있던 신홍식 씨가 우리 두 명에게 이렇게 말했어. "지금까지 조선학교 교과

4 1945년 10월 결성된 재일조선인 민족단체. 1949년 9월에 일본 당국에 강제해산 당했다.

서 삽화를 일본인 미술가들한테 부탁했는데 이제부터는 조선인 손으로 교과서를 만들어 보자. 너희들, 미술을 배우고 있다면 조선학교 교과서 삽화를 담당해 보지 않겠나?"라고. 1949년이 확실해. 그때 조련이 해산되었으니까. (2007)

문교부란 조련의 산하 기관 중 하나로 교육을 담당하는 부서였다. 신홍식(1905-1994)은 조선장학회의 이사를 맡았던 인물이다. 제4장에서 다룬 《연립전》과 관련해 좌담회 〈조국평화통일 남북교류촉진 문화제를 기원하며〉에도 참여한 바 있다. 가미시바이에 쓰이는 그림을 그리면서 생활비를 벌고 있던 표세종은 신홍식의 제안을 받아들여 교과서 삽화를 담당하게 되었다. 성리식은 어린이를 위한 일러스트는 잘 그리지 못한다며 거절했지만, 표세종과의 만남과 '우리말' 교과서에 실릴 삽화 작업을 의뢰받은 일을 통해 조선학교를 훨씬 가깝게 느낄 수 있게 되었다고 말했다. 나아가 일본의 식민 지배로부터 해방되었으니 이제는 당당하게 조선인으로서 살아가야겠다는 생각이 강해졌다고 회상했다. 표세종은 그로부터 오랫동안 조선학교의 교과서 편찬에 관여했다. 그의 대표작 〈내년에는 우리 학교에〉는 아이들에게 가졌던 애정과 조선학교에 대한 마음이 담긴 작품일 것이다.

조선학교 교과서 삽화 제작과 관련된 일화

그렇다면 조선학교 교과서의 삽화를 맡았다는 일본인 미술가는 과연 누구였을까? 성리식은 이렇게 이야기했다.

호리 후미코야, 몰랐나? 나보다 10살 정도 위였나. 지금도 현역 화가지. (2010)

호리 후미코掘文子(1918-2019)는 일본화를 그린 화가로 작품뿐만 아니라 전쟁 체험자로서 중요한 증언을 남긴 인물이기도 하다. 호리는 조선학교 교과서의 삽화를 작업했던 기억을 다음과 같이 전해 주었다.

오늘 저를 찾아온 것은 조선학교 교과서 삽화 때문이지요? 맞아요. 분명 제가 조선학교 교과서 삽화를 그렸어요. 전쟁 중에 일본이 조선과 타이완에 저지른 잘못을 사죄하는 마음으로 조선학교 삽화를 그렸습니다. 고마워요, 고마워. 이렇게 찾아와줘서 정말 고마워요. (2010)

호리 후미코는 조선학교 교과서의 삽화를 담당하게 된 경위에 대해서는 다음과 같이 증언했다.

누구였는지 정확히 기억은 하지 못하지만 도몬 겐 씨 같은 좌익 계열 미술가의 소개로 '리 친케이' 상과 만나게 됐어요. (2010)

호리의 증언에 등장하는 도몬 겐土門拳은 일본의 사진가로, 불상이나 저명인사의 초상 사진 외에도 히로시마의 원폭 피해자를 촬영한 사진으로 유명하다. 또한 '리 친케이'라는 사람은 재일조선인 1세 교육자 리진규(1917-1995)를 일컫는다. 그는 재일조선인이 민족 학교에서 사용할 교과서 편찬 사업에 초기부터 관여했다. 호리 후미코와 리진규는 서로의 집을 왕래할 정도로 친한 사이였다. 호리의 회상에 따르면 삽화는 조선학교에서 사용하는 국어, 즉 '조선어' 교과서에 사용되었다고 한다.

재일본조선인연맹 시기의 자료 중에 「조련 중앙총본부 제15회 중앙위원회 문교부 보고서(1948년 7월 26일, 27일)」가 있다.[5] 그 중 「조련 교재 편찬위원회 및 교과서 현상에 관한 보고서」를 살펴보면, 새로운 교재 편찬위원회를 조직하고 1948년 6월 14일에 제1회 회합을 가졌다는 기록이 나온다. 열거한 출석자 가운데에 호리 후미코의 이름을 확인할 수 있다.

1949년 표세종과 함께 조련 본부의 신홍식을 만나 조선학교 교과서에 실릴 삽화를 의뢰받았으며, 그 이전까지는 호리 후미코가 담당하고 있었다고 말한 성리식의 증언, 그리고 조선학교 교과서의 삽화를 그렸다는 호리 후미코 본인의 증언, 덧붙여 조련 교재 편찬위원회의 자료까지 종합해보면, 호리 후미코가 조선학교의 교과서 편찬에 참여한 시기는 1948년이 틀림없다. 관계자들의 협력을 구했지만, 호리가 어떤 삽화를 그렸는지 밝히지는 못했다. 다만 호리의 증언과 1차 자료를 통해 힘들었던 시기에 민족의 구분을 넘어 인간 대 인간으로서 따뜻한 교류를 나누었다는 사실은 충분히 확인할 수 있다.

5 朴慶植 編,『在日朝鮮人関係資料集成 戦後編 第1巻』(不二出版, 2000), p.329.

오야마와 시모기타자와에서의 일화

이 책에서 자주 언급한 김창덕은 1945년 해방 직후 시부야구 시모기타자와에 살고 있었다. 표세종과 성리식은 김창덕의 집을 자주 방문했다.(fig.2,3)

유족의 증언에 의하면 시모기타자와에서 보낸 생활은 5년 정도였으며, 1951년에 시부야구의 오야마로 이사했다고 한다. 약간 높은 지대에 지은 집이었는데, 성리식에 따르면 리찬강이 오야마로 이사하자 표세종과 성리식도 나중에 방을 하나 빌려 1년 반 정도 생활했다고 한다. 리찬강은 중앙예술단의 무대장치를 담당한 인물이다(서장, 80쪽). 중앙예술단은 현재의 '금강산 가극단'(도쿄도 고다이라시 소재)의 전신이다. 이 네 사람을 일컬어 '오야마 그룹'이라 불렀는데, 이 이름을 붙인 사람이 당시 조선인 미술가의 행적을 조사하던 재일조선인 1세 미술가 오병학이라는 것은 앞서 언급했다.

김창덕 선생의 유족에 따르면 오야마를 방문한 것은 이들 세 사람만이 아니었다. 조량규와 김창덕의 화우였던 송영옥(1917-1999) 같은 미술가를 포함하여, 문필가 김달수(1919-1997), 영화감독 김순명金順明, 그 밖에 음악가도 있었다고 한다. 고삼권高三權(1939-2016)은 당시 김창덕의 오야마 집을 회상하며 다음과 같이 말했다.

> 그림을 그리다가 이미지가 좀처럼 떠오르지 않을 때는 술과 안주를 가지고 김창덕 선생 집에 찾아갔어. 이야기를 나누기만 해도 마음이 차분해져서 다시 작업으

fig. 2,3 시부야구 오야마에 있었던 김창덕의 집 (사진 제공 : 김창덕 유족)

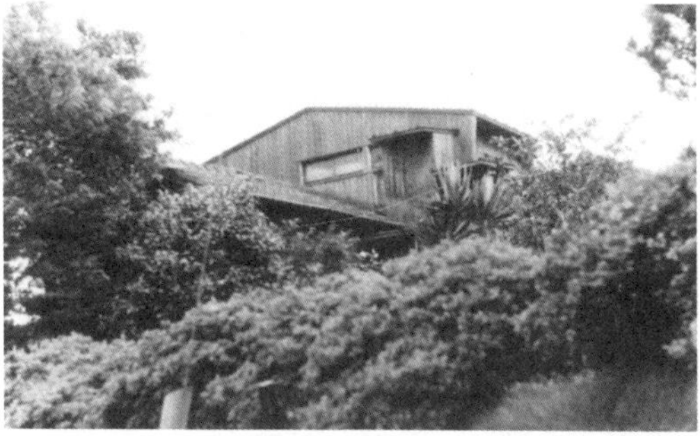

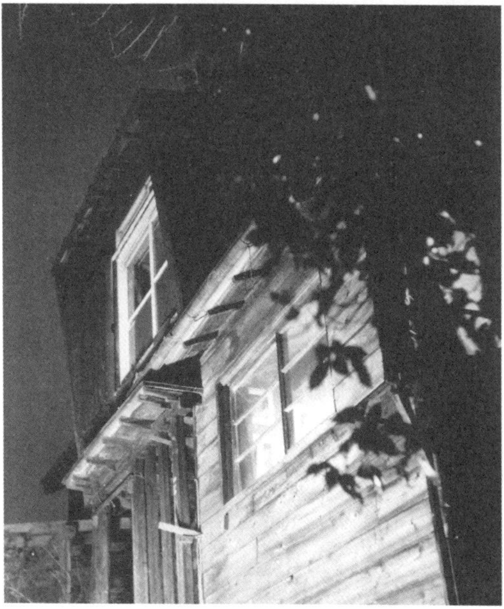

로 돌아올 수 있었거든. 김창덕 선생 사모님은 일본인인데 그분이 담가준 김치가 맛있었어. 김치가 먹고 싶어지면 찾아갔지. (2010)

앞서 언급했듯 김창덕은 후배들에게 초상화를 그리는 아르바이트를 소개해 주었다고 한다. GHQ(연합군최고사령부)의 미군과 미군 가족의 초상을 그려서 생활비를 벌었다. 필자는 오야마에서 2km 정도 떨어져 있었다는 재일조선인이 운영하는 곱창구이 식당 '판문점'에 얽힌 이야기도 물어보았다. 성리식 외에 다른 분들의 증언에 의하면 김창덕이 이곳을 자주 드나들었기 때문에 주변의 미술가들도 따라다니게 되었다고 한다. 휴일에는 이곳에서 아침을 먹고 강변에서 사생을 했으며 저녁에 다시 '판문점'으로 가 식사를 했다고 한다.(제1장, 131쪽)

성리식은 이 시기가 그립다는 듯 다음과 같이 말했다.

밤늦게까지 마시고 돌아가는 길에, 밤하늘에 떠 있는 달을 쳐다보면서 표세종이가 〈목포의 눈물〉을 불렀어. 표세종이 고향이 목포였지. 목소리가 좋았어. 모두들 잠자코 듣고 있었어. (2012)

성리식은 표세종에 대해 말할 때, 꼭 '표세종이'라고 이름 끝에 '이'를 붙여 정겹게 불렀다.

표세종이는 나보다 한 살 위였는데 여러 가지를 가르쳐줬어. 나보다 딱 한 살 위였는데 여러 분야 지식을 알고 있었어. 특히 조선반도의 문화에 대해 많은 이야기를 들었지. 임화, 한설야, 설정식 같은 사람 말이야, 그리고 서울의 문화인들 이름도 많이 알고 있었어. (2012)

표세종은 앞에서 말한 식당 '판문점' 주인의 장녀인 유리코와 결혼했다. 그 사이에서 낳은 세 명의 아이는 작품 〈내년에는 우리 학교에〉에 등장한다(제3장, 180쪽). 다른 재일조선인미술가의 증언에 의하면 표세종은 조선중고급학교(도쿄도 기타구)와 도쿄조선 제9초급학교(도쿄도 스기나미구)에서 교편을 잡았다.

그 후 1959년 12월에 시작된 귀국 사업 때에 유리코와 아이들 3명이 먼저 귀국하였고 표세종 자신은 1962년에 돌아갔다. 성리식은 2016년 1월 일본에서 세상을 떠날 때까지 표세종과 둘이 찍은 사진을 노트에 끼워 두고 소중하게 보관했다.(제1장, 97쪽)

이국땅에서의 고독을 서로 위로하기 위해 모였던 조선인미술가들을 인터뷰하며 그들이 강한 끈으로 연결되어 있었음을 느낄 수 있었다. 그리고 귀국으로 인한 이별이 본인들의 생각 이상으로 길어지면서 마음이 무거워졌다는 점도 알 수 있었다.

도쿄를 중심으로 활동한 미술가들의 활동을 인터뷰에 기초하여 재정리했다. 무사시노미술학교에서 벗이 된 성리식과 표세종의 우정, 후배를 아꼈던 김창덕의 애정 어린 마음, 식당 '판문점'에 모인 미술가들의 일화를 통해 미술을 사랑하는 조선인이란 공통점으로 만난 그들의 생생한 모습이 떠올랐다. 앞서 언급한 사진에는 조량규, 표세종, 백령, 전철, 오림준, 리찬강 등 『재일조선미술가화집』에 작품을 제공한 미술가와 관계자들이 모여 있다. 1960년에 귀국한 조량규가 포함되어 있으므로 아무리 늦어도 1960년에 촬영된 사진일 것으로 추측해 본다. 김창덕을 중심으로 모인 재일조선인미술가들은 6·25 전쟁 휴전 직후인 1953년 11월에 재일조선미술회를 결성하고 조직적인 활동을 개시했다. 1959년에는 문예동 미술부로 조직을 발전시켜 김창덕을 중심으로 『재일조선미술가화집』을 제작했다고 볼 수 있다.

3.

오사카, 교토, 효고의 미술가들

오사카 및 교토, 즉 간사이 지역 미술가들의 동향은 어땠을까. 먼저 오사카는 김희려와 리경조, 교토는 하상철과 정광균의 증언을 중심으로 살펴보고자 한다.

미술가로서의 도정과 조직의 설립 - 김희려

확실한 기법과 풍부한 표현력이 돋보이는 작품을 남긴 김희려의 활동을 유족들의 이야기를 바탕으로 정리한다. 김희려는 1926년 제주도 북제주군 삼도리에서 태어났다. 그가 태어난 무렵에는 이미 누나 두 명이 일본으로 건너가 방직공장에서 일하고 있었다. 두 형은 김희려가 초등학교에 입학할 즈음 노동자로 일본에 건너갔다고 한다. 1934년 제주 북소학교에 입학한 5학년 때 일본식 성명 강요(창씨개명)로 이름을 바꾸게 되었다. 유족은 다음과 같이 설명했다.

(이름을 바꿀 무렵—옮긴이) 학교 수업에서도 조선어가 사라지고 군사 훈련이 실시되었다고 했어요. 일본 식민지 통치의 본질을 알지 못하니까 (개명했어도—옮

긴이) 의문도 없었다고 본인은 유감스러운 기분으로 회상하더라구요. (2011)

1940년에 일본으로 건너가 오사카에서 쓰루하시 제1소학교, 다음 해부터는 쓰루하시 국민학교 고등과에 진학했다. 일본이 태평양전쟁을 확대해가던 중에도 신문을 배달하며 공부에 힘썼다고 한다. 김희려는 당시 셋째 누나 김인옥의 집에서 생활한 것을 인상적으로 기억했다. 전반적으로 어두운 사회 분위기 속에서 김인옥은 사회주의 사상에 경도되어 노동운동을 하다 치안유지법 위반으로 투옥된 적이 있다고 한다. 김희려는 누나와 매형에게서 사회의 성립과 계급 문제, 자본주의와 사회주의에 대해 배웠다. 그들을 통해 자신을 둘러싼 세계를 표현하는 언어나 개념을 머릿속에서 반추해 나가며 사회의 개혁과 조국 독립에 대해 깊이 생각하게 되었다.

귀향을 생각하고 있던 1945년 8월, 해방의 날을 맞이했다. 당시 19살이었던 김희려는 좋아하던 그림의 길을 걷기로 결심하고 오사카부립 다카즈중학교를 다녔으며 1946년에 개설된 오사카시립미술연구소[6]에 들어갔다. 회사에서 열쇠 등의 금속 제품을 디자인하며 8년 동안 미술연구소에서 실력을 쌓았다.

6·25 전쟁 중에 김희려는 예술의 가치와 역할에 대해 깊이 생각하기 시작했다. 미술 작품을 창작하는 한편 마르크스-레닌

6 오사카시립미술관 안에 세워진 교육기관. 그 밖에도 오사카에는 이 책에서 등장하는 신사이바시양화연구소와 나카노지마미술연구소 등이 있었다.

주의 관련 서적을 탐독했다. 누나와 매형을 통해 배운 인생관과 세계관은 이 시기에 더욱 성장했다. 휴전 후, 1954년에는 재일조선미술회에 가입하여 오사카 지부에서 활약했다. 1950년대 말부터 사회적인 테마를 다룬 대작을 왕성하게 발표하기 시작했는데, 『재일조선미술가화집』에도 〈귀국 환송〉(제3장, 187쪽), 〈밀항〉(서장, 66쪽) 등의 작품이 수록되어 있다.

김희려에게는 재일조선미술회의 《순회전》 및 일본미술회가 주최한 《일본앙데팡당전》 등을 비롯해 활동과 발표의 장이 몇 군데 더 있었다. 그중 오사카에서 개최된 《조일우호미술전》에서의 활동이 가장 중요한데, 오이즈미 요네키치大泉米吉와 함께 1969년부터 약 40년간 젊은 미술가들을 포함해 오사카 미술가의 교류와 발표의 장을 제공했다. 이 책에서 다루는 시기(1945-1962) 이후의 활동이지만, 전쟁과 전후 시기를 경험한 일본인 미술가들과의 교류라는 측면에서 여기에 간략하게 정리해 둔다.[7]

제주 4·3 사건에서 목격한 생과 사, 그리고 예술에의 모색 — 리경조

리경조李景朝는 서울에서 미술을 배운 후, 제주도에서 미술을 가르치던 친척에게 들은 "예술이 최고다."라는 말에 감동을 받아 마음을 다잡고 1957년 12월에 일본으로 건너갔다. 시대의 변화와 불변성을 동시에 그리고자 했던 그의 내력을 그 자신의 증

7 日朝美術家懇談会,『第30回日朝友好美術展記念—日朝美術』(2000) 참조.

언을 바탕으로 다음과 같이 정리해 본다.

제주도 출신 리경조는 서귀포에서 해방을 맞았다. 아버지는 광주사범학교를 졸업했고, 해방 전까지 제주도에 있는 여러 학교에서 교편을 잡고 있었는데 해방 후에는 서귀공립학교의 초대 교장이 되었다. 리경조는 그 시기를 다음과 같이 회상했다.

> 해방은 소학교 2학년에서 3학년으로 올라가는 해였어. 잘 기억나지. 식민지에서 해방된 지금, 우리들이 이 나라를 어떻게 세워나갈 것인가를 고민했어. 아버지가 지식인이니까 사람들이 매일 가르침을 청하러 왔어. 친척 아저씨는 바구니에 책을 가득 담아 와서 지인들한테 나눠주기도 했어. 마르크스주의라든가 사회주의 사상을 담은 책이었지. 해방 후 2년간은 괜찮은 시기였어. 그것을 탄압한 이가 리승만이었어. (2019)

얼마 지나지 않아 리경조는 눈앞에서 사람들이 하나둘씩 죽어가는 광경을 목격하게 되었다고 한다.

> 서북청년회의 거점이 몇 군데 있었겠지. 재판도 아무것도 없어. 바로 그 자리에서 '죽여!'라고 하면 끝이야. 그런데 죽이는 쪽도 죽임을 당하는 쪽도 아버지의 제자였어. 남자를 죽이고, 아들도 죽이고. 그런데 부인은 안 죽였어. 남편의 머리를 가슴에 걸어놓고, 양손에는 두 아들의 머리를 들게 하고 큰길을 걷게 하는 거야. 모두들 와서 보라고. 그게 4·3이야. (2019)

지식인이었던 리경조의 아버지도 처형 대상으로 지목당했지만, 내란으로 식료품이 부족하니 원조를 구한다는 내용의 서면을 중앙정부에 전달하는 특명을 제주도지사로부터 받아 서울로 향하는 길에, 부산에서 일본으로 밀항했다.

1950년에 발발한 6·25 전쟁에 대한 기억도 남아있다. 리경조의 본가는 식민지 시대에 일본인이 경영하던 여관에 살고 있었기 때문에 비교적 넓었다. 아버지가 계실 때는 많은 사람이 방문하던 장소였고 아버지에게 교육받기 위해 그곳에 하숙하는 사람도 있었다. 앞서 언급한 대로 아버지가 일본으로 건너간 후, 한국 전쟁 중에는 가옥 일부가 적십자 병원이 되었다.

> 비행기로 운반된 부상병이 치료를 마치고 나오는데, 다리가 잘렸기 때문에 의족을 끼우거나 손이 잘려서 짚신을 끼고 거리를 기어 다녀야 했어. "죽지도 살지도 못하고, 가지도 오지도 못하고……."라고 말하면서. (2019)

리경조는 어릴 적부터 그림 그리기를 좋아했다고 한다. 매일 크레파스와 종이를 가지고 나가 제주도의 아름다운 풍경을 그리곤 했다. 아버지의 셋째 동생이 조선미술전람회[8]에서 입선한 김인지金仁志[9]이다. 일본 유학에서 돌아온 그와의 재회를 다음과 같이 회상했다.

> 일본 유학에서 돌아온 숙부가 우리 아버지에게 작품을 보여줬어. 말려 있던 캔버스가 펼쳐지니까 유화가 확 나왔지. 나부였어. 그때까지 누드를 본 적이 없었기 때문에 기분이 나빴어, 그게 인상적이었지. (2019)

당시 일본에서 본격적으로 미술교육을 받은 숙부 김인지에게는 김일근金一根이라는 아들이 있었는데, 그 역시 서울에서 미술을 공부하고 미술 교사가 되어 교편을 잡았다. 진로를 고민하고 있던 리경조는 그에게 편지를 썼다. 답장에는 앞에서 언급한 대로 "예술이 최고다."라고 적혀 있었다. "화가가 되어라, 일본에서 공부해라." 이 말을 가슴에 담고 그는 일본으로 건너간다. 밀항이었다. 리경조는 부산에서 통영으로 옮겨 한밤중에 배를 탔다. 좁은 공간에서 4명이 몸을 둥그렇게 말아 지내며 일주일이 걸려 일본에 도착한 그는 시모노세키에서 이틀 정도를 지낸 후에 형 리경훈이 있는 오사카에 도착하였다.

얼마 지나지 않아 신사이바시心齊橋양화 연구소를 다니며 본격적으로 공부를 시작했다. 형 리경훈은 『재일조선미술가화집』에 실린 〈청년학급 환등회〉(fig.4)를 그렸다. 리경훈은 김희려와 비슷한 또래로 리경조가 일본에 도착했던 시기에 이미 알던 사이였다.

8 1922년부터 1944년까지 식민지였던 조선에서 개최된 미술전람회. 조선총독부의 주최로 일본의 제국미술전람회를 모방하여 일본의 유력한 미술가들을 심사위원으로 불러 입선작을 결정하는 중요한 문화 이벤트이자 식민지 정책, 문화정책의 일환이었다. 金惠信, 『韓国近代美術研究 植民地期「朝鮮美術展覧会」にみる異文化支配と文化表象』, ブリュッケ, 2005, p.8.

9 숙부인 김인지가 성이 다른 이유는 리경조의 조부가 일찍 세상을 떠나자 조모가 재혼하여 낳은 자녀였기 때문이다. 김인지는 제주 최초의 서양화가로 알려져 있는데 1934년 도쿄로 건너가 동광회 회화강습소에서 그림을 배우고 1935년 14회 조선미술전람회에 〈애崖〉로 첫 입선한 후, 〈서귀항〉, 〈해녀〉 등으로 연속해서 수상하며 화가로서 입지를 다졌다. 해방 후에도 제주도에서 작가 활동 및 교육자, 방송인, 행정가로서 활동했다. 2021년 제주도립미술관에서 《제주작고작가—김인지》전이 열렸다.

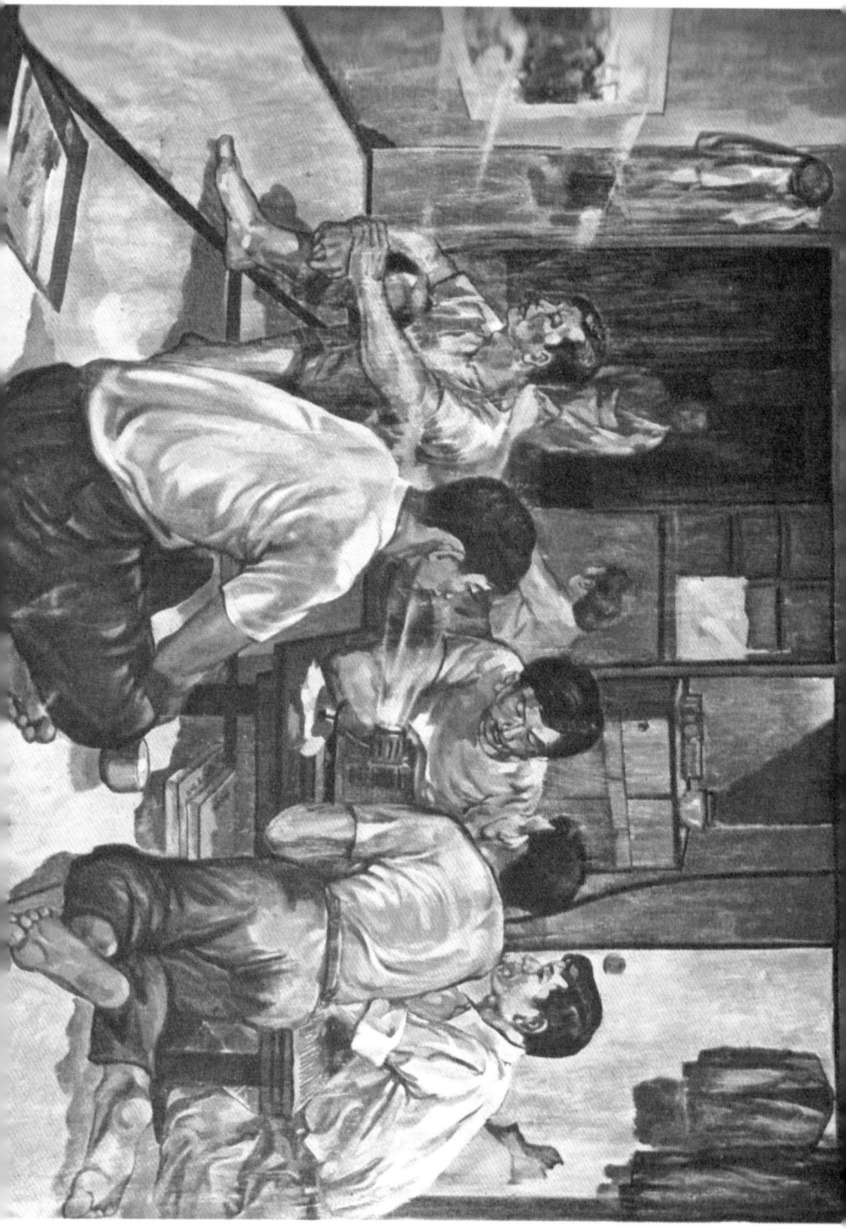

fig. 4　리경훈, 〈청년학급 환등회〉, 1960년, 120×130cm, 소장처 불명
(출처: 『재일조선미술가화집』).

『재일조선미술가화집』에는 김희려와 리경훈의 협동작이 두 점 수록되어 있으며(〈성인 학교에 나가는 어머니들〉(서장, 70쪽)과 〈성인 학교〉)(fig.5), 2009년 인터뷰에서 오병학도 이 두 사람이 오사카 지역 조선인의 미술 활동을 이끌고 있었다고 회상했다. 같은 화집에 실린 리경조의 작품은 〈풍경〉(fig.6)으로, 당시 쓰루하시역의 모습이 그려져 있다. 리경조는 그 후 더욱 실력을 닦아 1968년 이기회二紀會[10]에서 첫 입선을 하게 된다. 같은 해 어느 뒤풀이 자리에서 만난 리경조에게 말을 건 사람이 서양화가 가모이 레이鴨居玲(1928-1985)였다.

> 가모이 레이의 아버지가 신문 기자를 하고 있어서 자기도 3년 동안 서울에서 생활했다고 하더군, 전쟁 중에 말이야. 그 후 나는 가모이 레이에게 배우게 되었고 그의 연구소인 고베ZERO양화연구소에 다니게 됐어. 그때부터 가족 단위의 만남이 시작됐지. 가모이는 전쟁 중에 형을 잃었고 아이도 없었거든. 우리 아이들 두 명을 귀여워해 주었어. (2019)

리경조와 가모이의 만남은 이 장에서 다루고 있는 시대보다 후대의 일이지만, 추상회화가 왕성하던 시대에 리얼리즘을 추구한 미술가라는 공통점이 있었고, 전쟁과 식민지 체험이 그들을 엮어 주었다는 사실에 근거해 두 사람의 만남을 짧게 덧붙여 보았다.

10 1947년에 결성한 일본의 미술 단체.

fig. 5　김희려·리경훈, 〈성인 학교〉, 1958년, 162×130cm, 소장처 불명
(출처: 『재일조선미술가화집』).

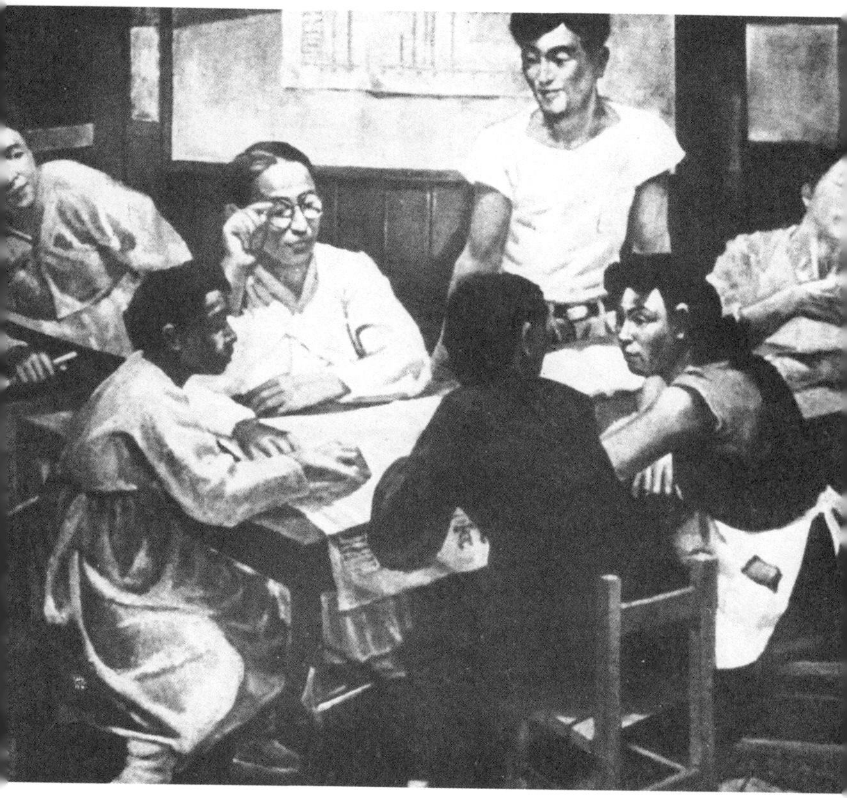

fig. 6 리경조, 〈풍경〉, 1961년, 91×65cm, 소장처 불명(출처: 『재일조선미술가화집』).

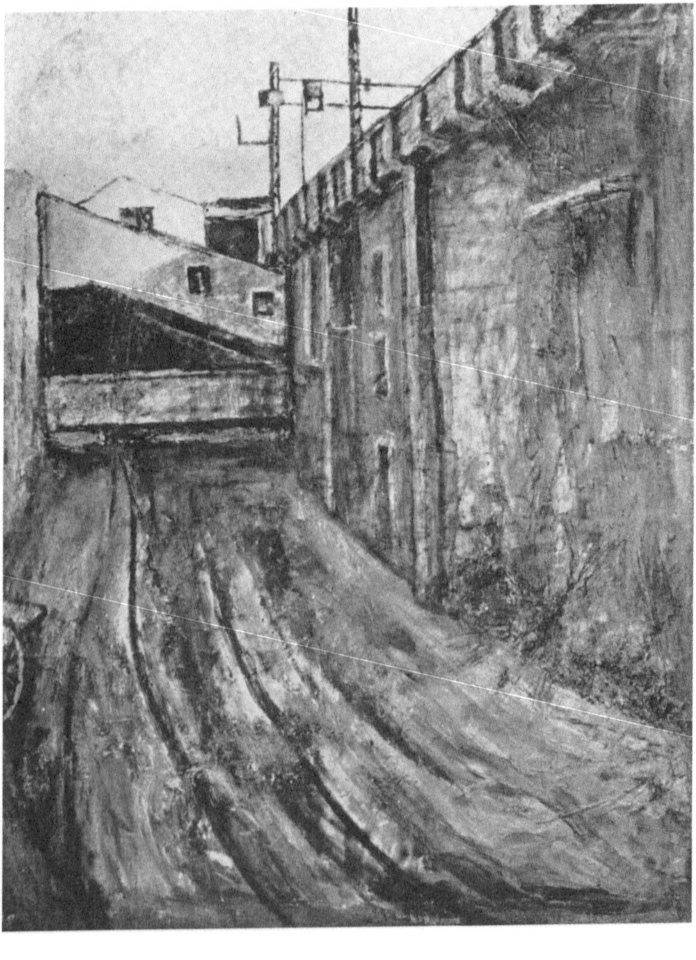

하상철의 회상
— 미술교사 아오야마 선생과 전화황 선생

부드러운 터치로 인물의 내면까지 묘사해 낸 하상철河相喆(1937-2022)의 반평생을 본인의 증언을 중심으로 정리해 본다.

하상철은 아버지로부터 고향이 경상남도 고성이라고 들었다고 한다. 어머니는 고향으로 돌아가 첫 아이를 출산했고, 6개월 정도 지난 후에 남편이 있는 교토로 돌아왔다. 하상철의 아버지는 유젠右禪 염색(천에 문양을 찍어내는 일본의 염색 기법. 교토에서는 일제 강점기부터 많은 조선인이 유젠 공장에서 일했다 — 옮긴이) 직공으로 일했고 아들을 셋 더 낳았다. 1945년 8월 15일 해방 직후, 가족은 일단 고향으로 돌아갔지만 생활고가 이어지자 다시 일본으로 밀항했다. 규슈九州의 유치장[11]에 갇히게 되었지만, 어머니는 네 명의 아이를 데리고 탈출하여 아버지와 이별하게 되었다. 처음에는 친척 집에 의지하려고 교토로 돌아갔다가 이후 시가滋賀현의 '조선인가도朝鮮人街道'라 부르던 조선인 집단 거주지역에서 살게 되었다.

> 그곳에 아쓰지安土조선소학교라는 학교가 생겼고, 방 하나에 나이가 다른 열 명 정도의 학생들이 모였어. 해방이 7, 8살 때였으니까 보통보다 늦게 학교에 들어

11 패전 이후 일본으로 밀항한 조선인의 단속에 관한 연구에 따르면, 하상철의 가족이 구금된 곳은 사세보佐世保 유치장으로 추측된다. 福本拓, 「アメリカ占領期における「密航」朝鮮人の取締と植民地主義の継続」 및 蘭信三編, 『帝国以後の人の移動—ポストコロニアリズムとグローバリズムの交錯点』 勉誠出版, 2013, pp.477-510 참조.

간 거지. 나한테는 그게 첫 번째 학교 체험이었어. (2019)

그는 1948년 4월에 있었던 '한신교육투쟁'도 기억하고 있었다.

교관에게 고무총을 쐈어. 도쿄에서 개최된 4.24 교육투쟁 소년단 전국대회가 열렸을 때는 시가현 대표로 참가했지. (2019)

하상철이 아쓰지조선학교에 다니던 시절, 그의 어머니는 아버지의 부재 속에서 네 명의 아이를 키우기 위해 쌀 암시장에 나가 돈을 벌었다(나중에 가족은 아버지와 재회했다).

매일 교토까지 쌀을 옮겨야 해. 경관이 보고 있으니까 들키지 않도록 긴 대롱 같은 것 안에 쌀을 넣고 몸에 숨기고 말이야. 쌀은 차갑잖아, 체온을 다 빼앗아버려. 그러다 몸이 상해서 돌아가셨지. (2019)

하상철의 어머니는 33세의 나이로 세상을 떠났고, 태어난 지 얼마 안 된 여동생도 그 후에 목숨을 잃었다. 하상철의 작품 중 〈어머니의 초상〉이라는 그림이 있다.(fig.7) 뜨개질하는 어머니를 그린 작품으로, 배경은 아쓰지의 성터처럼 보인다. 그의 어머니는 아쓰지에 모여 살던 조선인 여성들과 자주 만났다고 한다. 하상철의 소년 시절을 엿볼 수 있는 작품이자, 역사의 무대 앞에 등장하지 않는 해방 직후의 조선인 여성들의 생활을 전해주는 귀중한 작품이다.

fig. 7　하상철, 〈어머니의 상〉, 1993년, 100×80.2cm,
재일코리안미술작품보존협회(ZAHPA) 소장.

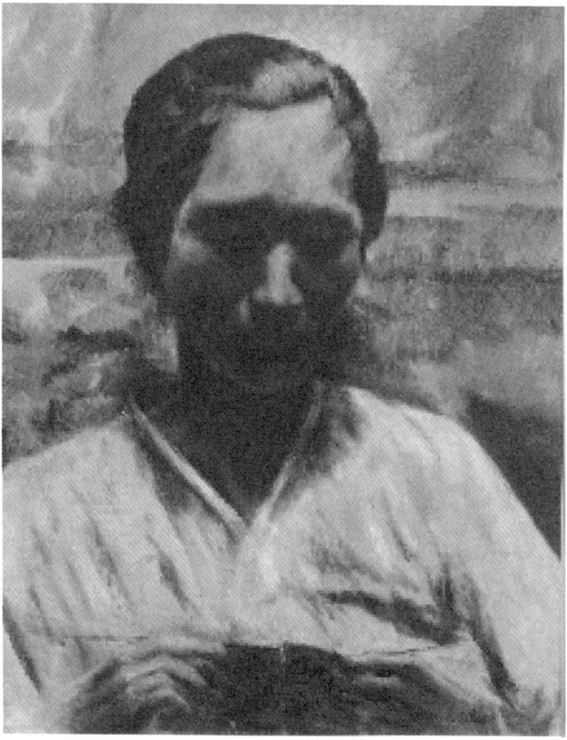

1952년 15세의 나이로 소학교를 졸업할 즈음 사가에서 교토로 이주한 하상철은 효고현 나가타의 고베조선중학교[12]에 다녔다. 그는 1953년 6·25 전쟁 휴전 협정 소식을 롯코산六甲山에서 야외수업을 하던 중에 들었다고 선명하게 기억했다. 당시 하상철에게 미술의 즐거움을 가르쳐 준 사람이 '아오야마 선생'이었다. 1949년에 개교한 고베조선학교에서 미술을 가르쳤던 아오야마 다케미이다. 아오야마는 수업 외에도 방과 후에 미술부 학생들을 바다에 데려가서 사생을 시키곤 했다.

아오야마 다케미의 작품을 고이 간직하고 있는 정광균鄭光均은 1995년 한신·아와지阪神·淡路대지진 때에도 건물 잔해에서 그림을 찾아냈을 정도로 아꼈다고 한다. 아오야마 다케미에 관한 이야기는 정광균을 인터뷰하며 들을 수 있었다. 정광균은 일본학교에 다니고 있을 때 아오야마와 처음 만났다고 했다.

> 나는 그림을 좋아해서 전람회에서 금상을 탔어. 그 전시를 본 아오야마 선생님이 우리 집에 찾아왔지. 미술부 학생들과 함께 말이야. 너는 조선인이면서 왜 일본학교에 다니고 있느냐고 물어서 '이상한 말을 하는 사람이네.'라고 생각했어. "그럼, 선생님은 왜 일본인이면서 조선학교에 있습니까?"라고 되물었지. 선생님은 바로 대답하지 않았어. "너 우리 학교에 와라."라고 하시길래 일본학교에서 조선학교로 전학했어. (2019)

12 현재의 니시고베西神戶 조선초급학교의 전신으로 추정된다.

정광균은 1960년 4월, 중학교 3학년 때부터 다루미垂水로 이전한 고베조선중고급학교에 다니게 되었다. 이때부터 '아오야마 선생'과 오랫동안 좋은 만남이 시작되었다. 정광균이 전해준 아오야마 다케미의 내력은 다음과 같다.

야마가타山形현 오키타마置賜군 아이카와鮎川에서 태어난 아오야마는 도쿄에서 가와바타川端화학교畵學教를 다녔다. 전쟁 중에 보르네오섬에 파견되었는데, 그가 타려던 일본행 배가 침몰해 구사일생으로 살아남았다고 한다. 나중에 돌아온 곳이 고베였다. 얼마 지나지 않아 고베시 나가타長田구에 있는 마노소학교에서 미술을 가르치기 시작했다. 그곳은 조선인 학생들이 많이 다니고 있었다. 1949년 큰길 반대편에 조선학교가 개교했다. 아오야마는 이 학교가 세워지도록 힘을 쏟았고 조선인 학생들이 전학할 때 함께 학교를 옮겨 미술 수업을 담당하고 미술부를 지도했다. 하상철과 아오야마의 만남은 하상철이 나가타의 조선학교로 전학했던 1953년부터이다. 하상철은 아오야마 다케미를 다음과 같이 기억하고 있었다.

> 그때 말이야, 판화도 만들었어. 판화 말이야. 김 원수나 모 주석 같은 중국의 지도자들 초상도 만들었어요. (2019)

당시에 아오야마와 학생들이 만든 판화 작품이 〈환희〉다.(fig.8) 작품의 오른쪽 위에 '환영 중국 인민지원부대'라고 쓴 것을 보면, 6·25 전쟁 중 UN군과의 전투를 위해 중국에서 파병된 군대

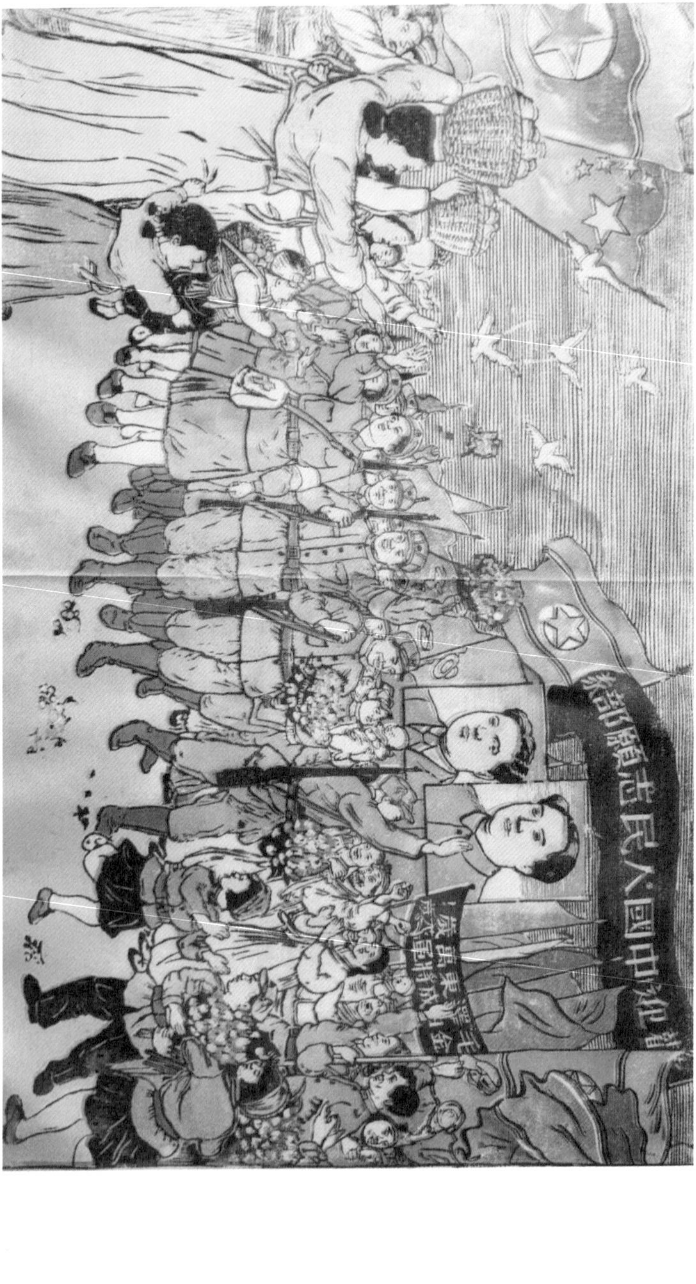

fig. 8 아오야마 다케미와 조선학교 학생들, 〈환희〉, 1953년, 72.2×46.5cm, 개인 소장.

와 그들을 환영하는 조선인의 모습으로 추측된다. 그림 중앙에는 웃음을 띤 중국군이 원경에서 그림의 앞쪽을 향해 행진하는 모습이 담겨있다. 양쪽으로 조선인들이 그들을 맞이하며 환호하는 모습이 보인다. 화면의 왼쪽에는 모녀의 뒷모습이, 맞은편에는 군인들이 마오쩌둥과 김일성의 초상을 들고 행진하고 있다. 군상인 동시에, 적어도 네다섯 가지 색으로 이루어진 다색판화인 점을 고려할 때, 색판을 만든 것을 포함하여 상당히 고난도의 작업이었으리라 추측할 수 있다. 하상철과 정광균의 인터뷰를 참고로 아오야마 다케미를 언급하고 있는 문헌 기록을 찾아보았다.

제1장에서 언급했듯 1953년 도쿄에서 김창덕을 중심으로 재일조선미술회가 결성되었다. 단체가 만든 기관지 『조선미술』 3호(1954년 발행)에는 1954년에 개최된 제7회 《일본앙데팡당전》에 관한 평이 기재되어 있다.

> 특히 크게 평가해야 할 것은 고베조선중학 동무들의 집단제작인 '판화'군群이다. 김金원사, 마馬수상, 모毛주석, 호胡대통령 등 위대한 지도자들에 대한 무한한 경애심으로 제작한 초상화,[13] 우리 학교를 탄압하는 야수적 일경日警과의 투쟁 장면, 검속당한 애국자의 정의에 불탄 눈결과 그 모습, 그 외 자기들의 생활 상태 등, 10여 점의 목판화는 그야말로 회장을 압도하였다.[14]

13 기사에 등장하는 초상화의 대상이 된 공산권 국가의 지도자는 순서대로 김일성, 말렌코프 Georgy Malenkov/馬林科夫(당시 소련 공산당 서기장), 마오쩌둥毛澤東, 호치민胡志明을 가리킨다.

같은 호의 소식란에는 "이번《일본앙데팡당전》에 판화군을 출품한 고베조중의 미술 담당선생은 앞으로 본회와 연락을 자주 하겠다는 소식이 있었다."라고 적혀 있다. 또한《제7회 일본앙데팡당전》의 출품 목록에는 "778 학생 작품(판화) 고베조선인중학교"라고 기재되어 있다.[15]

하상철과 정광균의 회상과 문헌의 기록이 맞물리는 것을 보면『조선미술』3호에 기재된 고베조선중학교의 선생은 아오야마 다케미라고 확정할 수 있으며,《제7회 일본앙데팡당전》에 출품한 기록이 남아 있는 작품은 1953년경 아오야마와 조선학교 학생들이 만든 작품으로 추측해도 무방하다. 또한 일본판화운동협회의 기관지인『일본판화신문』15호에는「물레방앗간의 편지」라는 제목의 미쓰이 히사오三井寿雄의 글이 게재되어 있다.

> 『일본판화신문』14호에 게재되었던 여러분의 소식을 몇 번이나 반복해서 읽었습니다. 여러분의 작품은 예전부터 봐왔습니다. 백청옥白青玉 선생이나 귀교 출신의 리춘자李春子 씨로부터 이야기를 들었습니다. (…) 어느 날 밤 도치기현에 니이히로하루新居広治 씨가 찾아와서 웃으면서, "미쓰이군, 한 번 봐줘. 아오야마 군이 보내온 조선학교 학생들의 작품인데 대단해. 데생도 탄탄하고 새긴 선에도 아주 힘이 넘쳐." (…) 여전히 약을 먹고는 있지만 의지만큼은 강렬하다고 리춘자 씨에

14 「消息」,『조선미술』3호, 1954. 3. 20, 3면.

15 日本美術会,「美術運動 第7回 日本アンデパンダン展 陳列目録」, 1954, p.14.

게 전해 주십시오. 이곳의 오병학 씨나 요코스카의 박사림 씨도 건강합니다.[16]

아쉽게도 이 글에 등장하는 '백청옥 선생'이나 '리춘자 씨', 그리고 편지를 쓴 미쓰이 히사오가 어떤 인물인지는 자세히 알 수 없다. 오병학과 박사림은 이미 이 책에서 다룬 재일조선인미술가이다. 다만 이 글을 통해서도 아오야마 다케미가 조선학교에서 정열적으로 교육했던 것을 짐작할 수 있다. 다만 이때 미술교육 과정에 판화를 포함한 사람이 아오야마만은 아니었다는 점은 조사를 통해 밝혀낼 수 있었다. 생활을 꾸려 나가는 일과 판화 교육이 밀접한 관계에 있었다는 점을 포함해, 재일조선인의 전후 미술교육과 관련된 조사는 앞으로의 과제로 삼고 싶다.

당시의 아오야마 다케미를 알고 있던 1933년 출생인 한 재일조선인은 다음과 같이 회상했다.

선생님 주위에는 항상 아이들로 가득했어. 그림도 그릴 수 있지, 도예도 할 수 있지. 선생님은 항상 여러 가지 이야기를 해 주셨어. 말하자면 인성 교육이었지. (2019)

아오야마 다케미는 가정을 이루지 않고, 조선학교 교육에 글자 그대로 몸을 바쳤다. 정광균은 이렇게 말했다.

16 三井寿雄,「水車小屋えの手紙」,『日本版画新聞』15호, 1954. 8. 1, p.4.

왜 그렇게까지 했을까 하고 생각해보면, 전쟁과 식민지에 대한 사죄의 의미였겠지. (2019)

1953년 교토의 엔마치円町에 교토조선중학교가 새로 문을 열었다. 고베조선중학교를 다니던 하상철은 중학교 2학년 2학기 때 이 학교로 전학했다. 1955년에 이곳에 고등학교가 병설되었고, 그는 그곳에서 고교 시절을 보냈다.

이곳에서 만난 전화황은 하상철이 미술의 길을 걷게 되는 데에 결정적인 역할을 한 존재였다. 전화황은 평안남도 출신으로 재일조선미술회의 간사이 지부 초대 지부장을 지냈다. 교토 조선중고급학교의 미술 담당 교원으로 일한 그는 시인이자 문필가이기도 했다. 『재일조선미술가화집』에는 전화황의 작품 〈남조선의 가난한 생활〉(1961, 광주시립미술관 하정웅컬렉션: 이후 〈전쟁 고아〉라는 제목으로 출품되었으며 현재 소장처에는 〈전쟁의 낙오자〉로 등록되어 있다.)(fig.9)이 실려 있다. 그는 불상이나 꽃을 부드러운 터치로 그린 작품 외에도 3·1 독립운동과 6·25 전쟁을 주제로 한 작품도 남겼다. 하상철은 전화황을 다음과 같이 회상했다.

그 당시 선생님 이름은 '전화광'이었어. 선생님이 나에게 재능이 있다고 말씀해 주셨어. 선생님 그림의 치밀함에는 감탄했지. 식민지 시기에 일본에 건너가서 그때부터 그림을 그렸으니. 야마시나山科를 넘어가면 선생님 댁이 있었고 현관에 들어가면 큰 그림이 걸려 있었어. 스다 구니타로須田国太郎의 80호 정도 되는 그림. 그게 인상적이었어. 고등학교 2학년 때는 "좀 앉아봐" 하고 나를 모델로 그려

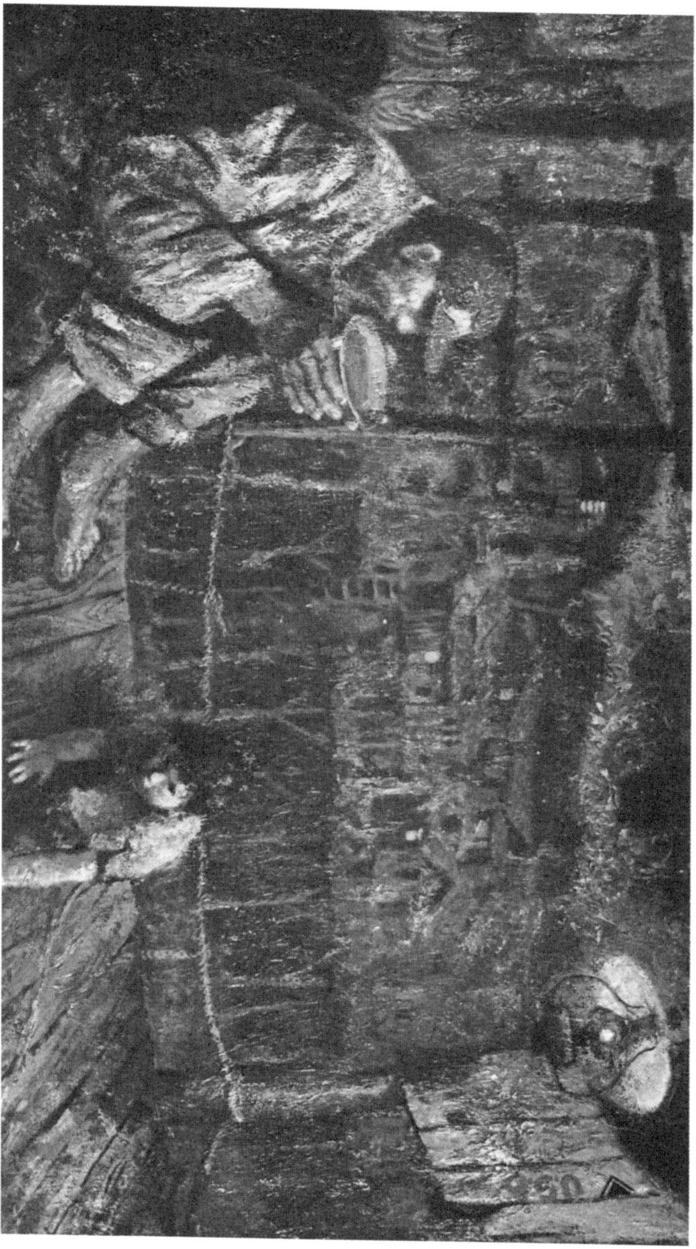

fig. 9 전화황, 〈남조선의 가난한 생활〉, 1961년, 145×97cm,
광주시립미술관 하정웅미술관 소장(출처: 『재일조선미술가화집』).

주셨어. 액자에 넣어서 장식했어. 나를 포함해서 사이가 좋았던 미술부 세 명이 선생님과 함께 교토시미술관 뒤에 있는 연못에 가서 사생을 하기도 했지. 이야기도 많이 나누고 말이야. (2019)

이렇게 중학교와 고등학교에 다니며, 마음에 오래 남을 은사에게 가르침을 받았던 하상철은 1958년 무사시노미술대학에 입학한다.(fig.10) 시험장에서는 안천룡이 앞좌석에 앉아 있었다고 한다. 두 사람은 나란히 합격하여 함께 그림을 그렸다. 안천룡도 『재일조선미술가화집』에 작품 〈습작〉(서장, 85쪽)을 제공했는데, 하상철은 안천룡이 매우 재능이 넘치는 작가였다고 회상했다. 무사시노미술대학을 졸업한 하상철은 교토로 돌아와 교토 조선중고급학교와 교토 조선제2초급학교 등에서 교편을 잡았다. 현재도 교토 재일조선인미술가들의 활동과 《일본 코리아 우호 미술전》(2021년 1월에 제27회전을 개최)을 적극적으로 돕고 있다.

이상 김희려, 리경조, 하상철을 중심으로 간사이에서 활동한 재일조선인미술가들의 활동을 정리해 보았다. 식민지 시기부터 일본에서 살았으며 누나와 매형으로부터 사회를 예리하게 관찰하는 힘을 기르게 된 김희려는 하상철의 은사인 전화황과 함께 오사카와 교토에서 각각 활동한 제1세대 재일조선인미술가였다.

리경조와 하상철은 식민지 지배부터 해방 후까지 조선 민족으로서 겪어야 했던 고난을 한반도와 일본에서 각각 경험했다.

fig. 10 무사시노 미술대학에 입학할 무렵의 하상철 (사진 제공 : 하상철)

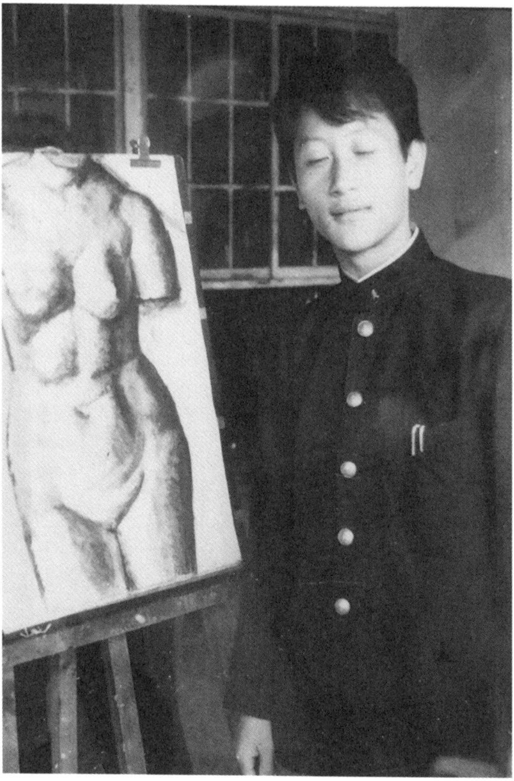

두 사람은 그 시대의 풍파를 직접 겪어왔다는 사실에 분한 감정을 억누르기도 했으나, 미술을 통해 희망을 품게 된 것에 대해 감개무량하게 회상했다. 앞서 이야기한 것처럼 그들은 『재일조선미술가화집』에 작품을 싣는 등 도쿄를 중심으로 활동한 미술가들과도 교류했다. 하상철은 화집에 작품을 제공하지는 않았지만, 이 시기를 회상하며 다음과 같은 이야기를 들려주었다.

> 그 당시 안천룡이 화집에 작품을 내라고 말을 했는데 나는 '유학동'[17]활동으로 너무 바빴어. (2019)

하상철의 당시 작품을 화집에서 확인할 수 없는 점은 유감스럽다. 하지만 증언 내용으로 미루어 볼 때, 이 시기를 기억하는 중요한 인터뷰이로 이 책에 소개해도 손색이 없다는 데에 이견의 여지가 없을 듯 하다.

17 정식 명칭은 재일본조선유학생동맹. 일제 강점기에 있었던 조선 출신 유학생 조직을 바탕으로 1945년 9월에 결성되었다. 일본의 대학, 단기대학, 전문학교 등을 다니는 재일조선인 유학생들이 소속했다.

4.

구술사로서의 재일조선인미술사 연구

지금까지 재일조선인미술 연구에서 거의 알려지지 않았던 1945년부터 1950년대 미술가들의 활동을 인터뷰를 통해 얻게 된 정보를 바탕으로 서술했다. 1절에서는 재일조선인미술 연구에 인터뷰를 활용하게 된 계기와 연구 환경, 그리고 인터뷰 이외의 자료를 소개했다. 2절에서는 도쿄에서 활동한 김창덕과 그의 주변에서 활동한 미술가들의 만남과 교류 양상을 정리했다. 조량규, 백령, 표세종, 성리식, 그리고 만화가 전철, 무대미술의 리찬강 외에도 음악가와 문학가 등이 함께 교류하고 있었다. 3절에서는 간사이 지역 미술가들의 활동을 정리했다. 오사카에서 활동한 김희려, 교토에서 활동한 전화황은 도쿄의 김창덕과 교류하기도 했다. 또한 교토의 하상철은 아오야마 다케미와 전화황의 가르침을 받아 화가의 길을 걷게 되었다.

인터뷰 조사를 통해 얻은 내용을 정리하며 점과 점으로만 연결되던 재일조선인미술가들의 움직임을 더욱 선명하게 밝힐 수 있었다. 재일조선인미술가의 구술은 우리에게 무엇을 말해줄까. 인터뷰 조사의 의의는 다음과 같다.

인터뷰를 통해 미술가를 목표로 했던 그/그녀들이 이국에서 각자 고군분투했을 뿐만 아니라 미술과 민족이라는 공통의 계기로 모여 연대했던 사실을 입증할 수 있었다는 점이다. 더불어 만남이나 이별 등 그들 사이의 구체적인 관계까지 확인할 수 있었다.

영국의 사회사가 폴 톰슨E. P. Thompson은 "현실이란 복잡하고 다면적이다. 구술사의 최대 이점은 다른 자료를 사용하는 방법과 비교하여 본래적이고 복잡한 시점을 재구성할 수 있다는 점이다."[18] 라고 지적한 바 있다. 재일조선인미술사를 파악하기 위해 진행해 온 인터뷰는 이 연구가 미술사인 동시에 운동사와 교육사이기도 하며, 마이너리티(사회적 소수자)의 문제를 포함하고 있다는 것을 알려주었다. 재일조선인미술의 서술은 그들의 식민지 체험뿐만 아니라 한반도의 분단, 밀항, 암시장, 교육투쟁, 제주 4·3 사건, 6·25 전쟁, 4·19 혁명 등과 분리하여 다룰 수 없다는 점을 책 전체를 통해 확인했다.

미술이 얼마나 위대한지를 자신들이 살아온 삶의 역정과 함께 이야기해 준 이들의 모습은 필자에게 미술가가 어떤 환경 속에서 살아갔고 무엇을 극복했으며 누구와 만났는지를 알게 해 주었다. 흩어져 있던 퍼즐 조각을 맞추며 이 연구를 지속해 나가

18 ポール·トンプソン, 酒井順子訳, 『記憶から歴史へ―オーラル, ヒストリーの世界』(青木書店, 2002), p.24. 원저는 Paul Richard Thompson의 *Voice of the Past : Oral History* (Oxford University Press, 1978).

야 한다는 사명감을 깨닫게 해주었다.

인터뷰 조사를 하는 동안, 이런 이야기를 하는 것이 처음이라고 말씀하시는 이들이 많았다. 질문을 던지고 대답을 듣는 것만으로도 숨겨져 있던 사실이 드러나면서 전후 역사의 조각들이 꿰맞춰졌다. 인터뷰에 응해준 이들은 이따금 자신의 구술이 가치가 있겠느냐며 필자의 기록 작업에 회의감을 표하기도 하였다. 하지만 철학자 노에 게이치野家啓一가 지적한 대로 "어떤 사건은 다른 사건과의 관련 속에서만 존재하는 것으로, '사실 그 자체'를 상정하기 위해서도 우리는 컨텍스트를 필요로 하며 '이야기'를 하지 않으면 안 된다."[19] 기억 속에 갇힌 이야기를 듣는 처지였던 필자는 전해 들은 사람으로서의 책임감을 갖고서 이를 묶어내고, 이미 기록된 자료와의 관련을 찾아내는 작업을 통해 미술사를 포함하여 여러 방면에서 역사를 재검토하고 싶었다.

인터뷰에 얽힌 일화 하나를 소개하면서 이 장을 맺으려 한다.

2011년 4월 도쿄도현대미술관에서 《일본앙데팡당전》과 관련된 심포지엄이 열렸다.[20] 나는 6인의 발표자 중 한 명으로 『재일조선미술가화집』에 수록된 작품 가운데 1961년에 개최된 《제14회

19 野家啓一, 『物語の哲学』(岩波書店, 2005), p.12. 한국판으로는 김영주 역, 『이야기의 철학-이야기는 무엇을 기록하는가』(한국출판마케팅연구소, 2009)로 출간되었다.

20 《MOT콜렉션 크로니클1947-1963 : 앙데팡당의 시대》(도쿄도현대미술관, 2011.2.26-5.8)의 관련 행사로 개최된 〈「美術運動」から読むアンデパンダンの時代('미술운동'으로 읽는 앙데팡당의 시대)〉.

일본앙데팡당》전에 출품된 작품의 슬라이드를 보여주었다. 심포지엄이 끝난 후 여성 한 분이 내게 다가와 이렇게 말했다. “지금 북쪽의 미술의 상황은 어떤가요? 제 이복언니의 아들이 북쪽에서 미술을 하고 있다고 들었어요.” 이 말을 듣고서 그도 나와 같은 재일조선인이라고 생각해 친근감을 느꼈다. 그러나 내가 조선민주주의인민공화국의 미술 전문가는 아니기 때문에 정확한 답은 전하지 못했다. 무엇보다 그가 바빠 보였으므로 길게 이야기를 나누지는 못했다. 아쉽게도 연락처를 교환하지 못한 채 헤어졌다.

다음 달, 나는 조사를 위해 평양을 방문했다. 준비 과정에서 알게 된 사실은 심포지엄에서 내게 말을 건 여성은 일본인이었다는 것이다. 말하자면 내가 느낀 친근감은 제멋대로였던 셈이다. 그녀의 이복언니는 소위 ‘일본인 아내’로서 북으로 건너간 것이었다. 그 후 나는 이복언니의 아들, 즉 그 여성 청중의 조카와 평양에서 대면했다. 실제로 미술을 하고 있었고, 일류 미술 전문가들이 일하는 만수대창작사에 소속되어 있었다. 게다가 그의 아버지는 조선학교에서 미술을 가르친 일본인 아오야마 다케미의 제자였다는 사실도 알게 되었다. 정광균의 말에 따르면 아오야마가 교편을 잡고 있던 시기에 고베조선학교에는 음악부가 없었다. 그런 까닭에 아오야마가 지도하던 미술부실 안에 음악 활동을 할 수 있는 장소를 만들었다고 한다(아오야마는 학생들에게 오카리나를 만드는 방법도 전수했다고 들었다). 심포지엄이 끝나고 내게 말을 건넨 여성이 궁금해하던 조카의 아버지(여성에게는 형부)가 당시 아오야마 선생이 만들고 지도한 음악 동아리에 속해 있었다. 그녀의 형부는 현재 조선민주주의인민공화국을 대표하는 지휘자로 활동하고 있다.

나는 만수대창작사 소속의 그 조카에게서 만남을 기념하는 작품을 선물로 받았다. 우연인지 필연인지 내가 받은 작품은 판화였다. 판화를 통해 인성 교육을 하고자 했던 아오야마 다케미 선생의 정신이 평양의 어느 미술가에게까지 전해지게 된 것이 아닐까 하고 상상했다. 인터뷰를 통한 역사의 증언, 즉 구술사의 실천을 통해 아직도 역사화되지 못한 사실들, 말해지고 들려져 전승되고 공감을 얻어 이어져야 할 중요한 이야기들이 무수하게 남아 있다는 점이 드러났다.

조선학교의 교과서 삽화를 담당했던 일본의 여성화가 호리 후미코가 내게 몇 차례나 거듭했던 "만나러 와줘서 고마워요"라는 인사의 의미, 그리고 아오야마 다케미가 조선인을 교육하면서 보여준 열정의 의미는, 시대를 둘러싼 배경과 경험을 바탕으로 더욱 깊게 고찰해야 할 것이다. 앞으로 내게 남겨진 커다란 과제이기도 하다. 또한 이 장에서도 다루었던 표세종은 귀국 후 평양에서 에세이를 묶어내면서 일본에서의 삶을 "14년간의 이국생활"[21]이었다고 말했다. "14년간"의 시간은 현재에도 지속 중인 한반도의 분단과 재일조선인의 일본 정주 생활을 생각하면 매우 짧은 기간으로 느껴져 나는 적지 않은 충격을 받기도 했

21 표세종, 「조국의 품에 안겨」, 『조선미술』 3호(조선미술가동맹 중앙위원회, 평양, 1963), p.57.

다. 2019년은 일본에서 조선민주주의인민공화국으로 귀국선이 출항한 지 정확히 60년을 맞은 해였다. 표세종의 에세이와 귀국을 테마로 한 재일조선인 미술 작품을 보며, 다시 한 번 재일조선인에게 있어서의 귀국의 의미를 되짚어 보고 싶다고 생각했다.

이번 장에는 아직 진행 중인 조사 단계의 내용도 포함되어 있다. 재일조선인의 미술을 탐구하기 위한 조사는 끝이 없으리라 생각한다. 종전 직후의 재일조선인의 역사는 마이너리티로서조차 공적인 기록으로 남은 것이 적기 때문이다. 게다가 그 당시의 미술과 미술가들에 대한 자료는 아직 훨씬 더 많은 것이 어둠 속에 남겨져 있다. 이 책에서 다룬 재일조선인의 미술 작품 대부분은 "이런 힘든 시기에 무슨 미술이야."라는 말을 듣던 시대에 창작되었다. 미술 작품이 미술가의 삶의 증거라는 것을 고려할 때, 예술가라는 존재의 가치마저 부정되었던 시기였다고 말한다면 지나친 표현일까. 그러한 시대에 태어난 재일조선인의 미술 작품을 분석하는 작업은 어둠에 묻혀있던 미술가들이 남긴 숱한 증거에 빛을 빛추는 것을 의미한다. 재일조선인의 미술에 관한 연구가 이렇게까지 더뎠던 까닭은 비록 의도한 일은 아니라고 하더라도, 어떤 존재가 가진 무거움이나 가벼움에 관한 기준을 다수자majority 쪽에서 항상 정해왔기 때문일 것이다. 결과적으로 재일조선인의 미술은 망각의 프로세스에 내던져졌던 셈이다. 그러나 역사는 선택된 사람들만의 걸음은 아니다. 망각의 흐름에 저항하고, 기술되고 전승되기를 기다리고 있는 퍼즐 조각들을 침묵으로부터 끄집어내어 이야기로 구성하는 이러한 작업이 비단 미술사 연구의 범위에만 국한되는 과제는 아닐 것이다.

에필로그

이 책에서는 아시아태평양 전쟁 이후 일본에서 이루어진 조선인미술가들의 표현을 살펴보았다. 특히 재일조선인미술사 연구의 영역에서 자료적 결손을 이유로 연구가 부진했던 1950년대의 활동에 초점을 두었다.

연구 대상으로 삼은 시대는 일본의 식민지 지배로부터 해방된 1945년부터 『재일조선미술가화집』이 발행된 1962년 1월까지, 약 16년의 기간을 설정하였다(연구의 흐름과 관련하여 이후 시기의 일부 활동에 대해서도 언급했다).

해방의 기쁨도 잠시, 고국인 한반도/조선반도에서는 분단국가가 성립되었고, 같은 민족끼리 전쟁을 치렀으며, 분단이 고착되면서 비극이 지속되었다. 당시 일본에 살던 조선인들은 샌프란시스코 강화조약으로 인해 '일본 국적'을 일방적으로 상실하여 무국적인 상태로 생활할 수밖에 없었다.

이런 시대적 상황 속에서 조선인미술가들이 일본에서 어떤 삶을 살았으며, 또 어떤 작품을 제작하며 활동했는지, 그들의 활동이 집대성된 『재일조선미술가화집』의 발행에 이르는 과정에는 어떠한 궤적이 있었는지 밝히고자 했다.

프롤로그에서는 선행연구와 방법론을 정리했고, 서장에서는 재일조선인미술가의 역사를 탐구하기 위해 가장 중요한 1차 자료인 『재일조선미술가화집』의 내용을 다루었다.

제1장 '시동의 에너지'에서는 '재일조선미술가협회'(1947년 결성)와 '재일조선미술회'(1953년 결성)를 중심으로 전후 초기의 조선인미술가의 활동을 정리했다. 특히 재일조선인 만화가로 유명한 전철과 조선인미술가 그룹의 중심에 있었던 김창덕을 중심으로 기술하되, 개별적으로 활동하고 있던 조선인미술가들이 서로 어떻게 만났으며 어떠한 과정과 계기로 그룹을 결성하게 되었는지 추적했다.

제2장 '무엇을, 어떻게 창조할 것인가'에서는 조선인미술가들의 표현을 모색했다. '민족미술'을 추구한 김창락, 초현실주의에 심취한 백령, 모더니즘을 지향한 성리식의 표현을 통해 그들이 추구한 미술을 살펴보았다. 그런 다음 1956년 재일조선인미술가들이 주최한《순회전》의 내용을 정리하였다. 이 전시회가 그들에게 커다란 과제를 남긴 것은 앞서 확인한 바다.

제3장에서는《순회전》이후에 제시된 테마 제작과 관련해 이뤄진 토론과 그 과정에서 제작된 작품, 그리고 작품을 발표했던 장에 대해 정리했다. 1957년에 드디어 테마를 설정한 그들은《9·9전》및《일본앙데팡당전》,《8·15 조국해방 기념미술전》등에 계속해서 출품했다. 이 과정에서 일본인 미술가들과 관계가 강화되었는데, 일본인 미술가들이 던진 문제의식과 비판은 조선인미술가를 향한 격려의 뜻이기도 했다.

제4장에서는 1961년에 열린 《연립전》에 주목했다. 《연립전》은 1960년 4월 19일에 한국에 일어난 혁명을 계기로 일본에서 활동한 민단계 미술가와 총련계 미술가가 함께 개최한 전시회이다. 《연립전》이 같은 해에 두 차례나 개최되었다는 점, 전시회를 전후하여 열린 문화제와 좌담회도 주목해 보았다. 《연립전》은 테마 제작을 실천하며 발표의 장을 넓혀간 조선인미술가들에게 조국과 민족과 창조를 생각하는 중요한 계기였음을 알 수 있었다.

제5장에서는 조선인미술가와 일본인 미술가들과의 관계에 주목했다. 특히 조선인미술가들이 집단으로 관여한 《일본앙데팡당전》의 출품 상황을 분석한 후, 교류의 의미를 살펴보았다. 또한 《일본앙데팡당전》에서 만난 일본인 미술가들과 후일에 《조일우호미술전》을 개최한 내용에 관해서도 언급하였다.

제6장에서는 필자의 인터뷰 조사를 정리하며 돌아보았다. 재일조선인미술의 역사는 여전히 어둠 속에 남겨져 있으나 인터뷰 조사를 통해 침묵 속에 흩어져 있던 퍼즐 조각들을 끄집어내고자 했다. 따라서 그 경위와 의의를 밝혀 두었다.

마지막으로 앞으로의 과제를 정리한다.

① 용어의 정리: 16년간의 역사를 정리했으나 여전히 담지 못한 내용이 있다. 첫 번째는 '사회주의 리얼리즘'의 검증이다. 책에서 언급한 대로 재일조선인미술가들은 추상회화를 '거대한

자본을 배경으로 퇴폐예술을 환영하는 매스커뮤니케이션'이라고 비난한 바 있다. 그러나 사회주의 리얼리즘이 그들에게 어떠한 의미였는지를 정의하고자 시도한 자료는 아직까지 발견하지 못했다. 이 책에서 언급한 자료를 재정리하고, 당시 일본인 평론가의 자료, 그리고 중국·소련·유럽·멕시코 등에서 진행된 리얼리즘 연구를 살펴본 후, 재일조선인미술가들의 사회주의 리얼리즘을 재검토하고 싶다. 이러한 검토를 통해 조선인미술가의 활동과 작품을 더욱 섬세하게 분석하고, 나아가 보다 넓은 시점에서 1945년 이후 동아시아 미술의 동향도 파악할 수 있을 것이다.

② 민족 단체나 미술 단체와의 관계: 미술가들과 민족 단체와의 관계를 해명하는 일도 앞으로의 과제이다. 이 책에서는 '민전 제4전대회'나 '민전 14중앙위원회'의 방침과 미술가들과의 관계까지는 밝힐 수 없었다. 또한 제5장에서 언급한 일본인과의 교류사에 관해서도 밝히지 못한 내용이 있다. 이과회, 행동미술협회 등의 공모전과 어떻게 교류했으며, 《일본앙데팡당전》이나 《조일우호미술전》, 일본만화운동협회, 일본청년미술가연합과의 교류에 관한 내용도 해당 단체의 기관지나 문헌 자료를 구체적으로 조사하여, 사실관계를 자세히 밝히고 의의를 정리할 필요가 있다.

③ 재일조선인미술사 속에서 전개한 미술교육: 지금까지의

연구 과정을 통해 이 시기에 시작된 조선인 미술교육의 실태가 차츰 드러나고 있다. 2022년 3월 도시샤 대학에서는 제6장에서 다룬 미술교육자 아오야마 다케미를 중심으로 한 전시 《재일조선인미술사로 보는 미술교육자들의 발자취》(2022. 3. 18-3. 27)를 개최했다.(fig.1) 필자가 기획한 이 전시와 관련 심포지엄에서는 아오야마를 비롯해 그의 제자이자 미술 교원으로 활동했던 정광균, 하상철에 주목하면서 그들이 지향한 바를 당시 학생들의 작품을 통해 살펴 보았다. 심포지엄 기록집에서 필자는 전시 작품과 새롭게 발굴한 자료, 그리고 인터뷰를 통해 알게 된 사실을 정리했으며, 이케가미 요시히코池上善彦는 1950년대 일본의 노동자와 그들의 판화, 문학작품을 분석하고, 도바 고지鳥羽耕士는 1950년대 어린이들의 글짓기, 영화, 그리고 판화와 문학과의 관계를 분석했다. 마치다시립국제판화미술관 학예원 마치무라 하루카町村悠香는 제2차 세계대전 이후 일본의 판화 교육과 비교하여 논문을 집필했으며 역사학자 이타가키 류타板垣竜太는 재일조선인미술가의 교육 활동을 사화학적, 교육학적으로 분석했다.[1] 이 연구를 통해 조선인을 대상으로 미술교육이 시작되었을 때, 일본인 미술교육자들과도 이미 어느 정도 관계가 형성되어 있었음을 밝힐 수 있었다.

제1장에서 언급했듯 전후 일본에서 민족미술을 탐구한 조선

1 白凜編,『在日朝鮮人美術史に見る美術教育者たちの足跡』, 同志社大學コリア研究センター, 2023

fig. 1 《재일조선인미술사로 보는 미술교육자들의 발자취》 전시 포스터.
(디자인 : 김수겸)

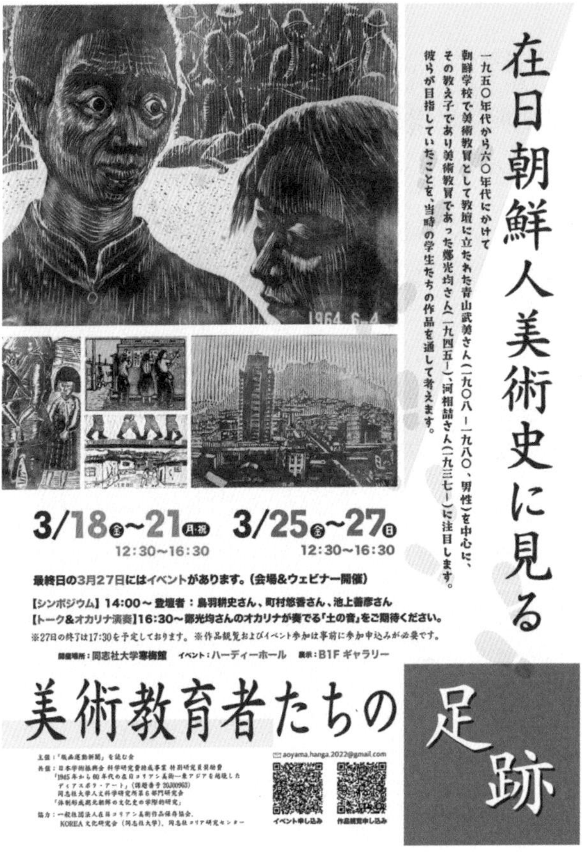

인미술가가 수묵이 아닌 유채를 표현의 매개로 선택한 점 역시 당시의 미술교육 실태와 어떤 관련이 있었을지도 모른다. 따라서 일본인 미술가, 평론가와의 교류, 차세대 조선인미술가를 키운 미술교육의 실태조사를 통해 전후 일본미술에 대해 지금껏 다루지 못했던 부분을 확인할 수 있을 것이다.

④ 미술 작품의 비교분석 및 양식의 영향 관계: 본서의 집필 과정에서 표도르 파블로비치 레셰트니코프Fyodor Pavlovich Reshetnikov(1906-1988)의 작품인 〈For Peace!〉(1950년 제작, 1951년 스탈린상 수상)(fig.2)에 관해 어느 분께 전해 들었다. 네 명의 아이가 골목에 숨어 있고, 그중 한 아이가 빌딩 벽에 평화를 의미하는 프랑스어인 'PAIX!'라는 글자를 쓰고 있는 그림이다. 주변을 살피며 망을 보는 아이, 페인트가 든 깡통을 얼굴 높이로 받쳐 든 아이, 느낌표를 다 쓰고 난 바로 그 순간의 모습이 절묘한 현장감을 전달한다. 이 작품은 제3장에서 다룬 표세종의 그림 〈내년에는 우리 학교에〉와 매우 유사하다. 레셰트니코프의 작품은 교과서에 실릴 정도로 유명한 작품이라고 한다. 조선학교의 교과서에 대해서는 제1장에서 언급했으나 당시 조선인 지식인들이 일본 학교의 교과서를 참조했던 것을 고려하면 조선학교의 교과서 편찬에도 관여했던 표세종이 이 작품을 어딘가에서 보았을지도 모른다. 현시점에서는 아직 추측할 따름이지만 제5장에서 언급한 『오늘의 미술』(일본청년미술가연합 기관지)이나 재일조선미술회의 기관지 『조선미술』 6호에 한우영이 번역한 소련 미술 관

fig. 2 표도르 레셰트니코프, 〈평화를 위하여!〉 1954년, 85×100cm, 트레티야코프 미술관 소장.

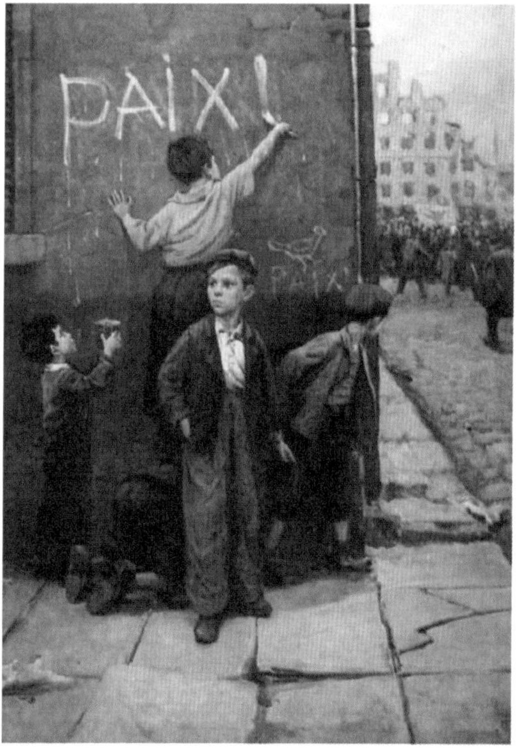

련 논문이 게재되었음을 고려하면 미리 접했을 가능성도 충분하다. 한우영이 번역해 실은 논문의 저자인 트로피모프Aleksandr Sergeyevich Trofimov(1927-2000)에 대해서는 러시아의 화가이자, 미술평론가, 미술사학자로서 소련의 아카데미 미술교육 현장에서 활동한 것으로 확인했으나 재일조선인미술가와의 영향 관계에 관해서는 추후의 과제로 남긴다.

⑤ 젠더 시각에서의 검증: 연구 과정에서 김승희, 문정순, 김인순, 금정혜, 지명화 등의 여성미술가의 존재, 그리고 마루키 도시와의 교류를 파악하였다. 그들이 어떤 미술 활동을 전개했으며 재일조선인미술가가 여성을 어떻게 그려냈는지도 앞으로 검증하고 싶은 연구 분야이다.

⑥ 문헌 자료 및 인터뷰 자료 정리: 신문 지면에 게재된 내용을 자세하게 확인하지 못한 부분이 남아있으며, 이에 대해 앞으로 확인 작업을 지속할 예정이다. 또한 그 밖에도 문헌 자료에서 아직 미처 정리하지 못한 전단지 및 전시 관련 프로그램 등이 남아있다. 이와 관련해 이후 해제를 준비하여 순차적으로 자료를 공개하여 재일조선인의 역사 연구와 전후 일본미술 및 동아시아 미술 연구의 진전에 기여하고 싶다. 문헌 자료만으로는 당시의 활동을 분석하는 데 한계가 있으므로, 인터뷰 조사를 동시에 병행할 예정이다. 이러한 자료 분석과 인터뷰, 작품 해석을 통합하여 개인과 집단, 미술가들의 표현 활동의 의미를 찾고자 한다.

부록

재일조선미술회 기관지 『조선미술』 해제

인명 해설

참고문헌

출처

재일조선미술회 기관지 『조선미술』 해제

재일조선인미술가들이 조직한 첫 본격적인 미술 단체인 재일조선미술회의 기관지 『조선미술』에 대해 지금까지 필자의 연구 성과를 바탕으로 '해제'를 추가하여 게재한다.

제1호 (1953년 11월 1일 발행, 필자가 원본을 소장·관리 중)
제2호 (1954년 1·2월 합병호, 발행일 기록 없음) [1]
제3호 (1954년 3월 20일 발행, 필자가 원본을 소장·관리 중)
※제4호 결손 (기록에 따르면 1955년 12월 발행)
제5호 (1956년 3월 1일 발행, 필자가 사본을 소장·관리 중)
제6호 (1959년 1월 30일 발행, 필자가 원본을 소장·관리 중)
제7호 (1961년 5월 15일 발행) [2]

본문에 언급했듯 1953년에 결성된 재일조선미술회, 그리고 이를 모태로 하여 1959년에 결성된 재일본문학예술가동맹(문예동) 미술부는 회칙을 세우고 총회를 개최했으며 비정기적으로 기관지 『조선미술』을 발행했다.

본 해제의 목적은 『조선미술』의 분석을 통해 재일조선인미술가들의 활동을 자세하게 고찰하는 것이다. 『조선미술』에는 본문에서 언급한 내용, 즉 그룹의 결성, 전시회 개최, 토론 내용 등이 기술되어 있다. 또한 본문에서는 다루지 않았지만, 전시회에 이르기까지의 작품 제작 과정 및 회원들의 오락 활동이나 출산과 건강 동향 등이 기재되어 있다. 이러한 내용을 통해 회원 간의 친목과 자세한 생활 모습도 파악할 수 있다.

---

1 朴慶植編, 『朝鮮人刊行新聞·雑誌』(不二出版, 2001)에 수록되어 있다.
2 조선대학(도쿄도 고다이라시) 대학도서관 소장.

『조선미술』을 자세하게 살펴봄으로써 일본에서 살아온 조선인미술가의 활동과 함께 정치, 생활, 문화의 관심사가 더욱 밝혀지리라고 생각한다.

본 부록의 구성은 다음과 같다. 제1장에서는『조선미술』제1호부터 제3호를, 제2장에서는 제5호와 제6호를, 제3장에서는 제7호를 정리하고, 마지막으로 제1호부터 제7호를 총괄한다. 각 호에 대해서는 다음과 같은 기본 정보를 제시한 후 내용을 요약한다.

기본 정보

・제목
・발행 연도
・발행처
・가격(기재된 경우만)
・크기
・인쇄 방법
・쓰기 방법(가로/세로)
・사용 언어
※기타, 파손 유무 등

정리 기준

・모든 기사의 표제에 대해서는 번호(①·②·③…)를 사용하고 필자가 있는 경우는 필자의 이름을 명기한 후, 표제를 홑낫표「 」로 묶는다.
・표제 옆에 기사의 대략적인 분량(글자 수)을 밝힌다.
・표제 다음에 [개설] 항목을 두어 간략하게 기사를 설명한다.
・글자 수가 약 350자 이상인 기사는 [개설] 다음 [요약]이라는 항목을 두어 서술한다.
・요약이 어려운 짧은 문장의 기사는 [인용] 항목 아래 그대로 옮긴다.
・[인용]에서는 보기 쉽게 적당히 행갈이를 하거나 공백을 사용한다.
・원문이 조선어(한글)인 경우, 그대로 인용한다.
・[인용]을 포함하여 모든 글에 사용된 숫자는 모두 아라비아 숫자로 통일한다.
・자료 파손이나 인쇄 문제로 판독이 어려운 부분은 □로 나타낸다.

제1장 1953년과 1954년의 활동 기록

— 제1호·제2호·제3호

1. 제1호 해제—새로운 조직 탄생의 기록(fig.1)

1-1 기본 정보

- 제목 : 『조선미술』 No. 1 재일조선미술회 기관지
- 발행 연도 : 1953년 11월 1일
- 발행처 : 도쿄도東京都 미나토구港区 시바신바시芝新橋 7-12
- 크기 : B5×4면
- 인쇄 방법 : 손으로 씀. 등사판
- 가로/세로 : 세로쓰기
- 사용 언어 : 한글 및 한자 병용(이하 특별하게 기술하지 않으면 한글과 한자 병용)

※종이의 가장 자리가 일부 파손되어 판독이 어려운 부분이 있음.

1-2 기사 표제와 개설 및 요약

【제1면】

①「재일조선미술가 총 결집!! 10월 4일 전국 총회」(약 850자)

[개설] 재일조선미술회 결성까지의 과정과 결성 대회 모습

[요약] 재일조선인의 미술운동은 침체 상태였으나 9월 초순에 총회 개최를 결의하여, 총 5번의 준비회를 거쳐 10월 4일에 총회를 열었다. 도쿄, 오사카, 기후, 가나가와 등 각지에서 미술가 30명 정도가 산베쓰회관에 모였다. 11시에 개회 선언하여, 의장 선출, 축사 및 다른 단체에서 온 메시지를 낭독한 후 토론을 진행하였다. 토론에서는 조국에 르네상스를 불러일으키겠다는 등 큰 포부를 이야기했다. 그 후 새로운 역원(임

fig. 1 『조선미술』 제1호 표지

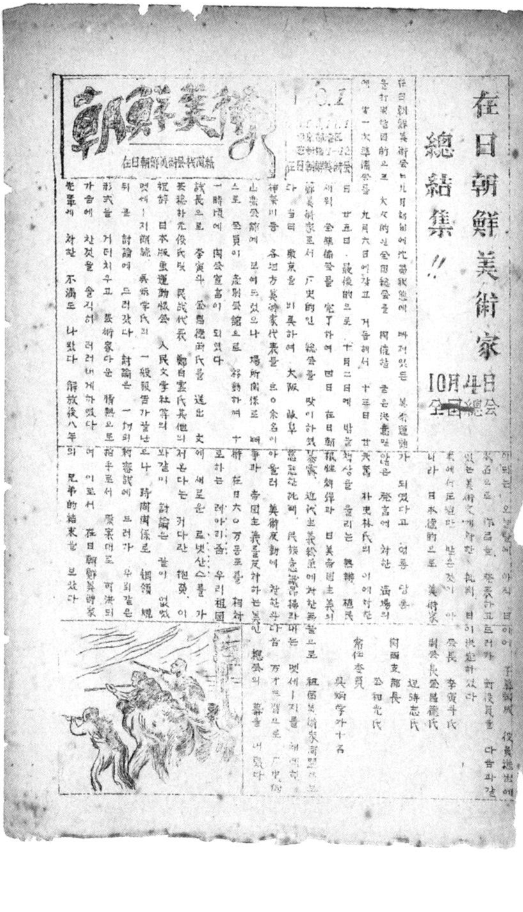
朝鮮美術

在日朝鮮美術家協會機關紙

在日朝鮮美術家 總結集!!

10月4日 全國總会

원)을 선출하여, 조국의 미술가동맹에 보낼 메시지를 채택하였다.

【제2면】

②「조국의 부흥 사업에 미술가도 참가!」(약 160자)

[개설] 10월 9일에 미술회 사무소에서 제1회 상임의원회가 개최되었다. 결정 사항은 (1)부터 (8)까지이며, 자세한 내용은 원문에서 그대로 인용한다. 또한 이 글에 등장하는 '문예총'은 '재일조선문학예술가총회(1952년 결성)'의 약칭이다. 산하 단체로 재일조선미술회 외에도 재일조선영화인집단, 재일조선문학회 등이 있었다. 기관지『문화전선文化戰線』을 간행했다(제1호는 1953년 9월 30일 발행).

[인용]

(1) 회원들은 자주적으로 조국부흥사업에 참여할 것.

(2) 기관지 간행 건

(ㄱ) 명칭『조선미술』

(ㄴ) 발행 월 1회

(ㄷ) 용어 국어

(ㄹ) 편집위원 5명

(3) 합평회를 겸하여 매달 첫 번째 일요일에 월례회를 가질 것.

(4) 회원 작품 반포頒布 건

(ㄱ) 유화 1호 천 엔

(ㄴ) 문예총과 미술회 운영 자금으로 대금의 2할을 낼 것.

(ㄷ) 작품은 사무국 및 상임위원회가 책임지고 심사한다.

(5) 동포를 대상으로 한 감상회를 가질 것.

(6) 각 미술관에 교섭하여 염가 입장권을 얻을 것.

(7) 병우病友를 문안할 것.

(8) 연구부를 설치할 것.

③ 문예총 서기장 박원준,「창간을 축복하여」(약 350자)

[개설] 창간에 즈음하여 보내온 축하글이 소개되어 있다. 필자인 박원준(1917-1972)은 작가이다. 글의 마지막에 등장하는 '반미·반요시다·반이승만·반재군비'는 당시 일본공산당의 운동 방침인 '반미·반요시다·반재군비'의 삼반三反투쟁 방침에 '반이승만'을 추가한 것이다.

[요약] 미술회가 결성되어 미술가의 활동이 발전했다고 언급하고 앞으로의 과제에 대해서는 경애하는 김일성 원수가 추구하는 예술을 실현해야 할 것을 호소한다. 또한 당

분간 반미·반요시다·반이승만·반재군비의 싸움에 힘을 발휘할 것을 기대한다.

④「축 조선미술 창간」 (약 80자)

[개설] 재일조선미술회에 대해 찬동하는 단체의 명칭 및 개인명이 기술되어 있다. 아래에 인용한다.

[인용] : 원문은 인명인 '강철' 이외는 모두 한자(일본식 한자를 그대로 표기함)

민전중앙위원회(民戦中央委員会)

민전도쿄위원회(民戦東京委員会)

여동중앙위원회(女同中央委員会)

해구중앙위원회(解救中央委員会)

민애청중앙위원회(民愛青中央委員会)

고문 강철·김성태(金成泰)·신홍식(申鴻湜)·홍관천(洪寛千)

재일조선문예총(在日朝鮮文芸総)

조선연극연구소(朝鮮演劇研究所)

조선민족무용단(朝鮮民族舞踊団)

조선음악가집단(朝鮮音楽家集団)

조선영화인집단(朝鮮映画人集団)

재일조선문학회(在日朝鮮文学会)

【제3면】

⑤「문예총 정기총회 — 획기적인 성과!!」 (약 380자)

[개설] 1953년 10월 11일-12일에 개최된 문예총 정기총회의 모습.

[요약] 40여 명의 참여자 중 미술회원은 8명이다. 새로운 운동 방침을 채택하여 60만 동포들에 대한 봉사만이 김일성 원수가 호소한 민족적, 영웅적, 세계적인 작품을 그리는 길이라는 것을 재확인하였다.

⑥ 회장 리인두, 「창간의 말」 (약 440자, 파손으로 인해 일부 판독 불가)

[개설] 재일조선인미술가를 둘러싼 상황이나 그들에게 요구되는 것들에 관해 언급했다. 회장인 리인두가 도쿄미술학교(현재 도쿄예술대학)에 재적했다는 사실과 신문 『아카하타』에 삽화를 그린 기록은 있으나 그의 생몰년은 알려지지 않았다.

[요약] 조국에서 승리와 부흥의 소리가 들린다. 재일조선인 60만 명의 동포가 평화통일과 독립을 위하여 반미·반이승만·반요시다·반재군비를 펼칠 때 재일조선인미술가들은 전국 총회를 개최하였다. 우리 미술가에 대한 조언을 부탁한다.

⑦「민전 4전대회에 대의원 파견!」(약 140자)

[개설] 민전 제4차 전대회(전체대회)에 재일조선미술회 회장이 참여한 모습.

[요약] 1953년 11월 11일부터 13일까지 오사카에서 열릴 예정인 민전 제4차 전체대회에서 문예총으로부터 7명의 대의원을 할당받았다. 우리 미술회에는 회장인 리인두가 18일 열린 '월례회'에서 대표로 추천받았다. 이 기회를 이용해 간사이 지부와 긴밀한 연락을 주고받기 위해서 오림준 상임도 동행할 예정이다.

⑧「소식」(약 300자)

[개설] 회원 활동에 대하여 판독이 가능한 범위 내에서 열거된 9가지 항목을 밝힌다.

[인용]

1. 작품 반포회 ― 김창락 씨의 '풍경화' 1점, 동화신용조합에서 매입. 대금의 5%를 조국 부흥 사업의 모금으로 기부했다.
1. 10월 2일 민전 4전대회 포스터 합작 완성.
1. 10월 19일 도쿄시바공회당에서 조국 영화 〈향토를 지키는 사람들〉을 상영. 관람한 회원들에게 말할 수 없는 감격을 주었다.
1. 10월 23일 미술회의 최근 활동 보고서를 오사카, 교토, 나고야 지부에 발송.
1. 박사림 씨는 일반 대중 및 고등중학교를 대상으로 한 미술 독본을 집필 중.
1. 김창락, 안충식, 로충현 씨는 학동문화제의 무대 장치를 담당한다.
1. 리인두, 오병학은 '사범대학교' 미술 강사로서 □
1. 11월 2, 3일 도쿄□제5차대회에 회장 및 6명이 참여하였다.
1. 오림준 씨는 『해방신문』 연재소설의 삽화를 담당하게 되었다.
1. 10월 29일 『해방신문』에 「공동제작에 있어서의 몇 개의 교훈」을 발표.

【제4면】

⑨「李라인 문제 ― 일본미술회 사무국에서 검토!」(약 380자)

[개설] 일본미술회는 1946년에 결성된 일본미술 단체(기관지로 『미술운동』을 발행. 제5장 참조)로, 이 글은 1953년 10월 15일에 일본미술회 사무국에서 개최된 간담회의 모습을 서술하고 있다. 이 기사에서 언급되는 《일본앙데팡당전》은 일본미술회가 주최한 전시회이며, 1947년에 제1회전이 개최되었다.

[요약] 1953년 10월 15일, 일본미술회 사무국에서 조일朝日미술간담회 운영에 관한 양 사무국 협의회를 개최. 자세한 결정 내용은 다음과 같다.

[인용]

・양 미술회는 양쪽 민족의 대표로서 협력한다는 원칙에서 '일미日美(일본미술회의 약

칭 – 옮긴이)' 회원인 본회 회원들은 '일미'를 탈퇴한다.
- 일미의 《앙데팡당전》에는 조선미술회로 단체 참가한다.
- 李라인 문제는 일본인 자체의 문제로 일미 사무국은 중앙상임위원회에서 논의하여 급속히 성명서를 발표한다.
- 요코스카 기지横須賀基地 합동 사생회 및 전시 계획.
- 원폭도原爆図 평화상 수상 기념 계획.

⑩「월례회 성대!!」(약 310자)

[개설] 1953년 10월 18일에 개최된 월례회의 모습. 파손으로 인해 일부 확인하지 못한 부분도 있음.

[요약] 2명의 신입 회원(김한도金漢道와 나머지 한 명은 불명)을 맞이하여, 문예총 사무국장 박원준 씨를 모시고 총회를 열었다. 동포 사업에 적극적으로 참여할 것, 동시에 민전 4전대회 대의원 및 조국 파견 대표로 회장을 추천하여, 조국 부흥 사업의 포스터를 급하게 제작하는 것을 결정한 후 동창회를 열었다.

⑪「통신」(약 120자)

[개설] 오사카 위원인 변시지의 통신이 소개되어 있다. 10월 29일에 임시총회를 개최했다고 기술되어 있다. 글을 쓴 변시지(1926-2013)는 1950년대 말에 대한민국으로 귀향했다.

⑫「부탁」(약 150자)

[개설] 네 가지 항목이 열거되어 있다.

[인용]

1. 아직 주소를 사무국에 제출하지 않은 회원은 빨리 통지해 주시오.
1. 회비는 꼭 15일까지 사무국으로 보내 주시오.
1. '월례회' 기타 집회에는 전원 참가를 기대합니다. 나오지 못하는 회원은 엽서로 사무국에 연락해 주시오.
1. 리인수 씨의 주소를 아시는 분은 곧 사무국에 연락해 주십시오.

1-3 내용의 특징

이상과 같이 기관지 제1호를 살펴보면 침체된 상태에서 벗어나려는 의욕과 처음으로 본격적인 미술 단체를 설립한 미술가들의 남다른 열정을 읽어낼 수 있다. 회원의 인명(리인두, 김창덕, 변시지, 전화광, 오병학 등)이 기재되어 있어 사료로서의 가치도 높다.

『조선미술』 제1호의 특징은 다음 두 가지로 설명할 수 있다. 첫 번째는 관련 단체로 '문예총', '민전', '일본미술회'의 명칭이 올라와 있고 새로운 조직인 재일조선미술회가 이 단체들과 관계 맺고 있었음을 알 수 있다. 구체적으로 재일조선미술회는 민전의 산하 단체이며 또한 문예총의 산하 단체였다(「축 『조선미술』 창간」 참조). 민전의 다른 산하 단체로 '여동(재일본조선민주여성동맹)중앙위원회'나 '해구(재일조선해방구원회)중앙위원회' 등이 있었던 것으로 보인다. 문예총의 산하 단체로는 미술가 단체 외에 문학, 연극, 무용, 음악, 영화 단체도 있었다.

또한 본문 제5장에서 언급했듯 재일조선미술회가 일본의 미술 단체인 일본미술회와 가까운 관계를 형성하고 있었던 상황도 확인할 수 있다. 일본미술회는 1946년에 결성된 미술가 단체이며, 창설 당시 민주적 미술문화를 창조하고 보급할 것, 미술을 민중에게 해방할 것, 미술에 관한 봉건제와 인습을 배제할 것 등을 강령으로 내세웠다. 재일조선인미술가들은 이러한 일본미술회의 활동 방침에 공감한 것으로 보인다. 재일조선인미술가의 《일본앙데팡당전》에 대한 출품은 기관지 『조선미술』 발행 1년 전인 1952년(제5회전)부터 시작하였다고 필자는 판단한다. 본 기관지를 살펴보면 재일조선미술회의 설립 이후부터는 미술가의 개인적인 출품이 아닌 재일조선미술회의 단체 출품으로 전환한 사실도 드러난다.

두 번째 특징은 재일조선미술회의 회원 활동이 그들이 조국으로 생각했던 조선민주주의인민공화국 및 문예총의 운동 방침이나 활동의 방향성과 관련이 있었다는 점이다. 「재일조선미술가 총결집!!」, 「창간을 축복하여」, 「문예총 정기총회」, 「창간의 말」에는 조국에 르네상스가 도래하기를 바라는 의욕과 조국을 구하는 예술을 실현할 수 있는 제작 방식, 그리고 반미·반요시다·반이승만·반재군비의 운동에 미술가들이 적극적으로 관여할 것을 요구하는 내용도 언급되어 있다.

2. 제2호 해제 – 세계 정세 파악 (fig.2)

2-1 기본 정보

- 제목 : 『조선미술』 No. 2 재일조선미술회 기관지
- 발행 연도 : 1954년 1·2월 합병호
- 발행소 : 도쿄도 미나토구 시바신바시 7-12
- 크기 : 불명
- 인쇄 방법 : 손으로 씀. 등사판
- 가로/세로 : 세로쓰기
- 사용 언어 : 한글 및 한자

2-2 기사 표제와 개설 및 요약

【제1면】
제목과 발행 연도 밑에 판화가 수록되어 있다. 세로가 긴 직사각형 형태의 작품으로 오른쪽 앞에는 남성, 왼쪽에는 여성의 전신상을 그렸다. 여성은 아기로 보이는 듯한 대상을 등에 업고 있으며 옆에는 또 한 아이가 서있다. 인물은 전통 복장인 한복 차림을 한 것으로 보인다. 작가에 대한 기술은 없다.

【제1면 및 제2면】
① 「정세와 우리들의 임무」 (약 1,000자)
[개설] 한반도의 정세를 바탕으로 재일조선인미술가의 제작 방향성에 대해 서술되어 있다. 집필자는 불명.
[요약] 6·25 전쟁에서 승리한 우리는 소련과 중국을 비롯한 국가의 지원을 받아, 평화 통일을 목표로 삼고 있다. 재일 60만 명의 동포도 이에 호응하여 조국 부흥 사업에 참여하고 있다. 미국은 아시아는 아시아인끼리 싸우게끔 하는 정책을 펼치고 있다. 요시다 정부는 재일조선인의 권리를 박탈하려고 한다. 이럴 때 단결과 평화운동을 게을리 하여 이기주의, 개인주의적 행동을 취한다면 우리들의 존재는 영원히 말살되어 버릴 것이다. 온갖 퇴폐적인 문화계와 접하고 있는 우리 문화인이 해결해야 할 당분간의 과제는 분명하다. 신년을 맞이하여 더욱더 단결하여 일본의 진보적 화가와 연계하고 조국의 평화를 방해하는 정책에 반대하고, 민주주의와 생활을 지키기 위해 대중과 같이 싸우자. 그 속에서 대중의 모습과 생활을 형상화하여, 그들을 고무, 격려, 위안하여 반

fig. 2 『조선미술』 제2호

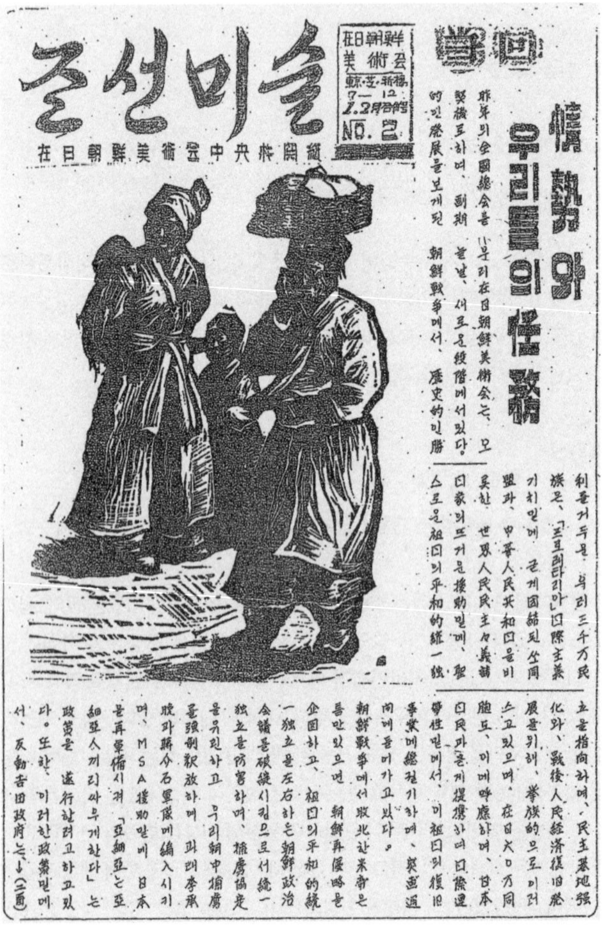

조선미술

在日朝鮮美術会中央機関紙

在日朝鮮美術会
東京·新橋 7—12
1.2月合併
NO. 2

情勢와 우리들의 任務

昨年의全国総会를 (우리在日朝鮮美術会는、모契機로하여、劃期눈날、새로운段階에서있당的인発展을보게된 朝鮮戦争에서、歴史的인勝利를거두운 우리三千万民族은、「프로레타리아」国際主義기치밑에 굳게団結된 소同盟과、中華人民共和国을비롯한 世界人民民主々義諸国家의뜨거운援助밑에、聖스러운祖国의平和的統一独立을指向하여、民主基地強化와、戦後人民経済復旧発展을위해、挙族的으로 이러스고있으며、在日六0万同胞도、이에呼応하여、日本国民과굳게提携하여 国際運動性밑에서、 미祖国의復旧事業에総궐기하여、突進過向에들어가고있다。

朝鮮戦争에서敗北한米帝은 틈만있으면 朝鮮再侵略을企図하고、祖国의平和的統一独立을左右하는朝鮮政治会議를破綻시킴으로서統一独立을防害하며、捕虜協定을위린하고 우리朝中捕虜를強制釈放하며 괴뢰李承晩과蔣介石軍隊에編入시키며、MSA援助밑에 日本을再軍備시켜「亞細亞는亞細亞人끼리싸우게한다」는政策을 遂行할려고하고있다。또한、 이러한政策밑에서、反動吉田政府는↓(二面)

동 세력을 풍자하고 반동 문화를 철저히 비판하는 것과 동시에 '코스모폴리타니즘'에 빠져 조선 화가로서의 민족의식을 잊지 않게 항상 자기반성을 하여, 올바른 화필로 조국 건설에 힘쓰자.

② 안춘식, 「조국복구사업 공작차工作車를 타며」 (약 270자)
[개설] 일본에서의 가난한 생활 가운데 부흥을 위해서 조국에 자금을 보내고자 하는 동포들을 묘사한 시 한 편이 게재되어 있다. 시의 배경에는 풍경 스케치가 그려져 있다.

【제3면】
③ 회장 리인두, 「신년을 맞이하여」 (약 900자)
[개설] ①과 마찬가지로 세계정세에 입각하여 일본에 거주하는 조선인문학예술가의 역할을 서술하고 있다.
[요약] 신년을 맞이하여 북쪽의 형제자매들과 남쪽의 동포들, 그리고 일본에서 반미·반이승만·반요시다·반재군비 투쟁에 대해 싸우고 있는 재일 60만 명 동포들에게 영예와 축하를 보낸다. 미국과 그 추종자들과의 싸움 속에서 북쪽 문화인들은 다양한 입장의 사람들을 그렸다. 또한 '부르주아 이데올로기'의 표현인 자연주의나 형식주의와의 강한 투쟁 속에서 발전을 확인할 수 있었다. 이러한 가운데 재일조선인문학예술가들은 냉정한 자기비판과 상호비판을 통해 봉건적인 '부르주아' 혹은 '소부르주아'적이며 자유주의적이고 귀족적, 비관적, 퇴폐적, 예술지상주의적, 모든 비인민대중적인 창작 기분을 청산하기 위해 노력해 왔다. 올해는 더욱더 재일 60만 속의 빛나는 성과를 표현 및 기록, 그들의 교양을 높이는 것에 힘쓰자.

【제4면】
④ 「도약하는 미술회 지부 활동」 (약 1,120자)
[개설] 지면 구성이나 제목 서체에서 디자인적 성격이 드러난다. 지난해 재일조선미술회 결성 후의 지부 활동, 지역 활동이 소개되어 있다.
[요약] 1953년 10월 4일, 재일조선미술회는 역사적인 전국 총회를 열고, 우리 재일 미술가들의 존재를 60만 동포들에게 전달할 수 있었다. 회장과 회원의 열정적인 활동과 투쟁으로 도약적인 성과를 얻을 수 있었다.

- 중앙 본부 : 1953년 10월에 오사카 지부를 결성했다. 사무국의 역할을 강화했다.
- 도쿄 지부 : 각 지역에 그룹을 조직했다. 11월 월례회에서는 '조선민족과 근대미술'에 대해 논의하였다. 12월 월례회는 망년회를 겸하였다. 신년 월례회에서는 작품 합평회과 '신新리얼리즘과 모더니즘'에 대해 의논하였다. 다치카와立川 그룹을 결성

했다.

- 가나가와 지부 : 테마 제작을 하고 있다.
- 오사카 지부 : 결성 후 활발하게 활동하고 있다. 데생 연구회를 개최했다.
- 기타 교토, 기후, 나고야 등에서도 활약이 보인다.

⑤「조국 영화, 가까운 시기에 공개」(약 30자)
[개설] 영화 상영 예고.

【제5면】
⑥「인사」(약 150자)
[요약] 사무국장에 리찬강(전 도쿄 지부장). 도쿄 지부장에 허훈.

⑦「조국 복구사업에 궐기한 문예총」(약 200자)
[요약] 조국 부흥을 위한 모금 운동을 위해 선전차 세 대로 번화가나 시가지의 거리에 나갔다. 문예총에 소속된 미술회, 연극, 영화, 무용, 음악 분야의 각 집단에서 약 10명 정도의 회원이 참여하였다.

⑧「실천을 위한 학습」 (약 40자)
[요약] 학습회는 문예총 사무실에서 금요일 오전 10시부터.

⑨「부탁」 (약 100자)
[요약]『해방신문』의「문화란」에 컷이나 만화, 데생 등을 보냅시다. 자신의 작품이 소개됩니다. 또한 회비를 납입해 주시오.

⑩「2월 8일 인민군 창건 6주년 대문화제」 (약 140자)
[요약] 도쿄도립 조선인학교 PTA 연합회 주최. 2월 8일과 9일에 걸쳐서 히비야공회당에서 개최. 미술회의 박성호 씨의 지도로 미술부 학생이 만든 무대 장치가 호평을 받았다.

⑪「문단련文団連 결성 준비」(약 150자)
[요약] 재일조선문화단체연합회가 결성될 예정. 4월에 열릴 '대문화제'에는 재일조선미술회 이름으로 작품을 출품하자.

⑫「소식 (약 270자)

[요약] 회원의 활동 모습 소개.

・ 리인두가『아카하타』에 삽화를 그리고 있다.
・ 김창락은『해방신문』의 연재소설에 삽화를 그리고 있다.
・ 전철도『해방신문』에「똘똘이」를 그리고 있다.
・ 교과서의 표지나 삽화에 리인두, 오병학, 리찬강, 표세종이 참여.
・ 교토의 전화광(전화황) 씨에게서 편지가 옴.
・ 다치카와의 김달수, 김점탁金占沢 두 사람이 2월 7일에 입회.
・ 조국에 보낼 포스터를 리인두 씨가 그리고 있다.

⑬「조국미동 총회」(약 90자)

[요약] 조선문예총의 미동(조선미술가동맹)에서는 총회를 열어 회화, 조각, 평론 등 세 개의 분과위원회를 조직하였다.

【제6면 및 제7면】

⑭「조국미동에서 온 메시지」

[개설] 조선미술가동맹에서 온 편지. 날짜는 1953년 11월로 적혀 있으며, 재일조선미술회 결성 후에 보낸 것으로 보인다.

[요약] 재일조선미술회에서 보내온 목판화를 봤다. 미국과 매국 이승만, 그리고 이들과 '쌍둥이'인 요시다 정부의 반동 정책 아래에서 어떤 생활을 강요하는지 우리는 알고 있다. 판화 작품에서 일본의 현실에 대해 역력히 알 수 있었다. 우리는 재일조선인의 창조와 투쟁에서 배운 바가 많았다. 첫째는 이제 더 이상 식민지 시기처럼 조국이 없는 사람들이 아니라 조선민주주의인민공화국의 공민이며, 소련과 중국을 선두로 민주주의 국가를 설립하고자 하는 조선인민이라는 점이다. 두 번째로 조국의 자유와 독립을 위한 투쟁은 일본인의 민족해방, 민주혁명과 관련되어 있고 세계평화를 위한 것이다. 전쟁 이후, 조국에 남은 상처를 빨리 회복하여 더욱 발전시켜야 한다. 우리는 소련을 비롯한 각 민주주의 국가에 작품을 널리 알리기 위해 불가리아에서 전시하였다. 조선 인민으로서의 체험을 살려 조선의 민족미술을 더욱 발전시키기 위해 힘쓰고 있다. 우리 조국의 완전한 독립과 일본의 민족해방과 세계평화를 위해서 싸우자.

【제6면】

⑮「수상随想, 최근에 느낀 한 가지」(약 890자)

[개설] 김창락의 에세이.

[요약]
우리 재일조선인은 모국을 떠난 상태이다. 원래 민족에는 민족이 키운 사회의 윤리나 도덕적인 민족 특유의 전통이 있고, 전통은 대부분 그 민족의 미점美点이며 사람에게 영향을 준다. 전통에서 떠난 상태로 생활하고 있으면 "코스모폴리탄"적인 이기주의가 된다. 재일조선인 중에는 이러한 예가 많아 조직 활동에 지장을 받고 있으며, 고치기가 어렵다. "조국상실적인 생활로서 이런 요소가 몸에 함뿍 박힌 자들은 개個적인 자와 타他는 잘 아는데 자민족과 타민족, 내 나라와 타국, 내 계급과 적 계급, 이런 넓은 의미의 내외관계에 처해서는 감각이 대단히 둔하다." 민족적 감각으로 민족의식을 대중 속에서 불러일으키는 미술가들의 모임인 우리 미술회 중에 이러한 요소가 있으면 안 된다. 세계정세를 파악하여 냉정하게 내외의 대상에 주목해 민족의식에 입각하자. 어떤 민족의 예술인지 자기도 모르는 일이 생기지 않도록 우리 민족을 대상으로 한 민족예술이어야 하며, 이것은 우리 재일 60만 동포의 요구일 것이다.

⑯「편집 후기」(약 270자)
[개설] 편집 후기. 마지막에 '(허)'라고 적혀 있으므로 작성자는 허훈으로 추측된다.
[요약] 발행이 늦었다. 조국에서 온 메시지 전문을 소개했기 때문에 다른 원고는 다음 호에 게재한다. 투고해 주었으면 한다(600자 전후). '유료 광고'를 모집한다.

2-3 내용의 특징

이상과 같이 제2호는 지면의 반 이상이 6·25 전쟁 이후 세계정세를 파악하려는 마음가짐으로 채워져 있다. 제1면 「정세와 우리들의 임무」, 제3면 「신년을 맞이하여」, 제6-7면 「조국미동에서 온 메시지」에는 6·25 전쟁은 휴전되었으나 미국과 이승만 정권은 한반도의 평화적 독립을 방해하려 한다는 점, 일본의 요시다 정부가 재일조선인의 생활권을 박탈하고 있다는 점, 반면에 소련과 중국의 지원과 수상의 지시 아래 조선민주주의인민공화국은 부흥에 애쓰고 있다는 점, 그리고 이러한 상황 속에서 일본에 있는 미술가는 진보적인 일본인 미술가들과 굳게 연대하여 대중을 위한 미술을 목표로 하자는 내용의 글들이 기술되어 있다.

제1호와의 공통점은 조선민주주의인민공화국, 민전, 문예총, 문단련과의 관계가 명시되어 있는 점이다. 특히 제2호에서는 조선미술가동맹의 총회(제3면)나 메시지를 소개하고 있으며, 재일조선인미술가가 조선민주주의인민공화국 미술의 동향에 관심을 갖고 있었다는 점을 알 수 있다. 지금은 조사 단계이나 6·25 전쟁 당시 남에서 북으로 혹은 북에서 남으로 활동 거점을 옮긴 미술가들이 적지 않으며 이 시기에는 한반

fig. 3 리인두가 『아카하타』에 기고한 삽화

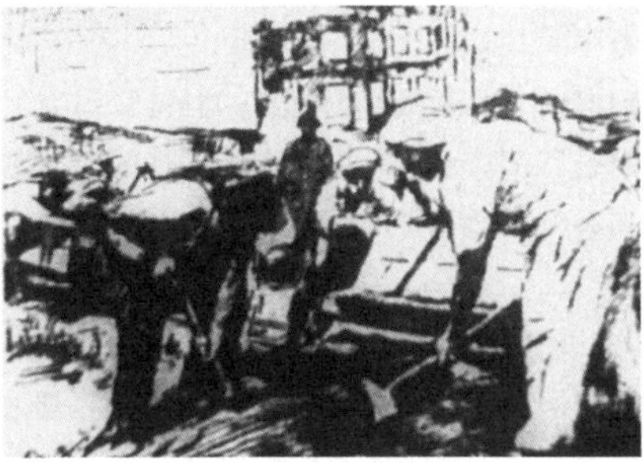

도에서도 미술계의 재건이 시도되었다. 이렇게 재편성된 모습이 일본에 있는 조선인들에게 어떻게 인식되고 있었는지 재검증할 때 제2호는 참고가 될 것이다.

『조선미술』 제2호의 특징은 다음 네 가지로 정리할 수 있다. 첫 번째는 6·25 전쟁 이후의 세계정세를 논하고 있다는 점인데, 이 부분에 대해서는 앞서 언급하였다. 다음 제3호에도 세계정세에 관련하여 기술된 내용이 있으나 거기에서는 각국의 미술 동향 파악도 시도되었다. 이에 대해서는 후술한다.

두 번째로 제1호와 후술할 제3호 이후에도 일본미술회나 그들이 주최한 《일본앙데팡당전》에 대한 내용이 있는데 제2호에는 언급되어 있지 않다. 여기서는 진보적인 일본인 미술가와의 연대가 조금 언급된 정도이다. 《일본앙데팡당전》이 매년 2월에 개최되었기 때문일 수도 있다. 다음 호에는 《일본앙데팡당전》에 대한 자세한 서술이 있다. 또한 일본인과의 접점을 확인할 수 있는 귀중한 정보로써 제5면의 ⑫「소식」에 리인두가 『아카하타』에 삽화를 그리고 있다는 기술이 있으며 이 삽화는 fig.3으로 추측된다.[3] 1954년 1월 『아카하타』에는 'かめだとうご'라는 이름으로 「조선기행朝鮮紀行」이 4회에 걸쳐 연재되었으며 이 글에 리인두가 삽화를 담당했다.[4] 작은 화면이지만

3 『アカハタ』 1954. 1. 1.

4 'かめだとうご'는 가메다 도고亀田東吾를 가리킨다. 가메다는 1910년 군마群馬현에서 출생했다. 제1회 연재에 따르면 이 기행문의 저자는 1953년 11월 조선휴전축하·평화친선 일본인민사절단(단장: 오야마 이쿠오大山郁夫)의 일원으로 조선민주주의인민공화국을 방문했다. 이 연재는 그때의 보고문이다. 제1회는 1954년 1월 1일, 제2회는 1월 4일, 제3회는 1월 10일, 제4회는 1월 13일에 게재되었다. 日本社会運動研究会,『左翼活動家·文化人名鑑』(日刊労働通信社, 1969) 참고.

깊이감이 드러나도록 가는 선으로 대상을 치밀하게 묘사했다. 리인두의 작품은 오늘날 널리 알려져 있지 않으므로 제2호에 게재된 내용 중에서도 귀중한 정보라고 할 수 있다.

세 번째로 지방의 미술가들의 활동 내용이 구체적으로 적혀 있다. 제3면 「소식」에는 회원의 이름과 함께 활동 내용이, 제4면 「도약하는 미술회」에서는 도쿄의 활동뿐만 아니라 가나가와, 오사카, 아이치愛知 등에서 이루어진 조선인미술가의 활동을 자세하게 전달하고 있다.

네 번째로 민족과 미술에 대한 모색을 확인할 수 있다. 제6면 「수상, 최근에 느낀 한 가지」에서 본문 제2장에서 언급한 일본에 사는 조선인에게 민족은 무엇인가에 대한 사색을 엿볼 수 있다. 이 시기부터 김창락이 조선인에게 있어서의 '민족미술'이란 무엇인지에 대해 생각하고 있었던 것을 확인할 수 있다.

3. 제3호 해제 — 활동의 구체화(fig.4)

3-1 기본 정보

· 제목 : 『조선미술』 No. 3
· 발행 연도 : 1954년 3월 20일
· 가격 : 1부 10엔
· 발행소 : 도쿄도 미나토구 시바신바시 7-12
· 크기 : B5×4면
· 인쇄 방법 : 손으로 씀. 등사판
· 가로/세로 : 세로 쓰기
· 사용 언어 : 한글과 한자

3-2 기사 표제와 개설 및 요약

【제1면】
제1면에는 판화가 인쇄된 종이가 위쪽에만 풀로 붙어 있다. 위에는 녹색 글씨의 제호 '조선미술'이 인쇄되어 있다. 제호 왼쪽에 발행소의 주소와 발행 단체, 오른쪽에는 발행 번호와 가격이 명시되어 있다. 판화는 목판화이며 박사림의 작품이다. 화면 오른쪽에 서 있는 덩치 큰 두 남성이 여성을 강제로 안고 기묘한 웃음을 띄고 있다. 화면 왼쪽에는 멀리 바다와 산, 하늘이 그려져 있고 근경에는 두 명의 인물이 작게 그려졌다. 이 판화를 넘기면 다음과 같은 글이 적혀 있다.(fig.5)
[인용]
洋鬼(양귀)
朴史林 刻 (박사림 새김)
이 놈들은
어디서나
惡鬼(악귀) 같은
行爲(행위)를
다하면서도
'하나님'과
道德(도덕)을
제법 찾는다!

fig. 4 『조선미술』 제3호 표지

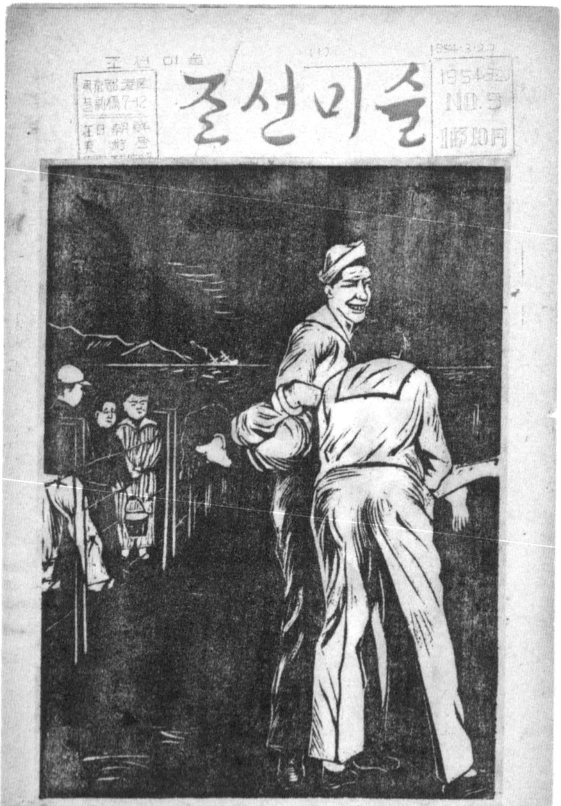

fig. 5 『조선미술』 제3호 표지 판화 뒷면

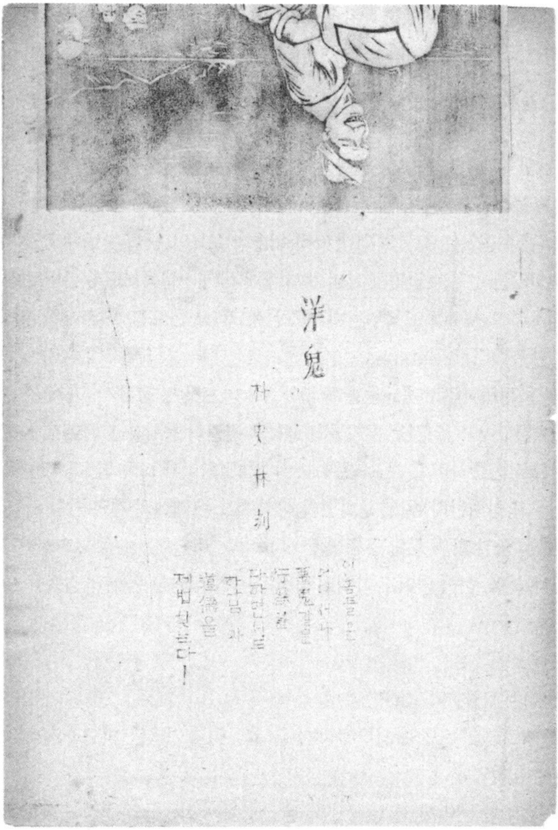

【제2면】
제2면에는 제1호와 마찬가지로, 제목과 기사가 기재되어 있다.

①「문화전선 일보 전진! 착착 준비되는 문단련—머지않아 문화회관도 착수」(약 870자)
[개설] 일본의 문화 환경, 재일조선인의 문화 환경, 재일조선인미술가의 활동, 문화회관 건설에 대해 해설했다.
[요약] 일본 반동세력의 문화 정책은 일본의 재군비를 촉진하고자 하는 것이다. 민주적인 미술운동을 파괴하며 생활권과 창작권을 박탈하고자 한다. 또한 조선인들의 문화 정책을 전쟁 정책의 도구로 이용하고자 한다. 재일조선인들은 민전14중앙위원회에서 문화전선의 강화 및 확대를 강조하였다. 현재, 문단련을 조직하고자 움직이고 있으며 이를 성공시키고 싶다. 동시에 문화회관 건설도 진행해야 한다. 재일조선미술회가 제작한 '완성외관도'를 문예총 사무실에 게시했다. 이것과 병행하여 4월에 소품전도 성공시키자.

②「20세기의 야만인—미일 반동의 교육 탄압에 분격하는 문예총」(약 360자)
[개설] 일본 정부의 조선학교 탄압에 관한 미술회의 대응이 실려있다. 글에 나오는 '교육 2법안'은 1954년에 공포된 것이며 이에 따라 이른바 교육의 '중립'이 요구되었다. 또한 '7항목 조건'이라는 것은 수업이나 교내 게시, 졸업식이나 운동회도 일본어로 진행해야 한다는 내용이며, 도쿄도교육위원회가 조선학교(당시는 도립, 1955년에 사립으로 이행)에 강요한 것이다.
[요약] 교육 2법안을 제출하며 민족교육을 파괴하고자 하는 일본 정부가 7항목 조건을 조선학교에 강요하고 있다. 이것은 우리들의 생활과 인권의 문제이다. 문예총 신홍식 회장을 위원장으로 선출하여 민족교육문화방위대책위원회가 조직되었다. 미술회에서는 회장 리인두가 참여한다. 일본 문화인을 향한 호소문 작성과 개인 방문 서명, 도쿄도교육위원회를 향한 항의 등의 운동을 전개 중이다. 미술회가 분쿄文京소학교에 무대 장치를 지원하여, 선생 없이도 학예회를 성공시키며 학부모들에게 감동을 주었다.

③「자라나는 조중朝中 서클」(약 500자)
[개설] 도쿄조선중학교에 있는 만화 서클에 대한 글이다. 여기 언급된 '박朴과 전全'이 누구인지는 확인할 수 없었다.
[요약] 만화 서클이 기관지 『만화』를 발행했다. 창간호에는 회원들의 열정과 노력이

담겨 있다. 지도하는 박과 전이 만화의 중요성을 인식하고 있으며, 자신의 임무를 잘 실천, 수행하고 있기 때문이다. 계속해서 성장해 내용적으로나 기술적으로나 한층 나아질 것을 기대한다.

【제3면】

④「평화와 자유를 위해서 국민미술의 창조! 일본앙데팡당전—일본미술회 주최」(약 720자)

[개설] 제7회《일본앙데팡당전》의 전시평이다.《일본앙데팡당전》에 대해서는 제1호 4면 ⑨에서 설명한 대로이다. 요약에 나오는 량梁씨의 조각을 비롯해 남南, 장張, 조曹 등을 량석만, 남관, 장광설, 조량규로 추정한다(제5장 2절 참조).

[요약] 제7회《일본앙데팡당전》의 특징으로는 직장 노동자들이 현장 스케치를 시작했다는 점, 우치나다, 아카바네, 다치카와 등의 미군기지 반대 투쟁을 표현한 테마 제작이 있었던 점, 그리고 판화, 만화, 포스터, 사진 등 각종 다양한 형식의 작품이 활동범위가 넓은 작가와 대중을 밀접하게 결속하고 있다는 점 등을 꼽을 수 있다. 또한 이번 전시회에는 량의 조각을 비롯하여 남, 장, 조 등이 출품하였으며 미술 전선에서 조일 친선이 이루어지고 있다. 특히 주목해서 볼 점은 고베조선중학교의 학생들이 집단 제작한 '판화군版画群'이다. 김원수金元帥, 마수상馬首相, 모수상毛首相, 호대통령胡大統領 등 위대한 지도자, 애국자의 모습, 학생의 생활상태 등을 표현한 목판화가 전시되었다. 조량규의 〈노동자의 휴식〉 외 나머지 2점은 반성해야 할 점이 있다.

⑤「일본미술회 대회—조선미술회 참가」(약 400자)

[개설] 1954년 3월 3일, 일본미술회 대회가 우에노의 도都미술관(도쿄도미술관—옮긴이)에서 개최됐으며, 재일조선미술회 회장과 사무국이 참가했다.

[요약] 일본미술회는 신중국新中國의 연구를 비롯하여 일리야 레핀, 오노레 도미에 등의 '슬라이드' 활동, 이동전移動展 활동, 기관지 활동, 기타 서클 활동 등 여러 방면에서 연구하고 실천하고자 했다. 재일조선미술회의 참가자는 조선미술가동맹에서 온 메시지를 낭독, 전달하였고, 일본미술회는 답장하겠다고 대답했다. 이후 조일 친선에 더욱 노력할 것임을 서로 확약하며 성대한 대회의 막을 내렸다.

⑥「소식」(약 500자)

[개설] 회원의 소식에 대해서는 다음 7개의 항목이 열거되어 있다.

[인용]

・기관지『조선미술』제2호는 60부를 판매, 각 지방지부에 130부, 중앙에 50부, 기

타 합쳐서 총 250부를 배포했다.
- 「조국에서 온 편지—일본인에 대한 것」을 일본미술회, 일본판화운동협회, 스다 구니타로에게 발송했다.
- 『조선평론』의 컷을 리인두, 리찬강, 오룡구呉竜丘, 리영우李栄雨, 표세종, 허훈 6명이 합동 제작했다.
- 전화광(교토)에게서 회원들에게 인사를 전한다는 편지가 왔다. 새로운 회원이 5-6명 있다.
- 분쿄소학교 문화제 무대장치를 리찬강, 허훈 2명이 밤새 작업하여 완성했다.
- 오사카 지부는 기관지 『인민미술』 제2호 발행을 준비 중이다. 또한 일주일에 한 번 교외 스케치회를 개최하며 월례회는 매달 첫째 주 토요일에 실시하고 있다. 변시지 군은 이번에 글 「예술의 리얼리즘」과 지부에서 발행한 『신미술』을 완성했다고 한다. 고베의 동포들에게 4월 4일까지 연락을 취한다고 한다.
- 이번 《일본앙데팡당전》에 판화군을 출품한 고베조선중학교의 미술 담당 선생님은 이후 본회와 자주 연락한다는 소식이 있었다.

⑦ 광고
"조선 요리 100엔 균일 紅桃園 문화인의 오아시스 池袋·西口·常盤通り 건널목 쪽"

【제4면】
⑧ 「세계미술의 움직임」 (약 870자)(fig.6)
[개설] 4면 전면에 걸쳐 소련, 프랑스 및 중국의 미술 정세에 대한 서술이 있다. 지면 중앙에는 판화가 삽입되어 있다. 금관 악기를 연주하는 미국 제34대 대통령 드와이트 아이젠하워Dwight David Eisenhower가 있고 '랑군 아시아 사회당 대회'라고 적힌 간판이 보인다.[5] 또한 금관 악기 속에서 종을 들고 얼굴을 내밀고 있는, '애틀리'라고 적혀 있는 인물은 당시 영국 수상이자 노동당 당수 클레멘트 애틀리Clement Richard Attlee이다. 애틀리는 "미국의 원조와 보호가 있어야 하오"라고 열심히 호소 중이다. 판화 밑에는 다음과 같은 글이 있다.
[인용] 조국의 만화 활동은 만화잡지 『화살』이 수만 부 출판되는 사실과 같이 정활政活(정치의 오기로 보임) 만화와 포스터의 양쪽에서 활약하는 안균安均 씨를 비롯하여 박승희朴承喜, 안규安圭, 장령광張玲光, 장철張徹 등이 활약하고 있다.

---

5 아시아 사회당 대회는 1953년 1월, 미얀마 양곤에서 열린 국제 대회이다.

fig. 6 『조선미술』 제3호 4면

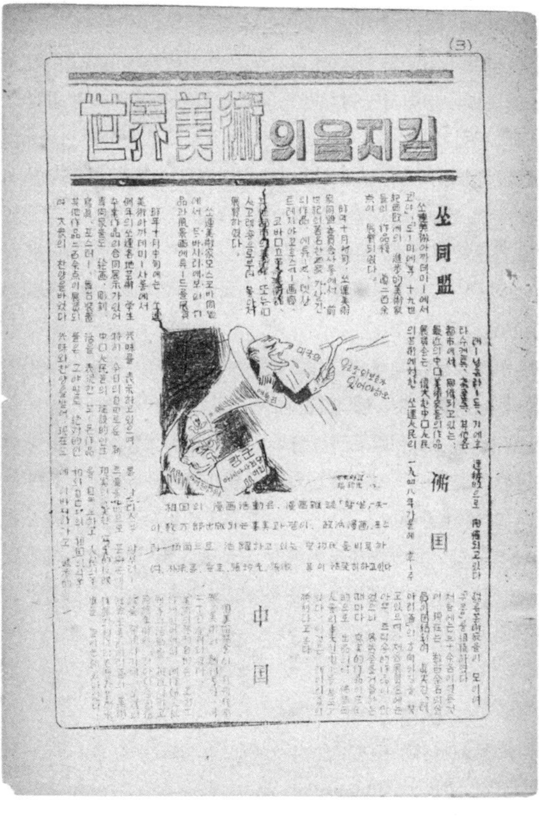

(3)

世界美術의움직임

쏘同盟

中国

[요약] 蘇동맹(소련) : 소련 미술아카데미에서 고야, 도미에 등 19세기 서구의 진보적 작가의 작품이 진열되었고, 가살긴, E. 바시리에보의 작품이 주목받았으며(두 작가에 관한 상세한 확인은 추후의 과제로 삼는다), 레닌그라드(러시아), 키예프(우크라이나), 타슈켄트(우즈베키스탄), □, 기타 도시에서 최근 중국 미술가들의 작품전이 개최되고 있다.

佛國(프랑스) : 후주롱, 앙부라르 등 젊은 예술가가 미술 그룹을 조직하고 있다. 추상회화가 많았으나 리얼리즘 경향이 증가하는 추세이다.[6]

中國 : 월간 기관지 『미술』의 창간호가 □월 20일에 발행. 미술에 대한 창작, 연구, 비판 등의 활동을 추진하는 것이 목적이다.

3-3. 내용의 특징

『조선미술』 제3호의 특징은 다음 세 가지로 정리할 수 있다. 첫 번째는 본문과 달리 별도의 표지가 있다는 점이다. 표지가 있을 뿐 아니라 판화 작품을 사용했고, 4면의 세계 미술 정세를 소개하는 부분에서도 판화가 중앙에 배치된 점은 주목할 만하다. 1930년대 이후, 중국의 문학가 루쉰魯迅(1881-1936)을 중심으로 시작된 판화운동은 이후 아시아 전체로 퍼졌고, 제2차 세계대전 이후 일본에서는 북간토北関東를 시작으로 확산했다. 당시 재일조선인의 미술운동에서도 판화는 중요한 역할을 하고 있었다. 또한 조선인미술가들과 일본판화운동협회(1948년 결성)의 접점이 있었다는 사실을 『조선미술』 제3호의 「소식」 중 두 항목에 걸쳐 이 협회의 명칭이 거론되어 있다는 점을 통해 확인할 수 있다.

두 번째는 재일조선인의 교육에 대해 언급하고 있다는 점이다. 「20세기의 야만인」에 일본 정부의 조선학교 탄압에 대해 항의하는 대목이 있고, 「자라나는 조중 서클」에서는 조선학교의 동아리를 소개했다. 또한 「평화와 자유를 위해서 국민미술의 창조!」는 《일본앙데팡당전》의 전시평이지만, 조선학교 학생의 작품에 대해 언급한 부분도 있다. 더불어 「소식」의 여섯 번째 항목에서도 조선학교에서 펼쳐진 미술가들의 활동을 소개했다. 재일조선인의 교육이 화제가 된 것은 도쿄도조선인학교의 존속에 대한 논의가 있었다는 점, 또한 조선인미술가들이 조선학교의 미술 수업을 담당했던 것이 그 배경이 되었으리라 짐작한다.

---

6 '후주롱'은 앙드레 푸주롱André Fougeron(1913-1998), 앙부라르는 장 앙부라르Jean Amblard(1911-1989)로 추정한다.

세 번째는 미술의 세계적 정세에 대해 서술하고 있다는 점이다. 앞서 언급했듯이 『조선미술』 제2호에서는 국제 정치 정세만을 서술하고 있었으나 제3호에서는 이와 더불어 세계의 미술 사정도 다루고 있다. 4면의 「세계미술의 움직임」이 특집으로 짜인 것 외에도 앞서 언급한 「일본미술회 대회」에서 일본미술회의 연구 활동을 소개하며 소련의 일리야 레핀(1846-1930)이나 중국의 미술 활동에 대해 언급하고 있다. 소련에서는 스페인의 화가 고야(1746-1828)나 프랑스의 화가 오노레 도미에(1808-1879) 등에 주목하고 있으며 중국 미술가들이 소개된 소식도 전했다. 그리고 프랑스에서는 화가 푸주롱이 활약하고 있다는 것과 중국에서 월간지 『미술』이 발행되며 창작과 연구가 확대되고 있다는 내용이 담겼다.

정리

지금까지 『조선미술』 제1호부터 제3호까지의 해제를 다루었다. 『조선미술』을 발행한 재일조선미술회는 제2차 세계대전의 종결과 식민지로부터의 해방, 그리고 조국 분단을 거쳐 6·25 전쟁 휴전 직후에 재일조선인미술가가 만든 미술단체였다. 민족단체 간의 대립, 민족교육에 대한 일본당국의 탄압 가운데 재일조선미술회에 소속된 미술가들은 창설 시기부터 방향을 모색하고 있었다는 것을 짐작할 수 있었다.

제1호에서는 재일조선미술회 결성의 기세를 확인할 수 있었고 재일조선인의 민족단체나 일본 미술단체와의 관련성도 확인했다. 그리고 재일조선미술회의 잠정적인 목표가 대중들을 위한 작품을 제작하는 것이었다는 점도 살펴보았다. 제1호는 1953년 새로운 조직을 설립하기 전까지, 모색 상태에서 벗어나 운동과 제작을 중심축으로 삼은 미술가들의 열정을 반영하고 있다.

제2호에서는 세계정세와 그 속에서 조선인미술가가 목표로 삼아야 할 창작에 관한 내용이 서술되어 있다. 또한 조선민주주의인민공화국의 미술가 단체인 조선미술가동맹에서 온 메시지와 일본 각지 회원들의 미술 활동이 소개되었다.

제3호에는 제1호와 같이 민족단체나 일본미술회와의 관련성에 대해 서술하고 있다. 더불어 일본판화운동협회와의 접점도 확인할 수 있었다. 또한 조선학교의 민족교육에 대한 관심이 높았다는 점, 소련과 중국 그리고 프랑스를 비롯한 세계 미술의 정세도 주목하고 있었던 것을 확인하였다. 제3호에는 재일조선미술회 활동의 방향 정립을 요구하는 내용도 있다.

본문에서 확인한 바와 같이 재일조선미술회에 속한 미술가들은 같은 처지인 재일조선인의 유대를 요구하며 함께 조직을 만들어 나갈 것을 독려했다. 그리고 중국에서 시작한 판화 운동이나 '아시아 사회당 대회'에 관심을 가지며 열강으로부터의 해방을 목표로 한 아시아 나라들에 연대 의식을 느끼고 있었다. 또한 전쟁의 참상이나 사회의 밑바닥에서 사는 사람들을 대상으로 그리며, 사회의 부조리를 신랄하게 그린 판화작품을 남긴 고야나 도미에, 그리고 주로 사회문제를 주제로 풍자의 효과가 강한 그림을 남긴 푸주롱에 관심을 보였다. 고상한 예술보다 대중적인 미술작품 제작을 목표로 삼았던 것으로 보인다.

제2장 1956년과 1959년의 활동 기록

— 제5호·제6호의 해제

1. 제5호 해제—《일본앙데팡당전》 출품과 상호 비판(fig.7)

1-1 기본 정보

- 제목 : 『조선미술』 제9회 일본앙데팡당전 특집호
  1956 No. 5 재일조선미술회 기관지
- 발행 연도 : 1956년 3월 1일
- 편집인 : 백령
- 발행인 : 김창락
- 인쇄인 : 쓰루미협화鶴見協和 등사당謄写堂
- 발행소 : 재일조선미술회
- 소재지 : 가와사키시川崎市 아사다초浅田町 2-21
- 가격 : 1부 30엔, 반년 90엔, 일 년 150엔
- 크기 : A4×15장
- 사용 언어 : 일본어 원고와 조선어 원고 병행(김창락의 글을 제외하고 일본어).
  해제에는 모두 한글로 번역하여 표기했다.

1-2 기사 표제와 개설 및 요약

【표지】

표지에 일본어로 쓰인 목차를 번역하면 다음과 같다.

fig. 7 『조선미술』 제5호 표지

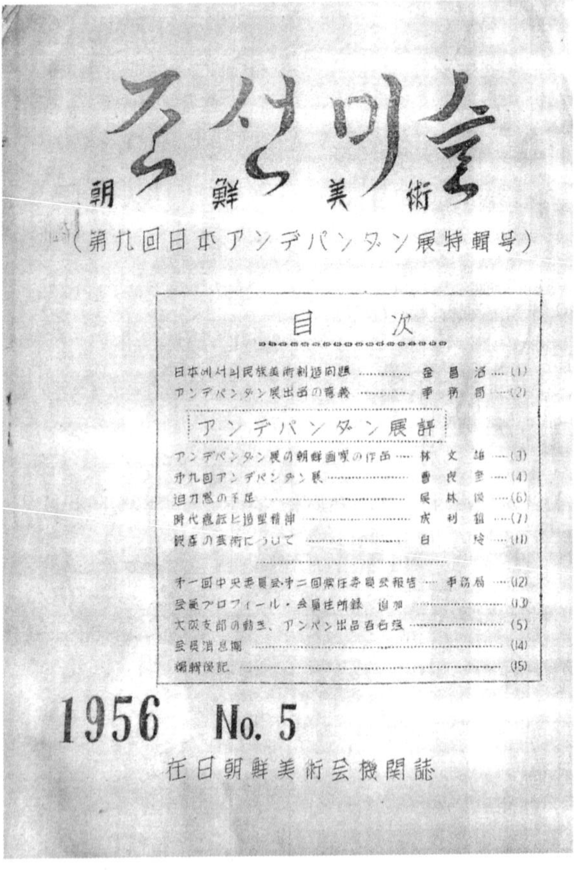

《일본앙데팡당전》 출품의 의의 … 사무국 (2)

《일본앙데팡당전》 평
《일본앙데팡당전》의 조선화가의 작품 … 하야시 후미오 (3)
제9회 《일본앙데팡당전》… 조량규 (4)
박력감의 부족 … 오림준 (6)
시대의식과 조형 정신 … 성리식 (7)
파산의 예술에 대하여 … 백령 (11)

제1중앙위원회·제2회상임위원회 보고 … 사무국 (12)
회원 프로필·회원 주소 추가 … (13)
오사카 지부 활동 및 앙팡(앙데팡당—옮긴이) 출품자 명단 … (5)
회원 소식란 … (14)
편집 후기 … (15)

앞에서 고찰한 제1호부터 제3호는 신문과 비슷한 형태로 제작했으나 제5호부터는 책자의 형태로 변경되었다. 따라서 한 페이지에 여러 가지 특집을 싣는 방법이 아니라 페이지마다 테마가 설정되어 있고, 몇 가지 테마는 여러 페이지에 걸쳐 다루었다. 또한 대부분의 페이지가 약 500자 정도의 두 단락으로 구성된 형태이다.

이에 따라 제5호부터는 항목마다 번호를 붙이고 필자, 원고 제목, 글자 수, 페이지 번호순으로 기재하여 [개설]과 [요약] 그리고 필요한 경우에는 [인용]을 추가하였다.

① 김창락, 「일본에서의 민족미술 창조 문제」 (약 1,090자, 1쪽)
[개설] 한자가 섞인 한글로 쓰였다. 일본에서의 민족미술 창조와 보급에 대한 내용과 그 어려움과 방법에 대해 언급했다.
[요약] 재일조선미술회의 강령으로 '민족미술의 창조와 보급'을 내세우고 있다. 그러나 이에 대해서는 회원 중에서도 여러 견해가 있다.
A. 일본에도 많은 동포가 있으므로 주로 그들을 대상으로 우리의 운동을 전개해야 한다.
B. 일본에서의 민족미술 창조는 거의 불가능하다. 학생 때의 마음으로 돌아가 기초적인 공부를 하는 편이 조국에 더 도움이 된다.
C. 일본에 있는 조선인은 미술에 대한 이해가 없다. 작품 발표 활동은 일본 화단에서 할 수밖에 없다.
이상과 같은 견해 중에서 C는 언급할 필요가 없지만, A와 B에 대해서는 이후에 의논하여 의견을 일치하고자 한다. 조선민주주의인민공화국의 공민으로서 동포들에게 희망과 신념을 주자. 일본 내 혁명에 직접 참여할 필요는 없지만, 시대의 흐름에 따라야 한다. 민족성, 세계성, 계급성에 대한 이해와 이들의 본질을 파악하여, 일본 화단과의 친선에 근거한 연구가 필요하다. 여기에 운동의 미래성이 있다.

② 사무국, 「일본앙데팡당전 출품의 의의」 (약 16,870자, 2쪽)
[개설] 1956년 제9회 《일본앙데팡당전》에 대한 사무국의 총괄. 집단 출품에 대한 의의를 서술하고 있다.
[요약] 표현의 자유와 함께 발표의 자유도 있으리라 본다. 이것을 전제로 이번 《일본앙데팡당전》의 집단적 출품의 의미를 생각한다. 이번 《일본앙데팡당전》 출품은 재일조선미술회의 종합전 개최 및 조일 우호친선을 위한 것이었다.
일본인 미술가와 어깨를 걸고 나가는 것이 뜻깊은 일이다. 집단적으로 《일본앙데팡당전》에 출품한 결과, 회원 각자가 작품을 통해 서로를 이해하며, 상호 토론을 할 기회가 있었던 것은 의의 있는 성과라 할 수 있다. 또한 출품 여부가 문제가 아니라 실천이 과제이다.

③ 하야시 후미오, 「제9회 일본앙데팡당전의 조선인미술가의 작품에 대하여」 (약 500자, 3쪽)
[개설] 박사림, 오병학, 리인두, 백령, 조량규, 문삼봉, 한우영, 표세종, 리철주의 작품에 대해 언급했다. 글의 말미에 '(필자는 일본의 진보적 미술평론가) 현주소 도쿄도 나카노구 혼마치도오리本町通り 5-3 豊島 씨 댁'이라고 적혀 있다.
[요약] 백령의 작품은 큰 도약이 보인다. 리얼리즘의 길이 어려워도 한두 번의 불평이나 말살에 굴하지 않고 계속했으면 한다. 조량규의 작품은 희화적戲畫的이지만 이 진보성에 대해 대중들이 따라갈 수 있을지는 의문이다. 또한 문삼봉과 한우영의 작품은 부드럽고 밝은 표현에 호감이 간다.

④ 조량규, 「제9회 일본앙데팡당전」 (약 16,320자, 4-5쪽 상단)
[개설] 종합 합평회 및 필자의 전시회 평, 집단적 출품에 대하여.
[요약] 종합 합평회에 출석한 비평가는 요시자와 주吉沢忠, 도쿠다이지 긴히데德大寺公英, 하리우 이치로, 마쓰야 쓰토무, 마쓰야마 후미오松山文雄. 관중은 70-80명 있었다. 비평가들의 일치된 의견은 리얼리즘, 추상, 절충 중에서 절충파의 작품이 상당히 많다는 점이다. 또한 아방가르드 예술과 리얼리즘 회화에 대한 비평은 애매했다.
필자의 견해는 아방가르드와 리얼리즘은 문제 삼을 필요가 없다는 입장이다. 다만 리

얼리즘 경향의 작품에는 의견이 있다. 추상에 대해서는 고심한 것은 알겠지만 무엇을 위한 고심인지 생각했으면 한다.
조선인미술가의 집단적 출품에 대해서는 일반의 관심도 받고 있으며 작품도 정당한 평가를 받았다. 출품작 대부분이 리얼리즘 경향의 작품이었다는 점도 주목해야 한다. 또한 이 리얼리즘의 문제는 대중과의 접점을 포함해 향후의 과제로 남겨 둔다.

⑤「오사카 지부의 움직임」(약 300자, 5쪽 왼쪽 하단)
[개설] 오사카의 회원 활동이 짧게 소개되어 있다.
[인용] 1월 중순, 회원 8명(남자 5명, 여자 3명)이 모여 신년회를 겸한 회합을 가졌고 다음과 같은 내용을 의논했다.

- 한 달에 두 번 (첫째 주, 셋째 주 월요일) 연구회를 정기적으로 실시한다.
- 이마자토今里조선소학교의 교실을 빌릴 수 있으니 전원이 힘을 합쳐 연구소를 얻을 수 있도록 노력한다.
- 올해 6월에는 제3회 오사카미술전이 열린다.
- 도쿄의 미술회에 기대할 수 있는 것은, 지금은 효과적인 기관지의 발행 정도이지만 지속적으로 내주었으면 한다.

또한 오사카 지부의 책임자는 다음과 같다.
지부장 송영옥, 사무 담당 김희려, 재정 담당 한우영.

⑥「《앙데팡당》 출품자 명단」(5쪽 오른쪽 하단)
[개설] 제9회 《일본앙데팡당전》에 출품한 미술가의 이름과 작품 및 작품의 크기가 적혀 있다.
[인용]
김창락—〈풍경〉 15호
리철주—〈생선(대구)〉 6호
한우영—〈부흥찬가〉 100호
문삼봉—〈저녁식사 무렵의 쓰나시마 부락〉 50호
조량규—〈땅을 빼앗기다〉 20호
백령—〈풍경〉 15호
백령—〈망향〉 50호
백령—〈어머니의 초상〉 8호
벽령—〈나부 습작〉 12호
표세종—〈풍경〉 20호

곽인식—〈태양에 살다〉 150호
곽인식—〈외침〉 20호
리인두—〈국화〉 10호

⑦ 오림준, 「박력감의 부족—제9회 일본앙데팡당전에 출품한 벗들에게」 (약 2,000자, 6-7쪽 상단)
[개설] 제9회 《일본앙데팡당전》에 출품한 작품에 대한 비평이며, 혹평을 내리고 있는 점이 특징이다.
[요약] 한우영, 백령, 문삼봉, 조량규, 김창락, 리철주의 작품에 대한 비평이며, 한우영과 백령의 작품에 대한 비평문은 비교적 길다. '앞으로 이루어질 수 있는 재일조선인 미술전에는 다 같이 출품하자'는 문장으로 마무리했다.

⑧ 성리식, 「시대의식과 조형정신—앙데팡당전 회원들의 작품을 관람하며」 (약 4,000자, 7쪽 하단-10쪽)
[개설] 제9회 《일본앙데팡당전》에 출품한 작품에 대한 비평이다. 앞에서 언급한 오림준의 비평과 같이 혹평이며, 오림준 글의 2배 분량으로 쓰여 있다.
[요약] 한우영, 김창락, 문삼봉, 표세종, 곽인식, 백령, 조량규, 리철주, 리인두의 작품에 대한 비평.

⑨ 백령, 「파산의 예술—소위 위기의식의 파산적 생활에 대한 각서」 (약 1,000자, 11쪽)
[개설] 모더니즘 회화에 대하여.
[요약] 모더니즘 회화는 파산 예술일 뿐이다. 제9회 《일본앙데팡당전》에 모더니즘 작품이 전시된 것은 "아이러니한 현상"이다. 모더니즘의 유행은 "거대한 자본을 배경으로 퇴폐예술을 환영하는 매스커뮤니케이션"이다. 리얼리즘의 화가가 의욕적으로 일하고 퇴폐예술의 증가를 예방해야 한다.

⑩ 사무국, 「사무국 보고—제1회 중앙위원회, 제2회 상임위원회 보고」 (약 1,000자, 12쪽)
[개설] 제1회 중앙위원회와 제2회 상임위원회에 대한 사무 보고.
[인용] 제1회 중앙위원회
새로운 해를 맞이하여 올해 첫 모임을 겸해, 제1회 중앙위원회가 1월 8일, 간다 세·시·봉神田セ·シ·ボン에서 열렸다.
출석자는 김창덕, 허훈, 조량규, 리찬강, 전철, 김창락, 백령.

새해 인사를 한 후 다음과 같은 내용의 의논과 결정이 있었다.

1. 《앙데팡당전》 참가에 관한 건
   a. 조미朝美(재일조선미술회-옮긴이)의 전람회 활동을 쌓아 종합전을 첫 단계로 하여, 조일 우호친선의 일환으로 조직적으로 출품한다.
   b. 《앙데팡당전》 기간 중에 연구회를 가진다.
2. 조직 활동에 대하여
   a. 이론과 창작에 대해 깊이 토론한다.
   b. 조직적 단결이 미흡하고 불안정하다. 이에 따라 레크리에이션, 연구회 등을 통해 상호 이해를 쌓는다.
   c. 회원이 어떤 문제에도 상담을 하러 오는 개인전, 생활과 같은 미술회로 만들고 싶다.
3. 기관지 발행에 대하여
   a. 제4호는 특집호로 성과가 있었으나 재정적으로는 무리를 했다.
   b. 제5호는 무리 없는 재정 상황 아래 발행한다.
4. 문화단체협의회에 대하여
   a. 다른 분야와의 깊은 교류를 위해 협의회를 추진한다.
   b. 문화회관의 문제를 논의한다.
5. 조국미동(조선미술가동맹 – 옮긴이)과의 연계를 추진한다.
6. 재정 문제에 대하여
   a. 적자 재정을 극복한다.
   b. 회비 납입을 적극적으로 추진한다.
   c. 기관지 대금 회수에 노력한다.

회의에서 회비의 납입 상태, 회계 보고가 별도의 표로 공지되었고 위와 같은 결정이 있었다.

제2회 상임위원회 보고
제2회 상임위원회는 2월 5일에는 열리지 못했으며 2월 18일에 간다 세·시·봉에서 열렸다. 통지가 늦어서 출석자는 다음과 같다.
김창락, 문삼봉, 리철주, 백령, 리찬강, 조량규(전화 위임)

1. 앙데팡당전 출품에 대하여

a. 집단 출품은 성과적이었다. 이를 계기로 5월 소품전으로 분위기를 이어간다.

b. 작품은 일반적으로 무난하지만, 충실하다는 느낌이 없기에 이를 향후의 과제로 삼는다.

2. 기관지에 대하여

a. 1월 29일과 2월 5일에 이야기한 격월간, 제5호를 앙데팡당 특집으로 정한 것을 확인.

b. 월말까지 편집을 완료한다.

- 조선미술회 소품전이 5, 6월에 도쿄 후카가와에서 열린다.
- 오사카의 제3회전에 협조 출품한다.
- 3월 하순 혹은 4월 상순에 회원 친목을 위한 벚꽃놀이 겸 레크리에이션을 가진다.

⑪「회원 프로필 (두 번째) 새바람을 불어온 신 사무국장 백령의 옆모습」(약 360자, 13쪽 상단)

[개설] 회원 백령을 소개하는 글

[요약] 웅변에 능한 논자이며 유능한 편집자이자 유머가 있는 백령이 '민족의 거대한 역사적 보조에 맞추어' 리얼리즘의 새로운 길을 걷고 있다.

⑫「회원 주소록 추가, 변경, 수정」(약 200자, 13쪽 하단)

[개설] 회원 주소에 대하여, 회원 정보 추가(2명), 주소 수정(2명), 이름 수정(2명), 신입회원(1명), 주소 변경(3명)이 서술되어 있다. 또한 연하장의 발송인도 기재되어 있다.

⑬「회원 소식」(약 670자, 14쪽 상단)

[개설] 회원 소식을 7개 항목으로 나누어서 전달. 항목 내용은 다음과 같다.

- 낭보! 신申고문(후기에 등장하는 신유철로 추정-옮긴이), 기관지에 기부
- 도쿄중고 서클전!
- 3년간의 침묵을 깬 오림준
- 지금 약혼 중! 취소!! (만화가 전철의 결혼 소식 오보에 관한 글)
- 한우영 동무 상경
- 입선과 생일, 회원의 제작 상황

⑭「사무국 기록」(약 200자, 14쪽 하단)

[개설] 1월 8일부터 2월 18일까지의 사무 기록이 쓰여 있다.

⑮「편집 후기」(약 850자, 15쪽)
[개설] 단락마다 기호(☆)를 사용해 편집자의 소감을 짧게 적었다. 글 끝에 (玲)이라는 표기가 있는 것으로 보아 백령의 글로 추측한다.
[요약]
· 본 호의 발행이 너무 늦은 것에 대해 죄송하게 생각한다.
· 신유철申裕徹의 기부에 감사와 경의를 표한다.
· 성리식의 비평문을 계기로 논쟁과 토론이 고조될 것을 기대한다.
· 기관지 4호에 대한 의견을 받아 앞으로도 적극적인 의견을 부탁한다. 민족미술의 창조를 위해 계속 논쟁하자. 공화국의 공민인 것을 잊지 말자.
· 회비(월 50엔) 지불을 부탁한다.

1-3 내용의 특징

기관지『조선미술』제5호의 내용 대부분은《일본앙데팡당전》에 관한 것이다. 조선인미술가는《일본앙데팡당전》에 1952년부터 출품하였다. 일본미술회가 전후 일본의 미술계를 재건하기 위하여 미술을 권력과 분리하여 심사 제도가 없는 발표의 장을 미술가에게 제공했다는 점이 조선인미술가의 공감을 사서 재일조선미술회 회원은 개인 출품이 아닌 단체 출품하였다.

제5호에서 주목할 점은 다음 두 가지이다. 첫 번째는 첫머리에 김창락이 쓴「일본에서의 민족미술 창조 문제」라는 글이다. 1956년경부터 김창락을 비롯한 조선인미술가들은 무엇을 어떻게 그려야 할지에 대해 활발하게 토론하기 시작했다. 이때부터 그들은 일본이라는 이국땅에서 그들이 추구하는 민족미술이 조국 및 재일조선인인 민중과 연결되어야 한다고 생각했다. 이에 관한 토론은 1956년 5월부터 개최된 순회전이 계기가 되었다. 그 직전에 발행된 제5호가《일본앙데팡당전》특집으로 마련된 것을 보아도《일본앙데팡당전》출품이 조선인미술가들의 창작에 영향을 미쳤다는 것을 다시 확인할 수 있었다.

두 번째로「사무국 보고 제1회 중앙위원회 제2회 상임위원회 보고」를 통해 확인할 수 있듯, 총회나 위원회 외에도 레크리에이션이나 연구회, 친목회도 열었다는 점이다. 그리고 "회원이 어떤 문제라도 상담해 오는 개인전"의 개최를 목표했다는 내용이 서술되어 있다는 점도 특징이다. 또한 제5호에서는 쉽게 연락할 수 있도록 주소록을 게재한 것을 보면 상호 이해의 장이나 방법을 제공하고 있었던 사실도 확인할 수 있다. 이러한 특징을 통해 생활고를 겪은 날들 가운데 미술가로서 표현의 장을 갖고자 애쓴 사람들의 구체적인 활동 모습을 엿볼 수 있다.

2. 제6호 해제—민족미술의 창조를 둘러싼 이론과 비평, 그리고 고뇌의 기록

(fig.8)

2-1 기본 정보

- 제목 : 『조선미술』 No. 6
- 발행 연도 : 1959년 1월 25일 인쇄, 1월 30일 발행
- 편집위원 : 한우영, 리철주, 오림준, 조량규, 성리식, 백령
- 발행처 : 재일조선미술회 (도쿄도 신주쿠구 시나노마치 25)
- 인쇄소 : 가오루 타이프 인쇄사 (요코하마시 나카구 신야마시타마치 2-3)
- 크기 : A4 52매 (표지 포함)
- 사용 언어 : 한글 및 한자(일본인 집필자는 일본어 사용)

2-2 기사 표제와 개설 및 요약

【표지】

제목과 목차가 기록되어 있다. 제6호의 목차는 다음과 같다.

【권두】

강령

1. 우리들 재일조선인미술가는 조선민주주의인민공화국 공민으로서 재일동포와 결

fig. 8 『조선미술』 제6호 표지

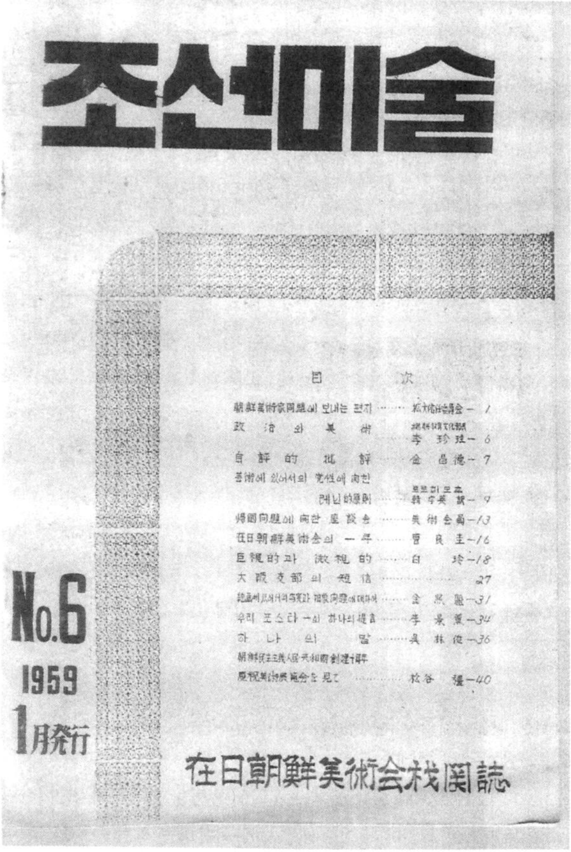

부한 미술운동의 적극적 추진을 기한다.
2. 우리는 새로운 민족미술의 창조와 보급을 기한다.
3. 우리는 재일조선인미술가의 자유로운 창조 연구 발표 등 제활동의 추진을 기한다.
4. 우리는 미술을 통해서 조·일 친선 문화 교류를 더욱 깊이 추진시킨다.
5. 우리는 조국 미술계의 평화적 문화 운동과의 적극적 제휴를 기한다.

① 확대상임위원회, 「조선미술가동맹에 보내는 편지」 (약 4,000자, 1쪽)
[개설] 재일조선미술회 상임위원회로부터 공화국의 조선미술가동맹에 보낸 편지의 전문
[요약] 조국의 미술가들이 자국 건설에 미술로 공헌하고 있다는 사실을 전해 들었다. 조선노동당과 정부의 문화정책이 이끌어 나가는 제작 활동을 부럽게 생각한다. 그러나 부러워하고만 있지 않고, 우리는 일본에서도 민주적인 민족적 권리를 획득하기 위해 투쟁하고 있다. 이러한 활동은 일본 출판계에서도 평가받고 있다. 회원 중에는 조선학교에서의 활동으로 성과를 내고 있는 자도 있지만, 대부분은 그날그날을 살아가는 데 곤란한 상황이다. 그러나 1958년 9월 9일 《공화국 창건 10주년 기념 미술전》에서는 우리의 역량을 발휘했다. 총련으로부터도 23만 엔이라는 원조금을 받았다. (12명은 공동 제작으로서 '재일본동포의 생활'이란 테마로 100호 시리즈의 유화를 그렸다.) 우리는 지금까지 《일본앙데팡당전》이나 일본 화랑에서 전시회에 참가했는데, 재일동포를 강하게 연결하는 이 《9·9전》을 개최함으로써 활동에 발전을 기하였다. '미를 추구하면 된다'라는 환경에 있지만, 마르크스·레닌주의 학습을 계속 활발하게 이어갈 예정이다. 11월 20일에 조국 예술가 20명으로부터 받은 편지와 《9·9전》은 큰 역할을 했다. 재일미술가들은 귀국 운동을 전개하고 있다. 조국 건설에 참가하여 더 좋은 활동을 할 수 있도록 우리들의 지식과 미술의 기능을 높여갈 것이다. 조국 미술가의 기관지 『조선미술』을 30부 추가해서 받고 싶다.

② 연하장 수령 (5쪽 하단)
[개설] 재일조선미술회 앞으로 연하장을 보낸 명단이 기재되어 있다. 33곳에서 받았음을 알 수 있다.

③ 총련교육 문화부장 리진규, 「정치와 미술」 (약 1,500자, 6쪽)
[개설] 리진규가 정치와 예술에 관해 쓴 글.
[요약] 1. 부르주아 사회에서 정치란, 소수의 지배계급이 인민을 착취하기 위한 '착취술책'이다. 그러므로 부르주아 사회에서 예술이 정치에 종속하는 것은 즉, 예술의 추

락을 의미한다. 이는 해방 전의 조국과 같은 상황이다. 부르주아 사회에서 성공한 예술은 정욕/투쟁 의식을 마비시키는 것이다.
2. 사회주의에서 정치란, 착취와 차별을 없애고 물질문화의 수준을 높이는 역할을 한다. 그러므로 예술이 정치에 종속하는 것은 그 자체가 예술의 개화를 의미한다. 소련의 예술이 그것을 보여준다.
3. 일본의 조선인미술가 중에서도 "사회주의 국가에 자유란 없다."라고 말하는 사람이 있는데, 이는 사회주의를 파시스트 독재처럼 그린 선전을 믿거나 사회주의 국가에서는 부르주아 예술을 발전시킬 수 없다는 탄식에서 나온 것이다. 혁명과 생산노동이 이어진 사회주의 예술만이 발전할 수 있다.

④ 김창덕, 「자평적 비평」(약 1,500자, 7쪽)
[개설] 김창덕이 회원의 작품을 비평한 글.
[요약] 타인에 대한 비평은 자신에게 그대로 돌아오는 것이므로 별로 하고 싶지 않지만, 편집자로부터의 '엄명'이 있었으므로 어쩔 수 없다. 오림준의 3회 연속 개인전, 김창락의 개인전, 《공화국 창건 10주년 기념전》. 이들은 언제나처럼 총련으로부터 경제적 지원도 받았기 때문에 회원들의 작업이 좋았다. 해방 후 10여 년 동안 '미술회 활동이 겨우 궤도에 올랐다'고 생각한다. 조량규(구상회화 작품의 야스이상 후보), 오림준의 작품에 관해 논했다. 미술회 회합은 언제나 논쟁이 있지만 유의미하다. 앞으로도 각자 정진해 가기를 바란다. 공화국 창건 10주년 기념제, 학생 작품 중에서 유망한 싹이 보이는 것도 기쁘다.

⑤ 트로휘모흐(한우영 번역), 「예술에 있어서의 당성에 관한 레닌적 원칙」(약 5,000자, 9쪽)
[개설] 예술가와 당과의 관계에 관한 트로피모프의 러시아어 논문을 한우영이 조선어로 번역.
[요약] 사회주의 예술 문화의 기본인 '당성'에 관한 기본적 주장은 마르크스 미학에서 중요하게 기여한 바 있다. 의식적 혹은 무의식적으로 자본주의 계급사회를 지배하는 감정을 표현하면서, 부르주아 예술가들은 '비순수'인 자기 당성을 폭로하고 있으나, 이것을 자신은 무당성이라고 주장하면서 자신을 속이고 있다. 소비에트 40년간의 예술이 증명하는 것처럼 예술을 수단 삼아 생활의 깊은 진리를 발굴하는 것이 가능하다. 1957년에 개최된 전 소비에트 미술 전시회에는 생활로부터 주제를 빌려온 작품이 많았고, 주인공은 소비에트 인민이었다. 소비에트 예술과 당성은 일체를 이룬다.

⑥ 미술회원, 「귀국 문제에 관한 좌담회」 (약 3,400자, 13-16쪽)
[개설] 1958년 12월 25일 중앙조선회관에서 개최된 귀국에 관한 좌담회 기록.
출석자: 김창덕, 리철주, 리인두, 한우영, 오림준, 조량규, 백령, 문정순, 기록은 오림준.
[요약] 귀국 의사 표명은 미술회 단일 단체로서 일괄적으로 제출할 수 없는가? 각자 살고 있는 지역의 상황을 비롯하여 여러 조건이 제대로 갖춰지지 않은 경우도 있다. 귀국에 대해 각자의 생각을 듣고 싶다. 아내가 일본인인 경우는 교육 문제 등을 포함하여 바로 결단을 내릴 수 없을 것이다. 조국 귀국에 대해 일본인에게도 선전하자.

⑦ 조량규, 「재일조선미술회의 1년」 (약 1,250자, 16-17쪽)
[개설] 회원의 1958년 활동을 정리.
[요약] 우리들의 정책상의 곤란은 경제적인 부분에 있다. 그러나 다소 성과가 있었다.
7월, 《일본앙데팡당전》에 송영옥, 리인두, 한우영, 전철, 김창락, 조량규가 출품
4월, 《백일전白日展》[7]에 2점 출품
9월, 《9·9전》에 12명이 출품. 김창덕, 리인두, 김창락, 리철주, 백령, 한우영, 표세종, 허훈, 조량규, 오사카에서 김희려, 리경훈, 교토에서 전화광(전화황), 일반 응모 작품도 전시됐다.
9월 1일부터는 《행동미술전》. 김창덕, 전화광, 성리식, □가 출품
10월 14일부터는 《자유미술전》. 石寿□, 김광주, 송영옥, 권령일, 조량규가 출품
8월, 김창락 개인전 (무라마쓰村松화랑)
11월, 오림준 개인전 (분보도文房堂화랑)
11월, 조량규가 제2회 《야스이상 후보 신인전》에 출품

⑧ 백령, 「거시적과 미시적」 (약 11,000자, 18-27쪽)
[개설] 사회주의 리얼리즘과 그 밖의 리얼리즘의 차이에 대한 고찰.
[요약] 정도는 다르지만 누구나 거시적이면서 미시적이다. "문제는 거시적 영상影像이나 미시적 영상에 있는 것이 아니라, 영상을 보편적 진리, 혹은 절대적 원칙처럼 착각하고 오해하는 데 있다". 시야의 조절은 개개인에게 일임되기 때문에 우리 앞에는 많은 과제가 제기된다.
'예술을 위한 예술'이라는 현상을 봐도, 본질에 대한 이해가 없으면 비뚤어진 결론

---

7 《백일전》은 1924년에 나카자와 히로미쓰中沢弘光가 중심이 되어 발족한 백일회가 개최한 전람회이다.

밖에 나오지 않는다. 중세와 르네상스 등 과거의 미술가는 승려나 왕후 귀족 아래에서 자유가 없었다. 이 지배 구조의 전복을 위해서는 혁명과 투쟁이 필요했다. 음악의 거장도 마찬가지였다. 7월 혁명은 인간성 해방의 제1단계였다.

'예술을 위한 예술'은 1834년에 테오필 고티에가 제창한 말이다. 권력에 대한 효용성과 종속성에 반대되는 것으로, 부르주아 혁명 이후 새로운 지배계급이 된 부르주아들이 제창했다. 이 지배계급은 금권계급이 되었다. 자본주의적 조건이 새롭게 부여되어 예술이 상품화되었고 자유와 독립의 대가로 빈곤한 생활 조건이 주어졌다(17-18세기와 다를 바 없다). 예술지상주의가 '일본에 상륙'했을 때, 그곳은 살기 쉬운 땅이었다. 처음에는 부르주아들의 반감을 샀지만, 결과적으로 부르주아들에게 무해한 문화, 아니 오히려 유용한 효용성을 띠게 되었다. 빈곤과 몰이해가, 영광이 가득한 '수난'처럼 받아들여지고 있다. 예술지상주의가 '상품'이 되어버린 상황에서는 부르주아지에 대한 '효용성 거부' 밖에 길이 없다.

사회주의 리얼리즘을 정의하려고 하는 것은 아니다. 유파가 있는 것도 아니다. 원칙적으로, '(사회주의 리얼리즘이) 예술지상주의를 부정하고, 자연주의적 안이성과, 네이처·몰티즘[8]적 무감동의 세계를 거절한다는 점'을 알고 있을 뿐. 사회주의 리얼리즘에는 사회주의를 성장시키는 요소가 있다. 근대주의가 아카데미즘화된 원인을 교훈 삼아, 창작 태도와 역사 창조에 참여해야 한다.

⑨「오사카 지부의 단신」(약 1,200자, 27-28쪽)

[개설] 오사카 회원의 활동을 전하는 글. 특히 1958년에 개최된《공화국 창건 10주년 기념전》에 전시한 작품의 제작 상황이 실려 있다. 글에서 언급한《오사카미술전람회》,《여류종합미술전》,《평화미술전》에 대한 자세한 내용은 알 수 없다.

[요약]

- 매년 2월부터 오사카시 신사이바시양화연구소에 다니고 있다.
- 교토에 사생 여행을 다녀왔다.
- 7월 14일, 연구소에서 파리 축제 개최.
- 11월, 八播筋鈴虛화랑에서 제4차《오사카미술전람회》개최. 30여 점 출품.
- 7월, 김인순이《여류종합미술전》에 F25(803×652mm) 출품.
- 8월,《평화미술전》에 출품.

---

8 풍경화를 뜻하는 용어라고 추정된다. 특히 사회적 혹은 역사적 의미를 가진 장소를 그리는 것이 아니라 단순한 풍경을 그리는 방법을 가리키는 듯 하다.

- 《9·9전》에도 출품.
- 내년 초에 제5차 미술전을 개최할 예정.

9·9 기념 제작 상황에 대해 : 김희려와 리경훈이 100호 2점을 합작하기로 해서, 총련 오사카 지부에서 일만 엔을 받았다. 부족한 것은 미술회에서 충당. 그 외 회원은 50호를 그리기로 했다. 테마를 '어머니 생활학교'로 설정, 생활학교에 연락하여 2명에게 모델을 의뢰. 수박으로 사례했다. 어머니들은 환담을 나누며 관심을 가져 주셨다.

⑩「총회 보고」(약 120자, 29쪽 하단)
[개설] 총회의 결정 사항.
[요약] 제6회 임시대회가 1958년 7월 5일에 조선회관에서 개최되었다.
1. 축전 참가 기념전에 대하여.
2. 집단 제작에 대하여.
3. 기관지 발행에 대하여.

임원 선거에 대하여

	(신)	(구)
회장	김창덕(재선출)	김창덕
부회장	리인두	리철주
사무국장	한우영	백령
회계감사	백령	리인두
상임위원	리철주 조량규 오병학	송영옥 성리식

⑪ 백령, 「생각한 것」(약 500자, 29쪽 하단-30쪽 상단)
[개설] 백령이 회원을 향해 충고한 글이며, 구체적으로 어떤 상황인지에 대해서는 언급하지 않았다.
[요약] 올해 초 상임위원회에서 한우영 사무국장이 보인 무책임함에 대해 지적했으나, 임원들로부터는 구체적인 답을 들을 수 없었다. 상식의 상실을 극복하길 바란다.

⑫「회비 납입 상황」(30쪽)
[개설] 11명의 납입 상황.
[요약] 이름이 없는 자는 1957년부터 납입하지 않고 있다.

⑬ 김희려, 「회화에 있어서의 사실과 추상 문제에 대하여」(약 3,600자, 31쪽)
[개설] 추상 표현의 역사를 간단히 서술하고 그 역할에 대해 적고 있다.
[요약] 리얼리즘은 현대예술 제작 및 이해를 향한 큰 계기를 맞고 있다. 귀스타브 쿠르베의 회화는 획기적이었다. 이에 비해 인상파는 단순한 동물적 감각을 재현한 것뿐으로, 물질과 인간, 인간과 사회관계를 무시하고 있다. 내용적으로는 사실주의인 인상파는 추락하고 있지만 눈을 즐겁게 해준다. 그러나 역시 내부 정신 자체를 계승하는 데에는 정착하지 못하고 있다.
 추상의 문제도 여기에 비추어 생각해본다. 추상은 원시시대부터 시작됐지만, 의식적으로는 폴 세잔으로부터 출발하였다. 이는 큐비즘으로 이어지는데, 이것은 대중이 이해할 수 없는 모던 아트의 근원이다. 추상을 비난하고 싶지 않으며, 사회에 대한 저항의식이 있다면 추상과도 연계할 수 있지 않을까 생각한다.

⑭ 리경훈, 「우리 포스터의 하나의 제언」(약 2,000자, 34-35쪽)
[개설] 포스터 제작을 늘리자는 제안.
[요약] 조국 평화통일을 위해서는 대중 집회, 지역반地域班 조직 등을 통한 계몽 선전, 신문, 기관지 등이 있는데 계몽 선전 포스터가 절대적으로 부족하다. 포스터를 만드는 것은 캠페인을 개최하는 것보다, 또 수만 명의 행동대원을 파견하는 것보다 비용이 들지 않는다. 《일본선전미술회전》[9]에서도 많은 포스터가 입선했다. 선진적이라고 자부하는 우리들도 실제적으로 혹은 이 방면에서는 자신의 입장을 인식하고 기술적 연구와 발전을 위해 노력하자.

⑮「9·9 기념전 출품자」(35쪽 하단)
[개설]《공화국 창건 10주년 기념전》 출품자와 집단제작 목록.
[인용] 9·9 기념전 출품자
김창덕, 전화황, 리인두, 김희려, 한우영, 리경훈, 오림준, 리상두, 리철주, 윤도영, 조량규, 백령, 김창락, 리필건, 문정순, 허훈, 표세종

9 약칭 JAAC. 1951년 설립. 1953년부터 작품 공모 개시.

9·9기념 집단 제작 목록
1. 〈조선민보사 편집국의 모습〉—김창덕 작
2. 〈교육비와 선물을 받는 학생들〉—허훈 작
3. 〈내년에는 우리 학교에 들어간다〉(〈내년에는 우리 학교에〉로 추정)—표세종 작
4. 〈가지천(에다가와마치)의 동포들〉—김창락, 리인두 합작
5. 〈미국대사관에 항의하는 동포들〉—리철주 작
6. 〈강제 송환〉—한우영 작
7. 〈평화행진〉—백령 작
8. 〈생활학교의 모습〉—김희려, 리경훈 합작
9. 〈에피소드〉—전화황 작

⑯ 오림준, 「하나의 말」 (약 4,000자, 36-39쪽)
[개설] 박주열朴周烈의 편지를 읽으며 조국과 자신에 대해 생각한 글.
[요약] 조국에 돌아간 박주열 씨로부터 온 편지에 일본에 사는 조선인미술가들을 걱정하는 내용이 적혀 있다. 일본이라는 자본주의 사회에서는 '화가'라는 직업이 멸시와 탄압을 받는다. 그러나 조국의 예술가는 당과 정부가 힘닿는 대로 작품을 제작하도록 지도하고 있다. 조국이 없다면 나는 일본 부르주아 예술의 오수에 갇힌 '화가'가 되어버렸을 것이다.

⑰ 마쓰야 쓰토무, 「조선민주주의인민공화국 창건 10주년 경축미술전람회를 보고」 (약 1,800자, 40-42쪽 상단)
[개설] 1958년 조국 건국 10주년 기념전 비평.
[요약] 이치가야 체육관에서 열린 《9·9전》 작품에서 '작가들의 생활에 대한 탐구의 파토스(감정)이자 민중이 요구하는 것에 대한 공감의 절실함'을 느꼈다. 사실적인 수법으로 그려져 있다. 리인두, 리철주, 김창덕, 전화황, 백령, 한우영, 표세종, 김희려, 리경훈, 조량규의 작품을 봤다. "이 작가들은, 묘사회화라거나 자연주의 운운하며 가볍게 뱉는 교묘한 말에 쩔쩔매거나 넘어가지 않는 사람들이리라 생각한다." 사회주의 리얼리즘의 원리는 언젠가 예술가들 사이에서 압도적으로 다수의 것이 될 것이다.

⑱ 재일조선미술회 상임위원회, 「감사합니다」 (약 200자, 42쪽 하단)
[요약] 재료 구입비를 위한 후원금에 대한 인사
[개설] 재일본조선인총연합회의 중앙본부로부터 공화국 창건10주년 기념전람회에 출품하는 작품의 제작비로 23만 엔 지급. 4명의 개인이 한우영의 〈민족군상〉을 위해

2만 엔 원조.

⑲ 「편집 후기」 (약 850자, 45쪽)
[요약] 백령과 한우영이 집필한 편집 후기.
[개설] 백령 : 이번 호를 국문으로 발행하기 위해 애썼다. 논고를 보내준 리진규 씨에게 경의를 표한다. 《9·9전》에 비평을 써준 마쓰야, 마루키 씨에게도 감사를 표한다.
한우영 : 허 씨가 교통사고를 당해 표 씨가 학교에서 허 씨의 일을 대신하고 있다. 따라서 편집위원을 리철주, 오림준, 조량규, 백령, 한우영으로 재편성하였다.

⑳ 회원 주소록 (46쪽)
[개설] 35명의 회원 주소를 기재.

㉑ 광고 (47쪽, 권말)
[개설] 10건의 후원에 관한 인명, 혹은 회사명이 적혀 있다.

2-3. 내용의 특징

제6호는 3년간의 시간을 두고 편집, 발행되었다. 제5호 때와는 달리 책자로서의 체제를 갖춰 제본하였고, 《일본앙데팡당전》뿐만 아니라 《9·9전》의 보고와 오사카 지부의 활동 모습, 포스터 제작에 대한 제안을 담는 등 내용도 충실하다.

제6호에서 주목할 만한 내용은 세 가지다. 먼저 광고가 게재된 점이다. 제5호에서는 '신 고문'의 '협찬(기부)'만이 전해졌지만(후술하겠지만 제5호의 '신 고문'은 제7호에서도 광고를 낸 바 있는 신유철로 추정), 이번 호에서는 화방, 서점, 은행 등 10건의 후원 내용이 나란히 실려, 1959년 초에 재일조선인미술가를 응원하는 동포가 등장했다는 점을 알 수 있다.

또한 「조선미술가동맹에 보내는 편지」, 「오사카 지부의 단신」, 「하나의 말」 등을 통해 조선민주주의인민공화국과의 연결고리가 강해지고 있다는 것도 알 수 있다. 「정치와 미술」, 「예술에 있어서의 당성에 관한 레닌적 원칙」, 「거시적과 미시적」, 「회화에 있어서의 사실과 추상 문제에 대하여」 등 특집으로 명시되어 있지는 않지만, 정치성을 띤 미술 표현에 관한 글이 연이어 실림으로써 분명히 정치와 미술과의 관계가 창작에 중요한 테마로 공유되었음을 알 수 있다. 특히 재일조선인들은 냉전 체제가 깊어지는 배경 아래에서 일본 사회의 자본주의 체제와 공화국의 사회주의 체제 사이에 놓인 존재였다. 한편으로는 조선인이라는 민족적 주체를 부정하려 한 일본 사회의 상황과 다른 한편으로는 지원의 손을 내미는 공화국과의 관계가 강화되는 상황 속에서 조선인 미술가들이 정치사상과 창작 활동의 관계를 생각하는 것은 피할 수 없는 과제였다고 보인다.

나아가 이번 호가 한글 표기로 일관하고 있는 점에도 주목하고 싶다. 집필자는 1910년부터 1920년대에 태어난 사람이 대부분으로, 식민지로부터 해방된 1945년 무렵은 10대 중반에서 30대 중반까지의 나이였던 셈이다. 김희려가 회상한 것처럼 1930년대의 식민지 조선에서는 학교에서 조선어를 배울 수 없었다. 또한 집필자들 대부분은 식민지 시대에 일본에 건너갔기 때문에 언어를 습득할 시기에 그들의 생활을 둘러싼 언어가 일본어였다는 점은 상상하기 어렵지 않다. 일본에서 같은 고향의 조선인들과 어울려 지냈다고 하더라도 조선어 작문 능력을 기르기 위한 언어 교육 환경은 충분히 갖춰져 있지 않았을 것이다. 「편집 후기」를 보면 이번 호를 '국문(조선어)'으로 발행하기 위해 고생했다는 내용이 있다. 굳이 의식적으로 조선어로 집필, 편집하여 간행했던 것이다. 제6호의 간행 연도가 1959년인 점을 고려하면, 조선민주주주의인민공화국에서 조선학교에 대한 교육 지원을 1957년부터 시작하였고, 1958년부터는 귀국 운동이 본격적으로 시작되는 등, 재일조선인과 조선민주주의인민공화국과의 관계가 강화되면서 조선어 교육이 활발해진 영향이 있었던 점을 이유로 들 수 있겠다.

정리

지금까지 제5호와 제6호를 살펴보았다. 두 책은 1950년대 후반에 편집되었는데 이 시기는 한반도의 분단으로부터 10년이 지난 시점으로, 귀국 운동의 기운이 강해지고 공화국의 경제 성장 소식과 예술가의 활동 모습이 재일조선미술가들에게 전해지던 때였다. 제5호에서는 조선인미술가들이 쓴 《일본앙데팡당전》 비평에서 민족미술의 나아갈 바를 고민하고 있었음을 알 수 있다. 제6호에서는 정치와 표현과의 관계를 생각하면서 재일조선인미술가에게 민족미술의 창조, 즉 조국의 존재와 대중과의 관계에 대한 논의를 활발하게 이어갔던 모습도 파악할 수 있다.

지면을 보면 제1호부터 제3호는 신문과 같은 만듦새로 되어 있지만, 제5호와 제6호는 책자 형태가 되었고, 항목 하나하나의 분량도 충실하다. 특히 제6호는 제본을 하고 광고도 게재했다. 제1호와 제3호에서는 활동 내용의 보고가 주된 내용이라면, 제5호와 제6호에서는 비평과 논고가 추가되어 질적으로도 변화했다고 보아도 좋을 것이다.

특집의 유무를 살펴보면, 제5호가 《일본앙데팡당전》에 대해 특집을 꾸렸던 것과 비교하여 제6호에는 특집이 없다. 그러나 제6호에서는 '정치와 표현'이라는 테마를 주로 다루어 명확한 편집 의도가 있었던 것으로 보아도 좋다. 편집에 참여한 인원은 제5호에서는 한두 명 정도일 것으로 짐작된다. 한편 제6호에는 「편집위원」란에 적힌 것처럼 여러 명이 편집에 참여하였다. 활판 인쇄로 만들어졌기 때문에 작업이 늘어났을 가능성도 있어 조직적으로 편집 작업이 행해졌을 것으로 보인다.

발행 빈도에 주목하면, 제5호와 제6호 사이에 약 3년이라는 공백이 있다. 기록에 따르면 현재 남아 있지 않은 제4호가 1955년 발행이고, 제1호부터 제5호까지는 적어도 1년에 한 번씩 기관지를 발행해 왔다. 제5호와 제6호 사이에 이렇게 간격이 긴 이유는 문예동의 결성, 테마 제작에 대한 논의가 활발해진 상황, 조선어로 발행한 사정 등이 그 원인으로 판단된다. 제6호에 1년간(1958년)의 활동 기록이 적혀 있는 것으로 보아, 활동이 멈췄다기보다 현저한 변화가 있던 시기였으리라 추측한다.

제3장 1961년의 활동 기록

1. 제7호 해제 —조선민주주의인민공화국과의 연계와 자신감의 표현(fig.9)

1-1. 기본 정보

기본 정보는 85페이지에 게재된 서지 정보를 참고했다.

- 제목 : 『조선미술』 No. 7
- 특집 : 재일조선미술가 창작 (조국 논문)
- 부록 : 일문日文 제14회 일본앙데팡당전 평—마쓰야 쓰토무, 백령
- 발행처 : 재일본조선문학에술가동맹 미술부
- 발행 연도 : 1961년 5월
- 인쇄 : 1961년 4월 30일
- 발행 : 1961년 5월 15일
- 편집인 : 백령
- 발행인 : 한우영
- 인쇄소 : 조선신보사 도쿄도 신주쿠구 시나노마치 25
- 가로쓰기
- 크기 : A5
- 사용 언어 : 한글 및 일본어 (한글의 비율이 높다.)

1-2 기사 제목과 개설 및 요약

【표지】『조선미술』 No. 7

fig. 9 『조선미술』 제7호 표지

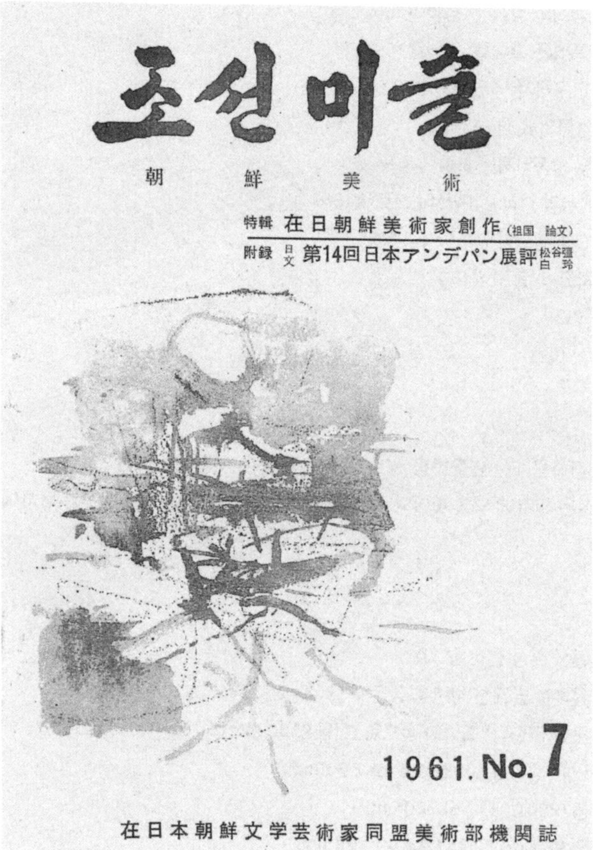

【목차】

【도판 목차】

*기호 P는 풍경화용, F는 인물화용, M은 해경(바다 풍경)용 캔버스 사이즈이며 밀리미터 환산은 필자에 의한 것이다. 작품 제목이 『화집』과 다를 경우에도 본 목차에 따라 표기했다.

선착장 (F10호=530×455mm)

표세종 … 학살 (F150호=2,273×1,818mm)

벽 (P20호=727×530mm)

박일대 … 궐기한 남조선의 인민 (변형200호=〈F〉라면 2,590×1,940mm?)

리필건 … 귀국(P120호=1,940 x1,120mm)

리철주 … 피로서 물들인 교복 (M150호=2,273×1,455mm)

정물 (M15호=652×455mm)

리경훈 … 조국의 환등 (F100호=1,620×1,300mm)

이국생활 (F50호=1,167×910mm)

오림준 … 불길 속으로 (F150호=2,273×1,818mm)

풍경 (F20호=727×606mm)

성리식 … 송가 (F100호=1,620×1,300mm)

판쥬-르 (F100호=1,620×1,300mm)

백령 … 소녀상 (P20호=727×530mm)

귀미貴美(백령의 딸 이름 – 옮긴이)의 상 (F6호=410×318mm)

한동휘 … 나카도메 조선인 부락 (F6호=410×318mm)

정물 (F10호=530×455mm)

바다 (F6호=455×380mm)

금정혜 … 군동群童 (F50호=1,167×910mm)

농가 (F60호=1,303×970mm)

권령일 … 잔설 (F20호=727×530mm)

김인순 … 수문水門 (F30호=910×727mm)

【페이지 없음】

13페이지에 걸쳐 도판이 게재되어 있다. 한 페이지당 1-2점씩, 한동휘의 작품 세 점은 한 페이지에 실렸다.

① 허남기, 「조선미술 제7호에 보내는 노래」 (약 250자, 29쪽)

[개설] 8연으로 된 축시.(fig.10)

② 「조선미술가동맹 유화 분과위원회로부터의 편지, 우리의 귀중한 재일조선미술가 동지들! (문예동 미술부에서 조국에 보낸 유화 작품에 대한 합평서)」 (약 5,600자, 30-35쪽 상단)

fig. 9 『조선미술』 제7호에 수록된 허남기의 축시

《조선 미술》 제7호에 보내는 노래

허 남 기

칼과 총이 무기인것 처럼
우리에겐 종이와 활자는 크나큰 무기다

종이는 화약처럼
귀창을 뚫는 소리를 안 내고

활자는 탄환처럼
그대의 가슴을 뚫고 심장에 아우성을 치며

박히지는 않지만 잡지는 말없이
지면을 펼친다
잡지는 말없이 면적을 넓힌다

《조선 미술》은 우리들의 전사다
《조선 미술》은 우리들의 공작원이다

이 기관지는
조국의 눈부신 미술 전선의 성과를 알리고
이 기관지는
그대와 나와의 사이
한 사람 한 사람의 맹원들의 심장을 칡 얽듯 얽어맨다
굳은 동지의 뉴대로써 단결시킨다

나의 심정과 그대의 심정이
이 좁은 면적에서
포옹을 나누며 악수를 나눈다

《조선 미술》 제 7 호.／
나는 그대에게
동 지적 축복을 보낸다.／

— 29 —

[개설] 재일조선미술가 작품에 대한 공화국 미술가의 합평 내용 (1960년 6월 3일)
[요약] 재일조선미술가들이 보내 온 유화의 합평회를 개최했다. 사회제도가 다른 일본의 곤란한 환경 속에서의 작업에 존경을 담아 축하를 보낸다. 재일조선미술가들이 보내온 작품에 우리는 기뻤다. 그 이유로는 1) 작품의 내용이 혁명적이며 전투적인 점 2) 사회주의 사실주의의 창작 방법을 지향하고 있는 점에서다. 표현 및 기법에 있어서는 개성적으로 그린 점이 기쁘다. 인민의 생활이 다양한 것처럼 기법도 다양해야만 한다.
합평회에서 논의된 기본적인 문제점은 1) 내용과 형식의 변증법적 통일의 문제 2) 전형적인 환경 속에서 성격을 창조하는 문제, 인물 표현이 불충분한 점 3) 민족적 특성의 표현.
현재, 공화국의 미술가들은 당의 역사, 당의 정책을 연구하여 노동자 계급의 영웅적 투쟁이 전개된 현실을 경험하고, "생활하고 숨 쉬는 현실의 진실을 형상화하는 작업에 솔선하여 참가"하고 있다. 동시에 "고전 미술가들의 생활과 작품을 다각적으로 연구하면서" 창조적으로 발전시키는 사업을 활발하게 전개하고 있다.
현재 공화국의 미술가들은 8·15 광복 15주년을 기념하는 국가미술전람회를 위해 작업하고 있다. 테마는 1) 1930년대의 항일투쟁 2) 조국 해방 전쟁(6·25 전쟁) 3) 전후 복구 건설 4) 천리마 대진군 5) 이승만에 반대하는 남조선의 투쟁 등이다. 재일조선미술가의 작품도 이 전시회에 출품되면 좋겠다. 새로운 작품을 기대한다.

③「귀국 예정자」(35쪽 중간)
[개설] 류창조(66번째 배로 귀국), 권령일(68번째 배로 귀국), 한우영은 9월에 귀국 예정.

④「프로필 김창덕」(약 300자, 35쪽 하단)
[개설] 제5호에서도 게재되었던 회원소개란이 다시 수록되었다. 마지막에 (오)라고 적힌 것으로 보아 오림준이 집필한 것으로 추정된다. 그가 미술비평의 대상으로 삼았다는 'K씨'는 특정하기 어렵다.
[인용] 의견 차이가 있어도 절대 목소리를 높이지 않고 자기 작품에 대하여서도 이렇다는 설명을 붙이지 않고 … 유유하는 태도야말로 깨끗한 그의 필치와 넓은 마음처럼, 민단에 속한 화가들과의 통일 사업에 있어서도 성의 있는 노력으로 호감을 받고 있다.
바로 그러한 이유로 최근에는 자주 쓰지 않고 있던 〈미술평〉까지 스스로 쓰기 시작했던 바, 그 대상자가 K씨였다는 사실은 기억에 생생하다. (오)

⑤ 조인규, 「조국과 생활에 바친 감동적인 화폭」

[개설] 재일조선미술가의 작품을 본 공화국 화가(조선미술가동맹 평론 분과위원장)의 글.

[요약] 재일조선미술가의 작품을 볼 때마다 감동하는 것은 작품군이 조국에 대한 동경과 애정으로 가득차 있기 때문이다. 일본을 포함한 자본주의 나라에서는 소위 '예술의 자립성'이나 '전위화가'가 보폭을 넓히고 있다. 일본에서 화단으로의 진출을 꾀하고, 생활을 위협하는 세력과 싸워야 한다.

한우영의 〈부흥찬가〉, 〈민족군상〉, 〈강제송환을 반대한다〉, 김희려와 리경훈의 합작 〈성인 학교〉, 〈성인 학교에 나가는 어머니들〉, 조량규의 〈가난한 생활〉, 표세종의 〈내년에는 우리 학교에〉, 허훈의 〈조국의 벗으로부터의 편지와 선물〉, 리경조의 〈풍경〉 등이 공감을 얻었다.

이번 20여 점의 작품을 통해 재일조선미술가들이 "당의 정확한 문예노선에 의거하면서 조형예술 분야에 있어서의 사회주의적 사실주의"를 내세우며 투쟁하고 있다는 사실을 자랑스럽게 생각한다. 귀국의 길이 개척된 지금, 조국의 화랑을 장식해 줄 것을 의심하지 않는다.

⑥ 한우영, 「활동 보고 ― 8·15 조선 해방 15주년 기념 미술전의 성과, 조선적십자회 대표단 환영미술전 보고」 (약 3,600자, 40-43쪽)

[개설] 니가타에서 개최된 《조선적십자회 대표단 환영미술전》에 대한 글.

[요약] 《8·15 기념 미술전》은 조국과 총련의 따뜻한 지원을 받아 성공적으로 끝났다. 전시 준비를 시작한 것은 귀국선이 출항하기 시작했을 때이며, 남조선의 인민봉기(4·19 혁명)가 일어났을 때이다. 이런 시기에 개최되었기 때문에 ① 귀국 ② 인민봉기, 이 두 가지를 테마로 한 작품이 많았다. 장소는 도쿄도 신주쿠구 센다가야 국립경기장 미술관으로, 8월 15일부터 3일간 진행되었다. 동포에게 현재 가장 관심 있는 내용이었으므로 동포와 일본인들을 감동케 했다. 사회적인 문제를 다루는 미술은, 전위미술과 20세기적 미술이 횡행하는 일본에서는 저속한 것으로 여겨지는 상황에서 간단한 일이 아니다.

이런 가운데 단시간에 사실적 그림을 그릴 수 있는 것은 미술가들의 조국에 대한 강한 열정과 조국이 요구하는 사실주의 예술에 대한 지향성이 높다는 증거다. 조국에서 보내오는 미술 잡지 『조선미술』의 격려를 받아 제작할 수 있었다. 테마 작품은 총련과 동포 유지가 보내온 원조금에 의한 것이다.

작품은 유화 53점, 포스터 9점, 만화 3점, 조각 1점(합계 67점)으로 33명이 출품했다. 테마 작품 중 귀국이 주제인 것은 7점, 4월 남조선의 인민봉기를 주제로 한 것은 8점이었다. 그 외는 동포의 생활을 그린 작품이며, 모두 사실적인 묘법으로 그렸다. 또한 장려상이 5명에게 주어졌다. 전시회장에서 합평회가 개최되었다. 주요 내용은 다음 세 가지다. ① 조국과 생활을 재일조선미술가가 그릴 때, 사실주의 이외의 방법은 없다. ② 지향성이 있는 것은 좋지만, 그것을 예술로 형상화하기 위해서는 노력이 필요하다. ③ 사실이라는 유기적 통일성 속에서 서로 경쟁하면서 성장할 것이다.

⑦ 한우영, 「《조선적십자회 대표단 환영미술전》」(약 1,000자, 43-44쪽)
[개설] 윗글에 이어 《조선적십자회 대표단 환영미술전》에 관한 사항을 정리한 글.
[요약] 조선적십자회 대표단을 환영하고 조일친선의 촉진을 목적으로 9월 1일 니가타공회당에서 미술전을 조직했다. 지난 《8·15 기념 미술전》에 출품한 작품 중 30점을 전시했다. 대표단의 단장인 리일경 씨의 지적은 미술부 부원들에게 깊은 감동을 주었다. 평가 내용으로는 일본에서 투쟁하는 모습은 보이지만, 표현 면에서는 실제 체험이 부족하다는 지적이 있었다. 조국의 미술가들에 관해 설명한 후, 재일조선인미술가들이 빨리 귀국하기를 바란다고 전했다.

⑧ 박일대, 「동해東海 지부 미술부 활동 보고」(약 900자, 45쪽)
[개설] 나고야에서 개최된 《해방 15주년 기념 미술전》을 보고하는 글.
[요약] 1959년의 《8·15전》(3인전)의 출품자였던 윤도영이 첫 번째 배로 귀국한 일이 아직 기억에 새롭다. 지난해(1960년)에는 《8·15전》으로 나고야 사카에마치의 지하 화랑에서 《동해 지부 미술전》을 개최했다.
전시 작품 : 리필건 〈돌아간다〉(120호), 박일대 〈궐기한 남조선 인민〉(200호) 및 소품 6점, 김영자 〈어머니와 옥순이〉, 〈기쁨의 날〉, 손병문 포스터 〈사회주의 건설〉, 〈천리마 운동〉(도쿄 중앙미술전에서 장려상) 등 6점, 최성술(제34선船으로 귀국)의 정치만화 5점.
회원이 4명 늘었다. 앞으로도 올바른 길을 추구하기 위해 노력을 아끼지 않을 결심.

⑨ 허훈, 「활동 보고—귀국 실현 1주년 조일 양국의 문화 교류 촉진 조·일 친선 미술전을 마치고」(약 4,000자, 45-49쪽)
[개설] 1960년 9월 30일에 개최된 《조·일 친선 미술전》에 대한 상세.
[요약] 작년도의 세 가지 큰 성과(《해방 15주년 기념전》, 오사카의 《9·9전》, 《니가타전》)에 더해, 일본의 대중에게도 사회주의 사실주의를 전하고 평화를 바라는 일본인과의 우호를 강화하기 위해 《조·일 친선 미술전》을 계획했다. 또한 《일본앙데팡당전》에도 출품했다. 이로써 귀국 실현에 협력을 얻을 수 있었다.

다음 세 단체의 공동 주최로 전시회가 성대하게 개최되었다.

- 조일협회 다카사키, 마에바시 지부
- 군마 앙데팡당 협의회
- 문예동 미술부

개최된 전람회는 다음과 같다.

- 날짜 : 9월 30일-10월 3일
- 장소 : 제1회장 마에바시 교육회관(전문가 작품)
  제2회장 다카사키 진치쿠린珍竹林 화랑(도쿄조선고등학교 미술부 작품)
  제3회장 다카사키 가쿠분칸学分館 화랑(일본고교 학생 작품)

이 전시회는 공공 단체로부터 지원받았다. 총련 군마현 본부, 다카사키 및 마에바시 지부, 군마현 교육위원회, 다카사키시, 마에바시시, 군마 지평 마에바시, 다카사키 지협, 군마현 고교 교직원 조합, 군마현 미술과연맹, 군마현 미술협회 등이 후원했다. 또 이번 전시회 기간 중에는 '귀국 협정' 무수정 연장[10]을 요구하는 서명을 받았고, 관람객들로부터 투서도 받았다. 이는 '아시아 여러 민족의 우호친선과 세계평화의 확립을 지향하는 조일 양국의 공통된 염원에서 나온 것'이다. 일본의 심미주의와 보수주의, 추상주의와 앵포르멜의 틀 안에 있는 일본인 미술가들에게도 영향을 줄 수 있었다. 우리는 동포의 삶에서 배우면서 극복해야 한다. 또한 제2회장의 도쿄 조선고교 학생들의 작품에서 후배들의 가능성을 느꼈다.

공화국으로의 귀국이 실현된 지금, 일조 우호를 위해서 싸우자.

⑩ 오림준, 「활동 보고—전진하는 조·일 미술인들의 우호」(약 3,800자, 50-53쪽)
[개설] 가나가와현 가와사키시에서 개최된 《조 · 일 우호 친선 미술전》에 대한 상세한 보고.
[요약] 조·일 미술가들의 《우호 친선 미술전》에 대해. 1960년 4월 가와사키역 화랑에서 《귀국 축하 조·일 우호 친선 미술전》을 개최했다. 일본인 11명, 조선인 3명으로 '조·일 우호 미술전 실행위원회'가 조직되었다. 일본인 미술가들과 함께 조선인 집단 거주지를 방문해 그 감동을 그림에 옮긴 것은 의의가 있다. 이것이 첫 《우호 친선 미술전》인데, 총련으로부터의 원조가 있었고 신문 보도 등 언론에서도 적극적인 응원

10 협정의 정식 제목은 「일본적십자사와 조선민주주의인민공화국 적십자회 간의 재일조선인의 귀환에 관한 협정」이다. 귀국 협정은 1960년 12월을 기점으로 만료 예정이었지만 귀국 희망자가 끊이지 않았기 때문에 협정을 연장해달라고 요구했다(朴正鎭, 『日朝冷戦構造の誕生 1945-1965—封印された外交史』(平凡社, 2012) pp. 343-344).

이 있었다. 이번에는 3월에 제2회를 개최할 예정이다. 참가자는 다음과 같다. 가와무라 노부오, 마쓰시마 이치로, 마쓰시마 미노루, 기타오카 가즈히코, 마키 도시야스, 미즈노 후미오, 호리 마사미치, 마쓰나가 고지로, 가자마 로쿠로, 마쓰다 요시오(이름의 발음은 추정), 시미즈 마사오, 나카야마 단가(이름의 발음은 추정), 이부키 에이지, 아베 간, 스야마 게이치, 오노 다다시게, 마루키 도시(도시코), 마루키 이리 외 일전(일본미술전람회)[11] 계통의 심사원 및 공화국에 작품을 보내겠다고 나선 사람도 있다. 화랑을 찾는 것에 골치를 앓았지만, 양심적인 일본인 정치가들 덕분에 좋은 장소를 얻었다.
최근에는 '조·일 우호 스케치회'를 개최했다. 지난해 나카도메 부락을 방문한 것을 바탕으로 올해도 고려하고 있다.
올해 회원이 30명이 되었다. 미술에 대해서는 잘 모른다고 말하면서도 우리 활동의 중요성을 인정하고 금전적인 원조를 해주는 일본인도 있다. 조국이 있다는 자신감을 가지고 활동을 해나가자.

⑪「화집 편찬을 계획 중」(약 80자, 53쪽 하단)
[개설] 해방 후 16년간의 재일조선미술가의 활동을 정리한 화집 편찬을 예정하고 있다. 컬러 게재도 생각하고 있기 때문에, 재정 해결을 위해 분주하다는 내용.

⑫ 김창덕,「훌륭한 성과—8·15 해방 15주년 기념 미술전을 보면서」(약 800자, 54쪽)
[개설] 1년 전 8월의 전시회에 대한 김창덕의 글.
[요약] 1960년에 조국 해방 15주년의 전람회를 개최했다. 그때 귀국사업과 남조선의 인민투쟁은 우리의 창작 의욕을 자극했다. 총련과 한석희 씨의 원조 덕분에 순조로웠다. 작품 한 점 한 점에 대한 비평은 다른 사람에게 맡기자. 이 활동에 참가하지 못한 사람들도 발표와 연구를 함께 진행하여 조국의 문화발전에 기여해 주기를 바란다.

⑬ 김희려,「우리 미술 전람회와 창작—오사카 미술 전람회 보고 속에서」(약 4,000자, 55쪽)
[개설] 1960년 9월 12일부터 19일까지 개최된 문예동 미술부 오사카지부 미술전에 대하여.

---

11 일본미술전람회가 공식 명칭이며, 1907년부터 시작된 정부 주최의 관설공모전(관전)을 이어받은 전시회이다. 1958년부터는 공익사단법인으로 민영화되었지만 일반적으로 보수적인 경향의 화가들이 중심이 되었다.

[요약] 1960년 9월 12일부터 1주일 동안 문예동 오사카 지부는 미술 전시를 개최했다. 해방 후 행보의 총괄이기도 했다. 오사카 부원의 작품 20점과 도쿄에서 보내온 테마 제작 5점(8·15 기념 전시 출품작)이 전시되었다. 오사카 전시에서도 테마는 귀국사업과 남조선의 투쟁이었다. 이 전시를 통해 일본인 미술가나 애호가와도 연계할 수 있게 되었다. 사회주의 사실주의, 조국의 문화, 사회제도 및 문화정책에 대해서도 의견을 교환했다.
일부에서는 사회주의 사실주의는 전쟁기 일본의 종군 화가와 같다는 의견이 있다. 또, 사실주의는 전부 '아카데미즘'이라고 말하면서 시대에 뒤처진 표현이라고 생각하는 사람이 있다. 그러나 추상, 비구상, 신구상, 앵포르멜, 비형상 등의 형식주의가 더 위험하다. 이런 일본의 상황에서 활동을 계속하는 것은 어렵다. 우리의 대열에서 떠난다고 하더라도 조선의 평화통일과 연결 지어 생각하자. 사회주의 사실주의의 이념을 우리의 작품에 도입하자.

⑭ 허훈, 「교육 미술 평론 공동연구와 폭넓은 교류를—제1회 한국 아동미술전람회를 보고」(약 4,000자, 61쪽)
[개설] 《한국 아동미술전람회》를 관람한 소감. 1960년 12월 3일자 『조선신보』에 게재되었다고 적혀 있다.
[요약] 지난해 말 제1회 《한국 아동미술전람회》를 관람했다. 모두 하나의 조선 민족의 귀여운 봉오리라고 생각했다. 문제점은 다음의 세 가지이다. ① 표현이 연령에 맞지 않고, 심지어 학교나 개인에 따라 그 차이가 크다. ② 사물의 묘사에 깊이가 없다. ③ 과학적 체계성이 부족하고 교재의 선택도 질서가 없다.
아이들과 교류를 갖고 조국이 평화통일하는 날을 앞당기고 싶다. 지금까지 아동들에게 눈을 돌릴 수 없었던 자신의 편협성을 반성하고, 한국학원의 교직원과도 교류하고 싶다.

⑮ 한우영, 「벽화 기법을 연구하자」(약 700자, 62쪽)
[개설] 공화국에서 시도되고 있는 벽화에 대한 글.
[요약] 현재 조국에서는 벽화, 장식화를 발전시키기 위해 벽화 창작 수단을 구성할 예정이다. 지금까지 조국에서는 타블로화가 주류였지만, 공산주의를 목표로 하는 과정에서 대벽화나 대기념비적 조각, 가두나 산책로에 설치되는 장식이나 조각이 요구되고 있다. 프레스코나 모자이크 등의 연구는 각별한 의의를 가진다. 소련에서는 1957년에 프레스코, 모자이크를 발전시키자는 안건이 결정되었다. 이에 대한 참고 자료를 가지고 귀국하는 것이 바람직하다.

⑯「귀국한 미술가들의 소식」(약 700자, 63쪽)

[개설] 일본에서 공화국으로 귀국한 미술가의 소식에 대한 글.

[요약] 지금까지 10여 명이 귀국했다. 평양미술대학에는 17명이 입학했다. 맹원이었던 윤도영, 연정석, 김한도 외에 귀국 후 미대 입학자는 김승희, 리상두, 로충현, 최옥순(로충현의 아내) 등. 1960년 가을에는 리인두, 조량규가 귀국.

⑰「문예동 미술부 활동일지」(약 2,000자, 64-65쪽)

[개설] 1959년 6월 문예동 결성 후 1961년 3월까지의 활동이 시간 순으로 정리되어 있다.

[인용] (1959년 6월 문예동 결성 이후 1961년 3월까지)

- 1959년 9월 9일-10일《공화국 창건 11주년 기념 미술전》(중앙) 도쿄도 센다가야 국립경기장 미술관. 참가 미술가 30명, 출품—유화, 소품을 중심으로 104점.
- 1960년 4월 19일-28일《일조 우호 미술전》(가나가와 지부) 가와사키역 빌딩 화랑에서. 작품—우리 측 3명 5점, 일본 측 19명 17점.
- 1960년 8월 15일-18일《8·15 조선 해방 15주년 기념 미술전》(중앙). 도쿄도 국립경기장 미술관에서. 미술가 33명. 작품 - 테마작, 유화 대작 15점을 중심으로 조각, 포스터 등 67점.
- 1960년 8월 6일-12일《8·15 기념 미술전》(동해 지부) 나고야시 사카에마치 지하화랑에서. 참가자는 동해 지부 맹원 6명. 작품—유화, 포스터, 만화 등 16점.
- 1960년 9월 1일《조선적십자회 대표단 환영미술전》니가타공회당에서. 작품—《8·15 미술전》에 출품된 작품에서 대표적인 작품 30점을 전시하였다.
- 1960년 9월 12일-18일《8·15 기념 미술전》,《9·9 기념 미술전》. 오사카 우메다의 오사카 화랑에서. 작품—오사카 지부 맹원의 작품을 중심으로 도쿄에서 보낸 작품 5점을 합쳐 26점.
- 1960년 9월 30일-10월 2일《조일 친선 미술전》(중앙) 군마현 마에바시교육회관, 다카사키 진치쿠린 화랑, 다카사키 가쿠분칸 화랑에서 참가. 우리 측—미술부 작품 60점과 우리 학교 고교생 작품 61점, 합계 121점, 일본 측—43점과 학생 18점 합계 61점.
- 1961년 2월 18일-3월 2일《일본앙데팡당전》도쿄도 우에노미술관에서 작년《8·15 기념 미술전》을 기점으로 한 일련의 지방《순회전》의 최종점으로 이 전람회에 25점이 참가하였다.《순회전》을 할 때마다 큰 성과를 올려온 우리 작품들은 더욱 가필 완성되어 우에노미술관의 정상적인 조명 조건으로 진열되어 일본 미술가

들과 도쿄 시민들에게 대한 감명을 주었다.

- 1960년 그룹 미술전, 개인전, 일본 공모 미술전 출품 — 1960년 6월에 오사카화랑에서 송영옥, 김희려, 리경훈의 《3인전》 개최. 1960년 6월에 도쿄 긴자화랑에서 성리식 개인전 개최. 이외에 미술전에 출품하였다.
- 1959년 11월 9일-14일 금일의 조선전 협력 — 조일협회 주최로 개최된 시바공회당에 조국에서 보내온 작품전에 8명이 참가하여 협력하였다.
- 1959년 11월 — 김일성 원수의 석고 흉상 복제 배포 사업.
- 한우영 작 김원수 석고상을 복제하면서 현재까지 50개가 총련 각급 기관과 우리학교에 배포되었다. 앞으로도 계속 배포한다.
- 1959년 6월 현재, 포스터 제작. 도쿄에서만도 40여 점이 제작되었다.
- 1959년 6월 현재, 삽화, 만화. 주로 『조선신보』, 기타 우리 신문 잡지와 우리 학교 교과서에 게재되었다.
- 1959년 6월 — 무대 장치 총련 각급 대회와 문화제 무대 장치에 참가. 중앙예술단 무대 장치는 리찬강 동무가 전적으로 책임지고 있다.
- 1960년 4월 — 조선대학 조국 연구실의 장식 협력, 김일성 원수에 지도된 항일 혁명군의 역사화에 유화 복제를 7점 제작하였다.
- 1960년 1월 — 사생 여행

  1) 귀국선 사생 여행(1960년 1월 27일-30일)

  2) 후토미太海 해안 사생 여행(1960년 5월 14일-15일)

  3) 누마즈沼津 해안 사생 여행(1960년 11월 5일-6일)
- 1959년 6월 — 평론 사업

  미술 평론이 우리 신문과 일본 신문에 게재되고 허훈, 표세종 동무들에 의한 미술 교과서가 편집되었다.
- 1960년 12월 — 민단 계통의 미술가들과의 합동 전람회 사업

  1960년 12월 22일에 처음으로 민단계 미술가들과 합동 송년회를 열었다. 이것을 계기로 현재까지 여러 번의 회합을 통해 조국의 평화적 통일 촉진을 위해 상호 간의 친목과 이해를 깊게 하고, 오는 5월 1일부터 긴자 마쓰무라화랑에서 같이 미술전을 가질 것을 합의 결정하고 현재 이 사업을 추진 중에 있다.

⑱ 마쓰야 쓰토무, 「앙데팡당전에서의 각서 — 재일조선미술의 작품에 대하여」(약 4,500자, 66-70쪽)

[개설] 제14회 《일본앙데팡당전》에 전시된 재일조선미술가의 작품에 대한 비평.

⑲「프로필 한우영」(약 80자, 69쪽)
[인용]
유화도 잘 그리고, 조각도 호평을 받고 이것만으로 만족하지 못하겠다고 하여 이제는 벽화 기법을 연구하고… 다양하고도 세밀한 열정. 지금 김일성 원수의 전신상을 제작하기 위해 매일 같이 대분투 중. 미술부장의 중책을 맡아 이러저러하게 머리를 쓰는 사무 문제도, 제작에서처럼 선두에 나서 수행하니 감사 또 감사의 소리가 여기저기에서 들리는 동무의 앞길에 영광이! (O)

⑳「프로필 리철주」(약 80자, 70쪽)
[인용]
참 소박하고 겸손한 선배. 언제나 미소 또 미소… 그러나 썩어빠진 자본주의 사회와 예술 문제에 격분할 때 그의 논지에는 생생한 청춘의 열정이 빛난다. 그가 항상 말하기로 "1개월 아니 3개월 딱 이젤을 금강산 어느 곳에 세우고 생활 걱정 없이 마음대로 자유롭게 활기 발랄하게 그려 내는 시간이 있다면…" 철주 씨! 당신의 마음은 지금 조국의 산천도 잘 알고 있을 것입니다. (O)

㉑ 백령,「평론 과제와 창작—제14회 일본앙데팡당전 평」(약 11,000자, 71-79쪽)
[개설] 제14회《일본앙데팡당전》에 출품한 조선인미술가의 작품에 대해 일본인 미술가들의 작품과 비교하며 특징을 서술했다.
[요약] 일본의 진보적 미술가 그룹전인《일본앙데팡당전》에 재일조선인미술가가 참가하기 시작한 지 10년 가까이 지났다. 1960년이라는 세계사적으로도 의미 있는 해에, 일본인 미술가들은 "과거의 악몽을 다시 반복하지 않을 것이므로", "정치와 미술의 문제에, 조직적으로 임했다", "1960년 투쟁에 의한 과제 제작 앞에서 거부반응을 일으키는 경향도 있지만, 순수해야 한다는 입장이 '결국은 체제의 함정에 빠지고 말았다.'
일본인 미술가와 재일조선인미술가에 대해 쓰고 싶다. 조국의 체제가 다르다는 점도 있지만, 그보다도 '진보적인 사상의 미술가들의 모임'이다.
이와 같은 때에 '과제 제작'의 문제가 대두되었다.
과제 제작에 대해 재일조선인미술가 내부에서는 1958년에 논의가 있었다. 지금의 일본인 미술가와 같은 의견, 즉 '미술가는 정치적 과제에 종속되어서는 안 된다'는 의견이 나왔다. 재일조선인미술가는 귀국이라는 세기적인 과제 앞에서, 일본인 미술가는 안보 반대의 체험을 앞에 두고 과제 설정이 요구된다. 이러한 복잡한 배경이 있기에, 우리의 눈앞에 작품군이 나타났다.
이번 일본인 미술가의 작품은 구상이 1:2 혹은 1:3의 비율이다. "반사실 정신의 견고

함이 강도가 높아지고 있는데 이는 어디에서 태어나 무엇에 의해 지지받고 있는 것일까?" 대중과 대화하는 것을 잊은 채, 해외의 화단에 표현과 양식을 종속시키는 것이다. 대중에게 메시지를 전달할 수 없으면 더 이상의 의미가 없다. 사실만을 인정한다는 얘기가 아니다. 그러나 "회화가 가지는 전달성을 생각해보면, 감각이라든지 조형이라든지 순수한 척하는 말이 우습게 느껴지는 것이다." "일본의 언론 공세에 기죽지 않고 진실한 회화 정신과 제작을 추진해 주었으면 한다."

재일조선인미술가들은 토론 끝에 사회주의 리얼리즘의 방향으로 향했다. 이는 테마제작에 도전했기 때문이다. "미술가가 대중과 대화하는 경우에 작품 이외의 방법은 없다." 공통언어를 부정해서는 안 된다. '귀국'과 '남조선의 구국투쟁'이 테마의 중심이었다. 과제제작에 불안이나 어려움은 없어진 것 같다. 작년 《해방기념전》과 비교하면 일본인 화가와의 차이가 역력해졌다. 일본의 저널리즘, 상업적 비평가들로부터 무시당할 것이라는 예상은 맞았다. 재일조선인미술가는 대중으로부터의 괴리와 같은 '비극적인 착오'로부터 벗어났다.[12]

㉒ 「8·15명절에 또다시 합동으로 연립전을 가지자!」 (약 80자, 79쪽)
[개설] 《연립전》을 다시 한번 개최하자고 격려하는 글.

---

12 이 글에서 백령이 예로 들고 있는 작품은 다음과 같다(일본인 화가의 이름은 한자로 표기).
일본인 미술가 : 白水興承 〈폭력〉, 金子真珠郎 〈환상추상〉, 貞広英明 〈싸움의 기록〉, 森田信夫 〈벽〉, 尾藤豊 〈말의 죽음에 대해〉, 中村宏 〈장소의 예감〉, 植竹邦良 〈죽지 않은 자의 성〉, 桂川寛 〈민주주의를 지켜라〉, 吉田利次 〈三池闘争〉, 新海覚雄 〈투쟁(미완성)〉 〈인재〉, 〈스트론튬 공포〉, 井上長三郎 〈6월〉, 〈シュプレヒコール〉, 桑原宏 〈전차운전수와 환호를 나누는 데모대(스케치)〉, 小林喜久子 〈1960년 6월〉, 鶴丸昭彦 〈청년의 벽〉, 松尾隆史 〈연인〉, 〈농민의 수영〉, 小倉正夫 〈1960년 6월 19일〉, 丸木俊子 〈천 마리 종이학〉, 三浦啓 〈붉은 깃발〉, 根岸君夫 〈싸우는 동지〉, 栄永大治良 〈동지의 죽음〉, 岡本実 〈태풍기〉, 杉本博 〈어느 날 어딘가에서〉, 竹内完 〈長者の外出〉, 山野卓 〈죽은 자와 경찰〉, 森本仁平 〈가드 아래〉, 森秀男 〈모자〉, 丸木位里 〈금강산 구룡폭포〉, 菊池養之助 〈말〉, 中西康郎 〈부락〉, 岡本唐貴 〈채석장〉, 薗田猛 〈죽은 산〉, 山崎外郷 〈어두운 회상〉, 桜井誠 〈자동차 통근자〉, 金野新一 〈줄을 당기다〉.
조선인 미술가 : 허훈 〈민족군상 '가련다 조국의 품 안에로'〉, 김창덕 〈재일조선인의 생활〉, 김희려 〈귀국 환송〉, 표세종 〈학살〉, 한우영 〈궐기하는 남조선의 청년 학생들〉, 리철주 〈피로 물들인 교복〉, 박일대 〈궐기하는 남조선의 인민〉, 오림준 〈불꽃 속〉, 리경수 〈조국의 환등〉, 허정강許静江(허훈과 결혼한 일본인 여성 화가 이마노 시즈에今野静江, 이후 금정혜로 개명—옮긴이) 〈농가〉, 김인순 〈수문〉, 이배 〈바다를 찾는다〉, 권령일 〈설경〉, 리경조 〈정물〉, 오일 〈고향의 어머니〉 등.

[인용] 5월 1일-5일에 가진 민단 계통 미술 단체와의 연립미술전은 조국의 평화 통일을 위한 민족 단합 사업을 일보 전진시키는 데 크나큰 의의를 가지었다.
이미 4월 18일에 가진 《조국평화통일 남북문화교류 촉진 문화제》에서 3·1절, 8·15 같은 거족적 명절을 공동으로 기념할 것이 호소된 바와 같이 얼마 없이 돌아오는 8·15 16주년에는 또다시 합동으로 미술전을 가지어 8·15를 공동으로 경축하며 민족 단합 사업을 더욱 앞으로 전진시키자!

㉓ 백엽 동인 홍구성, 「조국평화통일 문화교류촉진 연립전을 마치고」 (약 1,200자, 80쪽)
[개설] 《연립전》에 참가한 홍구성의 글.
[요약] 해방되었을 때는 모두가 환희의 눈물을 흘렸는데, 어쨌든 "너는 북쪽에, 나는 남쪽으로"와 같은 식이 되어버렸다. 지난 4월 18일, 문화제 및 《연립전》의 개최에 대해서 모두가 노력을 아끼지 않았다. 이런 행사를 왜 15년 동안이나 개최할 수 없었는가 하는 문제다. 그러나 민단 쪽에서는 참가를 선호하지 않는 자가 있다. 우리가 살아가기 위해서는 "마魔와 같은 38도선을 우리의 힘만으로 없애야만 한다." 조국을 문화국가로 만들기 위해 전력을 다할 것이라고 한다. 지금부터라도 일체가 되어 다시 생각하자.

㉔ 「조국평화통일 남북문화교류촉진 연립전 인사문」 (약 500자, 81쪽)
[개설] 1961년 4월에 개최된 《연립전》의 '인사문' 전체가 기재됐다.

㉕ 소식 (약 1,300자, 82쪽)
[인용]
표세종: 부인이 어린이들을 데리고 귀국한 지 벌써 1년 2개월. 만날 때마다 우리들은 그의 '상부련'(부인의 안부 – 옮긴이)을 들어야 할 입장. 귀중한 미술교육이란 중책이 있으니 어떻게 할 수가 있느냐? 그 검은 머리털이 점점 희게 되어 가는 것을 볼 때마다 우리들의 걱정…
한동휘: 작년 말 차남이 출생. 기뻐서 견딜 수 없는 모습. 축하는 지금도 받고 있습니다.
오림준: 오는 7월에 요코하마 바샤미치 화랑에서 소묘전을 가질 예정. 그 종소리와 같은 고요한 목소리로 문예동 가나가와 지부 사업에 힘쓰고 있음.
김창덕: 전람회 시기 창작과 부 활동에 매우 바쁘신 이 때도 방요한 안색은 예전과 불변. 귀국하기 전에 집을 팔아야 할 것인데...하여 철학적 고찰… "팔게 되면 동무들과 한 잔 합시다!"
한우영: 금년 7-8월에 귀국 예정인 바, 부 사업이 다양한 각도로 진행되고 있는 일경에 귀국 준비도 늦어지는 모양. 수고하십니다.

리철주: 유행 인플루엔자에 걸려 고민 중이나 세밀한 정물화 제작에 열중하고 있습니다.
금정혜: "누구냐?" 모르는 것이 사실. 허훈 동지 부인인 이마노 시즈에今野静江 여사. 공화국 공민답게 국어도 배우고 성도 바꾸어야 할 것이라 해서 '今'과 '許'를 더하여 '琴静恵'가 좋겠다고 창씨 개명하였습니다. 많은 사랑을 바랍니다.
허훈: 장남이 올해부터 도쿄 제3초급학교에 입학한 것이 기뻐서(아들바보?) 매일 P·R(자랑)이 일.
성리식: 총각대 대장? 좋은 처녀가 있으면 월하빙인月下氷人을 부탁한다고 하니 그 심정을 이해하고 찾기 해야 할 것인데...
☆ 채준 · 전철 만화집 출판(학우서방) 6월 중.
☆ 전철 작 『똘똘이』 출판(학우서방) 6월 중.

㉖「편집 후기」(약 1,300자, 83쪽)
[개설] 편집 후기에 한 페이지를 할애하고 있다. ◎를 붙여 개조식으로 정리했다. 마지막에 (白)이라고 적은 것으로 보아 백령이 담당한 것으로 보인다.
[요약]
◎ 재일조선미술회가 발전적으로 개조해, 문예동 미술부로 새롭게 출발했다. 총련의 따뜻한 원조가 바탕이 됐다.
◎ 이 호를 '제7호'로 한 것에 다른 뜻은 없다. 우리의 연륜을 보여주는 것이다.
◎ 연립전과 8·15전을 앞두고 있다.
◎ 이 호가 나올 무렵에는 가나가와 조일 우호 미술전과 연립전이 개최 중일 것이다.
◎ 이 호의 인쇄를 위해 경제적으로 도와주신 분들께, 그리고 마쓰야 쓰토무 씨께 감사드립니다.
◎ 편집은 한우영, 허훈이 수고해 주었습니다.
◎ 4월이나 5월에 나올 예정이었지만 늦어졌습니다. 연립전과 문예동 제2회 대회도 끝났고, 8·15전 준비를 급히 시작하는 시기이므로 그 내용도 게재했습니다.

㉗「맹원 주소록」(84-85쪽)
[개설] 다음 39명의 주소가 기록되어 있다.
한우영, 허훈, 김창덕, 리철주, 백령, 표세종, 오림준, 한동휘, 성리식, 오병학, 리찬강, 안춘식, 류창조, 권령일, 殷悠理奥, 김한문, 손용순, 문삼봉, 전철, 채준, 안천룡, 고삼권, 하상철, 리경조李耕助, 강영세, 김희려, 리경훈, 송영옥, 김인순, 리경조李景朝, 리태옥, 김광주, 리찬구, 강한일, 전화황, 박일대, 리필건, 손병문, 김영자

㉘「문예동 미술부 신구임원 명부」(85쪽)

[인용] 1961년 5월 21일 현재

책임 부서

	신	구
부장	김창덕	한우영
부부장	백령	허훈
전람회부	김창덕	김창덕
편집부	백령	백령
재정부	성리식	성리식
청년부	한동휘	한동휘
연구회부	허훈	
부위원	한우영	
부위원	리철주	리철주
부위원	표세종	표세종

㉙광고 (권말)

[개설] 16개의 협찬 및 후원금 제공자(혹은 회사)가 게재되어 있다.

- 松本商会(文元玉, 도쿄도 아라카와구)
- 高島商店(도쿄도 아라카와구)
- 日朝友好美術懇話会, 日朝友好詩歌懇話会(요코하마시 가나가와구)
- 朴永祥
- 徐瑜烈(도쿄도 미나토구)
- 金井商店
- 公美堂(画材店, 도쿄도 세타가야구)
- 岡村商店(姜德周, 가나가와현 가와사키시)
- 桜本センター(延田政彦, 가나가와현 가와사키시)
- 金帛水苑(전화번호로 보아 도쿄도 아라카와구로 추정)
- 香花園(국철 미카와시마三河島역 하차 북쪽)
- 天昌園(가마타蒲田역 앞)

- ワラビ洋裁店(가나가와현 가와사키시)
- 金井ビル(金忠三, 가나가와현 가와사키시)
- 平田商店(申祐徹, 도쿄도 주오구)
- 同和信用組合(다이토구 본점, 고탄다 지점, 신주쿠 지점, 아라카와 지점, 타치카와 분실 分室)

1-3. 내용의 특징

제5호부터 제7호까지는 분량이 늘어난 점이 눈에 띈다. 제6호가 15항목, 제5호가 21항목이었는데 제7호는 28항목이나 된다. 내용도 충실하다. 이전 호에서 볼 수 있던《일본앙데팡당전》이나《연립전》,《조일우호미술전》등 전시회에 관한 것 외에 1962년에 발행한 화집 편집의 계획을 칼럼 형태로 소개하고 있고, 또한 허훈의「교육 미술 평론 공동연구와 폭넓은 교류를」에서 볼 수 있듯 미술 교육을 다룬 점, 한우영이「벽화 기법을 연구하자」라며 공화국의 벽화를 소개하는 등, 활동이 다각화한 것으로 보인다. 광고도 많이 증가했다.

제6호와 마찬가지로 회원과의 의견 교환을 적극적으로 요구하여,「문예동 미술부 활동일지」에서는 사생회를 세 번 개최한 일이 기록되었고 김창덕은「훌륭한 성과 8·15 해방 15주년 기념 미술전을 보고」에서 아직 참가하지 않고 있는 미술가들에게 발표와 연구를 같이 하고 싶다고 촉구하고 있다.

제7호에서 주목할 만한 점은 다음 두 가지이다.「귀중한 재일조선미술가 동지들!」이나「조국과 생활에 바친 감동적인 화폭」,「우리 미술 전람회와 창작」을 통해 조선민주주의인민공화국과의 연계를 강화하려는 의도를 엿볼 수 있다.「화제와 제작(앙데팡당 평)」에서 백령은 '1960년은 세계사적으로도 의미 있는 해'라고 지적하며 한국에서 일어난 4·19 혁명, 아프리카 여러 나라의 독립, 일본에서의 안보 조약 체결 등을 의식하면서 조국과 민족과 세계정세를 시야에 넣고 일본 미술 활동의 동향을 분석하고 있는 것을 알 수 있다. 스스로를 둘러싼 환경 안에서 어떻게 살아가고 제작해야 할 것인지를 확실하게 심화시키고 있던 것이다.

또한, 위와 같은 심화에 기초하여 그/그녀들이 자신감을 가지고 제작, 발표하고 있던 것도 알 수 있다. 권두의 작품이 게재된 것도 자신감을 말해준다. 재일조선인미술가들의 작품이 전시된 전시회로, 한우영은「활동 보고―《8·15 조선 해방 15주년 기념미술전》의 성과,《조선적십자회 대표단 환영 미술전》을 보고」에서 조국 해방을 기념하여 개최된 전람회에 대해, 오림준은「활동 보고―전진하는 조일 미술가들의 우호」에서 가나가와《조일 우호 미술전》에 관해 보고하고 있다.

또한 이 모임의 미술가들과는 입장을 달리했던 홍구성이 쓴 《연립전》 보고문도 게재되었다. 이처럼 조선인미술가 스스로가 주최한 전시회와 일본인과 합동으로 개최한 전시회, 입장이 다른 조선인미술가들과의 전시회를 자세히 게재하는 등, 각자의 반응을 인식하면서 제작, 발표하고 있던 것을 알 수 있다.

정리

부록에서는 기관지 『조선미술』의 해제를 시도하였다. 제1절에서는 제1호부터 제3호까지, 제2절에서는 제5호와 제6호, 제3절에서는 제7호에 대해 상세히 서술했다. 제1호부터 7호까지는 편집 단체가 재일조선미술회(1953년 결성)에서 재일본조선문예미술가동맹 미술부(1959년 결성)로 변화하기는 했지만, 통권 번호는 이어지고 있다. 제7호의 편집 후기에 "이 문예동 미술부로서의 처음인 기관지가 제7호란 타이틀을 가진 것은 우리 재일미술가들의 활동이 이렇게 연륜을 가졌다는 것을 재인식하자는 의미 외에는 타의가 없는 것이다."라고 특기한 것처럼, 총괄하는 단체에는 변화가 있었지만, 활동 방침을 이야기한 회원들은 일관성을 갖고 있다.

기관지는 회를 거듭할수록 페이지 수도 늘어나고 지면 만듦새도 충실해졌다. 제5호부터는 일본인 미술 평론가의 글을 싣고 제6호부터는 조선어 표기에 활판 인쇄를 택했다. 또한 제5호부터는 주소록을 기재하여 회원들의 상호 부조를 도모했다. 이러한 활동에 찬성하는 사람도 늘어나 제5호부터 제7호까지는 협찬이나 보조금이 들어온 것도 게재하고 있다.

또한, 당초부터 일본미술회와의 접촉을 운동의 중심으로 삼고 있었다는 것도 기관지를 통해 알 수 있다. 제1호에는 일본미술회 대회에 참가한 것이 실려 있으며 제5호에는 일본미술회 주최의 《일본앙데팡당전》에 관한 특집이 실려 있다. 이렇게 일본미술회와의 접점이나 제6호 「재일조선미술회의 1년」(조량규)에 기재된 공모전 참가를 통해 조선인미술가들은 순회전을 개최하기에 이르렀다. 이 순회전을 계기로 촉발된, 무엇을 어떻게 그릴 것인가에 대한 논의가 제6호에서 왕성히 이루어졌으며 '민족미술의 창조'를 목표로 삼은 것은 본문에서 확인한 대로다. 재일조선인미술가들의 관심이 폭넓었음도 엿보인다. 제1호에서 중국이나 소련 및 프랑스의 리얼리즘을 소개하고, 제7호에서는 1960년 전후의 정치와 사회적 상황을 다루는 등 세계 동향도 의식해가면서 제작했던 것을 알 수 있다. 제6호와 제7호에는 '공화국으로부터 받은/공화국에 보내는 편지'를 게재했다. 그/그녀들은 세계와 일본, 한반도의 정세를 주시하면서 논의를 계속했다. 제5호에서 '민족미술의 창조'는 공화국과의 연계와 대중을 위한 리얼리즘의 실천 위에서 가능하다고 강하게 확신하고 있다.

이처럼 기관지 『조선미술』은 1953년부터 1962년까지의 조선인미술가들의 활동에 대해 상호 연대를 두텁게 하는 장이자, 재일조선인미술가가 나아가야 할 길에 대해 서로 이야기하는 논의의 장이며, 그것을 기록하고 전달하는 매개로 기능했다. 조선인 미술가는 이 지면을 통해 스스로의 존재를 세상에 드러내고 있었던 것이다. 이러한 점을 고려해보면 이 기관지는 재일조선인미술가들의 표현 활동과 제2차 세계대전 이후 동아시아 미술의 동향의 중요한 일면을 오늘날까지 전하는 귀중한 문헌 자료라고 할 수 있다.

인명 해설

이 책에 등장하는 인물을 선정하여 해설을 덧붙였다. 수록한 인물 외에도 더 많은 재일조선인미술가 및 관계자가 있지만 필자의 연구는 아직 미완이기에 부족한 점을 이해해 주셨으면 한다. 이 책을 보신 독자 및 가족, 관계자로부터 더 많은 정보가 전해지기를 기대한다. (* 표가 붙은 인물명은『재일조선미술가화집』에 작품을 수록한 미술가이다.)

***강영세**(姜英世, 1941-) 무사시노미술대학 졸업.《일본앙데팡당전》,《평화미술전》,《조일우호전》 등에 출품했다.

***고삼권**(高三權, 1939-2016) 오사카 출생. 도쿄조선중고급학교, 무사시노미술대학 졸업. 도쿄조선중고급학교에서 교사로 근무했다.《일본앙데팡당전》,《평화미술전》에 출품했고 도쿄, 파리 등에서 여러 차례 개인전과 그룹전을 열었다. 관련 자료로 전시도록『하정웅컬렉션 고삼권 일도전ㅡ道展』(대전시립 이응노미술관, 부산시립미술관, 광주시립미술관, 영암군립 하정웅미술관에서 2012년-2013년에 걸쳐 순회)이 있다.

곽인식(郭仁植, 1919-1988) 경상북도 달성 출생. 모노하もの派 활동의 선구적 역할을 맡았다고 평가된다. 2019년에《탄생 100주년 기념ㅡ곽인식전》이 국립현대미술관에서 개최되었다.

***금정혜/이마노 시즈에**(琴静惠/今野静江, 1928-) 아키타현 아키타시 출생. 니혼대학 예술학부, 다마미술학교에서 수학했다. 일본인이며 허훈의 아내이다.

김달수(金達寿, 1919-1997) 경상남도 마산 출생. 문학가. 1939년에 니혼대학 예술과 입학. 1946년 4월 『민주조선』을 창간하고 장편소설 「후예의 거리後裔の街」를 연재했다. 1954년에는 『현해탄玄海灘』, 1969년에는 『태백산맥太白山脈』을 발표했다. 또한 1975년에 강재언, 이진희 등과 함께 『계간 삼천리季刊三千里』를 창간하여 재일조선인 문학의 토대를 마련했다.

*김성희(金成熙, 생몰년 미상) 미술가. 『화집』에 판화 두 점을 수록했으나 자세한 이력은 알 수 없다.

김승희(金承姬, 1939-) 『재일조선미술가화집』 속 귀국자 명단에 올랐다. 만수대창작사(평양)에 소속하여 제작 활동을 했다.

김순명(金順明, 생몰년 미상) 영화 감독. 1970년대에 조선민주주의인민공화국으로 귀국했다.

*김윤석(金潤錫, 생몰년 미상) 미술가. 자세한 이력은 알 수 없다.

*김인순(金仁順, 생몰년 미상) 《일본앙데팡당전》, 《여류종합미술전》에 출품했다. 자세한 이력은 알 수 없다.

*김창덕(金昌徳, 1910-1983) 다카하시 스스무와 동일 인물. 경상북도 출생. 1927년에 도일하여 나카노지마 미술연구소에서 배웠다. 일제강점기에 《이과전》에 출품하였고, 해방 후에는 행동미술협회 발족 당시부터 참여했다. 1956년부터 재일조선미술회 회장을 역임했고, 재일조선인 미술 운동의 토대를 쌓았다.

김창락(金昌洛, 1924-1989) 재일조선미술회에 초기부터 소속하여 1955년부터는 회장을 맡았다. 리인두와 고향(경상북도 대구)이 같아 절친한 사이였다고 전해진다. '민족미술 창조'에 관한 에세이를 몇 편 남겼다. 대한민국으로 귀국하여 대한민국미술전람회(국전)에서 대통령상을 수상했다.

김창평(金昌平, 생몰년 미상) 재일조선미술회에 소속하면서 이과회에도 출품했다는 기록이 있으나 자세한 정보는 알 수 없다.

김태신(金泰伸, 1922-2014) 미술가. 근대기 신여성 김일엽과 일본인 오타 세이조 사이에서 태어났다. 이당 김은호를 사사하고 일본과 한국을 오가며 화가로 활동했다. 이 책에서 다루는 시기에는 백엽미술회 동인으로 토속적이고 종교적인 채색화를 주로 그렸다. 대한민국으로 귀국 후 출가하여 '일당'이라는 법명으로 화승으로 활동했다.

*__김희려__(金熙麗, 1926-2007) 제주도 출생. 1942년에 도일. 오사카시립미술연구소에서 배웠다. 1954년에 결성된 재일조선미술회 오사카 지부 사무국장으로 지부장 송영옥과 함께 오사카의 미술운동을 이끌었다. 《조일우호전》에서 오사카 조선측 대표를 맡았고, 오사카 재일조선인 미술 애호가들의 그룹 '무지개회'를 만들었다.

량만석(梁万石, 생몰년 미상) 미술가라는 사실 외에 다른 정보는 알 수 없다. 『재일조선미술가화집』 귀국자 명단에 이름이 있다.

로충현(盧忠鉉, 1934-2012) 오사카 아사히구 출생. 무사시노미술학교를 졸업하고 1960년대 초반에 조선민주주의인민공화국으로 귀국했다. 지명화의 남편이다.

*__리경조__(李景朝, 1936-) 제주도 출생. 제주 4·3사건과 6·25를 경험했다. 신사이바시양화연구소와 고베의 ZERO양화연구소에 다녔다. 여러 차례 수상한 경력이 있고 미술관에서 소장하고 있는 작품도 많다. 2018년 경기도미술관에서 열린 〈코리안 디아스포라, 이산을 넘어〉에서도 크게 소개된 바 있다.

*__리경조__(李耕助, 1941-) 리경우李耕雨와 동일 인물. 경상남도 출생. 무사시노미술대학을 졸업하고 조선학교에서 미술교원으로 활동하는 한편 학우서방学友書房에서 근무했다. 1960년대에는 《일본앙데팡당전》, 《평화미술전》에 출품했다.

*__리경훈__(李景薫, 1927-) 오사카에서 활동한 미술가. 김희려와 합작을 남겼다. 리경조李景朝의 형이다.

리순애(李順愛, 1935-2022) 음악가. 재일조선인 아동을 대상으로 한 동요를 많이 만들었다. 한동휘의 아내이다.

리인두(李寅斗, 생몰년 미상) 1953년에 결성한 재일조선미술회 초대 회장이며 경상북도 대구 출신으로 김창락과 고향이 같아 친하게 지냈다. 조선대학교(도쿄) 설립 초기에 미술 강사로 미타 겐지로와 함께 학생들을 가르쳤다. 『재일조선미술가화집』 귀국자 명단에 이름이 남아 있다.

***리찬강** (李讚康, 생몰년 미상) 중앙예술단(현재 금강산가극단)에 소속하여 무대예술을 담당했다고 알려져 있다.

***리철주** (李哲州, 생몰년 미상) 리인수와 동일인물로 추정하나 확실하지는 않다. 1947년에 결성된 재일조선미술가협회 초대 회장을 역임했다.

***리필건** (李弼建, 생몰년 미상) 『재일조선미술가화집』에 작품이 실려 있으나 자세한 이력은 알 수 없다.

마쓰야 쓰토무 (松谷彊,1908-1987) 교토 출생이며 도쿄제국대학을 졸업했다. 미술평론가로 활동했으며 저서로는 『現代美術論―リアリズムの探求(현대미술론―리얼리즘의 탐구)』(新日本出版社, 1986) 등이 있다. 『재일조선미술가화집』 등에 평론을 기고했다.

마키 도시야스 (牧利保, 1920-2006) 도쿄 출생. 1962년에는 브라질 국립 리오예술대학 명예 교수가 되며 브라질과 일본의 문화교류에 이바지했다. 1960년대 《가나가와 조일우호전》에 출품한 작품이 평양에 보내졌다는 기록이 있다.

문삼봉 (文三峯, 생몰년 미상) 《일본앙데팡당전》에 출품했으며 재일조선미술회 소속으로 알려져 있다.

문정순 (文貞順, 생몰년 미상) 1958년 '귀국에 관한 좌담회'에 참여했다. 《9·9》전에 출품했던 것으로 알려져 있다. 여성일 가능성이 크다.

미타 겐지로 (箕田源二郎, 1918-2000) 도쿄 출생. 아오야마 사범학교 졸업. 미술가. 《일본앙데팡당전》을 통해 재일조선인미술가들과 알고 지냈다고 여겨진다. 『재일조선미술가화집』에 글을 기고했다. 그림책의 삽화를 그렸고 미술교육자로도 활동했다. 조선대학교(도쿄) 설립 초기에 리인두와 함께 미술 강사로 학생들을 가르쳤다.

박사림 (朴史林, 생몰년 미상) 박주열과 동일 인물로 추정한다. 재일조선미술회에 소속했고, 일본판화운동협회 회원이었다고 알려져 있다.『재일조선미술가화집』 귀국자 명단에 이름이 있다.

박성호 (朴盛浩, 생몰년 미상) 미술가. 도쿄조선중고급학교에서 미술을 가르쳤다고 알려져 있다.

박원준 (朴元俊, 1917-1972) 문학자이자 교육자. 4.24 교육투쟁의 기록화보 집필자이기도 하다.

***박일대** (朴日大, 생몰년 미상) 나고야에서 활약한 재일조선인미술가로 알려져 있다. 1960년에 개최한 《8·15기념 3인전》, 《8·15해방 15주년 동해지방 미술전》 등에 참여했기에 도카이 지역을 기반으로 활동한 중심적인 인물로 예상할 수 있으나 자세한 이력은 알 수 없다. 1960년대에 조선민주주의인민공화국으로 귀국했다.

박정문 (朴正文, 1946-) 군마현 출생. 국내외에서 다수의 상을 수상했으며 교육 활동을 겸하고 있는 현역 미술가이다. 박정문 홈페이지(http://packjyongmun.com/) 등을 참조할 수 있다.

박찬근 (朴燦根, 생몰년 미상) 재일조선미술회에 참가했던 사실은 알려져 있으나 자세한 이력은 알 수 없다.

***백령** (白玲, 1926-1997) 본명은 박영환朴栄換이다. 경상북도 출생. 1930년에 도일하여 제국미술학교에서 유화를 배웠다. 학생 시절 열정적으로 몰두한 쉬르리얼리즘이 평생동안 작품의 근저에 흐른다. 1953년 결성된 일본청년미술가연합에 참가했고 재일조선미술회에는 1954년부터 참가했다. 회화뿐만 아니라 논문과 논평도 다수 집필했다. 재일조선인미술에 관한 문헌 자료는 백령에게 힘입은 바가 크다.

변시지 (辺時志, 1926-2013) 제주도 출생. 1931년 도일하여 1945년 오사카미술학교 서양화과를 졸업했다. 1948년 《제34회 광풍회光風會》전에서 최고상을 수상했다. 1957년 11월에 대한민국으로 귀국하여 1975년부터 1991년까지 제주대학교 사범대학 미술교육과 교수를 역임하며 다수의 개인전을 개최했다. 공식홈페이지 https://shiji.modoo.at를 참조할 수 있다.

***성리식**(成利植, 1930-2016) 경상남도 출생. 무사시노미술학교를 졸업하고 1953년에 결성된 재일조선미술회에 결성 당시부터 참가했다. 추상과 구상을 절충한 화풍이 특징이다. 《자유미술가협회전》, 《모던아트전》에 출품했다. 1960년대 후반부터 제작 현장을 떠났지만 약 100권의 스케치북을 남겼다.

***손병문**(孫炳文, 생몰년 미상) 『재일조선미술가화집』에 작품을 수록했으나 자세한 정보는 알 수 없다.

***송영옥**(宋英玉, 1917-1999) 제주도 출생. 1930년대에 도일하여 《일본앙데팡당전》, 《평화미술전》, 《자유미술전》에 출품했다. 재일조선미술회 오사카지부 지부장으로 활약했고 고향인 제주도는 물론 히로시마·나가사키의 원폭 투하, 베트남전쟁, 5·18 광주 민주화운동 등을 테마로 그렸다.

신홍식(申鴻湜, 1905-1994) 재일본조선인연맹(조련) 문교부에 재직할 때 교과서 편찬, 제작을 재일조선인미술가에게 권유했다. 조선장학회 대표 이사를 역임했다.

아오야마 다케미(青山武美, 1908-1980) 야마가타현 출생. 효고의 조선학교에서 미술교사로 근무했다. 미술교육자로서의 활동과 재일조선인미술에 미친 영향에 관해서는 전시 《在日朝鮮人美術史に見る美術教育者たち足跡》(2022. 3. 18-3. 27, 도시샤同志社대학 간카이관寒海館)와 관련 심포지엄 기록집(도시샤 코리안연구센터, 2023)을 참조할 수 있다.

***안천룡**(安千龍, 생몰년 미상) 무사시노미술학교를 다녔다. 대학 시절에 하상철과 만나 교유관계를 맺었다고 알려져 있다.

안춘식(安春植, 1934-) 무사시노미술학교를 졸업했다. 자세한 정보는 알 수 없다.

***오림준**(呉林俊, 1926-1973) 경상남도 출생. 1930년에 도일했다. 펜으로 그린 작품에서 독특한 관찰력이 돋보이며, 유화로 풍경화를 그리기도 했다. 문학 작품도 다수 남아 있으며 회화 작품은 재일한인역사자료관이 소장하고 있다. 참고 자료로 『33周忌記念誌 呉林俊(33주기 기념지 오림준)』(오림준 33주기 실행위원회편) 등이 있다.

오병학(呉炳學, 1924-2021) 평안남도 출생. 주로 유화를 그렸다. 참고 자료로 『呉炳

学画集(오병학 화집)』(오병학 화집 간행 위원회, 2001), 山川修平, 『白磁の画家ー芳醇にして強靭なる呉炳学の世界(백자의 화가ー향기롭고 강인한 오병학의 세계)』(三一書房, 2013) 등이 있다.

* **오일** (呉日, 1939-2014) 히로시마현 출생. 참고 자료로 전시 도록 『하정웅 컬렉션 오일ーZero(無)의 외침』(광주시립미술관, 2018)이 있다.

* **전철** (全哲, 1934-2005) 본명은 전원철全源哲. 도쿄 출생. 1952년, 도쿄조선중고급학교를 졸업 후, 해방신문사에 입사해 채준을 이어 지면의 네 컷 만화를 담당했다. 대표작품으로 『똘똘이』 외에 곱슬머리 소녀를 주인공으로 한 『이쁜이』, 『범돌이』 등이 있다.

* **전화황** (全和凰, 1909-1996) 전화광全和光에서 개명(혹은 필명을 사용)한 것은 1950년대 중반인 것으로 추정된다. 평안남도 출생. 신의주와 중국을 걸쳐 1938년에 도일했다. 일본 사상가 니시다 덴코西田天香에 심취하였고, 화가 스다 구니타로須田国太郎(1891-1961)의 영향을 받았다. 행동미술협회 회원으로 활동하며 행동미술상을 수상했다. 일본에 있는 조선인미술가들의 활동이 조직적으로 형성되던 시기에 재일조선미술회 간사이 지부장을 맡아 교토를 거점으로 활동했으며 교토에 있는 조선학교에서 미술교사로 재직했다.

정광균 (鄭光均, 1945-) 히로시마현 출생의 미술가. 본인이 직접 다수의 미술작품을 관리하고 있으며 오카리나 연주자이기도 하다.

조량규 (曺良奎, 1926-?) 경상남도 출생. 무사시노미술학교에 다녔다. 《일본앙데팡당전》, 《자유미술전》에 출품. 1960년대에 조선민주주의인민공화국으로 귀국했다. 『재일조선미술가화집』 귀국자 명단에 이름이 있다.

지명화 (池明華/池引真智子, 1937?-2012) 무사시노미술학교를 졸업했고 1960년대 초기에 조선민주주의인민공화국으로 귀국했다. 일본인이며 일본 이름은 이케비키 마치코이다. 로충현의 아내.

* **채준** (蔡峻, 1926-) 10대 후반부터 미술연구소에 다니기 시작했다. 일본 만화가를 사사했다. 해방 후, 일본노동만화클럽에 참여하면서 재일조선인이 발행한 『해방신문』의 삽화나 네 컷 만화를 담당했다. 일본 정부의 조선인에 대한 부당한 대우를 날카롭

게 비판하는 풍자화를 다수 그렸다. 재일조선인미술가의 활동에는 1950년대부터 참가했다. 정치 만화집을 출판하고 개인전과 그룹전도 몇 차례 개최했다. 참고 자료로 『채준전』 전시 도록(경남도립미술관, 2007년 8월 9일-22일) 등이 있다.

최선(崔鮮, 1918-1968) 평안북도 출생. 1938년 도일했다. 민단 도요시마연합지부 의장, 조선장학회 대표 이사를 역임했으며 백엽동인회의 동인지 『백엽』을 창간하고 주간으로 활약했다. 유고집 『背理への反抗(불의를 향한 반항)』(新興書房, 1969)이 있다.

***표세종**(表世鐘, 1929-작고년 미상) 전라남도 목포 출생. 무사시노미술학교를 졸업하고 재일조선미술회에서 활동하다가 조선민주주의인민공화국으로 귀국했다.

하리우 이치로(針生一郎, 1925-2010) 센다이 출생. 일본의 대표적인 진보적 미술평론가. 중국이나 남북한, 제3세계와의 미술 문화교류에 적극 참여했다. 베네치아비엔날레 등 각종 국제전의 커미셔너로 활동했고, 2000년 광주비엔날레 특별전《예술과 인권》을 기획했다. 1970년대부터 민청학련 사건, 김대중 납치 사건 등과 관련해 한국의 민주화운동과 연대활동을 펼쳤으며 민중미술을 일본에 소개하기도 했다. 다마미술대학, 와코대학 교수, 미술평론가연맹 회장, 원폭도·마루키미술관 관장 등을 역임했고 대표 저서에 『戦後美術盛衰史(전후미술성쇠사)』(東京書籍, 1979), 『わが愛憎の画家たち(우리 애증의 화가들)』(平凡社選書, 1983) 등이 있다. 재일조선인미술가 조량규와 친교가 있었다.

하상철(河相喆, 1937-2022) 경상남도 출생. 무사시노미술학교를 졸업했다. 교토를 거점으로 활약했다.

하야시 후미오(林文雄, 1911-) 아이치현 출생. 도쿄제국대학을 졸업하고 미술평론가로 활동했다. 저서로 『美術とリアリズム(미술과 리얼리즘)』(八雲書店, 1948), 『荻原守衛 忘れえぬ芸術家(오기와라 모리에, 잊을 수 없는 예술가)』(西日本出版社, 1970) 등이 있다. 1947년부터 약 4년에 걸쳐 회화 표현에서의 리얼리즘 개념을 둘러싸고 화가, 미술평론가들과 '리얼리즘 논쟁'을 벌였다.

하정웅(河正雄, 1939-) 히가시오사카시 출생. 광주시립미술관 명예관장을 역임했다. 광주시립미술관이 소장한 하정웅 컬렉션은 약 2,600점에 이른다. 그 외에도 부산, 포항 등을 포함해 한국 각지에 있는 미술관에 약 12,000점의 미술 작품을 기증했다. 문화체육관광부가 실시한 한국공립미술관 평가에서 하정웅 기증 작품을 소장한 광주 시립미술관과 영암군립 하정웅미술관이 우수미술관으로 인증되었다. 참고 자료로 하정웅 아카이브 (https://www.ha-jw.com/) 등이 있다.

* **한동휘**(韓東輝, 1935-2020) 1952년에 다시 도일. 재일조선미술회에 참여했다. 도쿄조선중고급학교, 일본미술학교, 조선대학교 예체과를 졸업했다. 가나가와조선중고급학교, 도쿄조선중고급학교, 조선대학교 등에서 미술 교사로 학생들을 가르쳤다. 《일본앙데팡당전》, 《평화미술전》, 《조일우호전》에 출품했다. 음악가 이순애의 남편이다.

한석희(韓晳曦, 1919-1998) 상공인이자 역사학자. 재일조선인미술가의 활동을 경제적으로 지원했다.

* **한우영**(韓宇英, 1920-작고년 불명) 제주도 출생. 식민지 해방 직후부터 재일조선인미술운동에 적극적으로 참여했다. 1960년대 초에 조선민주주의인민공화국으로 귀국했다. 유화뿐만 아니라 조각, 포스터 등 시사적인 작품을 남겼다. 2022년 유족이 제주도 남원읍에 '한우영갤러리'를 개관했다.

허남기(許南麒, 1918-1988) 문학가. 경상남도 부산 출생. 1939년 도일하여 니혼대학 예술학부 영화과와 주오대학 법학부를 졸업했다. 1946년 잡지 『민주조선』 발간에 참여하면서 일본어와 한글로 시를 창작했다. 주요 작품집으로 『火縄銃の歌(화승총의 노래)』(青木書店, 1951), 『巨済島(거제도)』(理論社, 1952년) 등이 있다.

* **허훈**(許壎, 1929-2011) 자강도 출생. 1944년에 도일하여 일본미술학교를 졸업하고 다마미술대학에 입학했다. 조선학교에서 근무했으며 재일본문학예술가동맹 미술부중앙위원장, 1970년 말에 설립된 미술연구소 소장을 역임했다. 1978년 재일조선인미술가 중에서 유일하게 '김일성 상'을 수상했다. 금정혜의 남편이다.

홍구성(洪久城, 생몰년 미상) 미술가. 백엽동인회 소속으로 알려져 있다.

호리 후미코(堀文子, 1918-2019) 미술가. 도쿄 출생. 여자미술전문학교 사범과 일본화부를 졸업. 여자미술전문학교 재학 중이던 1938년에 《제2회 신미술인협회전》에 입선했다. 1974년에 다마미술대학 일본화과 교수가 되었다. 1948년 무렵 조선학교 교과서에 삽화를 그린 것으로 알려졌다.

참고문헌

1. 단행본

浅野詠子『彫刻家 浅野孟府の時代 1900-1984』批評社, 2019
スベトラーナ·アレクシェービッチ(松本妙子訳)『チェルノブイリの祈り 未来の物語』岩波現代文庫, 2011
足立元『前衛の遺伝子―アナキズムから戦後美術へ』ブリュッケ, 2012
足立元『裏切られた美術―表現者たちの転向と挫折 1910-1960』ブリュッケ, 2019
宇野田尚哉·川口隆行·坂口博·鳥羽耕史·中谷いずみ·道場親信『「サークルの時代」を読む―戦後文化運動研究への招待』影書房, 2016
宇野田尚哉編(宋恵媛解説)『在日朝鮮文学会関係資料：一九四五～六〇』(全3巻) 緑蔭書房, 2018
大門正克『語る歴史、聞く歴史―オーラル·ヒストリーの現場から』岩波新書, 2017
岡本有佳·アライ=ヒロユキ『あいちトリエンナーレ「展示中止」事件 表現の不自由と日本』岩波書店, 2019
呉圭祥『記録·朝鮮総連60年』私家版, 2015
呉圭祥『ドキュメント在日本朝鮮人連盟1945-1949』岩波出版, 2009
呉圭祥『記録在日朝鮮人運動 朝鮮総連50年―1955.5-2005.5』綜合企画舎ウイル, 2005
山川修平『白磁の画家―芳醇にして強靭なる呉炳学の世界』三一書房, 2013
小熊英二·姜尚中『在日一世の記憶』集英社新書, 2008
小熊英二·高賛侑·高秀美『在日二世の記憶』集英社新書, 2016
呉林俊『海と顔―呉林俊詩集』新興書房, 1968

呉林俊『アリランの歌ごえ―現代南朝鮮詩選』新興書房, 1966
片寄貢『戦後漫画思想史』未来社, 1980
桂川寛『廃虚の前衛―回想の戦後美術』一葉社, 2004
金星煥·植村隆『マンガ韓国現代史コバウおじさんの50年』角川ソフィア文庫, 2005
金漢文『朝鮮の美―民族の魂を求めて』雄山閣出版, 1996
金惠信『韓国近代美術研究 植民地期『朝鮮美術展覧会』にみる
異文化支配と文化表象』ブリュッケ, 2005
金錬鐵(李準悳訳)『冷戦の追憶―南北朝鮮交流秘史』平凡社, 2010
『現代思想』(12月臨時増刊総特集 戦後民衆精神史) 青土社, 2007. 12
国分一太郎『いつまで青い渋柿ぞ―戦後日本教育史外伝』新評論, 1986
在日韓人歴史資料館『写真で見る在日コリアンの100年』明石書店, 2008
佐々木毅·富永健一·正村公宏·鶴見俊輔·中村政則『戦後史大辞典
1945-2004 増補新版』三省堂, 2005
佐藤泉『一九五〇年代批評の政治学』中公叢書, 2018
佐藤道信『<日本美術>誕生 近代日本の「ことば」と戦略』
講談社選書メチエ92, 1991
金星煥(サトウサンペイ監修, 猪狩章 / 長璋吉解説)『コバウおじさん』拓殖書房, 1975
在日本大韓民国民団編『民団70年史』, 在日本大韓民国民団, 2017
瀬木慎一『日本アンデパンダン展全記録 1949-1963』総美社, 1993
宋安鐘『在日音楽の100年』青土社, 2009
宋恵媛『「在日朝鮮人文学史」のために』岩波書店, 2014
鄭仁敬『コバウおじさんを知っていますか』草の根出版, 2006
崔善愛『父とショパン』影書房, 2008
全和凰『二つの太陽』京文社, 1967
外村大『在日朝鮮人社会の歴史学的研究-形成·構造·変容』緑陰書房, 2004
鳥羽耕史『1950年代―「記録」の時代』河出ブックス, 2010
ポール·トンプソン(酒井順子訳)『記憶から歴史へ―オーラル·ヒストリーの世界』
青木書店, 2002
長田謙一『国際シンポジウム 戦争と表象/美術 20世紀以降 記録集』
美学出版, 2007
中村一成『思想としての朝鮮籍』岩波書店, 2017
日朝美術家懇談会『第30回日朝友好美術展記念日朝美術 いつでも友好を』
日本における「美術」概念の再構築記録集編集委員会, 後小路雅弘/

北澤憲昭/森仁史（編集代表）/山崎剛『「美術」概念の再構築
「分類の時代」の終わりに』ブリュッケ, 2017
野家啓一『物語の哲学』岩波書店, 2005年
朴慶植編『解放後在日朝鮮人運動史』三一書房, 1989
朴慶植編『在日朝鮮人関係資料集成 戦後編 第1巻』不二出版, 2000
朴慶植編『在日朝鮮人職業名鑑·文化年鑑』不二出版, 2000
朴慶植編『在日朝鮮統一民主戦線関係』不二出版, 2000
朴慶植編『在日本朝鮮人連盟関係』不二出版, 2000
朴慶植編『朝鮮人刊行新聞·雑誌』不二出版, 2001
朴沙羅『家（チベ）の歴史を書く』筑摩書房, 2018
朴正鎮『日朝冷戦構造の誕生—1945-1965 封印された外交史』平凡社, 2012
河正雄『祈りの美術 —日本と韓国· 二つの祖国を生きる』イズミヤ出版, 2006
針生一郎『戦後美術盛衰史』東京書籍, 1979
「百万人の身世打鈴」編集委員会『百万人の身世打鈴』東方出版, 1999
韓晳曦『人生は七転八起 —私の在日七〇年』岩波書店, 1997
古川美佳『韓国の民衆美術—抵抗の美学と思想』岩波書店, 2018
許榮善(村上尚子訳)『語り継ぐ済州島四·三事件』新幹社, 2014
保苅実『ラディカル·オーラル·ヒストリー—オーストラリア先住民
アボリジニの歴史実践』岩波現代文庫, 2018
アレッサンドロ·ポルテッリ(朴沙羅訳)『オーラル·ヒストリーとは何か』精興社, 2016
水野直樹·文京洙『在日朝鮮人 歴史と現在』岩波書店, 2015
道場親信『下丸子文化集団とその時代 —九五〇年代サークル文化運動の光芒』
みすず書房, 2016
向井順吉·難波香久三編『行動美術三十五年の小史』行動美術協会, 1980
山本浩貴『現代美術—欧米、日本、トランスナショナル』中公新書, 2019
尹景徹『分断後の韓国政治—1945 -1986』木鐸社, 1986
吉田千鶴子『近代東アジア美術留学生の研究—東京美術学校留学生史料—』
ゆまに書房, 2009
良知会『100人の在日コリアン』三五館, 1997
한국근현대미술기록연구회 엮음『제국미술학교와 조선인유학생들 1929-1945』
눈빛, 2004

2. 사전

国際高麗学会日本支部 在日コリアン辞典編集委員会編
『在日コリアン辞典』明石書店, 2010
多木浩二·藤枝晃雄監修『日本近現代美術史辞典』東京書籍, 2007
酒井忠康監修·東京美術倶楽部編集『日本の20世紀芸術』平凡社, 2014
韓国史事典編纂会·金容権編著『朝鮮韓国近現代事典 1860-2014』(第2版)
日本評論社, 2015

3. 논문, 기사, 에세이 등

呉圭祥「総聯と民団の歴史的な和解と和合についての一考察」『統一評論』489, 2006
金理花「在日朝鮮人運動における音楽活動：朝連文化部の事例から」
『日韓相互認識』7号, 2016
ジェスティー·ジャスティ「版画と版画運動」『現代思想
12月臨時増刊 戦後民衆精神史』青土社, 2007
池貞姫「プランゲ文庫に見る占領期の朝鮮語教科書について」
『愛媛大学法文学部論集 人文学科編』vol. 32, 2012
崔紗華「東京都立朝鮮人学校の廃止と私立各種学校化
：居住国と出身社会の狭間で」『境界研究』8号, 2018
福本拓「アメリカ占領期における『密航』朝鮮人の取締と植民地主義の継続」
『帝国以後の人の移動ーポストコロニアリズムとグローバリズムの交錯点』
勉誠出版, 2013
李相英「朝鮮学校百物語 始まりのウリハッキョ編 vol.14
「サンペン」マーク誕生秘話」『イオ』2月号, 2016
李鏞勲「在日コリアン美術の軌跡」『Neovessel vol.2』アルム·ネットワーク, 2004
고성준「在日韓国人の美術ー日本現代史のなかで」
『아리랑꽃씨』국립현대미술관, 2009
김선희「소외된 미술세계 해방 후 재일미술」『재일의 인권』광주시립미술관, 2000
박수진「《아리랑 꽃씨：아시아 이주작가》전을 개최하며」
『아리랑꽃씨』국립현대미술관, 2009
표세종「조국의 품에 안겨」『조선미술』(조선미술가동맹 중앙위원회 기관지)
1963년 3호, 1963

4. 전시 도록

【일본】

『1950年代：その暗黒と光芒』東京都美術館(1981. 9. 12-11. 8)

『戦後日本のリアリズム1945-1960』名古屋市美術館(1998. 4. 18-7. 12)

『美術にぶるっ!ベストセレクション日本近代美術の100年』

東京国立近代美術館(2012. 10. 16-2013. 1. 14)

『堀文子』平塚市美術館(2010. 10. 9-11. 23)

『戦争/美術1940-1950モダニズムの連鎖と変容』

神奈川県近代美術館葉山(2013. 7. 6-10. 14)

『日韓近代美術家のまなざし:朝鮮』で描く』

神奈川県近代美術館葉山 외(2015.4. 4-2017. 2. 2에 걸쳐 각지 순회)

『1950年代の日本美術:戦後の出発点』

神奈川県近代美術館葉山(2017. 1. 28-3. 26)

『闇に刻む光 アジアの木版画運動1930s-2010s』

福岡アジア美術館他(2018. 11. 23-2019. 1. 23)

『生誕100年 堀文子 旅人の記憶』

京都高島屋7階グランドホール 외(2018-2019년에 걸쳐 순회)

【한국】

『재일의 인권-송영옥과 조양규, 그리고 그밖의 재일작가들』

광주시립미술관(2000. 3. 29-6. 7)

『광복60주년 기념 한국미술100년』국립현대미술관(2005. 8. 13-10. 23)

『아리랑 꽃씨』국립현대미술관(2009. 7. 17-9. 27)

『코리안 디아스포라, 이산을 넘어』경기도미술관(2018. 9. 20-11. 25)

『탄생 100주년 기념 곽인식』국립현대미술관(2019. 6. 13-9. 15)

5. 전시 관련 팸플릿 및 자료

『美術運動 日本アンデパンダン展陳列目録』

본서에서 참고한 목록은 1947년 12월 9일-18일에 열린 제1회전 이후,

1961년 2월 18일-3월 2일에 열린 제14회전까지

「白玲回顧展」자료, 도쿄 조선대학교(2007. 6. 16-6. 24)

「崔光徳作品集」자료, 銀座アートギャラリー(1990. 11. 26-12. 2)
「崔光徳作品集II」자료, 銀座アートギャラリー(1995. 12. 18-12. 24)
「在日本朝鮮文学芸術家同盟結成50周年記念展覧会」(北とぴあ·東京, 2009. 10. 25-10. 26)
「金熙麗回顧展」자료, 조선대학교(2011.11. 1-11. 13)
「金熙麗回顧展」자료, 大阪府立江之子島文化芸術創造センター(2012. 9. 4-9. 9)
「成利植 河相喆 ZAHPA 第1回コレクション展」자료, 조선대학교(2019. 12. 2-12. 8)

6. 화집

在日本朝鮮文学芸術家同盟美術部編『在日朝鮮美術家画集』, 1962
郭仁植『郭仁植画集』, 三彩社, 1962
菅原猛『現代美術への招待』, 新評論, 1991
青山武美遺作展実行委員会『丹波ゆかりの美術教育家 青山武美遺作展』, 2002
朴正文『朴正文画集』, 2008
呉炳学『呉炳学画集』, 2001

7. 만화책

전철,『똘똘이』1권, 在日朝鮮人教育者同盟, 1953
전철,『똘똘이』2권, 朝鮮漫画社, 1955
전철,『똘똘이』3권, 学友書房, 1961
전철,『이쁜이』1권, 朝鮮青年社, 1974
전철,『이쁜이』2권, 朝鮮青年社, 1975
전철,『이쁜이』3권, 발행처 불명, 1977
전철,『이쁜이』4권, 朝鮮青年社, 1984
전철,『범돌이』1권, 学友書房, 1985
전철,『범돌이』1권, 学友書房, 1988

8. 신문

『조선신보』(재일본조선인총연합회 중앙위원회 기관지)
—『민중일보』라는 이름으로 1945년 10월 10일에 창간.

—『해방신문』, 『조선민보』로 개칭하여 1961년 이후 현재까지 발행 중이나. 일본어판으로『朝鮮時報』(1961년 이후)가 있다.

『경향신문』

『조선일보』

『로동신문』(조선노동당 중앙위원회 기관지)—1945년 11월 1일 창간

『민주신문』(재일본대한민국거류민단의 기관지)

—『조선신문』(1946년 3월 10일 창간) 이후, 『신조선신문』, 『민단신문』, 『한국신문』으로 개칭했고, 1996년부터 『민단신문』으로 발행되고 있다.

9. 기관지 및 회보

『조선미술』

—재일조선미술회 및 재일본조선문학예술가동맹 미술부의 기관지.

—제1호(1953년 11월 1일 발행)

—제2호(1954년 1·2월 합병호)

—제3호(1954년 3월 20일 발행)

—제5호(1956년 3월 1일 발행)

—제6호(1959년 1월 30일 발행)

—제7호(1961년 5월 15일 발행)

: 재일본조선문학예술가동맹 미술부의 기관지로서 발행.

『NeoVessel』 AREUM

—ART NETWORK가 펴낸 잡지.

—Vol. 1(2004년 6월 5일 발행)

—Vol. 2(2004년 8월 31일 발행)

—Vol. 3(2004년 11월 25일 발행)

—Vol. 4(2005년 8월 11일 발행)

『今日の美術』

—일본청년미술가연합의 기관지.

—제2호(1953년 5·6월호)

—제3호(1953년 7·8월호)

—제4호(1953년 11월 25일 발행)

—제6호(1954년 9·10월호)

『版画運動』『日本版画新聞』

ㅡ일본판화운동협회의 기관지, 1949년 창간호부터 1955년까지 참고.
『美術運動』
ㅡ일본미술회의 기관지. 1947년 창간호부터 1961년까지 참고.
『白葉』
ㅡ백엽동인회의 기관지. 창간호부터 1961년까지 참고.
『ZAHPA通信』
ㅡ일반사단법인 재일코리안미술작품보존협회의 기관지.
ㅡ제1호(2019년 7월)

10. 기타 자료(회의록, 안내장, 유인물 등)

재일조선미술회, 「제1회 재일조선미술회 순회전 취의서」 1958년 6월
재일조선미술회 「재일조선미술회 5회 총회의 사무국 총괄보고서와 금후의 방침(초안)」 1957년
「労漫」《漫画会議》 年表 (미야시타 모리宮下森 기록 및 작성)
「연립전 제1회 및 2회 팸플릿」
『朝鮮美術 ニュース(조선미술 뉴스)』 재일본조선문학예술가동맹 미술부 기관지 번외편 1961년 10월 1일

출처

이 책의 기초가 된 원고가 처음 발표된 곳은 다음과 같다.

프롤로그, 에필로그

「在日朝鮮人美術の歴史—激動の1950年代」,
『美術手帖』2019年 12月号, pp.38-43.
「재일조선인미술의 역사—격동의 1950년대」,『미술수첩』2019년 12월.

제1장, 2장, 3장

「1950年代の在日朝鮮人美術家の活動—『在日朝鮮美術会』を中心に」,
『年報カルチュラル·スタディーズ』第5号,
カルチュラル·スタディーズ学会·創文企画, 2017年3月, pp.137-161.
「1950년대 재일조선인미술가의 활동—'재일조선미술회'를 중심으로」,
『연보 컬추럴스터디즈』제5호, 컬추럴스터디즈학회, 소분기획, 2017년 3월
「全哲の新聞漫画に関する基本データ」,『マンガ研究』vol.24,
日本マンガ学会, 2018年3月, pp.115-130.
「전철의 신문만화에 관한 기본 데이터」,『망가연구』vol.24,
일본망가학회, 2018년 3월.

제4장

「南北分断を異郷の地で乗り越えた「連立展」—知られざる在日朝鮮人の美術展を
解明する」,『アジア太平洋レビュー』第15号, 大阪経済法科
大学アジア太平洋研究センター, 2018年10月, pp.91-108.
「이향의 땅에서 남북 분단을 넘어선《연립전》—알려지지 않은
재일조선인의 미술전람회를 해명하다」,『아시아태평양리뷰』제15호,
오사카경제법과대학 아시아태평양연구센터, 2018년 10월.

제5장

「第14回日本アンデパンダン展に出品された在日朝鮮人の作品」,
『美術運動』第140号, 日本美術会, 2013年3月, pp.17-18.
「《제14회 일본앙데팡당전》에 출품된 재일조선인의 작품」,
『미술운동』제140호, 일본미술회, 2013년 3월

제6장

「在日朝鮮人美術家の知られざる足跡一戦後最初期における朝鮮人美術家の活動を紐解く語り」,『日本オーラル·ヒストリー研究』第14号, 日本オーラル·ヒストリー学会, 2019年9月, pp.91-108.
「재일조선인미술가의 알려지지 않은 발자취—전후 최초기의 조선인미술가의 활동을 풀어가는 이야기」,『일본오럴히스토리연구』제14호, 일본오럴히스토리학회, 2019년 9월.

본서 전체

連載「同胞美術案内」全 11回『朝鮮新報』, 朝鮮新報社, 2007年4月-2008年4月
「동포미술 안내」(총 11회)『조선신보』, 조선신보사, 2007년 4월-2008년 4월에 걸쳐 연재.

부록

「1953年と1954年の在日朝鮮人美術家の活動一機関誌『朝鮮美術』第一号及び第三号の解題」,『アジア太平洋研究センター年報』第16号, 大阪経済法科大学アジア太平洋研究センター, 2019年3月, pp.58-65.
「1953년과 1954년 재일조선인미술가의 활동—기관지『조선미술』제1호 및 제3호의 해제」,『아시아태평양연구센터 연보』제16호, 오사카경제법과대학 아시아태평양연구센터, 2019년, 3월.

일본어판 후기

이 책은 2020년 도쿄대학 대학원에 제출한 박사학위 논문을 바탕으로 한다. 일본어 단행본 출간은 공익재단법인 가지마鹿島미술재단과 공익재단법인 가오花王예술·과학재단의 지원을 받았다. 두 재단에 감사의 마음을 전한다.

책을 다 읽은 독자들께서는 이 연구가 미술사 분야에만 한정되지 않는다는 것을 알게 되셨을 것이다. '재일조선인 미술'은 어떤 공통된 양식을 갖고 있는 것이 아니며, 한 지역이나 나라 혹은 한 시대로 제한할 수 있는 것도 아니다. 필연적으로 학제적인 성격을 띠기 때문에, 연구 과정에서 미술과 관련된 분들뿐 아니라 역사, 정치, 이주/이민, 오랄 히스토리, 만화 등과 같은 다양한 분야의 연구자와 만날 수 있었다. 연구를 시작하게 됐던 계기와 현재 상황을 정리하면서 신세를 졌던 분들께 감사의 말씀을 전하고자 한다.

나는 조선대학교(도쿄) 미술과의 동기들과 선생님들로부터 미술이 얼마나 매력적인지를 배웠다. 학교에 다니던 당시에는 한동휘, 리동일, 리용훈, 정우민, 로흥석 선생님이 계셨다. 미술이론을 전공하게 된 계기는 졸업이 다가올 무렵 교토에서 개최된《아름전》(프롤로그 참조)이었다.

도쿄예술대학에 진학하겠다는 결심이 섰고, 조선대학교를 졸업한 뒤 다시 여러 해를 수험 준비에 매진해야 했다. 당시 요요기세미나(학원)에 계셨던 사사키 다이주佐々木泰樹 선생님과 아라키 신야荒木慎也 선생님은 '합격자' 커트라인에 들지 못했던 나를 끊임없이 격려해 주시고 '필요한 지식을 쌓는 방법'과 '시간 내에 마무리 짓는 기술' 그리고 '미술작품을 대하는 자세' 사이의 균형을 가르쳐 주셨다. 이 균형 감각은 내가 학문을 하는 데 있어 기본기가 되었고, 지금도 여러 가지 상황에서 큰 힘이 되어준다. 아라키 선생님은 박사논문 최종 심사를 마지막까지 지켜봐 주셨고 교정 작업까지 도와 주셨다. 또한 와카쿠와 미도리若桑みどり, 다카시나 슈지高階秀爾 선생님의 책을 통해 힘들던 수험 시기를 버틸 수 있었다.

도쿄예술대학 동기들과의 만남 또한 연구 생활의 재산이다. 특히 'PEK 동맹'의 스즈키 에카鈴木恵可, 시모히가시 카나下東佳那 님은 무엇이든 너무 진지한 태도로 접근하는 나에게 마음의 여유를 갖게 해 주었다(동맹의 이름은 내 성의 P와 에카의 E, 카나의 K를 합친 것이다). 이제 세 명 모두 미술과 관련된 일을 하고 있고 엄마가 되었다. 언젠가 다시 여유롭게 모이고 싶다. 도쿄예술대학에는 한국 유학생도 많았다. 특히 최재혁, 박현정 님으로부터 많은 도움을 받았다.

본격적인 연구생활의 시작은 도쿄예술대학에 재학 중이던 2007년이었다. 재일조선인 1세 미술가인 백령 님의 작품이 모교 조선대학교에 기증되었고(제2장 1절 참조) 회고전이 열렸다.

본문에서 다룬 『재일조선미술가화집』에 의존하여 자료를 모으고 미술가와 유족, 관계자를 인터뷰했다. 오사카를 거점으로 활약한 김희려 님(제3장 1절 참조), 재일조선인미술가 초기 활동을 중심으로 한 김창덕 님(제1장 2절 참조), 재일조선인 2세 만화가로 4,000점 이상의 네 컷 만화를 남긴 전철 님(제1장 1절 참조)의 유족 분들과 인터뷰하면서 귀중한 증언을 들었고 1차 자료도 건네받았다.[1]

1950년대에 활약한 미술가에게 직접 이야기를 들을 기회도 있었다. 재일조선인 1세 미술가인 한동휘 님(제3장 1절 참조)은 화가인 동시에 1950년대부터 반세기 동안 교단에 서온 교육자이기도 하다. 필자도 한동휘 선생님(반드시 선생님이라고 부르고 싶다)께 데생을 배웠다. 재일조선인미술사를 정리하면서부터는 관련된 이야기를 들을 수 있었다. 2020년 4월 26일 전해진 부고는 일본 전역에서 선생님을 사모했던 제자들을 슬프게 했다. 선생님께 이 책을 보여드릴 수 없어 안타까울 따름이다.

안춘식 님 역시 1950년대 동향을 알고 있는 미술가다. 평양으로 이주한 로충현 님과 친하게 지냈던 청춘 시절부터 선배 미술가들에 대한 이야기를 그리움의 감정을 담아 들려 주었다.

---

1 백령 님과 김희려 님의 전시와 관련해서 2007년에 《백령 회고전》(조선대학교, 2007년 6월 16일—24일)을, 2011년과 2012년에 《김희려 회고전》(조선대학교, 2011년 11월 1일—13일 / 오사카부립 에노코지마문화예술창조센터, 2012년 9월 4일—9일)을 개최했다. 그 외 2009년에는 《재일본조선문학예술가동맹 결성 50주년 기념전》(도쿄 기타토피아, 10월 25일—26일)을 개최하고 연구 성과를 공개했다.

추상화를 많이 남긴 화가 성리식 님(제2장 1절 및 제6장 2절 참조)은 귀중한 에피소드와 함께 사진, 편지 등을 전해 주셨다. 그와 둘도 없는 '화우畵友'였던 표세종 님(제3장 제1절 참조)의 친족은 자료와 사진뿐 아니라 차에 나를 태우고 여러 친척의 집을 함께 방문해 주셨다. 직접 작품을 보면서 이야기를 들을 수 있는 귀한 시간들이었다. 재일조선인미술가의 1950년대 활동에 대한 연구가 갖는 의의를 이해하고 아낌없이 도와주신 미술가, 가족, 관계자 분들을 기억하면서 감사의 말씀을 올린다.

재일조선인 2세인 하정웅 님으로부터는 재일조선인 작가의 미술품을 수집한 내력과 기증에 관한 에피소드를 들을 수 있었다. 만화 연구자 가타쿠라 요시오片倉義夫 님은 여러 번 뵐 때마다 귀한 컬렉션을 보여 주셨다. 서승 선생님, 김일우 선생님은 좀처럼 끝이 안 나는 내 얘기를 항상 관대하게 들어 주셨다. 오규상 선생님은 박사논문을 완성할 때까지 여러 번 지도해 주셨다. 후세를 위해서 작품을 수집하고 연구에 대해서 어드바이스 해주는 선배가 있다는 것은 무엇보다 큰 격려가 되었다.

도쿄예술대학을 졸업한 뒤 조금 자신을 잃고 있을 즈음에 '『미술운동』을 읽는 모임'에 참가하게 되었다. 멤버였던 이케가미 요시히코池上善彦, 미야타 데쓰야宮田徹也, 가이 시게토甲斐繁人, 저스틴 제스티Justin Jesty, 다케이 도시후미武居利史, 도바 고지鳥羽耕史, 아다치 겐足立元 님 등과 교류하면서 연구를 지속할 수 있는 에너지를 얻었다. 또 하야오 다카노리早尾貴紀, 김혜신 선생님과 만나 대학원 진학을 결정하면서 암흑에서 탈출할 수 있었다.

재일조선인의 조형 활동을 미술사를 중심으로 연구하되 분야횡단적으로 생각하라는 힌트를 후루카와 미카古川美佳, 마쓰오카(히구치) 도모코松岡(樋口)とも子, 기다 에미코喜多恵美子, 후루사와 유리아古沢ゆりあ, 코올로제이 막달레나Magdalena Kolodziej, 노유니아, 모리 아키코森亜紀子, 지정희, 송혜원 님으로부터 얻었다. 또한 인터뷰 조사의 소중함을 다시 한 번 알려주신 '나카지마 아트'(도쿄 긴자)의 스텝들에게도 감사드린다.

도쿄대학 대학원 생활은 결혼생활과 동시에 시작됐다. 주위에서는 나를 '연구자'라기보다 '여자', '아내', '엄마'에 무게가 실린 눈으로 바라보는 경우가 많아져 씁쓸한 감정을 느끼기도 했다. 이때 김미혜 님이 건네준 말이 얼마나 의지가 되었는지 모른다. 도쿄대학 선배인 스즈키 가쓰오鈴木勝雄, 마쓰다 히로코松田ヒロ子, 와타나베 사토코渡部聡子 님의 존재도 컸다. 또한 〈스미토모생명 미래를 강하게 하는 육아프로젝트 여성연구자 지원사업〉(2017-2018)은 육아와 연구를 병행할 수 있는 큰 원동력이 되었다.

'전후 판화운동 기관지를 읽는 모임', 조선학교연구회, 조선신보사, 조선문제연구센터, 이카이노샛바람문고에 계신 모든 분들, 그리고 여러 투고 논문을 심사하면서 읽어주신 익명의 학회 심사자들, 허옥녀 선생님, 『조선미술』 제6호 실물 정보를 알려주신 정우종 님에게도 감사를 표한다.

육아로부터 조금 해방되어 박사논문을 본격적으로 집필하던 시기에는 기타하라 메구미北原恵 선생님과 앞에서 언급한 하야오 다카노리 선생님으로부터 많은 도움을 받았다. 연구의 고비마다 존경할 만한 연구자와 가깝게 지낼 수 있어 참 다행이었다. 나도 그런 연구자가 되고 싶다.

박사논문 심사의 주심으로 도노무라 마사루外村大 선생님, 부심으로는 스기타 히데아키杉田英明, 가지야 겐지加治屋健司, 미쓰이 다카시三ツ井崇 선생님, 그리고 기타하라 선생님과 하야오 선생님께 부탁드렸다. 스기타 선생님은 연구 분야가 다르지만 내 논문의 심사를 여러 번 맡아 주셨고 가지야 선생님은 출판 조성의 응모를 도와 주셨다. 앞서 소개한 이케가미 님은 출판을 위해 고쳐 쓴 원고를 전부 읽어 주셨다.

출판과 관련하여 상담해 주신 아카시쇼텐明石書店의 세키 마사노리関正則 님에게도 여러 가지를 배울 수 있었다. 출간이라는 결승점을 앞두고 끝까지 달릴 수 있었던 것은 준게쓰샤閏月社의 도쿠미야 슌德宮峻 님이 도와 주신 덕분이었다.

패밀리포트의 멤버와 육아동지들, 도와 주신 모든 분들께 감사드리며, 미처 여기에 감사의 마음을 다 전하지 못한 분들께 양해를 구한다.

그리고 가족에게. 자나 깨나 온 힘을 다해 지지해준 파트너 신철섭과 누구보다도 엄마를 자랑스럽게 여기는 아들 재우에게 가장 큰 사랑과 감사를 전한다.

2021년 4월 19일 백름

옮긴이의 글

이 책은 백름의 『在日朝鮮人美術史1945-1962―美術家たちの表現活動の記録』(明石書店, 2021)을 번역한 것이다. 그간 재일조선인의 문학 작품은 여러 권 번역됐고 연구서의 출간도 활발하게 이뤄지고 있지만, 미술을 다룬 책의 출간은 처음이라 생각된다. 원저는 저자의 박사학위 논문(도쿄대학 총합문화연구과 지역문화연구 전공, 2020년)을 바탕으로 한 다소 딱딱한 연구서이지만, 한국판은 가능한 쉽게 읽힐 수 있는 책으로 만들고자 했다. 학위논문 특유의 반복되는 부분을 살짝 덜어내고, 부드러운 문체로 옮기고자 의식했다. 또한 재일조선인미술가들의 작품과 관련 자료를 쉽게 접할 수 없는 국내 사정을 감안하여, 원저에 수록되지 않은 도판을 포함하여 가능한 범위에서 이미지의 크기를 가능한 키워서 담았다. 일부 자료는 내용을 옮기는 데 그치지 않고 실물 사진을 함께 실었고 자료의 성격을 지닌 부록인 『조선미술』의 해제와 인명 해설도 빼놓지 않고 모두 옮겼다.

문학이나 영화만큼은 아닐지 몰라도, 관심을 갖고 돌아보니 재일코리안의 미술 또한 전시를 통해 꾸준히 소개되어 왔다. 냉전 체제가 붕괴된 뒤 1990년대 중반부터 디아스포라 담론이 국제적으로 부상했고, 한국미술계에서도 이를 도외시하지 않았다. 재일1, 2세대 작가들의 작업을 다수 포함하고 있는 '하정웅 컬렉션'이 가장 큰 역할을 했고, 3, 4세에 해당되는 동시대 작가들도 여러 기획을 통해 소개되고 있다. 공개된 작품을 대상으로 조양규(본문에서는 조량규로 소개), 전화황, 송영옥 등에 대한 작가 연구도 이뤄졌다. 작품과 자료 접근의 제한 때문에 국내 소장된 작품을 분석 대상으로 삼거나 작가 개인의 생애에 초점을 맞춘 연구가 주를 이루기는 하지만 연구 범위가 계속 확장되고 있다. 그러나 해방 직후 작가들의 집단적 움직임이나 일본인 화가들과의 접점에 대한 정보는 거의 알려진 바가 없다. 지리적, 정치적 이유로 인해 자료나 작품에 접근하는 것 자체가 어렵기 때문에 한국에서 나고 자란 연구자들의 노력만으로는 재일코리안 미술의 전체상을 그려내기에는 근본적으로 한계가 있다.

저자 백름은 시마네島根현에서 태어나고 후쿠이福井현에서 자란 재일조선인 3세로, 친조부의 고향은 경상북도 영천이고 외조부의 고향은 전라북도 정읍이라고 한다. 초·중·고 교육과정을 '조선학교'에서 이수한 뒤 도쿄의 조선대학교 교육학부 미술학과로 진학한 그녀는 1999년 교토에서 재일조선인미술가들이 기획한 《아름전》을 보고 '나의 뿌리에 이런 작품이 있었단 말인가' 하는 충격을 받았다고 한다. 그리하여 도쿄예술대학 미술학부 예술학과로 진학하여 학부 과정을 다시 밟았고, 졸업 후에는 도쿄대학에서 석·박사 학위를 받았다. 스무 살 무렵까지 일본의 공립학교에 적을 둔 적이 없었던 그녀가 일본 대학 입시제도에 적응하여 '국립' 대학의 합격증을 손에 쥐기까지, 그리고 일본

최고 수준의 '제도권' 교육기관에서 재일조선인들의 미술사 연구를 인정받기까지의 도정은 결코 쉽지 않았을 것이다. 이 책은 백름이 20년간 그렇게 걸어온 노력과 인내의 산물이다.

해방을 맞이한 1945년부터 5년, 10년 단위가 아닌, '1962년'까지라는 특이한 시기 설정은 이 책이 1962년 발행된 『재일조선미술가화집』의 분석에서 시작되기 때문이다. 누군가는 그저 스르륵 넘겨보고 그만이었을 오래된 화집 한 권을, 백름은 자신의 연구 대상으로 마주 삼았다. 그리고 특유의 집요하고 꼼꼼한 눈으로 철저하게 분석했다. 작품과 실린 글은 말할 것도 없이, 작품이 실린 순서에까지 의문을 제기하고 협찬자의 이름이나 상호명 하나까지 허투루 하는 것 없이 철저하게 해체하여 마침내 연구의 실마리를 얻어낸다. 그녀에게 문헌 조사는 연구의 시작에 불과할 뿐이다. 주변의 정보와 네트워크를 총동원하여 탐문조사와 심층 인터뷰로 이어가는 열정과 실천력에 탄복하지 않을 수 없다. 결국 그녀가 아니고서는 얻어내지 못했을 구슬들을 모아 그녀만이 만들어낼 수 있는 보배를 꿰어냈다. 백름이 지닌 연구자로서의 가장 큰 미덕은 행동하는 연구자라는 데에 있다. 국경을 넘나드는 것이 결코 편하지 않은 형편이지만 서울과 광주, 평양 등을 오가며 작품을 실견하고 자료를 입수한다. 더 나아가 사단법인 재일코리안미술작품보존협회ZAHPA를 설립하여 훼손되고 사라질 위기에 처한 작품을 수집·보존하며, 전시를 기획하여 대중에게 알리고 있다. 번역서의 출간을 계기로 한국에서도 전시가 실현될 수 있기를 바란다.

백름은 이 책의 특징을 재일조선인미술가'들'의 활동을 정리한 것으로 꼽는다. 한두 명의 스타 작가가 아니라, 해방 후 일본에 살았던 '복수형'의 조선인 미술가들이 펼쳤던 제작 활동에 대한 연구라는 점이다. 따라서 책은 재일조선미술회가 결성(1953년)되고 그 단체 안에서 일정한 테마 아래 협동작을 제작하고 《순회전》(1956년), 두 번의 《연립전》(1961년)을 열었던 작가들의 활동에 초점을 맞춘다. 또한 그들이 《일본앙데팡당전》과 《조일우호미술전》 등을 통해 일본인 미술가들과 활발히 교류하는 한편, 남과 북의 정세에 기민하게 반응하며 움직이고 있었다는 것을 밝혀, 재일조선인미술가들의 활동이 결코 자기들만의 고립된 움직임이 아니라 동시대 세계사와의 관계성 안에서 전진해 온 역사라는 것을 확인시켜 준다. 《연립전》 이후, 그리고 1965년 한일국교정상화 이후에는 재일조선인들의 미술활동이 어떻게 변해갔는지에 대해서는 앞으로의 연구를 기대한다. 궁극적으로는 재일조선인미술사가 재일조선인의 역사 안에, 또 한편으로는 '한민족'의 미술사 안에 자리매김해야 할 것이다.

책의 서술이 집단적인 움직임에 초점을 맞췄다고 하지만 단체는 사람과 사람이 모여 이뤄지는 법이다. 김창덕, 성리식, 표세종의 우정, 전쟁 중에 일본이 조선과 타이완에 저지른 잘못을 사죄하는 마음으로 조선학교 교과서에 삽화를 그린 호리 후미코, 조선학교에 근무하며 미술을 가르친 아오야마 다케미 선생의 일화 등 어려웠던 종전 직후의 역사를 증언하는 개개인의 가슴 뭉클한 이야기가 담긴 제6장은 이 책의 백미라고 할 수 있다.

또한 개인의 증언과 자료를 대조해가며 퍼즐을 끼워 맞춰나가는 연구 방식이 역사서로서의 신빙성을 한층 더 담보한다.

처음부터 특수한 목적을 갖고 외국어로 쓰이는 역사서도 있기야 하지만, 일반적으로 한 민족의 역사는 그 민족의 언어로 쓰이며 민족 안에서 읽히는 것을 상정한다. 한국사는 한국인에게 한국어로 가장 많이 읽히고, 일본사는 일본인에게 일본어로 가장 많이 읽히기 마련이다. 이 책은 한글이 아니라 일본어로 처음 쓰였지만 우리 민족의 역사서다. 굳이 구분하자면 국가로서의 '대한민국'과도 '조선민주주의인민공화국'과도 일치하지 않는 '조선적朝鮮籍'이라는 범주를 자신들의 아이덴티티로 유지하며 일본에서 살아온 재일조선인들의 역사서로, 책은 마이너리티인 재일조선인미술가 스스로의 존재를 증명하면서 궁극에는 머조리티의 역사 속에 적극적으로 개입하고자 한다. 그렇다면 이 책이 재일조선인만을 대상으로 삼고자 한 것은 아닐 것이다. 일본에서 나고 자란 백름이 도쿄대학 박사학위 논문으로 제출한 형식에서 태어난 원고이기에 일본어로 쓰였을 뿐, 일본인에게만 읽히고자 쓰인 책은 더더욱 아닐 것이다. 따라서 조금이라도 빨리 우리말로 옮겨져 보다 많은 한국인들이 읽을 수 있어야겠다고 생각했다.

내가 백름과 처음 만난 것은 2014년이었다. 도쿄대학에서 일제강점기의 한국공예사를 연구하던 나는 일본제국의 식민지 역사를 연구한다는 '마이너'함과 회화가 아닌 공예라는 장르가 갖는 '마이너'함 때문에 상심하게 되는 상황이 적지 않았고, 마찬가지로 '마이너'한 타이완 조각사를 연구하는 스즈키 에카라는 친구와 서로 어려움을 토로하다가 마음을 모아 '마이너'한 미술사를 연구하는 사람들을 모았다. 에카를 통해 백름을 알게 되었다. 일본인 친구를 통해서 만나게 됐지만, 우리는 육아와 연구를 병행하고 있다는 공통점 때문에 쉽게 친해졌고 곧 우리말로 "언니-동생" 하는 사이가 되었다. 어린 아이를 데리고 밖에서 만나는 것이 여의치 않아 언니의 집에 가게 되었던 날, 나는 불고기를 대접받았고 언니의 신혼여행 사진을 볼 수 있었다. 돗토리현에서 식당을 하시는 이모님께 공수받았다는 불고기는 내가 알고 있는 한국의 불고기와는 다른 음식이었지만 분명 어딘가에서 먹어본 듯한 익숙한 맛이었고, '조선적' 신분으로 쉽게 갈 수 있는 허니문의 선택지인 중국과 쿠바 중에서 "이왕이면 멀리 가보자"는 마음으로 쿠바를 택했다는 이야기를 들었을 때에는 '이 사람에게 '조선적'이라는 아이덴티티는 도대체 무엇일까?' 하는 호기심이 생겼다.[1] 그것이 무엇이 됐든 여러 불편을 감수하고서도 부모의 조국과 사상을 지켜내려는 그 삶의 방식은 존중받아 마땅한 것이라는 생각이 들었다. 그와는 별개로 연구에 대한 진지함과 도전 정신, 작은 체구에 숨겨진 엄청난 열정과 에너지는 내가 만나본 수많은 연구자 중에서도 손꼽을 정도의, 그

1 조선적으로 입국할 수 있는 나라는 제한적이다. 미국과 캐나다의 입국은 불가능하며 영국, 솅겐 Schengen 조약 가입 국가에는 입국 가능하지만 비자 취득에 평균 한 달 정도가 소요된다고 한다. 또한 일본으로 돌아올 때 여권이 아닌 '재입국허가서'를 제출하면서 수반되는 가방 검사와 여러 질문이 매우 불쾌한 경험이라고 한다.

야말로 롤 모델로 삼을 만한 것이었다. 박사논문 집필의 지난한 과정을 응원하며 “언니의 책이 나오면 제가 번역할 테니 열심히 써주세요.”라고 말했던 약속을 지키게 되어 무척 기쁘다. 우리말로 번역된 이 책이 한국을 넘어 북쪽에서도 읽힐 수 있다면, 더 나아가 전 세계에 흩어져 있는 코리안 디아스포라들에게 널리 읽힐 수 있다면 더없는 보람이겠다.

사조와 양식의 흐름에 따라 서술되는 서양미술사와는 달리, 한국미술/일본미술/중국미술 등 국경의 구분이 매우 명확하게 일국사 일변도로 서술되고 있는 동아시아의 미술사 안에서 디아스포라의 미술은 갈 곳이 없다. 백름은 재일조선인의 작품과 활동이 우리 민족의 미술사에서 본격적으로 다루어진 적이 없으며, 이는 동아시아 미술의 일부분이 발굴되지 않았다는 것을 의미한다고 말한다. 물론 우리가 굳이 디아스포라의 예술 활동까지 알아야만 하는가, 잊힌 것은 잊힌 대로 두어도 되지 않을까, 하는 의문을 가질 수 있다. 이에 대한 답변은 1940년 조선인 총인구의 11.4%가 한반도 땅이 아닌 곳에서 살고 있었다는 통계로 대신하고자 한다.[2] 열 명 중 한 명이 넘는 꼴이다. 그중 대부분은 일본에 거주했고 해방 후에도 귀국하지 못한 수가 약 60만 명에 달했다. 덧붙이면 이들의 출신은 경상남북도가 약 63%, 제주도가 약 15%, 전라남도가 약 10%로 대부분 한반도 남부를 고향으로 둔 사람들이었다.

동시대의 같은 사안에 대해서도 입장에 따라 평가가 첨예하게 다르고, 다른 생각을 가진 상대에 대한 혐오로 이어지는 것이 다반사인 작금의 상황에서 이 책이 과연 어떻게 받아들여질지 번역자로서 긴장감과 두려움도 느낀다. 번역자와 편집자, 저자의 토론을 거쳐 선택된 용어가 꼬투리의 빌미를 제공하지는 않을지 조심스럽다. 이 책에 소개되는 작품을 보고 그 안에 담긴 메시지에 불편함을 느끼는 독자도 계실 것이다. 책을 펼치신 분들이 당시 재일조선인들이 처했던 어려운 상황과 갑자기 분단된 조국을 향한 혼란스런 감정 등을 헤아려 보시면 좋겠다. 입장이 어떻든 달라지지 않는 것은, 우리 민족의 역사적인 현장에는 재일조선인미술가들도 있었고, 그들은 미술가로서의 사명을 갖고 사실과 감정을 화폭에 담았다는 사실이다. 아울러 재일조선인에 대한 연구가 국내에서보다 일본에서 활발하며, 일본의 대학에서 일본 기업의 후원금을 받아가며 진행되는 경우가 많다

---

2 세계 각지에 '이민'을 내보낸 주요 민족의 재외 인구와 '본국' 인구의 비율을 산출한 자료에 따르면 1990년경 화교(중국인)가 3000만 명, 1979년 인도인이 1000만 명으로 중국과 인도는 방대한 인구를 국외에 내보내고 있다고 발표되었다. 그러나 본국의 인구와 재외 인구 비율에서 보면, 중국과 인도의 경우 모두 '본국' 인구가 워낙 방대하기 때문에 재외 인구 비율은 화교(중국인)가 2.53%, 인도인 이 1.54%에 지나지 않는다. 한편 높은 재외 인구비율을 나타내고 있는 것은 1986년 유태인이 72.5%, 그 다음에 1940년 조선인이 11.40%, 1997년 조선인이 7.53%의 차례이다. 그중에서도 유태인 4명 중 3명이 해외에 거주하고 있는 세계사에 유례없는 높은 비율이지만, 그것은 2000년에 걸친 유태인 이산의 긴 역사 속에서 일어난 것이다. 이에 비해 조선인의 경우 일본인이나 중국인, 인도인과 비교해 봐도 비정상적으로 높은 재외 인구 비율이지만 식민지 지배와 남북분단이 관통하는 '20세기'라는 상대적으로 짧은 시간에 일어났으며 여기에 '코리안 디아스포라'라고 하는 '집단적 경험'의 제1의 특징이 있다. 김부자, 「취지설명」, 『코리안 디아스포라: 젠더, 계급, 민족』, 제2회 코리안 디아스포라 우먼 스터디 심포지엄 자료, 2007, p.18. (서희경, 「탈영토적 시각에서 볼 수 있는 한국여성미술의 비평적 가능성 : 재일동포3세 여성화가의 '디아스포라'의 경험과 작품해석을 중심으로」, 『미술이론과 현장』, 14, 2012, p.131에서 재인용)

는 점도 인지해 주셨으면 한다. (노유니아)

*

오사카에 있는 우리 집 거실에는 큰 그림이 두 점 걸려 있다. 하나는 할아버지께서, 다른 하나는 이모부께서 손수 그리신 그림이다. 내 기억 속에 우리 할아버지는 늘 재봉틀 앞에 앉아 열심히 일하는 모습이시고 이모부는 늘 호탕하게 웃고 계신다. 나는 두 분이 그림을 좋아하며 직접 그리기도 하셨다는 사실을 성인이 된 후에 알았다. 『재일조선인미술사1945-1962 미술가들과 표현활동의 기록』을 번역하며, 두 분이 떠올라 많은 생각을 했다. 일본에서 온갖 경험을 겪으며 지낸 재일조선인에게 미술이란 과연 어떤 존재였을까.

'재일조선인'은 단순한 말 한마디로 표현하기에는 어렵고 그 모습도 실로 다양하다. 이 책에 나오는 재일조선인미술가들 또한 그렇다고 생각한다. 지금도 일본에 거주 중인 자, 조선민주주의인민공화국, 또는 대한민국으로 건너간 자. 한국 이름을 사용하거나 혹은 일본 이름을 사용하며 활동한 자… 모두가 디아스포라 그 자체다. 디아스포라는 스스로 '나 자신은 어떤 사람인가'를 생각할 때가 많다. 그때 재일조선인은 거주국과 본국 사이에 멈춰 선다. 이국땅에서 살아가는 재일조선인에게 미술, 그리고 예술은 본국과 거주국, 그리고 그 사이에 걸친 재일조선인을 하나로 연결시켜 주는 희망과도 같은 존재가 아니었을까 생각한다.

나는 저자 백름과 같은 '재일코리안'이지만, 우린 서로 많이 다른 길을 걸어왔다. 출신학교 하나를 봐도 백름은 조선학교를, 나는 일본의 공립학교와 한국학교를 다녔다. 일본에서 교제한 적이 없었던 우리가 이 책을 계기로 한국이라는 땅에서 만나, 한국에서 나고 자란 사람들과 함께 책을 만든다는 것. 어릴 때는 꿈도 꾸지 못한 놀라운 일이다. 뿌리는 같지만 각자 다른 환경에서 자란 이들이 모여 작업했다는 그 기쁨을 말로 다 표현할 수 없다. 앞으로 이런 작업들을 더욱 흔하게 접할 수 있는 나날이 오길 기대해 본다. 더불어 이 책이 독자분들께 재일조선인미술가와 재일조선인의 목소리에 관심을 갖고, 귀 기울일 수 있는 계기가 된다면 앞으로 더 다채로운 사회가 되지 않을까 희망해 본다. (정성희)

*

이 책의 프롤로그와 1, 3, 5장은 오사카에서 태어나고 서울에서 공부한 정성희가, 서장과 2, 4, 6장은 서울에서 태어나고 도쿄에서 공부한 노유니아가 번역했다. 두 번역자의 문체가 삐걱대지 않고 읽힌다면 그것은 오로지 편집자들 덕분이다. 재일코리안의 문제 의식을 담은 서적을 여러 권 번역했고 계속해서 관련 서적을 만들고 있는 연립서가의 최재혁, 박현정 님은 번역자들의 미숙함을 묵묵히 메꿔주셨다. 또 예쁜 책으로 나올 수 있도록 정성을 다해 원고를 매만져 주셨다. 총서를 기획, 지원해 주신 동국대학교 일본학연구소 김환기 소장님을 비롯하여 여러 선생님들께도 감사드린다.

추천의 글

한국과 한국인의 범위는 20세기 이후 동아시아로 확장되어 왔다. 백름의 재일조선인미술사 연구는 일본 땅에서 전개된 한국인 미술의 역사를 소생시키는 작업이다. 사람이 만든 무늬인 예술의 역사를 서술하는 행위에서 가장 가치 있는 과정은 '우월'한 것을 수확하는 게 아니라, 소멸해 가는 것에 새로운 생명을 불어넣는 노력이다. 그 시작은 '해석'이 아니라 '사실'에의 충실성이다. '사실'에 충실한 연구자 백름은 마치 주술사처럼 사라지는 것들을 우리 앞에 불러와 20세기 한국미술사의 영토를 넓혀주고 있다.

— 최열(미술사학자)

*

이 책은 재일조선인 3세의 손으로 기록한 최초의 '재일조선인미술사'이다. 즉 1945년부터 80년 가까운 세월 동안 본격적인 연구서가 나오지 않았다는 것을 의미한다. 어째서였을까. 저자는 어떻게 이를 해낼 수 있었던 것일까.

식민주의나 젠더론의 관점에서 상당히 축적된 재일조선인 문학 연구와는 달리, 재일조선인의 미술에 관해서는 지금까지 단편적으로만 전해져 왔다. 선행연구는 빈곤했으며 사료나 자료 역시 압도적으로 부족했다. 따라서 저자는 착실한 인터뷰 조사를 수행하며 작품과 자료를 발견하는 동시에 새로운 방법론까지 고안해냈다. 저자가 선택한 방법은 잊힌 '거장'과 '걸작'을 발굴하거나 정체성론을 전개하는 것이 아니라, 1945년 해방에서 1962년까지의 시기에 초점을 맞춰 점점이 흩어져 있던 흔적을 추적하여 그들의 발자취를 촘촘한 그물코로 건져 찾아내는 것이다. 백름은 격동의 시기를 월경越境하는 존재로 살아간 재일조선인의 생활과 문화에 관해, 자신의 실존을 걸고 질문한다. 기존의 '미술사'의 존재 방식까지 되묻고 있는 이 책은 재일조선인미술사 연구의 토대를 쌓은 획기적인 노작이기에 후속 연구자에게 필독서가 되리라 믿는다. 한국에서 많은 독자를 만나 새로운 논의가 일어나기를 바란다.

— 기타하라 메구미北原恵(미술사학자, 오사카대학 명예교수)

*

책을 펼치는 순간, 화려한 색감으로 칠해진 군상들의 분노, 절망, 희망에 가득한 얼굴들과 마주할 것이다. 어떤 그림은 낯설기도 하고 어떤 그림은 익숙하다. 그러나

이 그림을 아는 사람은 거의 없다. 그림 하나하나에 얽힌 사연들과 그들 재일조선인이라 불리는 미술가들의 고뇌를 말하는 연구자의 속삭임에 귀 기울이다가, 다시 그림들을 펼치고 이번에는 자세히 들여다보게 된다.

미술사 연구자 백름은 아무도 들여다보지 않는 사람들의 흔적을 무려 20년간의 연구를 통해 '발굴'해냈다. 페이지마다 등장하는 강렬한 그림들, 이 그림들을 세상에 내놓기 위해 1945년 해방 이후부터 제주 4·3, 한국전쟁, 4·24 한신교육투쟁, 귀국운동, 4·19 혁명, 5·16 군사쿠데타 등 한반도와 일본의 격변 한가운데에서 재일조선인미술가들이 어떤 고뇌와 씨름했는지 사료와 인터뷰를 통해 보여준다. 또 이들이 단순히 '그리고 전시하는 일'에 머물지 않고 일본과 한반도의 변화를 위해 목적의식적인 활동을 펼쳤음을 증명한다.

한편, 그러한 시대를 살았던 재일조선인들의 폭발하는 듯한 긴장과 열정을 연구자 백름은 지극히 냉정하게 또는 객관적인 시각에서 서술하고 있다. 이는 연구자 스스로가 재일조선인이라는 정체성을 가졌으며 그가 연구하는 대상이 자신의 '지금'을 만든 선대들이라는 자각에서 오는 조심성 때문이 아닐까 싶다. 여전히 재일조선인에 대한 편견과 혐오, 무지가 만연한 곳이 현재의 일본과 한국이기 때문이다.

하지만 더 깊이 이 책을 읽다 보면 글 저변에 깔린 저자의 자신감과 확신을 느끼지 않을 수 없다. 백름은 이 연구를 통해 재일조선인미술가들이 올바른 역사적 위치를 찾을 수 있기를 소망하며, 점으로 산재한 이들을 하나의 선으로 연결하는 이 작업이 결국 남과 북, 일본이 잊고 있는 소중한 무언가를 깨닫게 해줄 것이라 확신하고 있는 것이다. 책에서도 말하고 있듯 아직 해결되지 않은 많은 과제가 흥미진진한 이유도 거기에 있다. 언젠가 남과 북, 일본에 흩어져 있는 그들의 그림이 한 장소에서 전시될 날을 그려본다.

— 김명준(영화감독, '몽당연필_조선학교와 함께 하는 사람들' 사무총장)

*

재일조선인미술사는 자명한 존재가 아니다. 일본의 '화단'을 통해 질서화된 '미술'이라는 제도에서 보면 주변적이고 단편적일지도 모른다. 백름은 그들의 역사를 서술하는 데 있어 '화단'에서 인정받기 위해 '주류'의 가치관에 따라 평가하는 방식의 연구 태도를 거부했다. 그렇게 미리 '주어진' 미술을 출발점으로 삼지 않고, 전후 일본에서 조선인으로 살아가며 표현 활동을 펼쳤던 미술가들의 삶의 현장에서 출발했다. 그 길은 결코 순탄하지 않았다. 백름은 계속 움직였다. 재일조선인이 그린 작품을 보기 위해. 미술가와 그 관계자들의 이야기를 듣기 위해. 삶과 투쟁 속에서 창출된 작품과 그 흔적을 찾기 위해. 거기서 빚어진 역사는 풍요롭다. 그 표현의 형태는 액자에 담긴 작품뿐만 아니라 삽화, 표지화, 만화 등 실로 다양하다. 미술가들은 문학가, 음악가, 영화감독 등과 교류하며, 일본 미술가들과도 관계를 맺으며, 냉전의 분단을 극복하고 연대하며 표현해 나갔다. 그 시대를 살아낸 사람으로부터 출발한 까닭에 역사 서술은 폐쇄적이지 않고 모든 방향을 향해 열려 있다. 그것은 생활의 역사이고 투쟁의 역사, 유대의 역사이며 무엇보다도 표현의 역사이다. 또한 백름이 계속 살아 나간 현대의 기록이기도 하다. 이 번역본의 출판은 또 다른 새로운 연결고리를 만들어 낼 것이다. 더욱 풍요로운 재일조선인미술사 구축에, 그리고 분단을 극복한 인간적 관계 형성에 기여하기를 바란다.

— 이타가키 류타板垣竜太(역사학자, 도시샤대학 교수)

찾아보기

ㄱ

ㄴ

ㄷ

ㄹ

ㅁ

ㅂ

ㅅ

ㅇ

ㅊ-ㅎ

동국대학교 일본학연구소 번역총서

재일조선인미술사 1945-1962
미술가들과 표현 활동의 기록

초판 1쇄 발행 2023년 9월 30일

지은이 백름
옮긴이 노유니아 정성희
책임편집 최재혁
편집 강현아, 박현정
디자인 박대성
제작 세걸음

펴낸이 박현정
펴낸곳 연립서가
출판등록 2021년 7월 21일 제2021-000012호
주소 경기도 양평군 서종면 북한강로648번길 4, 4층
전자우편 yeonrip@naver.com
페이스북 facebook.com/yeonripseoga
인스타그램 instagram.com/yeonrip_seoga

ISBN 979-11-977586-8-3 (00650)
값 35,000원

- 이 책은 2020년 대한민국 교육부와 한국연구재단의 지원을 받아 수행된 연구입니다 (NRF-2020S1A5B8104182).